Veröffentlichungen des
Instituts für Europäische Geschichte Mainz

Abteilung für Abendländische Religionsgeschichte
Herausgegeben von Irene Dingel

Beiheft 128

Bekennen und Bekenntnis im Kontext der Wittenberger Reformation

Herausgegeben von
Daniel Gehrt, Johannes Hund und Stefan Michel

Vandenhoeck & Ruprecht

Bibliografische Information der Deutschen Nationalbibliothek:
Die Deutsche Nationalbibliothek verzeichnet diese Publikation in der Deutschen Nationalbibliografie; detaillierte bibliografische Daten sind im Internet über http://dnb.d-nb.de abrufbar.

Coverabbildung: Johann Dürr, Abbildung welcher Gestalt worden Grosmächtiger Keyser Carln V. ufn Reichstag zu Augspurgk ... MDXXX ... Glaubens-Bekäntnus ... überreicht haben [Weimar 1630], Inv.nr. G17,21 © Stiftung Schloss Friedenstein Gotha, aus den Sammlungen der Herzog von Sachsen Coburg und Gotha'schen Stiftung für Kunst und Wissenschaft.

Satz: Vanessa Weber, Mainz
Druck und Bindung: ⊕ Hubert & Co BuchPartner, Göttingen
Printed in the EU.

Vandenhoeck & Ruprecht Verlage | www.vandenhoeck-ruprecht-verlage.com

ISSN 0170-365X
ISBN 978-3-525-57095-1

Inhalt

Vorwort

Dieses Buch versammelt Beiträge, die auf einem interdisziplinären Arbeitsgespräch vom 30. September bis zum 2. Oktober 2015 in der Forschungsbibliothek der Universität Erfurt in Gotha gehalten wurden. Das Thema Bekenntnisse und Bekenntnisbildung verweist auf einen Gegenstand, der in der zurückliegenden Reformationsdekade zu kurz gekommen ist. Es lenkt den Blick auf die Lehrbildung der Wittenberger Reformation und den mit ihr verbundenen Wahrheitsanspruch, der einerseits zur Abgrenzung von Rom und anderen reformatorischen Spielarten führte, anderseits aber das Luthertum als Konfession zu allererst konstituierte, um dann in der longue durée einen wichtigen Beitrag zu seiner Konsolidierung zu leisten. Der Band nimmt verschiedene Modelle und Funktionen des Bekennens im Kontext der Wittenberger Reformation näher in den Blick. Bewusst wurde die Möglichkeit zu synchronen und diachronen Vergleichen gewählt.

Dabei gingen wir von der Beobachtung aus, dass von den drei großen Konfessionen nur das Luthertum verbindliche Bekenntnisse entwickelte, die ihre Lehre als Zusammenfassung der Heiligen Schrift normativ bündelten. Oft wurde der große Rang, der dem Bekennen im Luthertum zukam, in der wissenschaftlichen Literatur mit einem besonderen Drang zur Lehrnormierung, zur »Orthodoxie« umschrieben. Möglicherweise ist aber gerade dieses normierende oder thesaurierende Verhalten als Strategie zur Sicherung der eigenen konfessionellen Identität anzusehen, die einen Rahmen für vielfältige Entwicklungen setzte (vgl. die Beiträge von Inge Mager und Lucia Weigel in diesem Band). Denn in Tübingen oder Gießen legte man die Bekenntnisse des Konkordienbuchs anders aus als in Jena, Leipzig, Wittenberg oder Helmstedt.[1]

Der Kirchenhistoriker Wolf Dieter Hauschild vertrat die These, dass die Zeit zwischen 1549 und 1580 die »Blütezeit der Bekenntnisproduktion« gewesen sei.[2] Überblickt man die Vielzahl, der in diesem Zeitabschnitt entstandenen Bekenntnistexte, muss ihm sicher Recht gegeben werden. Doch nicht allein die Anzahl der Bekenntnisse war sehr hoch. Ebenfalls waren die Funktionen von Bekenntnistexten äußerst vielfältig. Es sollte nicht bloß der Glauben bekannt werden, sondern religions- oder bündnispolitische Aspekte

1 Vgl. z.B. Gottfried Hoffmann, Commentatio synoptica in Augustanam confessionem caeterosque ecclesiae nostratis ll. symbolicos, Tübingen 1726 und Johann Georg Walch, Introductio in Libros Ecclesiae Lutheranae Symbolicos observationibus historicis et theologicis illustrata, Jena 1732.

2 Wolf Dieter Hauschild, Lehrbuch der Kirchen- und Dogmengeschichte, Bd. 2: Reformation und Neuzeit, Gütersloh ^{4}2010, S. 371.

bestimmten oft die Abfassung und auch die Durchsetzung eines Bekenntnisses (vgl. den Beitrag von Siegrid Westphal in diesem Band). Durch den Augsburger Religionsfrieden von 1555 wurde die Bedeutung der *Confessio Augustana* von 1530 in reichsrechtlicher Perspektive deutlich aufgeladen. Die Existenzberechtigung der sich zu diesem Text bekennenden Reichsstände wurde nunmehr politisch gesichert. Allerdings blieb umstritten, auf welcher Fassung dieses zentralen Bekenntnisses die Integration in die Friedensordnung basierte, gab es doch die verschiedenen Varianten der *Confessio Augustana invariata* und der *Confessio Augustana variata*.[3] Die langwierige Kontroverse um die Geltung einer dieser Fassungen, wurde durch das Konkordienbuch von 1580 so gelöst, dass man auf die vermeintliche Übergabefassung des Jahres 1530 zurückging (vgl. den Beitrag von Robert Kolb in diesem Band).

Angesichts dieses Befundes verwundert es nicht, dass der nach Luthers Tod beginnende und bis weit ins 17. Jahrhundert reichende Abschnitt der Kirchengeschichte häufig als »Konfessionelles Zeitalter« bezeichnet wird.[4] Dies suggeriert, dass es einerseits vielfältige Bekenntnissituationen gab und andererseits das Bekenntnis auf mehreren Ebenen des gesellschaftlichen Lebens eine Rolle spielte. Tatsächlich war das richtige Bekenntnis für manche Pfarrer des 16. Jahrhunderts zentraler Bestandteil ihrer als wahr angesehenen theologischen Überzeugung, für die sie sogar bereit waren, Exil und Vertreibung auf sich zu nehmen.[5] Selbst in den Gemeinden kamen die Inhalte des Bekenntnisses an, indem sie verstärkt Luthers Kleinen Katechismus kennen und auswendig lernen mussten. Trotzdem ist das Bild falsch, als wäre das Luthertum des 17. Jahrhunderts in einer Orthodoxie erstarrt, die ihr Leben ausschließlich am Bekenntnis ausgerichtet habe.

Allerdings ist die »Bekenntnisvielfalt« dieser historischen Epoche »nur schwer [zu] strukturieren«, wie vor einigen Jahren bereits Irene Dingel für das 16. Jahrhundert feststellte.[6] Es kann äußerst unterschiedliche *Motivationen* gegeben haben, warum der *casus confessionis* ausgerufen wurde. Dass das

3 Vgl. Gottfried SEEBASS, Der Abendmahlsartikel der Confessio Augustana Variata von 1540, in: Johanna LOEHR (Hg.), Dona Melanchthoniana. Festgabe für Heinz Scheible zum 70. Geburtstag, Stuttgart / Bad Cannstatt ²2005, S. 411–424.

4 Vgl. Hans-Martin KIRN, Geschichte des Christentums IV/1: Konfessionelles Zeitalter, Stuttgart 2018, bes. S. 10f. Kirn leitet das »Konfessionelle Zeitalter« nicht vom Begriff des Bekenntnisses her, sondern schließt an die Debatte um den Begriff der »Konfessionalisierung« an. Von Thomas Kaufmann nimmt er den Begriff der »Konfessionskulturen« auf, die zum Entstehen von »Konfessionslandschaften« geführt haben.

5 Vgl. Vera VON DER OSTEN-SACKEN, Erzwungenes und selbstgewähltes Exil im Luthertum. Bartholomäus Gernhards Schrift »De Exiliis« (1575), in: Henning P. JÜRGENS u.a. (Hg.), Religion und Mobilität. Wechselwirkungen zwischen raumbezogener Mobilität und religiöser Identitätsbildung im frühneuzeitlichen Europa, Göttingen 2010, S. 41–58.

6 Irene DINGEL, Bekenntnis und Geschichte. Funktion und Entwicklung des reformatorischen Bekenntnisses im 16. Jahrhundert, in: Johanna LOEHR (Hg.), Dona

Interim von 1548 sowie seine Folgen, die zu einer Identitätskrise des Luthertums führten, als Katalysator für die Bekenntnisentwicklung wirkten, scheint in den bisherigen Diskussionen Konsens zu sein. Damit verbunden ist die umstrittene Stellung Philipp Melanchthons (vgl. den Beitrag von Christian Peters in diesem Band) und seiner Theologie innerhalb der sich ereignenden Auseinandersetzungen um das Erbe der Wittenberger Reformation. Nicht zu vernachlässigen sind mithin die politischen Rahmenbedingungen, die zur Formulierung der Bekenntnisse nach 1548 führten.

Die Funktionsvielfalt der Bekenntnisse reichte vom Lob Gottes bis zur Rechenschaft über den Glauben, womit sie Identitätsaussagen und Abgrenzungsmomente gegenüber anderen Gruppen und Bekenntnisgemeinschaften enthalten. Hier steht die Abgrenzung gegen eine »einheits- und konsensstiftende Integration«.[7] Somit fanden bestimmte Bekenntnisse lediglich Konsens in einer kleinen Gemeinschaft oder in einzelnen Gebieten. Dies kann auch im 17. Jahrhundert nachverfolgt werden, als 1655 die Wittenberger Theologen gegen die Helmstedter Theologen versuchten, ein Bekenntnis durchzusetzen, das alle irenischen Ansätze des Georg Calixt verdammte. Doch scheiterte dieser Versuch eines *Consensus Repetitus fidei vere Lutheranae* an den Jenaer Theologen, die sich einer solchen Verdammung nicht anschließen wollten.[8]

Weiterhin ist auf verschiedene *Formen* des partikularen Bekennens einzelner Personen oder Personengruppen im 16. Jahrhundert hinzuweisen. Neben persönlichen Bekenntnissen wie Nikolaus von Amsdorfs *Antwort/ Glaub und Bekentnis auff das … Interim* von 1548 gab es kollektive Formen, wie das *Bekenntnis, Unterricht und vermanung/ der Pfarrherrn und Prediger der Christlichen Kirchen zu Magdeburg* von 1550. Solche Formen traten offenbar in späteren Jahrhunderten zurück, sind jedenfalls von der Forschung bisher zu wenig beachtet worden (vgl. die Beiträge von Daniel Gehrt und Stefan Michel in diesem Band).

Um nicht in immer neuen Bekenntnissen, die teilweise gegeneinanderstanden, unterzugehen, entstanden ab 1560 Bekenntnissammlungen, in denen Einzeltexte zusammengefasst wurden, die in einem Territorium normative Geltung besaßen. Diese Sammlungen, als *Corpora doctrinae* bezeichnet,[9]

Melanchthoniana. Festgabe für Heinz Scheible zum 70. Geburtstag, Stuttgart / Bad Cannstatt ²2005, S. 61–81.

7 Ebd., S. 63.

8 Vgl. Heinz STAEMMLER, Die Auseinandersetzung der kursächsischen Theologen mit dem Helmstedter Synkretismus. Eine Studie zum »Consensus Repetitus fidei vere Lutheranae« (1655) und den Diskussionen um ihn, hg. v. Johann Anselm STEIGER, Waltrop 2005.

9 Vgl. Paul TSCHACKERT, Die Entstehung der lutherischen und der reformierten Kirchenlehre samt ihren innerprotestantischen Gegensätzen, Göttingen 1910 (ND Göttingen 1979), S. 613–620; Wilhelm NEUSER, Bibliographie der Confessio Augustana und Apologie 1530–1580, Nieuwkoop 1987, bes. S. 19f. und 80–131.

konnten aber nicht eine Einheit des gesamten Luthertums herstellen und blieben nur von regionaler Bedeutung.

Hingegen zeichnete sich eine verbindende Gemeinsamkeit ab: die Anerkennung der *Confessio Augustana*. Sie wurde damit innerhalb der Wittenberger Reformation zum »Urbekenntnis», auf das man sich referenziell bezog, das man wiederholte oder durch Erklärungen aktualisierte. Gleichwohl spielten ab den 1550er Jahren besonders die Theologie und die Schriften Luthers eine treibende Kraft für die Auslegung der *Confessio Augustana* und damit auch die Entstehung neuer Bekenntnisse. Diese Theologie sollte bewahrt werden, war sie doch der Grund für die Entstehung des Luthertums (vgl. den Beitrag von Ernst Koch in diesem Band).

Ziel dieses Sammelbandes ist es, die Vielfalt der Motive, Funktionen und Formen des Bekennens und Bekenntnisses im Kontext der Wittenberger Reformation zu untersuchen. Um Vergleiche zu ziehen und Umbrüche wahrzunehmen, ist der Themenkreis nicht auf Bekenntnisse aus dem Wittenberger Kontext beschränkt, sondern es sollen auch Blicke in die anderen entstehenden Konfessionskirchen geworfen werden (vgl. die Beiträge von Peter Walter und Jan-Andrea Bernhard in diesem Band). Das Luthertum entwickelte sich im Laufe der Frühen Neuzeit und Neuzeit stets weiter und entfaltete in den späteren Zeiten jeweils spezifische Ausformungen, die zum Teil auf die Bekenntnisse des Reformationsjahrhunderts zurückgriffen. Deshalb sollen auch die Transformationsprozesse des 17., 18. und 19. Jahrhunderts mindestens angedeutet werden. Freilich bleibt dabei fraglich, ob das Bekenntnis eine zentrale Größe in diesem Transformationsprozess darstellte. Es ist selbst als *norma normata* auf die Heilige Schrift bezogen, die wiederum als einzige Richtschnur für lutherische Theologiebildungen angesehen wurde. Gleichwohl wirkten sich die lutherischen Bekenntnisse des Konkordienbuches auf viele Bereiche des frühneuzeitlichen Lebens aus, wie etwa den Gottesdienst, die Anstellung der Staatsdiener, die Schule und das Katechismusexamen.[10]

Während im frühneuzeitlichen Luthertum die Bekenntnisse in der akademischen Lehre einen festen Platz hatten,[11] setzte in der Aufklärung zunehmend eine historische Distanzierung[12] von ihnen oder eine Relativie-

10 Vgl. Thomas Kaufmann, Das Bekenntnis im Luthertum des konfessionellen Zeitalters, in: ZThK 105 (2008), S. 281–314; Hans-Jürgen Fraas, Katechismustradition. Luthers kleiner Katechismus in Kirche und Schule, Göttingen 1971, bes. S. 54–230.

11 Vgl. Sebastian Schmidt, Articulorum formulae concordiae repetitio, in alma Argentoratensium Universitate dissertationibus theologicis, publici et solennis exercitii causa propositis, instituta a Sebastiano Schmidt. Cum auctario dissertationum eiusdem selectiorum, in eadem academi, Straßburg 1696.

12 Vgl. Siegmund Jakob Baumgarten, Erleuterungen der im christlichen Concordienbuch enthaltenen symbolischen Schriften der evangelischlutherischen Kirche, nebst einem Anhange von den übrigen Bekenntnissen und feierlichen Lehrbüchern in gedachter Kirche, Halle ^{2}1761.

rung ihrer Bedeutung[13] ein (vgl. den Beitrag von Christian Witt in diesem Band). Hiergegen reaktivierten vor allem konfessionell-lutherische Theologen auch in deutlicher Frontstellung zu den theologischen Umformungsprozessen, die während der Aufklärungsepoche stattfanden, die Bekenntnisse der Reformationszeit und versuchten durch diesen Rückgriff und die Aufwertung der Bekenntnisse zur faktisch der Heiligen Schrift gleichgestellten Lehrnorm auch, ihre theologische Identität zu sichern (vgl. die Beiträge von Werner Klän und Martin Ohst in diesem Band).[14] Leider konnten die anregenden Gothaer Vorträge von Marcus Sandl (»Die Grundhaltung des Bekenners. Mediengeschichtliche Beobachtungen«), Rudolf Leeb (»Gnesiolutherische Bekenntnisse in Österreich und ihre Bedeutung für das Gnesioluthertum«) und Walter Sparn (»Die dogmatische und religionspolitische Bedeutung des Bekenntnisses im deutschen Luthertum des 17. Jahrhunderts«) aus verschiedenen Gründen nicht in diesen Band aufgenommen werden. Umso erfreulicher ist es, dass Inge Mager und Martin Ohst gewonnen werden konnten, sich jeweils mit einem Beitrag an unserem Unternehmen zu beteiligen. Dadurch gewinnt der ganze Band deutlich an Tiefenschärfe.

Am Zustandekommen des Arbeitsgesprächs war neben der Forschungsbibliothek Gotha der Freistaat Thüringen maßgeblich beteiligt, der vertreten durch seinen Reformationsbeauftragen Dr. Thomas A. Seidel die Finanzierung übernahm. Dafür danken wir nochmals herzlich. Ebenfalls gilt unser Dank dem Freundeskreis der Forschungsbibliothek Gotha, der die kulinarische Ausgestaltung bereicherte. Frau Prof. Dr. Irene Dingel, Direktorin des Leibniz-Instituts für Europäische Geschichte, möchten wir herzlich für die Aufnahme des Bandes in die Reihe des Instituts danken. An der Erstellung des Manuskripts waren die Leipziger studentischen Hilfskräfte Johanna Moser und Christine Milkau beteiligt. Schließlich kümmerten sich in bewährter Weise Frau Dr. Christiane Bacher, Frau Vanessa Weber und Herr Dr. Joe Paul Kroll vom Redaktionsteam des Leibniz-Instituts für Europäische Geschichte um die Drucklegung, wofür wir uns herzlich bedanken möchten.

Abschließend hoffen wir, dass das Buch auf wohlwollende Leserinnen und Leser treffen möge, die sich von den hier enthaltenen Studien zu einer weiteren Beschäftigung mit dem Thema anregen lassen.

Gotha, Fürfeld und Gera im Sommer 2018

Daniel Gehrt, Johannes Hund und Stefan Michel

13 Vgl. z.B. Karl Gottlieb Bretschneider, Ueber die unbedingte Verpflichtung der evangelischen Geistlichen auf die Kirchenbekenntnisse. Ein Bedenken, Jena 1847.

14 Vgl. Wolf-Dieter Hauschild (Hg.), Das deutsche Luthertum und die Unionsproblematik im 19. Jahrhundert, Gütersloh 1991.

Siegrid Westphal

Die Funktion des Bekenntnisses in reichsrechtlicher Perspektive

»Reformation war Landfriedensbruch«.[1] So umschreibt der Verfassungshistoriker Helmut Neuhaus zugespitzt die Situation nach den Reichstagen von Speyer 1529 und Augsburg 1530. Die Rechtsgültigkeit des Wormser Edikts, das von Kaiser Karl V. am 8. Mai 1521 erlassen worden, aber im Reichsabschied nicht reichsrechtlich verankert worden war, war 1529/30 als eindeutige Rechtsetzung in den Reichsabschieden bestätigt und bekräftigt worden. Der Tatbestand des Landfriedensbruchs wurde damit erweitert und auf jegliche reformatorische Handlung anwendbar. Jeder Anhänger der Reformation konnte damit in die Reichsacht fallen und auf dem Wege der Exekution Territorium, Stand und Ansehen verlieren. Das gefährdete die reformatorische Entwicklung auf das Höchste und führte letztlich zur Gründung des Schmalkaldischen Bundes als Verteidigungsbündnis des Evangeliums.[2]

Die Funktion der auf dem Augsburger Reichstag von 1530 formulierten Bekenntnisschriften aus reichsrechtlicher Perspektive war zumindest 1530 offensichtlich und rührte nicht unmittelbar aus der theologischen Grundposition her. Zunächst war es damit möglich, aus Sicht von Kaiser und altgläubiger Reichstagsmehrheit die Gruppe der »Religionsgegner« zu kanalisieren. Obwohl sich die evangelische Seite auf kein gemeinsames Bekenntnis hatte einigen können, wurden die Stände, die die *Confessio Augustana* und die Confessio Tetrapolitana (fünf Fürsten und sechs Reichsstädte) unterschrieben hatten, in Ermangelung eines Namens und im juristischen Sinne als Partei bezeichnet. In Abgrenzung zu ihr fällte der Kaiser als Schutzvogt der Kirche und Schiedsrichter die Entscheidung, gemeinsam mit den gehorsamen Ständen des Reiches fest »bey dem alten wahren lange herbrachten Christlichen Glauben und Religion«[3] zu bleiben. »In dieser Formulierung verbindet sich

1 Vgl. Helmut Neuhaus, Der Passauer Vertrag und die Entwicklung des Reichsreligionsrechts: Vom Nürnberger Anstand zum Augsburger Religionsfrieden, in: Winfried Becker (Hg.), Der Passauer Vertrag von 1552. Politische Entstehung, reichsrechtliche Bedeutung und konfessionsgeschichtliche Bewertung, Neustadt a.d. Aisch 2003, S. 139–150, hier S. 142.

2 Vgl. Ekkehart Fabian, Die Entstehung des Schmalkaldischen Bundes und seiner Verfassung 1529–1531/33, Tübingen 1956.

3 Bent Jörgensen, Konfessionelle Selbst- und Fremdbezeichnungen. Zur Terminologie der Religionsparteien im 16. Jahrhundert, Augsburg 2014, hier S. 222.

der über das Alter begründete katholische Universalanspruch mit der reichsrechtlichen Komponente des Gehorsams gegenüber dem Wormser Edikt sowie in diesem Falle auch gegenüber dem aktuellen Augsburger Abschied«.[4]

Karl V. hatte seine Entscheidung in Kenntnisnahme der verschiedenen theologischen Positionen im Spiegel der Bekenntnisschriften gefällt, was seiner Verurteilung der evangelischen Partei umso größeres Gewicht verlieh. Mit der Ablehnung der evangelischen Bekenntnisschriften war gleichzeitig terminologisch der Ketzervorwurf verbunden, wobei sowohl die Unterzeichner der beiden Bekenntnisschriften als auch die Wiedertäufer als Sekten bezeichnet werden.[5] Unklar blieb jedoch, wer alles zur evangelischen Partei dazugehörte, ob diese nur aus den Unterzeichnern der Bekenntnisschriften bestand oder darüber hinausging.

1555 stellte sich die Situation völlig anders dar.[6] Es wurde keine theologische Grundsatzentscheidung zugunsten einer Partei gefällt und damit die Wahrheitsfrage ausgeklammert. In § 16 des Augsburger Religionsfriedens werden vielmehr die Anhänger der alten Religion und die »stende, so der augspurgischen confession verwandt«[7] als diejenigen Parteien benannt, die der Frieden einschließe. Mischreligionen wurden nicht geduldet, demnach erfolgte in § 17 eine klare Abgrenzung zu Sekten: »Doch sollen allen andere, so obgemelten beden religionen nit anhengig, in disem Frieden nit gemaint, sonder gänzlich ausgeslossen sein«.[8] Damit wurde die evangelische Partei auf die *Confessio Augustana* festgelegt und der Frieden nur auf sie bezogen, ohne dass jedoch definiert wurde, wer zu den Augsburgischen Konfessionsverwandten und wer zu den Sekten gehörte.[9] In der gemeinsamen Ablehnung von Sekten zeigte sich im Übrigen, dass die Idee der religiösen Einheit im Reich keineswegs aufgegeben worden war, sondern in Form des Wiedervereinigungsgebots im

4 Ebd.

5 Ebd., S. 223f.

6 Vgl. Axel Gotthard, Der Augsburger Religionsfrieden, Münster 2004; Carl A. Hoffmann u.a. (Hg.), Als Frieden möglich war. 450 Jahre Augsburger Religionsfrieden, Regensburg 2005; Heinz Schilling u.a. (Hg.), Der Augsburger Religionsfrieden 1555, Heidelberg 2007; Rosemarie Aulinger u.a. (Hg.), Deutsche Reichstagsakten unter Kaiser Karl V. Der Reichstag zu Augsburg 1555, 4 Teilbde., München 2009; vgl. Axel Gotthard, »Deus nostersit deus pacis.« Augsburg 1555: Der Reichstag des Religionsfriedens. Zum Abschluss der Edition »Deutsche Reichstagsakten. Jüngere Reihe«, in: Historisches Jahrbuch 131 (2011), S. 479–521.

7 Rosemarie Aulinger u.a. (Hg.), Deutsche Reichstagsakten unter Kaiser Karl V. Der Reichstag zu Augsburg 1555, München 2009, vierter Teilbd., S. 3107.

8 Ebd.

9 Armin Kohnle, Theologische Klarheit oder politische Einheit? Die Frage der Geschlossenheit der evangelischen Stände im Jahrzehnt nach dem Augsburger Religionsfrieden, in: Enno Bünz u.a. (Hg.), Glaube und Macht. Theologie, Politik und Kunst im Jahrhundert der Reformation, Leipzig 2005, S. 69–86, hier S. 70.

Religionsfrieden Verfassungsgebot blieb.[10] So sollten »zimbliche und gebürliche wege gesuecht« werden, »damit man desto ee zu cristlicher, freundtlicher und endtlicher vergleichung der spaltigen religion khommen möge«.[11]

Die reichsrechtliche Funktion des Bekenntnisses in der Reformationszeit ist damit umrissen. An ihm entschied sich die Ächtung oder Einbeziehung in den Schutz des Landfriedens. Diese Feststellung soll zum Ausgangspunkt genommen und gezeigt werden, dass die Frage der Aufrechterhaltung des Ewigen Landfriedens Dreh- und Angelpunkt der Reichspolitik in der Reformationszeit bildete, der letztlich auch die Bekenntnisfrage untergeordnet wurde. Dabei können zwei Phasen unterschieden werden. Bis 1552 war das Gebot der Religionseinheit im Sinne der »christlichen Wiedervereinigung« Voraussetzung von Frieden und Recht und damit der Handlungsfähigkeit des Heiligen Römischen Reichs deutscher Nation. 1552/55 setzte ein Umdenken ein. »[D]ie Aufrichtung, Gewährleistung und reichsrechtliche Verbindlichkeit von Frieden und Recht [galt nun] als Voraussetzung für einen immerwährenden Religionsfrieden«.[12] Vor diesem Hintergrund erklärt sich auch der Wandel vom Augsburgischen Bekenntnis als Ausschluss- hin zum Einschlusskriterium des Landfriedens.

Dieser Wandel wird ins Zentrum des Beitrags gerückt und aus reichsrechtlicher Perspektive erläutert. Dafür ist es zunächst notwendig, den Charakter der Reichsverfassung als Friedensordnung und des Reichsrechts als Sicherung des Friedens kurz zu skizzieren, um die Brisanz und Sprengkraft der Reformation für die Reichsverfassung zu verdeutlichen. In einem zweiten Schritt wird gezeigt, wie die Instrumentarien, die 1495 zur Sicherung und Bewahrung der Friedensordnung des Reiches geschaffen worden waren, es letztlich ermöglichten, das Sicherheitsrisiko Reformation zu entschärfen und im Rahmen der Reichsverfassung zu lösen. Der Bekenntnisbegriff wurde dabei immer weniger theologisch, sondern vielmehr weltlich verstanden. Im Augsburger Religionsfrieden diente er dazu, eine Gruppe von Reichsständen zu definieren, die in den Religionsfrieden eingeschlossen sein sollte, ohne das Bekenntnis oder die Gruppe genauer zu bestimmen.

10 Christoph A. Stumpf, Das Reichsrecht und die Wiedervereinigung der Konfessionen in verfassungshistorischer Perspektive, in: Harm Klueting (Hg.), Irenik und Antikonfessionalismus im 17. und 18. Jahrhundert, Hildesheim u.a. 2003, S. 39–54, hier S. 45.

11 Aulinger, Deutsche Reichstagsakten (wie Anm. 7), S. 3112.

12 Neuhaus, Der Passauer Vertrag (wie Anm. 1), S. 149f.

1. Forschung

Die Funktion des Bekenntnisses ist bereits aus vielerlei Perspektiven beleuchtet worden. Zu nennen sind hier in erster Linie die noch immer grundlegenden Arbeiten von Martin Heckel, der sich vor allem auf die Entstehung und Entwicklung des Staatskirchenrechts in Folge der Reformation fokussierte.[13] Im Umfeld der Feierlichkeiten des Augsburger Religionsfriedens wurde sich zudem intensiv damit auseinandergesetzt, wie eindeutig die reichsrechtlichen Regelungen von 1555 waren und welche Folgen und Wirkungen sie hatten. Dabei spielte mit Blick auf das Bekenntnis vor allem die Frage eine Rolle, was unter den Augsburgischen Konfessionsverwandten verstanden wurde und ob die Anhänger Calvins darin eingeschlossen waren oder nicht. Konsens besteht mittlerweile darüber, dass diese Frage 1555 nicht gestellt, sondern den Religionsparteien und ihren Theologen zur Klärung überlassen wurde. Irene Dingel konnte dabei zeigen, wie sehr die Auseinandersetzungen über die Bekenntnisfrage aus den offenen, dissimulierenden Formulierungen des Augsburger Religionsfriedens resultierten.[14] Die Verfassungshistoriker haben sich vor allem auf die Erweiterung der Reichverfassung in Folge der Reformation und des Augsburger Religionsfriedens fokussiert und die Flexibilität der Reichsverfassung betont, die an der Reformation nicht zerbrach, sondern vielmehr innovative Lösungen der Religionsfrage ermöglichte.[15] Den verfassungsrechtlichen Ausgangspunkt haben sie dabei nur am Rande berücksichtigt. Deshalb soll der Fokus stärker daraufgelegt und das Reich als Friedensordnung vorgestellt werden.

2. Das Reich als Friedensordnung

Ausgangspunkt dieser Entwicklung bildete die politische Situation im 15. Jahrhundert, und zwar die grundsätzliche Auseinandersetzung zwischen Kaiser und Reichsständen über die Qualität und das Ausmaß der monarchischen Herrschaft. Im Zentrum stand dabei die Frage nach der Verantwortung für die innere und äußere Friedenssicherung. Hintergrund bildete die mit der Lehensvergabe verbundene Verfestigung der Herrschaftsrechte bei den

13 Vgl. Martin HECKEL, Martin Luthers Reformation und das Recht, Tübingen 2016; ders., Vom Religionskonflikt zur Ausgleichsordnung. Der Sonderweg des deutschen Staatskirchenrechts vom Augsburger Religionsfrieden 1555 bis zur Gegenwart, München 2007.

14 Vgl. Irene DINGEL, Concordia controversa. Die öffentlichen Diskussionen um das lutherische Konkordienwerk am Ende des 16. Jahrhunderts, Heidelberg 1996.

15 Vgl. Johannes BURKHARDT, Konfessionsbildung als europäisches Sicherheitsrisiko und die Lösung nach Art des Reiches, in: Christoph KAMPMANN u.a. (Hg.), Sicherheit in der Frühen Neuzeit. Norm – Praxis – Repräsentation, Köln u.a. 2013, S. 181–190.

Vasallen, den Reichsfürsten, was auf eine immer stärkere Emanzipation und Selbständigkeit der Fürstenherrschaft hinauslief. Dadurch wurde der Kaiser zunehmend abhängiger von den Reichsständen. Die Auseinandersetzung darüber mündete seit 1400 in die Reichsreformbewegung, die auf eine Partizipation der Reichsstände an der obersten Reichsgewalt abzielte.[16] Die völlige Ausschaltung der kaiserlichen Gewalt im Reich stand jedoch niemals zur Debatte.

Befördert wurde diese Entwicklung durch den vielfach gefährdeten Frieden.[17] Außenpolitisch waren die Grenzen des Reichs im Osten durch die Osmanen bedroht, im Westen (Burgund) und Süden (Oberitalien) ging der König von Frankreich gegen das Reich vor. Hier war klar, dass der Kaiser die Verantwortung trug und den Schutz des Reiches mit Unterstützung der Reichsstände zu organisieren hatte. Anders sah es bei der Sicherung des Friedens im Inneren des Reiches aus. Das größte Problem stellte hier das Fehdewesen dar.[18] Es gab immer wieder Versuche, die Fehde einzuschränken, beispielsweise durch zeitlich und räumlich befristete Gottes- und Landfrieden mit Fehdeverboten. Trotzdem konnten diese den Frieden nicht dauerhaft sichern, da sich ein Verbot nur auf der Basis einer funktionierenden Gerichtsorganisation hätte durchsetzen lassen, die die Fehde als Rechtsmittel überflüssig gemacht hätte. Weil die Kaiser im 15. Jahrhundert hauptsächlich auf die außenpolitische Sicherung der Reichsgrenzen fixiert waren und kaum Präsenz im Reich zeigten, wurde die innergesellschaftliche Friedenswahrung zunächst dezentralisiert, indem sich weltliche Herrschaftsträger zu befristeten Schwureinungen zusammenschlossen, um die innerterritoriale Friedenswahrung zu gewährleisten. Beispiel ist hier der Schwäbische Bund, der noch bei der Niederschlagung des Bauernkrieges eine wichtige Rolle spielte.[19]

16 Vgl. Heinz Angermeier, Reichsreform und Reformation, München 1983; Gerta Scharffenorth, Luthers Lehre vom weltlichen Regiment Gottes. Die Reichsverfassungsreform als Problem des Friedensauftrags der Christen, in: Dies. (Hg.), Den Glauben ins Leben ziehen. Studien zu Luthers Theologie, München 1982, S. 205–313, insbesondere S. 209–217; Volker Leppin, Grenzen und Möglichkeiten der Obrigkeit – Zu Entstehung und Kontext von Luthers Zwei-Reiche-Lehre, in: Irene Dingel u.a. (Hg.), Die politische Aufgabe von Religion. Perspektiven der drei monotheistischen Religionen, Göttingen 2011, S. 247–258; Thomas Kaufmann, An den christlichen Adel deutscher Nation von des christlichen Standes Besserung, Tübingen 2014.

17 Vgl. Heinz Angermeier, Königtum und Landfriede im deutschen Spätmittelalter, München 1966.

18 Vgl. Matthias G. Fischer, Reichsreform und »Ewiger Landfrieden«. Über die Entwicklung des Fehderechts im 15. Jahrhundert bis zum absoluten Fehdeverbot von 1495, Aalen 2007.

19 Vgl. Horst Carl, Der schwäbische Bund 1488–1534. Landfrieden und Genossenschaft im Übergang vom Spätmittelalter zur Reformation, Leinfelden-Echterdingen 2000; Guido Komatsu, Landfriedensbünde im 16. Jahrhundert, Göttingen 2001.

Die im 15. Jahrhundert zunehmende und reichsweit um sich greifende Gewalttätigkeit, die sich durch regional und zeitlich befristete kollektive Schutzmaßnahmen nicht eindämmen ließ, führte zu einer einschneidenden Transformation, die auf unbefristete Regelungen und institutionelle Lösungen zielte. Kaiser und Reichsstände verständigten sich im Rahmen der Auseinandersetzungen über eine Reform des Reiches auf einen Kompromiss, der letztlich den Reichsständen einen größeren Einfluss auf die höchstrichterliche Rechtsprechung einräumte.

Das Ergebnis des Ringens um die Ausgestaltung der Reichsverfassung zwischen Kaiser Maximilian I. und den Reichsständen war der auf dem Wormser Reichstag von 1495 beschlossene »Ewige, das heißt unbefristete Landfriede«, zu dessen Durchsetzung und Schutz das Reichskammergericht gegründet wurde.[20] Der ewige Landfriede bedurfte der Exekution, die in der »Handhabung Friedens und Rechts« ihren Niederschlag fand.[21] Zuständig sollte der Reichstag sein, der damit Eigenständigkeit gewann und als Kommunikationsforum von Kaiser und Reich konstituiert wurde. Eine Reichssteuer, der sogenannte Gemeine Pfennig, sollte nicht nur den Unterhalt des Reichskammergerichts sichern, sondern auch militärische Aktionen gegen Friedensbrecher finanziell gewährleisten.[22]

Es handelte sich um ein aufeinander bezogenes System von Maßnahmen, das dazu dienen sollte, einen allgemeinen und zeitlich unbefristeten Frieden durch ein unwiderruflich verstandenes Fehde- und Gewaltverbot herzustellen.[23] Die friedliche Streitbeilegung sollte vor Gericht ausgetragen werden. Für die Vollstreckung der landfriedensgerichtlichen Entscheidungen waren die Reichsstände zuständig. Wer trotz des dezidierten Verbots Fehde- und Gewalthandlungen vornahm, sollte – unabhängig davon, welchen Stand oder welche Würde er inne hatte – in die Reichsacht fallen (§ 3) und peinlichen

20 Claudia HELM / Jost HAUSMANN (Red.), 1495 – Kaiser, Reich, Reformen. Der Reichstag zu Worms, Koblenz 1995; Karl-Friedrich KRIEGER, König, Reich und Reichsreform im Spätmittelalter, München ²2005; Nr. 173: Der sog. Ewige Landfriede, 1495, Aug. 7, in: Karl ZEUMER, Quellensammlung zur Geschichte der Deutschen Reichsverfassung in Mittelalter und Neuzeit, Tübingen 1913, S. 281; Nr. 174: Reichs-Kammergerichts-Ordnung, 1495, Aug. 7, in: Ebd., S. 284. Die Quellensammlung von ZEUMER schöpft aus einem frühneuzeitlichen Standardwerk über den Landfrieden: Johann Philipp DATT, Volumen rerum Germanicorum novum, sive de pace imperii publica libri V, Ulm 1698.

21 Nr. 175: Handhabung Friedens und Rechts, 1495, Aug. 7, in: ZEUMER, Quellensammlung (wie Anm. 20), S. 291.

22 Nr. 176: Ordnung des gemeinen Pfennigs, 1495, Aug. 7, in: ZEUMER, Quellensammlung (wie Anm. 20), S. 294.

23 Vgl. Siegrid WESTPHAL, Reichskammergericht, Reichshofrat und Landfrieden als Schutzinstitute der Reichsverfassung, in: Thomas SIMON u.a. (Hg.), Schutz der Verfassung: Normen, Institutionen, Höchst- und Verfassungsgerichte, Berlin 2014, S. 13–37; vgl. Sabine JABERG, Systeme kollektiver Sicherheit in und für Europa in Theorie, Praxis und Entwurf. Ein systemwissenschaftlicher Versuch, Baden-Baden 1998; dies., Kollektive Sicherheit: Mythos oder realistische Option?, Hamburg 1999.

Strafen unterzogen werden. Nicht zuletzt deshalb spricht die Forschung von einer klaren Kriminalisierung der Fehde. Als Wahrer des Landfriedens verpflichtete der Kaiser alle Reichsstände und Untertanen auf die Einhaltung der genannten Artikel unter Hinweis auf die ihm geleisteten Eide und unter Androhung der königlichen Ungnade und von härtesten Strafen des gemeinen Reichsrechts (§ 10). Eine ganze Reihe von Verboten betraf den Umgang mit erwiesenen und notorischen Friedensbrechern, die letztlich den Vollzug sichern sollten. Denn nicht nur der Landfriedensbruch, sondern auch die Unterstützung von Friedensbrechern (§ 5 Hausungsverbot) wurde mit der Ächtung bedroht.

In enger Verbindung mit dem Ewigen Landfrieden sind die Bemühungen einer umfassenden Reichsgesetzgebung zu sehen, die der Rechtsunsicherheit entgegenwirken und damit der Sicherung des innergesellschaftlichen Friedens dienen sollten. Dazu gehören die Policeygesetzgebung und die Bemühungen um ein vereinheitlichtes Strafrecht. Bereits seit 1495 engagierten sich die Reichsstände dafür. Wachsende politische, soziale, religiöse und wirtschaftliche Spannungen führten auf den folgenden Reichstagen zunächst zu zahlreichen Einzelbestimmungen, bis Kaiser Karl V. 1521 eine umfassende Reichspoliceyordnung in Auftrag gab, die dann vom Reichsregiment erarbeitet und 1530 – über alle konfessionellen Gegensätze hinweg – vom Reichstag verabschiedet wurde. Zwischen 1487 und 1603 wurden insgesamt 73 Gesetze mit policeylichen Materien auf Reichsebene geregelt.[24] Die Reichspoliceygesetzgebung entstand auf Reichsebene durch den Vergleich von Kaiser und Reichsständen und sollte als Rahmenrichtlinie für die territorialen Policeynormen dienen. Damit verständigte man sich konsensual auf ein »einheitliches innenpolitisches Vorgehen in den Territorien und [...] einen selbst einzuhaltenden und gegenüber den Untertanen durchzusetzenden Normen- und Verhaltenskodex«.[25] Ähnliche Orientierungsfunktion wie die Reichspoliceyordnungen gewann die Peinliche Halsgerichtsordnung (Carolina) von 1532, die das gesamte Strafrecht auf Reichsebene revolutionierte. Auch sie diente als Rahmenrichtlinie für die territorialen Strafrechtsordnungen.[26]

Der Augsburger Reichsabschied bzw. Religionsfrieden von 1555 beförderte die Normierungsintensität in der zweiten Hälfte des 16. Jahrhunderts, da nun den Reichsständen reichsrechtlich auch »die Gesetzgebungskompetenz in Religionssachen eingeräumt« wurde.[27]

24 Matthias WEBER, Die Reichspolizeiordnungen von 1530, 1548 und 1577. Historische Einführung und Edition, Frankfurt am Main 2002, S. 23.

25 Ebd., S. 37.

26 Vgl. Willy SCHEEL, Johann Freiherr zu Schwarzenberg, Berlin 1905.

27 Karl HÄRTER, Religion, Frieden und Sicherheit als Gegenstand guter Ordnung und Policey. Zu den Aus- und Nachwirkungen des Augsburger Religionsfriedens und des

Den Bemühungen um die Durchsetzung und Bewahrung des Friedens auf Reichsebene entsprachen also die Bemühungen von Landesherren und Landständen auf der territorialen Ebene, durch umfassende Kompilation des Rechts in einem Territorium Frieden und Ordnung herzustellen und zu wahren. Dabei ging es nicht um eine vollständige Regelung aller Rechtsgebiete, sondern um die Klärung aktueller und drängender Fragen.[28] Nicht zuletzt deshalb besitzen die frühen Ordnungen kompilatorischen Charakter.

3. Die Reformation als Bedrohung der Friedensordnung des Reichs

Mit der Reformation und der Herausbildung von Konfessionen innerhalb des Reiches wurde die Landfriedensidee auf eine harte Probe gestellt, die letztlich zur Erweiterung des Landfriedens auch auf den Bereich des Glaubens führte. Dies hing vor allem mit der engen Verbindung von Reichsverfassung und Kirchenorganisation zusammen. Der Kaiser als *vicarius ecclesiae* und die Reichskirche als integraler Bestandteil der Reichsverfassung waren die Hauptgründe dafür, dass die Folgen der reformatorischen Lehre auch als Auseinandersetzung auf der politisch-rechtlichen Ebene begriffen wurden. Dies lässt sich schon daran ablesen, dass die Verhandlungen über die Religionsfrage vornehmlich auf Reichstagen oder im Umfeld davon stattfanden.

Das Wormser Edikt folgte im Grunde einem Automatismus, der Kaiser als Schutzherr der Kirche war gezwungen, dem kirchlichen Bann die Acht folgen zu lassen.[29] Da die Reichsstände sich aber weigerten, einen entsprechenden Reichstagsbeschluss ausgehen zu lassen, erließ der Kaiser das Edikt aus eigener Machtvollkommenheit. Allein dieser Umstand musste vor dem Hintergrund des Dualismus zwischen Kaiser und Reichsständen dazu führen, dass die Reichsstände der Durchsetzung des Edikts den Gehorsam verweigerten. Hinzu kamen die baldige Abreise des Kaisers aus dem Reich und die Einsetzung eines Reichsregiments, die letztlich zur Suspendierung der Durch-

Reichsabschieds von 1555 in der reichsständischen Policeygesetzgebung, in: Wolfgang Wüst u.a. (Hg.), Der Augsburger Religionsfriede 1555: ein Epochenereignis und seine regionale Verankerung, Augsburg 2005, S. 143–164, hier S. 147.

28 Christian Winter, Für gute Ordnung und Policey. Die Landesordnungen in der Frühen Neuzeit, in: Irene Dingel u.a. (Hg.), Gute Ordnung. Ordnungsmodelle und Ordnungsvorstellungen in der Reformationszeit, Leipzig 2014, S. 87–107, hier S. 89.

29 Heiner Lück, Der Augsburger Religionsfrieden und das Reichsrecht. Rechtliche Rahmenbedingungen für ein epochales Verfassungsdokument, in: Gerhard Graf u.a. (Hg.), Der Augsburger Religionsfrieden. Seine Rezeption in den Territorien des Reichs, Leipzig 2006, S. 9–23, hier S. 14.

führung des Edikts und Formelkompromissen führten.[30] All dies geschah mit dem Ziel, den Frieden im Reich zu wahren und die Handlungsfähigkeit des Reiches aufrechtzuerhalten.

Dieser Entwicklung entsprach, dass sogenannte Reformationsprozesse in Folge des Wormser Edikts am Reichskammergericht eingeführt wurden.[31] Sie wurden als Landfriedenssachen tituliert, wobei in der frühen Reformation relativ wenige Fälle anhängig gemacht wurden. Im Zentrum standen Fragen des enteigneten Kirchenguts, der Eingriffe in die geistlichen Rechte und die Abweichung vom Ritus.

In den 1520er Jahren dominierte die Idee, dass der Ausgleich in der Religionsfrage Voraussetzung für den politisch-rechtlichen Frieden sein müsse. Als entscheidendes Mittel dafür wurde ein Konzil favorisiert.[32] Solange dieses aber nicht zusammentrat, sollte mit Hilfe von Interimslösungen der Frieden im Reich und damit die Handlungsfähigkeit des Reichsverbandes aufrecht erhalten werden.[33] Auf dem Speyrer Reichstag von 1529 wurde in § 10 des Reichsabschieds erstmals der Versuch unternommen, den Religionskonflikt durch Einbeziehung in den Landfrieden zu beruhigen.[34]

Seit den Beschlüssen des Augsburger Reichstags von 1530, welche die kaiserliche und altgläubige Position stärkten, war eine gewaltsame Handlung nicht mehr notwendig, um solche Vorgehensweisen der Protestanten als Landfriedensbruch zu qualifizieren.[35] Alle reformatorischen Maßnahmen galten nun als rechtswidrig und landfriedensbrüchig. Zahlreiche Verfahren am Reichskammergericht drohten und wurden in der Folge auch angestrengt.[36] Nicht zuletzt deshalb schlossen sich die Protestanten unter Führung von Hessen und Sachsen zum Schmalkaldischen Bund zusammen, einer alternativen

30 Vgl. Horst Rabe, Abschied vom Ketzerrecht? Zur Religionspolitik Karls V., in: Irene Dingel u.a. (Hg.), Reformation und Recht. Festgabe für Gottfried Seebaß zum 65. Geburtstag, Gütersloh 2002, S. 40–57.

31 Umfangreiche Literaturangaben zu Reformations- und Religionsprozessen finden sich bei: Tobias Branz, Von Religionsfriedenstatbeständen, Landfriedensbruch und Reformationsprozessen am Reichskammergericht, in: Anja Amend-Traut u.a. (Hg), Die höchsten Reichsgerichte als mediales Ereignis, München 2012, S. 151–177.

32 Vgl. Christopher Spehr, Luther und das Konzil. Zur Entwicklung eines zentralen Themas in der Reformationszeit, Tübingen 2010.

33 Rolf Decot, Confessio Augustana und Reichsverfassung. Die Religionsfrage in den Reichstagsverhandlungen des 16. Jahrhunderts, in: Herbert Immenkötter u.a. (Hg.), Im Schatten der Confessio Augustana. Die Religionsverhandlungen des Augsburger Reichstages 1530 im historischen Kontext, Münster 1997, S. 19–49, hier S. 26f.

34 Ebd., S. 27.

35 Jürgen Weitzel, Die Rolle des Reichskammergerichts bei der Ausformung der Rechtsordnung zur allgemeinen Friedensordnung, in: Ingrid Scheurmann (Hg.), Frieden durch Recht. Das Reichskammergericht von 1495 bis 1806, Mainz 1994, S. 40–48, hier S. 47; Branz, Von Religionsfriedenstatbeständen (wie Anm. 31), S. 163.

36 Vgl. Gabriele Schlüter-Schindler, Der Schmalkaldische Bund und das Problem der causa religionis, Frankfurt am Main 1986.

konfessionell orientierten Friedenseinung, welche die Mitglieder im Bedrohungsfall zu gegenseitiger Hilfe verpflichtete.[37] Die Bekenntnisfrage spielte zwar eine Rolle, wurde aber letztlich hinter die politisch-rechtlichen Interessen zurückgestellt. Die Zeit von 1530 bis 1544 war im Wesentlichen von den Bemühungen des Bundes geprägt, den »rechtlichen Krieg« suspendieren zu lassen, damit einem späteren Konzil nicht judizierlich vorgegriffen würde. Dies gelang aufgrund des außenpolitisch durch die Türken und Franzosen bedrohten Friedens zwei Mal, nämlich durch den Nürnberger Anstand vom 23. Juli 1532, als der Kaiser den Schmalkaldenern bis zu einem Konzil Frieden zubilligte[38] sowie im Frankfurter Anstand vom 19. April 1539,[39] als nach Beginn des Trienter Konzils das Wormser Edikt für fünfzehn Monate ausgesetzt wurde. Die zeitlich befristeten Friedensschlüsse, die in den Landfrieden aufgenommen wurden, stellten eine offizielle Duldung der evangelischen Partei dar, was auf die Regelungen von 1555 vorauswies.[40] Die Friedenszusicherung war jedoch ohne Billigung der altgläubigen Reichstagsmehrheit erteilt worden und wurde nicht auf eine namentlich bezeichnete Gruppe bezogen, sondern relativ offen auf den Kurfürsten von Sachsen und die ihm Zugewandten. Der Bezug auf ein Bekenntnis unterblieb, ebenso Verketzerungen. Vielmehr wurde unter Hinweis auf die gemeinsamen christlichen Überzeugungen eine integrative Strategie verfolgt, um die Unterstützung der evangelischen Stände in der Türkenabwehr zu erhalten.

Im Frankfurter Anstand von 1539 bezeichneten sich die Mitglieder des Schmalkaldischen Bundes selbst als »Einigungsverwandte«. Der ergänzende Verweis auf die Augsburger Konfession diente dagegen dazu, diejenigen Stände zu umschreiben, die sich als evangelisch definierten, aber nicht dem Bund angehörten.[41] Damit wurde erstmals in einem reichsrechtlich relevanten Dokument die gesamte evangelische Seite unter einem konfessionellen Parteinamen zusammengefasst. Nicht zuletzt deshalb besaß der Schmalkaldische Bund maßgeblichen Anteil daran, die »Confessio Augustana im Sinne einer verbindlichen Glaubensgrundlage«[42] zum Bezugspunkt der gesamten Kon-

37 Vgl. Gabriele HAUG-MORITZ, Der Schmalkaldische Bund 1530–1541/42. Eine Studie zu den genossenschaftlichen Strukturelementen der politischen Ordnung des Heiligen Römischen Reiches Deutscher Nation, Leinfelden-Echterdingen 2002.

38 Vgl. Rosemarie AULINGER, Die Verhandlungen zum Nürnberger Anstand 1531/32 in der Vorgeschichte des Augsburger Religionsfriedens, in: Heinrich LUTZ u.a. (Hg.), Aus der Arbeit an den Reichstagen unter Kaiser Karl V. Sieben Beiträge zu Fragen der Forschung und Edition, Göttingen 1986, S. 194–227.

39 Vgl. Paul FUCHTEL, Der Frankfurter Anstand vom Jahre 1539, in: ARG 28 (1931), S. 160–188.

40 JÖRGENSEN, Konfessionelle Selbst- und Fremdbezeichnungen (wie Anm. 3), S. 229.

41 Ebd., S. 236f.

42 Ebd., S. 37.

fessionspartei gemacht zu haben. Auch die Gegenpartei erhielt im Übrigen einen eigenen Namen und wurde bezeichnet als die Stände, die der römischen Kirche anhängig sind.

Die Anstände waren auch mit einer Suspension der Religionsprozesse am Reichskammergericht verbunden, die alle als Landfriedensbruchverfahren geführt wurden. Da unter den Religionsparteien jedoch strittig war, welche Verfahren tatsächlich unter die Suspension fallen sollten, kam es ab 1534 zur Generalrekusation des Reichskammergerichts. Dabei wurde die Zuständigkeit des Reichskammergerichts in Prozessen mit Glaubens- und Reformationsbezug von den Bundesmitgliedern grundsätzlich abgelehnt. Nur ein freies, christliches Konzil sollte darüber befinden dürfen.

Begleitet wurde diese Phase in der Folge von intensiven Religionsgesprächen auf oder am Rande der Reichstage in den 1540er Jahren, auf denen man eine Einigung in der Religionsfrage erzielen wollte.[43] Diese Bemühungen standen ganz unter dem Einfluss der Bedrohung durch die Türken, zu dessen Abwehr der Kaiser der Unterstützung aller Reichsstände bedurfte und deshalb der gemeinsame christliche Glauben beschworen wurde.

1542 konnten die Protestanten im Speyrer Reichsabschied weitgehende Konzessionen erhalten, weil die Frage der Türkenhilfe angesichts der akuten Bedrohungslage völlig ins Zentrum der Verhandlungen auf dem Reichstag gerückt war. Unter äußerem Druck und zugunsten des reichsinternen Friedens wurde der Religionsstreit umgangen. Lediglich hinsichtlich der Konzilsfrage lehnten die »stend, der augspurgischen confession und religion anhengig«[44] eine Beschickung ab. Hier findet sich der erste Nachweis der Bezeichnung »Stände der Augsburgischen Konfession«.[45] Im Speyrer Reichsabschied von 1544 war der Begriff mittlerweile etabliert. Hier konnten die CA-Verwandten weitgehende Zugeständnisse erhalten, die später zum Teil in den Augsburger Reichsabschied von 1555 eingingen.[46] Neben »Regeln über Schutzgarantien und Gewaltverbote für beide Konfessionen, über die Verteilung des Kirchenguts und der kirchlichen Einkünfte, über

43 Vgl. Marion Hollerbach, Das Religionsgespräch als Mittel der konfessionellen und politischen Auseinandersetzung im Deutschland des 16. Jahrhunderts, Frankfurt am Main u.a. 1982; Cornelius Augustijn, Die Religionsgespräche der vierziger Jahre, in: Gerhard Müller (Hg.), Die Religionsgespräche der Reformationszeit, Gütersloh 1980; Rolf Decot, Reichstage und Religionsgespräche. Zur reichspolitischen Behandlung der Religionsfrage, in: Johannes Brosseder u.a. (Hg.), »Kein Anlass zur Verwerfung«. Studien zur Hermeneutik des ökumenischen Gesprächs. Festschrift für Otto Hermann Pesch, Frankfurt am Main 2007, S. 110–139.

44 Zitiert nach Jörgensen, Konfessionelle Selbst- und Fremdbezeichnungen (wie Anm. 3), S. 251.

45 Ebd.

46 Vgl. Martin Heckel, Ius reformandi. Auf dem Weg zum »modernen« Staatskirchenrecht im Konfessionellen Zeitalter, in: Irene Dingel u.a. (Hg.), Reformation und Recht. Festgabe für Gottfried Seebaß zum 65. Geburtstag, Gütersloh 2002, S. 75–126.

Interventionsverbote, Auswanderungsrechte und über das exklusiv einvernehmliche Verfahren zur Beilegung des Glaubensstreits (sei es durch Konzil oder Reichshandlungen)«[47] wurde offiziell sogar der Augsburger Reichsabschied von 1530 und damit das Ketzerrecht suspendiert.

4. Der Augsburger Religionsfrieden und die Frage des Bekenntnisses

Letzten Endes wurde der Konflikt zwischen Protestanten und Katholiken nicht auf der Ebene der religiösen Wahrheitsfrage ausgetragen, sondern im Rahmen der 1495 geschaffenen Friedensordnung.[48] Der Schmalkaldische Krieg 1546/47 war offiziell kein Religionskrieg, sondern die Durchsetzung der Reichsacht gegen die Landfriedensbrecher Hessen und Kursachsen wegen ihres Einfalls in Braunschweig.[49] Nicht zuletzt dieser Umstand ebnete dann für Kaiser und Reich den Weg, die Friedensordnung – trotz massiver Verwerfungen – zu bewahren, indem man auf die 1495 konsensual gefundenen Instrumentarien zurückgriff und damit eine rechtlich-politische Lösung der Glaubensauseinandersetzung herbeiführte. 1548 wurde zunächst ein erneuerter Landfrieden verkündet, der den Landfriedensbruchtatbestand deutlich erweiterte und von den Ursachen entkoppelte.[50] Insbesondere wurde jetzt ein Verbot von konspirativen Bündnissen aufgenommen, womit vor allem auf den Schmalkaldischen Bund angespielt wurde. Der Religionsfriede wurde 1555 »als Teil des vom Augsburger Reichstag erneuerten Wormser Reichslandfriedens zum Reichsgesetz erklärt«[51] und unterlag damit den Rechtsgarantien des 1495 geschaffenen Systems zum Schutz der Friedensordnung. Der Landfriedensbruchtatbestand von 1555 weist dabei zwei Ergänzungen zum Tatbestand von 1548 auf,[52] worin sich die fundamentalen Veränderungen der Machtverhältnisse im Reich seit 1548 widerspiegeln. Kein Stand des Reiches augsburgischer Konfession sollte wegen reformatorischer Maßnahmen mit Gewalt überzogen werden oder durch Gewalt von der Lehre und der Einhaltung der Zeremo-

47 Ebd., S. 92.

48 Anton Schindling, Gab es Religionskriege in Europa? Landfrieden und Völkerrecht statt Glaubenskampf und »Strafgericht Gottes«, in: Axel Gotthard u.a. (Hg.), Studien zur politischen Kultur Alteuropas. FS Helmut Neuhaus, Berlin 2009, S. 275–298, hier S. 275.

49 Siegrid Westphal, Die Entwicklung des Schmalkaldischen Bundes im Spiegel seiner Bundesabschiede, in: Verein für Schmalkaldische Geschichte (Hg.), Der Schmalkaldische Bund und die Stadt Schmalkalden, Schmalkalden 1996, S. 19–63 (mit Dokumentation); Georg Schmidt / Siegrid Westphal, Art. Schmalkaldischer Krieg, in: TRE XXX (1999), S. 227–232, hier S. 227.

50 Branz, Von Religionsfriedenstatbeständen (wie Anm. 31), S. 161.

51 Schindling, Gab es Religionskriege (wie Anm. 48), S. 292.

52 Branz, Von Religionsfriedenstatbeständen (wie Anm. 31), S. 162.

nien und Ordnungen abgehalten werden. In strittigen Religionssachen sollten friedliche Mittel und Wege zur Lösung gesucht werden. Im Gegenzug wurden auch die Augsburger Konfessionsverwandten dazu verpflichtet, die Anhänger der alten Religion bei ihren Rechten zu belassen und nichts gegen sie zu unternehmen,

> sondern in alle wege nach laut und Ausweisungen des H. Reichs Rechten, Ordnungen, Abschieden, und aufgerichten Land=Frieden, jeder sich gegen dem andern an gebührenden ordentlichen Rechten begnügen lassen, alles bey Fürstl. Ehren, wahren Worten und Vermeidung der Pön, in dem uffgerichten Land=Frieden begriffen.[53]

»Das Reich zog sich damit gleichsam aus dem Religionsstreit zurück. Es sorgte von nun an lediglich für die rechtlichen Rahmenbedingungen, die durch einen Schutz der friedlichen Koexistenz das Funktionieren des Reichsganzen gewährleisten sollten«.[54] Die Religionsparteien wurden unter Bezug auf das Bekenntnis zu festen Verfassungsinstitutionen und in die Reichsverfassung integriert. Damit trat neben den Dualismus von Kaiser und Reich ein konfessioneller Dualismus. Beides musste im Gleichgewicht gehalten werden, damit der Frieden bewahrt werden konnte und das Reich handlungsfähig blieb. Das Ketzerrecht und das kanonische Recht wurden entsprechend massiv eingeschränkt, alle gegen die evangelische Partei gerichteten früheren rechtlichen Maßnahmen verloren dadurch ihre reichsrechtliche Relevanz.[55] Der Friedstand sollte nun nicht mehr wie zuvor befristet, sondern dauerhaft sein.

Die Parität bzw. Gleichheit der Konfessionen setzte eine gemeinsame Rechtsebene mit gemeinsamen Begriffen und Normen auf Reichsebene voraus, die allerdings in den Herrschaftsgebieten der Reichsstände je nach Bekenntnis interpretiert und umgestaltet werden konnten. Die Folge war die Herausbildung eines eigenen Rechtstypus »dissimulierenden Rechts«,[56] der den konfessionellen Gegensatz durch Formelkompromisse zu verschleiern suchte.

53 Zitiert nach Branz, Von Religionsfriedenstatbeständen (wie Anm. 31), S. 177.

54 Jörgensen, Konfessionelle Selbst- und Fremdbezeichnungen (wie Anm. 3), S. 271.

55 Vgl. Martin Heckel, Sinn und Formen des Verfahrens im Reichskirchenrecht des Alten Reichs, in: Barbara Stollberg-Rilinger u.a. (Hg.), Herstellung und Darstellung von Entscheidungen. Verfahren, Verwalten und Verhandeln in der Vormoderne, Berlin 2010, S. 441–473.

56 Heckel, Ius reformandi (wie Anm. 46), S. 109; Matthias Pohlig, Religionsfrieden als pax politica. Zum Verhältnis von Religion und Politik im konfessionellen Zeitalter, in: Karl Gabriel u.a. (Hg.), Umstrittene Säkularisierung. Soziologische und historische Analysen zur Differenzierung von Religion und Politik, Berlin 2012, S. 225–251; ders., Wahrheit als Lüge oder: Schloss der Augsburger Religionsfrieden den Calvinismus aus?, in: Andreas Pietsch u.a. (Hg.), Konfessionelle Ambiguität. Uneindeutigkeit und Verstellung als religiöse Praxis in der Frühen Neuzeit, Gütersloh 2013, S. 142–169.

Er bestimmte künftig die Rechtspraxis und die Jurisprudenz, damit das Reich nicht am Religionszwiespalt zerbrach, handlungsfähig blieb und die äußere Rechtseinheit bewahrt wurde. Begriffe und Normen wurden als weltliche Rahmenbegriffe und -normen benutzt. Dies betraf auch den Begriff Bekenntnis, der reichsrechtlich mit keiner Konfession identifiziert werden durfte, aber beiden Schutz und Beschränkung bieten musste. Der Bekenntnisbegriff wurde reichsrechtlich zu einer theologisch neutralen Leerformel, die auf der darunter liegenden territorialen Ebene durch die jeweilige Obrigkeit je nach deren Bekenntnis gefüllt werden musste. Die Praxis der rechtlichen Dissimulation auf Reichsebene stand in krassem Widerspruch zum Bekenntniszwang auf territorialer Ebene.

Der theologisch entleerte Bekenntnisbegriff im Reichsrecht widersprach fundamental dem theologischen Wahrheitsanspruch der jeweiligen Konfessionen. Nicht zuletzt deshalb konnte der Religionsfrieden aufgrund der theologischen Tiefendifferenzen juristisch verschieden ausgelegt und angewandt werden. Das war der Preis, um das Reich als Friedensordnung zu erhalten.

5. Ausblick

Zumindest die ersten Jahrzehnte hat die Augsburger Friedensordnung insgesamt (Durchsetzung des Fehdeverbots, Verhinderung weiterer Untertanenaufstände nach dem Bauernkrieg von 1525, Verfolgung »landschädlicher Leute«)[57] und speziell der Augsburger Religionsfrieden funktioniert. Gegen Ende des 16. Jahrhunderts ging der Friedenskonsens zwischen den Konfessionen jedoch verloren und die jeweiligen Konfessionsparteien rückten enger zusammen.[58] Sie formulierten ihre Forderungen im Rahmen kontroverstheologischer Publizistik zunehmend in scharfer Abgrenzung voneinander, wobei sich wesentliche Streitfragen um die Auslegung des Augsburger Religionsfriedens drehten. Die Reichsverfassung bot zwar die Instrumentarien zur Befriedung, bildete aber gleichsam auch den Nährboden für neuen Dissens. Umstritten waren folgende Punkte des Augsburger Religionsfriedens, wenn nicht von katholischer Seite sogar der gesamte Religionsfrieden als ungültig angesehen wurde, weil er mit Häretikern geschlossen worden war: das Konfessionsrecht der reichsstädtischen Magistrate, Sitz und Stimme der Bistumsadministratoren auf dem Reichstag, die nach 1552 vorgenommene

57 Horst Carl, Landfriede, in: Enzyklopädie der Neuzeit 7 (2008), Sp. 493–500, hier Sp. 495.

58 Anders bei: Martin Heckel, Politischer Friede und geistliche Wahrheit im Ringen um die Wahrheit. Zur Historiographie des Augsburger Religionsfriedens von 1555, in: HZ 282 (2006), S. 391–425.

Einziehung von Kirchengut durch die Protestanten, die Geltung des Geistlichen Vorbehalts, die Verbindlichkeit der Declaratio Ferdinandea sowie der rechtlich-politische Status der Calvinisten.[59]

Die reichsrechtliche relevante Frage, ob die Anhänger Calvins zu den Augsburger Konfessionsverwandten zu zählen waren und damit unter den Schutz des Religionsfriedens fielen, führte letztlich nach 1555 zu einem theologischen Identitätsfindungsprozess innerhalb der evangelischen Partei, der die Formulierung von unterschiedlichen Corpora doctrinae auf territorialer Ebene zur Folge hatte. Der Versuch, »über eine Sammlung von theologischen Normtexten Einigkeit in der Lehre herzustellen, war richtungsweisend«.[60] Ergebnis waren zum einen das Konkordienbuch (1580), in dem die zentralen Bekenntnisschriften des Luthertums versammelt wurden, zum anderen die Konkordienformel, welche die Augsburger Konfessionsverwandtschaft auf die *Confessio Augustana invariata* festlegte. Nicht zuletzt dies ließ bei den Calvinisten die Angst vor reichsrechtlich legitimierter Verfolgung wachsen, während sie gleichermaßen wie die Lutheraner eine bekenntnismäßige Konsolidierung (Confessio Helvetica posterior, Dordrechter Synode) vollzogen. Auf Reichsebene war es jedoch für die Calvinisten entscheidend, im Sinne einer integrativen Auslegung des Augsburger Religionsfriedens ihre Konformität mit der *Confessio Augustana (variata)* zu betonen, um den Schutz des Religionsfriedens zu genießen.

Nicht nur diese widersprüchliche Entwicklung, sondern auch die anderen aus dem Religionsfrieden resultierenden Probleme bedurften immer dringender der Klärung. Jede Partei entwickelte jeweils eigene, spezifische Interpretationen des Augsburger Religionsfriedens. Während die Katholiken eine enge Auslegung des Augsburger Religionsfriedens verfolgten und alle seit 1552 durch die Protestanten vorgenommenen Veränderungen rückgängig machen wollten, beharrten die Protestanten darauf, den Religionsfrieden als einen Vertrag zwischen zwei gleichberechtigten Parteien zu interpretieren, der veränderten Rahmenbedingungen angepasst werden konnte.

In Folge der sich zunehmend verhärtenden konfessionellen Fronten kam es zu einer Blockade der Friedensordnung des Reiches,[61] die letztlich in den Dreißigjährigen Krieg mündete. Der 1495 vorgegebene Weg, alle inneren

59 Axel Gotthard, Der Religionsfrieden und das Heilige Römische Reich Deutscher Nation, in: Carl A. Hoffmann u.a. (Hg.), Als Frieden möglich war. 450 Jahre Augsburger Religionsfrieden, Regensburg 2005, S. 71–83, hier S. 74.

60 Vgl. Irene Dingel, Evangelische Lehr- und Bekenntnisbildung im Spiegel der innerprotestantischen Auseinandersetzungen zur Zeit des Augsburger Religionsfriedens, in: Carl A. Hoffmann u.a. (Hg.), Als Frieden möglich war. 450 Jahre Augsburger Religionsfrieden, Regensburg 2005, S. 51–61.

61 Vgl. Bernhard Ruthmann, Die Religionsprozesse am Reichskammergericht (1555–1648): Eine Analyse anhand ausgewählter Prozesse, Köln u.a. 1996.

Bedrohungen des Reichs als Landfriedensproblem zu definieren und im Rahmen der Friedensordnung des Reiches zu regulieren, war letztlich der Weg, auch den »Krieg aller Kriege« (Konrad Repgen) im Reich zu befrieden.

Während ein Universalfriede auf europäischer Ebene scheiterte, ermöglichten es die Instrumentarien der Reichsverfassung, die im Reich vorherrschenden Konflikte zu entschärfen, und zwar dauerhaft bis zum Ende des Heiligen Römischen Reiches deutscher Nation. Nicht zuletzt deshalb wird der Westfälische Frieden als Grundgesetz des Alten Reiches bezeichnet, mit dem auch die Ära der Konfessions- beziehungsweise Religionskriege im Reich endete.[62] Er regelte neben den Fragen der territorialen Satisfaktion für die Kriegsparteien mit Blick auf das Reich zwei Aspekte: zum einen das Verfassungsrecht, zum anderen das Reichsreligionsrecht. Artikel VIII IPO stellte in drei Paragraphen das alte Herkommen und die Rechte der Reichsstände wieder her, was keiner ausführlichen Verhandlungen bedurfte. Im Zentrum des Westfälischen Friedens stehen vielmehr die Regelungen des Reichsreligionsrechts (Art. V,VII IPO), die als zweiter Religionsfrieden angesehen werden. Als erstes wurden der Passauer Vertrag von 1552 und der Augsburger Religionsfrieden von 1555 bestätigt, was nicht als Leerformel zu verstehen ist. Vielmehr wurde festgelegt, dass der Westfälische Frieden bis zu einer künftigen kirchlichen Wiedervereinigung als dauerhaft gültige Erläuterung des vielfach umstrittenen Augsburger Religionsfriedens anzusehen sei. Eine Reihe von Modifikationen sollte die durch die Lücken des Augsburger Religionsfriedens ausgelösten Konflikte ausräumen. Grundsätzliche Norm des Reichsreligionsrechts bildete die rechtliche Gleichheit – die volle Parität – zwischen den Konfessionen, wobei die Calvinisten durch eine geschickte Formulierung als Untergruppe der Augsburger Konfessionsverwandten in den Schutz des Religionsfriedens einbezogen wurden. Damit war die grundlegende Frage, ob die Calvinisten in den Augsburger Religionsfrieden eingeschlossen waren oder nicht, durch einen Kompromiss reichsrechtlich entschärft worden, so dass das Bekenntnis als Kriterium der reichsrechtlichen Anerkennung und Einbeziehung in den Religionsfrieden zumindest für die drei großen Konfessionen im Reich nicht mehr von Relevanz war.

62 Vgl. Siegrid WESTPHAL, Der Westfälische Frieden, München 2015.

Peter Walter

»Confessio« im römisch-katholischen Kontext

Beobachtungen zum Sprachgebrauch im 16. Jahrhundert

Der titelgebende Begriff bietet ein schönes Beispiel dafür, wie eine sich wandelnde geschichtliche Konstellation Worte, die Jahrhunderte lang in Gebrauch waren, verändern kann. Im vorliegenden Fall ist es die Ausprägung unterschiedlicher religiöser Gruppierungen im Gefolge der Reformation, für die sich im 19. Jahrhundert der von »confessio« abgeleitete Begriff der »Konfession« durchgesetzt hat.[1] Dadurch wurde ein semantisch reiches Wort auf eine Bedeutung eingeschränkt, was auf römisch-katholischer Seite eine sprachliche Veränderung anstieß. Um diese Entwicklung zu verstehen, wird zunächst kurz auf den Sprachgebrauch des Basistextes für Liturgie, Theologie und Frömmigkeit eingegangen, die lateinische Bibel, die diese Funktion für die römisch-katholische Kirche bis in die jüngste Vergangenheit behalten hat.

1. Der Sprachgebrauch der lateinischen Bibel

Während das Substantiv »confessio« im klassischen Latein eher eine eingeschränkte Bandbreite von Bedeutungen hat, die sich im Bereich der zwischenmenschlichen Interaktion, hauptsächlich im juristischen Bereich, bewegen (Eingeständnis, Zugeständnis, Geständnis),[2] hat es im Sprachgebrauch der lateinischen Kirche eine neue Dimension hinzugewonnen. Hier wird es auch für das Bekenntnis des Glaubens gebraucht. Aber auch der erstere Bereich erhält eine neue Bedeutungsvariante, insofern durch dieses Wort nicht nur das Eingeständnis von Versagen und Schuld allgemein, sondern das vor der Gemeinde oder einem kirchlichen Amtsträger und insbesondere auch vor Gott zum Ausdruck gebracht wird, und »confessio« im Lauf der Zeit als »pars pro toto« zum Terminus technicus für das Bußsakrament wird. Diese semantische Vielfalt findet sich bereits in der lateinischen Bibel vorgeprägt: In Neh 9,2f. (bzw. 2 Esr) wird berichtet, dass die Israeliten nach der Rück-

1 Auf die Entstehung des religionssoziologischen Konfessionsbegriffs kann hier nicht eingegangen werden. Vgl. dazu Gerhard Feige, Art. Konfession, in: LThK³ 6 (2006), Sp. 236; Bernd Oberdorfer, Art. Konfession, in: RGG⁴ 4 (2001), Sp. 1546f.

2 Vgl. Cornelius Mayer, Art. Confessio, confiteri, in: Augustinus-Lexikon 1 (1986–1994), Sp. 1122–1134, hier Sp. 1122–1124 (I. Begriffsgeschichtliches vor A[ugustinus]).

kehr aus dem Exil zusammenkamen, um ihre eigenen Sünden und die ihrer Väter zu bekennen und um den Herrn, ihren Gott, zu bekennen und anzubeten.[3] Die Vulgata folgt hier dem masoretischen Text, in dem zweimal dasselbe hebräische Wort »jadah« im Hitpa'el verwendet wird.[4] Die Frage ist jedoch, ob beim zweiten Vorkommen das Objekt »Dominum Deum suum« nur auf das direkt vorangehende Verb »adorabant« oder auch auf das weiter entfernt stehende »confitebantur« zu beziehen ist. Während die Einheitsübersetzung, die sich dafür auf das Wörterbuch von Gesenius berufen kann, das hebräische Wort zweimal im Sinne des Sündenbekenntnisses interpretiert,[5] folgt Luther hier der Vulgata.[6] Aber auch die *Biblia cum glossa* interpretiert das zweite »confitebantur« mit Beda Venerabilis im Sinne des Sündenbekenntnisses.[7] Bei Beda geht der Aspekt der Gottesverehrung sogar mehr oder weniger unter.[8] Der jüngste deutschsprachige Kommentar löst das Problem, indem er das hebräische Verb beim zweiten Mal mit »beichten« übersetzt,[9] das man

3 »[...] et confitebantur [sc. Filii Israhel] peccata sua et iniquitates patrum suorum [...] et quater confitebantur et adorabant Dominum Deum suum.« Dieses und alle weiteren Vulgata-Zitate stammen aus der Ausgabe von Roger Gryson u.a. (Hg.), Biblia Sacra iuxta vulgatam versionem, Stuttgart [4]1994. Der spezifische Beitrag der lateinischen Bibel besteht darin, die Semantik von »confessio« um den Aspekt des Gotteslobs bereichert zu haben, von dem noch die Rede sein wird. Vgl. Christine Mohrmann, Études sur le latin des chrétiens, Roma [2]1961, Bd. 1, S. 30–33, hier S. 33.

4 Vgl. Cesare Giraudo, Confessione, eucaristia e remissione dei peccati, in: Rivista Liturgica 92 (2005), S. 885–889, hier S. 886. Giraudo arbeitet heraus, dass beide Bedeutungen miteinander zu tun haben: »Insomma, il verbo semitico *yadàh* ammette due tipi di complemento riferito a un termine designante la colpevolezza, significa che il partner umano riconosce e confessa il proprio peccato; riferito invece a Dio, significa che l'uomo riconosce e confessa il suo Signore, proclamandone tutta la superiorità e l'irrevocabile volontà di salvare.« Ebd., S. 887.

5 »Dann bekannten sie drei Stunden lang ihre Schuld und warfen sich vor dem Herrn, ihrem Gott, nieder.« (Neh 9,3). Vgl. Frants Buhl (Bearb.), Wilhelm Gesenius' Hebräisches und aramäisches Handwörterbuch über das Alte Testament, Leipzig [17]1915, S. 286: jadah II, Hitpa'el: »gestehn, beichten«. Auch die Septuaginta deutet das zweimal verwendete Verb *exagoreuein* in diesem Sinn, fügt aber beim zweiten Mal, um dies plausibel zu machen, das Dativobjekt *tô kyriô* hinzu. Vgl. 2 Esdras 19,2f. (= Neh 9,2f.). Alfred Rahlfs (Hg.), Septuaginta. Editio nona, Stuttgart o.J., Bd. 1, S. 937f.

6 »[...] vnd sie bekandten / vnd beten an den HERRN jren Gott [...].« (Neh 9,3: Hans Volz u.a. [Hg.], D. Martin Luther, Die gantze Heilige Schrifft Deudsch. Wittenberg 1545. Letzte zu Luthers Lebzeiten erschienene Ausgabe, Darmstadt [2]1973, S. 888).

7 Vgl. Biblia cum glossa, Nürnberg vor 1480 [GW 4282], Bd. 2, fol. b2v (URL: <http://daten.digitale-sammlungen.de/~db/0009/bsb00096043/images/index.html?id=00096043&groesser=&fip=qrsqrseayaewqenxdsydeayafsdreayasdassdas&no=26&seite=300> [19.09.2015]).

8 »[...] in nocte quater excusso torpore somni ad confitenda peccata sua et postulandam ueniam exsurgerent.« Beda Venerabilis, In Ezram et Neemiam libri tres, 3, in: CChr.SL 119A, S. 372, Z. 1323–1325.

9 Klaus-Dietrich Schunck, Nehemia, Neukirchen-Vluyn 2009, S. 260: V. 2: »[...] bekannten ihre Sünden und die Verschuldungen ihrer Väter.« V. 3: »[...] beichteten und Jahwe, ihren Gott, anbeteten.« Für Schunck ist V. 3 »ein sekundärer Zusatz« (Ebd., S. 272).

ja auch im Deutschen ohne Dativobjekt verwenden kann, was bei »bekennen«, wie man an der Einheitsübersetzung sieht, nicht möglich ist. Obwohl in der Vulgata »confiteri« und »confessio« viel häufiger im Sinne des Gottes- bzw. Christusbekenntnisses[10] als des Sündenbekenntnisses[11] gebraucht wird, steht im 16. Jahrhundert im römisch-katholischen Sprachgebrauch letzteres im Vordergrund.

2. Die Engführung der semantischen Vielfalt von »confessio« im 16. Jahrhundert

Der in Begriffsfragen immer hilfreiche *Vocabularius Theologie* des Johannes Altenstaig[12] enthält ein umfangreiches Lemma zum Substantiv »confessio«[13] sowie ein kürzeres zum Verb »confiteri«.[14] Das letztgenannte hilft, den biblischen Befund zu ordnen. Das Stichwort besteht aus einem langen Zitat aus dem Kommentar des Jacobus Perez de Valencia[15] zu Psalm 9, der mit den Worten beginnt: »Confitebor tibi, Domine, in toto corde meo« (Ps 9,2). Bekennen, so führt Perez aus, bedeute, die Wahrheit frei heraus sagen.[16] Entweder bekennten wir unsere Taten oder die Taten Gottes. Ersteres heiße nichts anderes als seine Sünden zu bekennen. In dieser Aussage tritt der Augustiner zutage, der sich für diese Behauptung auch auf seinen Meister[17] beruft. Diese

10 Vgl. etwa ohne Anspruch auf Vollständigkeit allein die neutestamentlichen Stellen: Mt 10,32par; 11,25par; Joh 1,20; 9,22; 12,42; Röm 10,9f.; 14,11; 15,9; Phil 2,11; I Tim 6,12f.; Hebr 3,1; 4,14; 10,23; 11,13; 13,15; I Joh 2,23; 4,2.15.

11 Vgl. etwa auch hier nur die neutestamentlichen Stellen: Mt 3,6; Mk 1,5; Jak 5,16; I Joh 1,9.

12 Joannes ALTENSTAIG, Vocabularius Theologie complectens vocabulorum descriptiones, diffinitiones et significatus ad theologiam utilium: et alia quibus prudens et diligens lector multa abstrusa et obscura theologorum dicta et dissolvere et rationum et argumentorum difficiles nodos [...] intelligere poterit, Hagenau 1517 (URL: <http://daten.digitale-sammlungen.de/~db/0002/bsb00020116/images/> [22.09.2015]). Johannes Altenstaig (um 1480 – nach 1525) studierte seit 1497 in Tübingen und schloss dort Freundschaft mit Johannes Eck. 1502 Magister artium, 1512 Lateinlehrer in seiner Heimatstadt Mindelheim. Luthergegner. Vgl. Remigius BÄUMER, Art. Altenstaig, in: LThK^{3} 1 (2006), Sp. 449f.

13 ALTENSTAIG, Vocabularius (wie Anm. 12), fol. XLV^{v}–XLVII^{v}.

14 Ebd., fol. XLVII^{v}.

15 Jacobus PEREZ DE VALENTIA, Centum ac quinquaginta psalmi Davidici [...], Paris 1509 (URL: <http://reader.digitale-sammlungen.de/de/fs1/object/display/bsb10149093_00005.html> [22.09.2015]). Jacobus -Perez de Valentia (um 1408–1490), Augustinereremit, seit 1468 Weihbischof in Valencia, bedeutender Exeget. Vgl. Willigis ECKERMANN, Art. Jakob Pérez v. Valencia, in: LThK^{3} 5 (2006), Sp. 732.

16 »Confiteri idem est quod veritatem sponte fateri.« ALTENSTAIG, Vocabularius (wie Anm. 12), fol. XLVII^{v}; PEREZ, Psalmi (wie Anm. 15), fol. XL^{r}.

17 PEREZ, Psalmi, ebd., nennt zwar keinen bestimmten Text, aber es fällt nicht schwer Belegstellen zu finden, etwa AUGUSTINUS, Enarrationes in psalmos, Ps 121, 8, in: CChr SL 40, S. 1898, Z. 44–46.

Form von Bekenntnis sei Sündenbekenntnis und gehöre zur Buße. Davon handle Ps 31.[18] Das Bekenntnis Gottes, dem nach Paulus unsere guten Taten zuzuschreiben sind,[19] sei hingegen ein Dreifaches:

1. Das Bekenntnis seiner Größe und Allmacht: Gottes Dreieinheit, seine Schöpfertätigkeit, Menschwerdung und sein Wirken als Erlöser. Das sei »confessio fidei«, von der der Erlöser in Mt 10 spreche.[20]
2. Das Bekenntnis der Güte und des Erbarmens Gottes, die »confessio beneficiorum«. Sie gehört zur Danksagung und zum Lob und sei Gegenstand zahlreicher Psalmen, die mit »Confitebor« oder »Confitemini« beginnen.[21]
3. Das Bekenntnis der göttlichen Gerechtigkeit, die »confessio justitiae, et judiciorum occultorum et ineffabilium et tremendorum Dei«. Davon handele Ps 9.[22]

An anderer Stelle, bei der Auslegung der Wendung »sacrificium laudis« (Ps 49,14), kommt Perez auf die Dreiteilung von »confessio« zurück, unterscheidet hier aber »confessio fidei, confessio laudis siue beneficiorum et confessio peccatorum«.[23] »Confessio fidei« interpretiert er hier als das ganze Gesetz und das Halten des Gesetzes. Die »confessio laudis« setzt die erstere voraus; denn wir loben Gott in dem Maß, in dem wir an ihn als an den Allmächtigen, den Schöpfer, Erlöser und Vollender glauben, als der er im Gesetz erinnert wird. Auch das Sündenbekenntnis setzt das Glaubensbekenntnis in Gestalt des Glaubens an die Verdienste Christi und an die Kraft des Bußsakramentes voraus.

Dieses dreifache Bekenntnis vervollkommnet den ganzen Menschen. Denn das Glaubensbekenntnis rechtfertigt, das Lobbekenntnis bzw. die Danksagung tut Genüge für die empfangenen Gaben, soweit es an uns liegt. Das Sündenbekenntnis reinigt den Menschen. Daraus wird klar, dass dieses dreifache Bekenntnis den ganzen Menschen rechtfertigt, und dass Gott dieses deshalb vom Menschen verlangt. Auf diese Weise umfasst das Bekenntnis das ganze Gesetz und alle Sakramente.[24]

18 »Dixi, confitebor adversus iniustitiam meam Domino« (Ps 31,5).
19 Vgl. II Kor 3,5: »non quod sufficientes simus cogitare aliquid a nobis quasi ex nobis sed sufficientia nostra ex Deo est«.
20 »Omnis ergo qui confitebitur me coram hominibus, confitebor et ego eum coram Patre meo, qui est in caelis« (Mt 10,32).
21 Ausdrücklich nennt Perez, Psalmi, ebd., Ps 117,1: »Confitemini Domino quoniam bonus«.
22 Vgl. Perez, Psalmi, ebd.
23 Perez, Psalmi (wie Anm. 15), fol. CXIX^{v}. Diese Dreiteilung findet sich auch bei Thomas von Aquin, Summa theologiae, II–II, q. 3, a. 1 ad 1: Editio Leonina Bd. 8, S. 40.
24 Ebd. Die Konzentration auf das Gesetz ergibt sich aus dem Kontext des Psalms.

Altenstaig unterscheidet in seinem ausführlichen Lemma »confessio« mit Berufung auf Augustinus eine zweifache »confessio«: die »confessio laudis« und die »confessio fraudis«,[25] um sich im weiteren Verlauf ausschließlich der letzteren zuzuwenden. Die griffige, paronomastische Gegenüberstellung entnimmt Altenstaig dem Sentenzenkommentar Gabriel Biels.[26] Bei Augustinus, auf den dieser verweist,[27] findet sich dieses Wortpaar allerdings nicht, wohl aber die Überlegung, dass es neben dem Sündenbekenntnis noch eine andere Form von Bekenntnis gibt. Anlass ist der Jubelruf Jesu Mt 11,25, der in der von Augustinus zugrunde gelegten lateinischen Übersetzung lautet: »Confiteor tibi, Pater, Domine caeli et terrae«. Augustinus behauptet, vernommen zu haben, dass sich die Zuhörer an die Brust schlugen, als sie aus dem Mund des Lektors das Wort »confiteor« hörten.[28] Schon allein aus der Person dessen, der dieses Wort spricht, nämlich Jesus, der ohne Sünde war, hätten sie aber erschließen können, dass es nicht um ein Sündenbekenntnis geht. Denn es gebe nicht nur das Bekenntnis des Sünders, sondern bisweilen auch das des Lobenden (»non solius est peccatoris, sed etiam aliquando laudatoris«).[29] Auch hier wird deutlich, dass für Augustinus entgegen dem biblischen Befund das Sündenbekenntnis vor dem Lobbekenntnis rangiert.[30]

25 Altenstaig, Vocabularius (wie Anm. 12), fol. XLV^{v}.

26 Ebd. Gut scholastisch unternimmt Biel beim Thema »confessio« zunächst eine Begriffserklärung und führt aus: »Quantum ad primum notandum quod secundum beatum *Augustinum* in De verbis evangelii homil. 8 circa principium *duplex* est confessio, scilicet confessio laudis et confessio fraudis.« Zitiert nach der kritischen Edition: Gabriel Biel, In 4 sent. dist. 17 q. 1 art. 1: Gabrielis Biel Collectorium circa quattuor libros Sententiarum, collaborante Renata Steiger ediderunt Wilfridus Werbeck et Udo Hofmann, Tübingen 1977, Bd. 4/2, S. 471, Z. 6–8.

27 Die Herausgeber verweisen dafür auf Augustinus, Sermo 67 (in Mt 11,25, PL 38, Sp. 433f.) Hier findet sich allerdings die Junktur »confessio laudis« nicht, wohl aber an mehreren anderen Stellen, etwa in dem thematisch verwandten serm. 68 (in: Germain Morin [Hg.], Sancti Augustini Sermones post Maurinos reperti, in: Miscellanea Agostiniana, Bd. 1, Roma 1930, S. 356) oder dem in neuerer Zeit entdeckten Sermo 8D=29B (in: François Dolbeau [Hg.], Augustin d'Hippone. Vingt-six sermons au peuple d'Afrique, Paris 1996, S. 24). Weitere Belege bei Mohrmann, Études sur le latin des chrétiens (wie Anm. 3), S. 32.

28 Obwohl das »Confiteor« als Teil des Eingangsritus der Messe erst nach der Jahrtausendwende etabliert wurde, bietet diese Predigt Augustins einen der frühesten Belege dafür, dass die Gläubigen nach biblischem Vorbild (vgl. Lk 18,13) beim Sündenbekenntnis an die Brust schlugen. Vgl. Josef Andreas Jungmann, Missarum Sollemnia. Eine genetische Erklärung der Messe, 2 Bde., Wien u.a. ^{5}1962, Bd. 1, S. 386–402, bes. S. 393.

29 Augustinus, Sermo 67, in: PL 38, Sp. 433.

30 Vgl. Mayer, Confessio (wie Anm. 2), Sp. 1123: »Am häufigsten verwendet A[ugustinus] die Termini in der Bedeutung ›Sündenbekenntnis‹, ebenfalls sehr häufig bezieht er sie auf die Inhalte des Glaubens sowie auf den zu bezeugenden Glauben, erst an dritter Stelle folgt ›Lobpreisung‹ und an vierter die Grundbedeutung ›Geständnis‹.« Vgl. genauere Zahlen ebd., Sp. 1125 Anm. 22. Zu den einzelnen Verwendungsweisen vgl. ebd., Sp. 1127–1133.

Altenstaig setzt seine Darstellung mit einem weiteren Zitat von Gabriel Biel fort, nach dem »das Bekenntnis des Lobes die Bezeugung der göttlichen Vollkommenheit ist, etwa wenn wir Gott als allmächtig, treu, gut, barmherzig, gerecht verkünden. So hat Jesus den Vater bekannt«.[31] Und dessen Bekenntnis ist, wie wir bei Augustinus gesehen haben, durchgängig Lob. Altenstaig verweist in diesem Zusammenhang auf die Psalmen, in denen »confessio« »saepissime« »gratiarum actionem« bedeute.[32] Die Brücke zum Bußsakrament schlägt er mit einem Zitat aus dem Sentenzenkommentar des Duns Scotus: »Keiner bekennt würdig in einem Lobbekenntnis, wenn er nicht vorher aufgerüttelt wurde; denn im Mund des Sünders ist kein wohltönendes Lob«.[33]

Wie das Beispiel Altenstaigs zeigt, weiß man zu Beginn des 16. Jahrhunderts um die semantische Vielfalt des Begriffs »confessio«, aber führt diesen doch mehr oder weniger eng auf die »confessio sacramentalis«. Wenn es um das Bekenntnis des Glaubens geht, tritt an seine Stelle im weiteren Verlauf, wie im nächsten Abschnitt gezeigt wird, im römisch-katholischen Sprachgebrauch der Begriff »professio«, während auf evangelischer Seite dafür weiterhin und anscheinend ausschließlich »confessio« verwendet wird. Die *Confessio Augustana* von 1530, der in kurzer Zeit noch weitere ähnliche Texte mit dem Titelstichwort »confessio« folgen werden, ist das bekannteste Beispiel.[34] Man könnte erwarten, dass deren Gegner auf diese Bezeichnung eingehen und diese problematisieren. Aber zumindest in der *Confutatio* geschieht dies nicht. Für Robert Bellarmin handelt es sich um einen Text, den er mit seinem korrekten Titel *Confessio Augustana* zitiert, aber der sich für ihn schon allein dadurch erledigt hat, dass er, anders als von deren Anhängern behauptet, nicht weltweit, sondern nur von einer Minderheit in Europa akzeptiert werde.[35]

31 »Confessio laudis est attestatio divinae perfectionis, ut cum Deum praedicamus omnipotentem, pium, bonum, misericordem, iustum. Sic Filius confessus est patrem.« Biel, Collectorium (wie Anm. 26), S. 471, Z. 9–11; Altenstaig, Vocabularius (wie Anm. 12), fol. XLV^{v}.

32 Dafür beruft er sich auf drei Homilien eines »Joannes Episcopus«, den ich nicht identifizieren konnte.

33 »Confessione laudis [...] nullus digne confitetur nisi prius suscitatus, quia non est speciosa laus in ore peccatoris.« Altenstaig, Vocabularius (wie Anm. 12), fol. XLV^{v}–XLVI^{r}. Das Zitat gibt etwas verkürzt einen Passus aus dem Sentenzenkommentar des Duns Scotus wieder: »Confessione laudis nullus digne confitetur, nisi prius suscitatus, per Hieronymum in illa Epistola ›Cogitis me‹: ›Non est speciosa laus in ore peccatoris.‹« Ioannes Duns Scotus, In 4 sent., d. 14 q. 4: Ioannis Duns Scoti Opera omnia, Bd. 13, ed. Barnabas Hechich u.a., Civitas Vaticana 2011, S. 55, 424–56, 426. Das Zitat am Ende, für das Scotus einen Hieronymus zugeschriebenen Brieftraktat bemüht, den, wie die Herausgeber anmerken, Paschasius Radbertus verfasst hat, stammt aus der Bibel: Sir 15,9.

34 Vgl. Harding Meyer, Art. Bekenntnisschriften. III. Kirchen der Reformation, in: LThK^{3} 2 (2006), Sp. 180–183, bes. Sp. 182f.

35 Vgl. Robertus Bellarminus, Disputationum [...] de controversiis christianae fidei, adversus huius temporis haereticos opus, ab ipsomet auctore nunc demum auctum,

3. »Professio« statt »confessio«

In lehramtlichen römisch-katholischen Texten lösen im weiteren Verlauf des 16. Jahrhunderts das Substantiv »professio« und das entsprechende Verb »profiteri« die Worte »confessio« und »confiteri« ab, insofern es um das Glaubensbekenntnis geht. Bestes Beispiel ist die sog. »Professio fidei Tridentina«, die von Papst Pius IV. (1559–1564) vorgelegt, aber erst später und fälschlicherweise als solche bezeichnet wurde. Denn es handelt sich nicht um einen vom Trienter Konzil selbst, sondern eben von Pius IV. promulgierten Text. Nach dem Willen des Konzils handelt es sich genaugenommen um eine Eidesformel und nicht um ein in der Liturgie zu sprechendes Glaubensbekenntnis im strengen Sinn. In dem am 3. Dezember 1563, dem vorletzten Tag des Tridentinums, verabschiedeten »Decretum de reformatione generali«, das die Anerkennung der Trienter Beschlüsse durch das nächste Provinzialkonzil aller Kirchenprovinzen und durch die Universitäten regelt, ist ausdrücklich von einem jährlich zu erneuernden »solemn[e] iurament[um]« die Rede.[36] Hinsichtlich der höheren Geistlichen an Kathedral- und anderen Kirchen hatte das Konzil bereits auf seiner 24. Sitzung am 11. November 1563 gefordert, diese sollten bei Amtsantritt vor dem Bischof oder dem Generalvikar »orthodoxae suae fidei publicam facere professionem, et in Romanae ecclesiae obedientia se permansuros spondeant et iurent«.[37]

Der Text der »Professio fidei« wurde von Pius IV. am 13. November 1564 in zwei Bullen promulgiert, zum einen in der Bulle »In sacrosanctum« für alle, die an Universitäten ein Lehr- oder Verwaltungsamt bekleiden oder promoviert werden, in welcher Fakultät auch immer, zum andern in der Bulle »Iniunctum nobis« für die Vorsteher von Kathedral- und anderen höheren

recognitum et in quatuor tomos distributum, 4 Bde., Ingolstadt 1601, hier Bd. 2, controversia 1, l. 4, c. 7; Sp. 223. Vgl. dazu Peter Walter, Katholizität: Allgemeinheit, Einheitlichkeit, Fülle? Wandlungen eines Begriffs in der jüngeren Theologiegeschichte, in: Christoph Böttigheimer (Hg.), Globalität und Katholizität. Weltkirchlichkeit unter den Bedingungen des 21. Jahrhunderts, Freiburg u.a. 2016, S. 31–66, hier S. 43.

36 Concilium Tridentinum, Sessio XXV, Decretum de reformatione generali, c. 2: Klaus Ganzer u.a. (Hg.), Conciliorum oecumenicorum generaliumque decreta, Bd. 3, Turnhout 2010, S. 162, Z. 5096; COD S. 785, Z. 34.

37 Concilium Tridentinum, Sessio XXIV, Decretum de reformatione, c. 12: Ganzer, Conciliorum oecumenicorum generaliumque decreta, S. 139, Z. 4270–4272; COD S. 766, Z. 19f. Ausschließlich in dieser Forderung des Tridentinums sieht Elisabeth Dickerhof-Borello die »Professio fidei« Pius' IV. begründet. Vgl. Elisabeth Dickerhof-Borello, Ein Liber septimus für das Corpus Iuris Canonici. Der Versuch einer nachtridentinischen Kompilation, Köln u.a. 2002, S. 66. Diese Auffassung gewinnt Plausibilität dadurch, dass Pius IV. die zuletzt genannte Anweisung des Tridentinums in der Einleitung zur Bulle »Iniunctum nobis« (s. die folg. Anm.) ausdrücklich zitiert: »publicam orthodoxae fidei professionem facere, seque in Rom[anae] Ecclesiae obedientia permansuros spondere, et iurare teneantur« (Magnum Bullarium Romanum, Bd. 2, S. 129).

Kirchen und für Ordensobere.[38] Auch wenn dieser Text erst später als »Professio fidei Tridentina« bezeichnet wurde, wird in der Eidesformel selber durchgängig das Verb »profiteri« benutzt: »Ego N. firma fide credo et profiteor omnia et singula, quae continentur in Symbolo fidei, quo sancta Romana Ecclesia utitur, videlicet [...]«.[39] Dann folgt zunächst der Wortlaut des Nicäno-Konstantinopolitanum,[40] dann zentrale Inhalte der Trienter Dekrete:

1. Anerkennung (»firmissime admitto et amplector«) der apostolischen und kirchlichen Überlieferungen und Bestimmungen sowie der Heiligen Schrift gemäß kirchlicher Auslegung.[41]
2. Bekenntnis (»[p]rofiteor«) zur Siebenzahl der Sakramente und deren Einsetzung durch Jesus Christus, zur Unwiederholbarkeit von Taufe, Firmung und Ordination; Beachtung (»recipio et admitto«) der kirchlich rezipierten Feierform.[42]
3. Bejahung (»amplector et recipio«) der tridentinischen Erbsünden- und Rechtfertigungslehre.[43]
4. Bekenntnis (»[p]rofiteor«) zum Opfercharakter der Messe, zu Realpräsenz und Transsubstantiationslehre, (»fateor«) zur Kommunion unter einer Gestalt.[44]
5. Festhalten (»constanter teneo«) an der Fürbitte für die Verstorbenen im Fegfeuer und der Heiligenverehrung, (»[f]irmiter assero«) der Bilderverehrung und (»affirmo«) des Ablasses.[45]
6. Anerkennung (»agnosco«) der Römischen Kirche als Mutter und Lehrerin aller Kirchen, Gehorsam (»veram oboedientiam spondeo ac iuro«) gegenüber dem Papst.[46]
7. Rezeption von und Bekenntnis (»indubitanter recipio atque profiteor«) zu allem, was vom Kirchenrecht und den ökumenischen Konzilien, insbesondere vom Tridentinum, überliefert, definiert und erklärt wurde und Ablehnung (»damno, reicio et anathematizo«) von allem, was dem entgegensteht und von der Kirche verurteilt wurde.[47]

38 Vgl. Laertius Cherubini u.a. (Hg.), Magnum Bullarium Romanum [...] Editio novissima, Bd. 2, Lugduni 1712, S. 127–129 (In sacrosanctum), S. 129f. (Iniunctum nobis); (URL: <http://www.mdz-nbn-resolving.de/urn/resolver.pl?urn=urn:nbn:de:bvb:12-bsb10488284-1> [23.09.2015]). Der Text der letzteren Bulle auch bei QGPRK [6]1, S. 649–651. Nur die eigentliche Eidesformel: DH 1862–1870.

39 DH 1862; »profiteor« auch DH 1864, 1866, 1869.

40 Vgl. DH 1862.

41 Vgl. DH 1863.

42 Vgl. DH 1864.

43 Vgl. DH 1865.

44 Vgl. DH 1866.

45 Vgl. DH 1867.

46 Vgl. DH 1868.

47 Vgl. DH 1869.

Die Formel endet mit der Erklärung: »Ich, N.N., gelobe, verspreche und schwöre, dass ich diesen wahren katholischen Glauben, außerhalb dessen niemand gerettet werden kann, den ich gegenwärtig aus freiem Willen bekenne und wahrhaft festhalte, mit Gottes Hilfe ganz standhaft bis zum letzten Lebenshauch unversehrt und makellos bewahre und bekenne, und dass ich, soweit es bei mir liegen wird, dafür sorgen werde, dass er von meinen Untergebenen oder jenen, deren Sorge mir in meinem Amte anvertraut sein wird, festgehalten, gelehrt und verkündet wird: so [wahr] mir Gott helfe und diese heiligen Evangelien Gottes«.[48]

Die Wortwahl ist wohl nicht einfach dem Wunsch nach sprachlicher Abwechslung geschuldet. Man kann, ohne hier zu sehr ins Detail gehen zu können, die Unterscheidung von Glaubensaussagen im engeren Sinn, die mit den Verben »profiteri« (2,4), aber auch »amplecti« (1,3) gekennzeichnet werden, von Akten kirchlichen Gehorsams erkennen, die ausdrücklich als solche (6) oder mit dem Terminus »recipio« gekennzeichnet werden (2,3). Dass am Schluss beide Verpflichtungskategorien zusammen genannt werden (7), spricht nicht gegen diese Differenzierung; hier werden nur die beiden zuvor getrennten Stränge miteinander verflochten. Überhaupt darf man für das Trienter Konzil nicht die strenge Unterscheidung zwischen dogmatischen und kirchenrechtlichen Fragen voraussetzen, wie sie sich erst in der Zeit danach durchgesetzt hat.[49]

In den zeitlich parallel sich entwickelnden Promotionseiden evangelischer Fakultäten, die in ihrer Funktion mit der »Professio fidei Tridentina« vergleichbar sind, begegnet ein anderes Vokabular. So haben die Kandidaten in dem Eid der Theologischen Fakultät Wittenberg, der sich inhaltlich auf das »Evangelium«, die altkirchlichen Symbole (Apostolicum, Nicaenum, Athanasianum) sowie die *Confessio Augustana* stützt, zu sprechen: »Ego promitto« (in der deutschen Übersetzung Andreas Osianders: »Ich gelob«).[50] Auch die Doktoreide der Theologischen Fakultät Marburg von 1564, 1585 und 1653

48 »Hanc veram catholicam fidem, extra quam nemo salvus esse potest, quam in praesenti sponte profiteor et veraciter teneo, eandem integram et immaculatam usque ad extremum vitae spiritum constantissime, Deo adiuvante, retinere et confiteri atque a meis subditis vel illis, quorum cura ad me in munere meo spectabit, teneri, doceri et praedicari, quantum in me erit, curaturum, ego idem N. spondeo, voveo ac iuro: sic me Deus adiuvet, et haec sancta Dei Evangelia.« DH 1870.

49 Vgl. Piet F. Fransen, Unity and confessional statements. Historical and theological inquiry into traditional r[oman] c[atholic] conceptions [1972], in: Ders., Hermeneutics of the Councils and other studies, hg. v. Herman-Emiel Mertens / Frank de Graeve, Leuven 1985, S. 247–286, bes. S. 262–267.

50 Vgl. Wilfried Härle / Heinrich Leipold (Hg.), Lehrfreiheit und Lehrbeanstandung, 2 Bde., Gütersloh 1985, hier Bd. 2, S. 12. Zur umstrittenen Datierung dieses Eides, 1533 oder erst nach Luthers Tod, vgl. ebd., S. 9.

gebrauchen Formen von »promittere«.[51] In den reformatorischen Ordinationsverpflichtungen, die durchweg in der Muttersprache gehalten sind, spielt das Verb »geloben« die Hauptrolle.[52]

Der vom Trienter Konzil in Auftrag gegebene und bereits im Jahre 1566 erschienene *Catechismus ex decreto Concilii Tridentini ad parochos Pii Quinti Pont. Max. iussu editus,*[53] der später als *Catechismus Romanus* bezeichnet wurde,[54] bestätigt die Tendenz, den Begriff »confessio«, wenn es um das Glaubensbekenntnis geht, durch »professio« zu ersetzen, der in Altenstaigs *Vocabularius Theologie* noch kein eigenes Lemma hatte, und ersteren der Beichte vorzubehalten. So wird in der »Praefatio« das Apostolische Glaubensbekenntnis, das der Katechismus seiner Erläuterung des Glaubensinhaltes zugrunde legt, als »christianae fidei et spei professio« bezeichnet.[55] »Confessio« wird zwar keineswegs durchgehend durch »professio« ersetzt,[56] aber gerade das Register der Erstausgabe zeigt die Entwicklung klar auf, wenn hier »credere« mit »professio« erklärt wird.[57] In diesem Register begegnet »confessio« mit zahlreichen Einträgen ausschließlich für die Beichte,[58] einen Eintrag »professio« sucht man vergeblich.[59]

51 Vgl. ebd., S. 14–16. Die inhaltliche Ausgestaltung hinsichtlich der Lehrbasis ist differenzierter als beim Wittenberger Eid, insofern nun auch andere Bekenntnisschriften wie etwa die Apologie der *Confessio Augustana*, die Wittenberger Konkordie von 1536, die Schmalkaldischen Artikel usw. ausdrücklich einbezogen werden.

52 Vgl. ebd., S. 31–34.

53 Catechismus Romanus seu Catechismus ex decreto Concilii Tridentini ad parochos Pii Quinti Pont. Max. iussu editus, ed. Petrus Rodríguez et al., Città del Vaticano 1989.

54 Vgl. Peter Walter, Der Catechismus Romanus – Seine Entstehung und seine Stellung im Rahmen der Katechismen des 16. Jahrhunderts, in: Ders., Syngrammata. Gesammelte Schriften zu Humanismus und Katholischer Reform, hg. v. Günther Wassilowsky, Münster 2015, S. 401–413, hier S. 401. Es fällt auf, dass die kritische Edition ohne Anhalt an den Erstausgaben das Adjektiv »Romanus« eingefügt hat.

55 Catechismus Romanus p. 1, c.1; ed. Rodríguez (wie Anm. 53), S. 15, Z. 243.

56 Vgl. etwa Catechismus Romanus p. I, c. 1; ed. Rodríguez (wie Anm. 53), S. 20: »fidei confessione« und die folgende Anm.

57 Der Registereintrag »Verbi huius, credo, in materia fidei evangelicae acceptio et professio« (ebd., S. 651) nimmt wörtlich die Marginalie zu p. I, c. 2 auf. Vgl. ebd., S. 21, Apparat A. Im Text selber steht »certo credo ac sine ulla dubitatione profiteor Deum Patrem« (ebd., S. 21, Z. 1f.). Der weitere Registereintrag »Credens interiorem fidei actum aperta fidei professione proferre debet« (ebd., S. 651) verweist auf dasselbe Kapitel, in dem von »aperta fidei professione« (ebd., S. 22, Z. 37f.), »in Deum credere profite[ri]« (ebd., S. 23, Z. 61), »christiana fides credit et profitetur« (ebd., S. 26, Z. 130) die Rede ist, in dem aber auch »confit[eri]« (ebd., S. 25, Z. 113) und »confessio« gebraucht wird (ebd., S. 28, Z. 187). So auch ebd., S. 23, Z. 44f., in dem Bibelzitat: »ore autem confessio fit ad salutem« (Röm 10,10).

58 Vgl. ebd., S. 650.

59 Einen solchen kennt der »Index rerum« der kritischen Ausgabe zwar (Vgl. ebd., S. 1362), hier wird aber nur auf die Stichworte »Labor« und »Officium« verwiesen. Hier geht es also um Beruf im heutigen Sinn, wofür der *Catechismus Romanus* noch

4. Ausnahmen, die die Regel bestätigen

Dass die Bedeutung des Begriffs »confessio« im römisch-katholischen Sprachgebrauch im weiteren Verlauf des 16. Jahrhunderts nicht vollständig auf die Beichte reduziert wurde, sondern weiterhin auch das Glaubensbekenntnis umfasste, zeigt eine vielfach aufgelegte, weit verbreitete und in zahlreiche Sprachen übersetzte Schrift, die zunächst 1553 in Krakau ohne Verfasserangabe erschien unter dem wohl sorgfältig abgezirkelten Titel: *Confessio fidei catholicae christiana.*[60] Hervorgegangen ist diese *Confessio* aus den Verhandlungen der Provinzialsynode der Kirchenprovinz Gnesen in Petrikau (Piotrków) im Mai 1551. Dort wurde eine kurze Zusammenfassung des katholischen Glaubens gewünscht, die der zum Bischof von Ermland erwählte Bischof von Kulm Stanislaus Hosius verfasst hat, der, obwohl er in seiner neuen Funktion nicht mehr Suffragan von Gnesen, sondern von Riga war, an der Synode teilnahm.[61] Wie er selber in der Vorrede zur Wiener Ausgabe der nun unter seinem Namen erschienenen Schrift darlegt,[62] hat er den auf der genannten Provinzialsynode in vier Tagen geschriebenen und von den versammelten Bischöfen einhellig gebilligten Text im Nachgang zu der in Krakau erschienenen Erstausgabe erweitert und später einen zweiten Teil hinzugefügt. Während der erste Teil in Dillingen[63] und Salzburg nachgedruckt wurde,

keinen eigenen Begriff kennt. »Professio« im Sinne des Ordensgelübdes scheint auch im Text des *Catechismus* nicht vorzukommen. »Confessio« begegnet im »Index rerum« nur als »Confessio sacramentalis«. Vgl. ebd., S. 1348.

60 Confessio fidei catholicae christiana authoritate Synodi prouincialis quae habita est Petrikouiae Anno MDLI Mense Iunio aedita, pars prior, Krakau 1553 (URL: <https://polona.pl/item/5005373/4/> [03.08.2016]).

61 Der humanistisch gebildete Stanislaus Hosius (1504–1579), der zu den polnischen Bewunderern des Erasmus von Rotterdam gehörte und in Bologna zum Dr. iur. utr. promoviert worden war, machte zunächst eine Karriere als Jurist, bevor er sich als Kirchenpolitiker profilierte. 1543 wurde er Priester, 1549 Bischof von Kulm, 1551 von Ermland. 1561 zum Kardinal ernannt, fungierte er bis zum Ende des Tridentinums 1563 dort als päpstlicher Legat. Nach seiner Rückkehr wirkte er in seiner Diözese sowie darüber hinaus im Sinne der katholischen Reform wie der Gegenreformation. Ab 1569 Mitarbeiter der römischen Kurie. Vgl. Henryk D. Wojtyska, Art. Hosius, in: LThK³ 5 (2006), Sp. 284f.; Hans-Jürgen Karp, Art. Hosius, in: Erwin Gatz (Hg.), Die Bischöfe des Heiligen Römischen Reiches 1448–1648. Ein biographisches Lexikon, Berlin 1996, S. 314–318. Wichtige Ergänzungen vor allem zu den Beziehungen von Hosius zu Erasmus und zum römischen Humanismus bietet der Sammelband: Bernhart Jähnig / Hans-Jürgen Karp (Hg.), Stanislaus Hosius. Sein Wirken als Humanist, Theologe und Mann der Kirche in Europa, Münster 2007.

62 Stanislaus Hosius, Confessio catholicae fidei christiana, vel potius explicatio quaedam confessionis, in Synodo Petricoviensi, a patribus prouinciarum Gnesnensis, & Leopoliensis in Regno Poloniae factae, Anno Domini 1551, Wien 1561, fol. [*i^{v}]–*ij^{r} (URL: <https://reader.digitale-sammlungen.de/resolve/display/bsb10141729.html> [02.08.2016]).

63 Diese Ausgabe wurde von dem Jesuiten Petrus Canisius besorgt, der zumindest noch eine weitere Schrift von Hosius zum Druck beförderte. Vgl. Vinzenz Pfnür, Theologie

erschien in Mainz noch immer ohne Verfasserangebe eine erste vollständige Fassung, die jedoch viele Fehler enthielt.[64] Nachdem der Dekan der Löwener Theologischen Fakultät Ruard Tapper[65] ihn darauf hingewiesen habe, dass anonyme Werke in katholischen Ländern keine Chance hätten, verbreitet zu werden, habe er schließlich die Wiener Ausgabe mit seinem Namen erscheinen lassen. Nun lege er die dritte Auflage derselben vor, die nochmals verbessert und erweitert sei.[66] Man gewinnt freilich den Eindruck, dass Hosius die Mainzer Ausgabe weniger wegen der Druckfehler peinlich war als wegen der Gefahr, aufgrund inhaltlicher Aussagen, etwa über sein Idol Erasmus von Rotterdam, zusammen mit dessen Werken auf den römischen *Index librorum prohibitorum* zu kommen.[67] Der erasmischen Methode, gestützt auf die Heilige Schrift und die Kirchenväter zu argumentieren, jedenfalls blieb Hosius treu. Die römischen Bibliotheken boten ihm dazu reiches Material.[68] In seiner Korrespondenz mit denen, die die Wiener Ausgabe betreuten, legte Hosius ausdrücklich dar, dass er den Titel gewählt habe, weil er sein Werk als

im Umkreis von Stanislaus Hosius. Die Konvertiten – Die Sicht der Reformation, in: Jähnig / Karp, Stanislaus Hosius (wie Anm. 61), S. 63–83, hier S. 67f.

64 Confessio catholicae fidei christiana, vel potius explicatio quaedam confessionis a patribus factae in Synodo prouinciali, quae habita est Petrikouiae, anno Domini Millesimo, Quingentesimo Quinquagesimo primo, mense Maio congregatis, Mainz 1557 (URL: <http://reader.digitale-sammlungen.de/de/fs1/object/display/bsb10141716_00001.html> [03.10.2015].

65 Ruard Tapper (1487–1559), der seit 1519 in Löwen Theologie lehrte, war seit 1535 Dekan der Theologischen Fakultät. Diese erstellte einen Katalog von 32 Glaubensartikeln, »in denen die vortridentinische katholische Position in den umstrittenen Glaubensfragen formuliert wurde und die von Karl V. durch ein Dekret vom 24. Oktober 1545 für alle Länder seines Herrschaftsbereiches verbindlich erklärt wurden« (Pfnür, Theologie im Umkreis von Stanislaus Hosius [wie Anm. 61], S. 64f.). Die umfangreiche, wenngleich unvollendete Erklärung dieser Artikel aus der Feder Tappers (Explicatio articulorum [...], 2 Bde., Löwen 1555–1557) diente auch Hosius als Quelle für seine Kenntnis reformatorischer Positionen (ebd., S. 65).

66 Die komplexe Entstehungs- und Überlieferungsgeschichte des Werkes kann hier nicht rekonstruiert werden. Die Bibliografia Polska, Bd. 18, Kraków 1901, S. 278–283 zählt 19 selbständige lateinische Ausgaben sowie jeweils zwei der französischen und deutschen Übersetzung auf. Eine polnische Übersetzung von 1562 nennt Hieronim Eugeniusz Wyczawski u.a. (Hg.), Słownik polskich teologów katolickich / Lexicon theologorum catholicorum Poloniae, Warszawa 1982, Bd. 2, S. 71–74, S. 71. Das ist weit entfernt von den 30 Ausgaben und Übersetzungen »in fast alle Sprachen der Christenheit, sogar ins Armenische und Arabische«, wie Erich Bryner, Art. Hosius, in: TRE 15 (1986), S. 598–600, hier S. 599, behauptet.

67 Vgl. Henryk Damian Wojtyska, Stanislaus Hosius im Kreise der römischen Humanisten 1558–1560, in: Jähnig / Karp, Stanislaus Hosius (wie Anm. 61), S. 27–37, hier S. 29f. Zu Hosius und Erasmus vgl. Wilhelm Ribhegge, Erasmus und die europäischen Kontakte polnischer Humanisten, ebd., S. 1–18. Dass Hosius auch für eine kritische Sicht der Reformation Erasmus zitieren kann, zeigt Pfnür, Theologie im Umkreis von Stanislaus Hosius (wie Anm. 63), S. 76.

68 Vgl. Wojtyska, Stanislaus Hosius im Kreise der römischen Humanisten (wie Anm. 67), S. 30f.

Gegenstück zur *Confessio Augustana*[69] betrachte, d.h. ein allgemeines christliches Bekenntnis gegen ein partikulares.[70] Dass Passagen des Werkes auch gegen innerkatholische Reformforderungen, wie etwa diejenigen von Andrzej Frycz Modrzewski (Andreas Fricius Modrevius), gerichtet sind,[71] schließt dies keineswegs aus. Die Tatsache, dass im Jahre 1553 eine Sammlung von gleich drei evangelischen Bekenntnissen herauskam, die im Titel deren Übereinstimmung mit der unverdorbenen Lehre der wahren katholischen Kirche behauptete,[72] mag Hosius in seiner Sicht noch bestärkt haben.

Während das Werk von Hosius noch vor der »Professio fidei Tridentina« erschienen ist und die hier wie auch im *Catechismus Romanus* zum Ausdruck kommende sprachliche Entwicklung noch nicht mitgemacht hat, zeichnen sich später erschienene Werke römisch-katholischer Autoren, die das Titelstichwort »Confessio« im Sinne des Glaubensbekenntnisses beibehalten, dadurch als Hervorbringungen von Außenseitern aus. Eines davon ist die

69 Auch wenn die Ortsbestimmung erst späterer Zusatz ist, trägt diese Bekenntnisschrift seit der Editio princeps die Junktur »Confessio fidei« im Titel: Confessio fidei exhibita inuictiss. Imp. Carolo V. Caesari Aug. in Comicijs Augustae Anno MDXXX, Wittenberg: Georg Rhau, 1531. Vgl. Irene DINGEL u.a. (Hg.), Die Bekenntnisschriften der Evangelisch Lutherischen Kirche. Vollständige Neuedition, Göttingen 2014, S. 70. Der Verweis auf den Ort des Geschehens im Titel scheint erstmals in Drucken der deutschen Fassung von 1577 vorzukommen. Vgl. ebd., S. 82.

70 Vgl. WOJTYSKA, Stanislaus Hosius im Kreise der römischen Humanisten (wie Anm. 67), S. 31 Anm. 16 die zitierte Passage aus einem Brief vom 21.10.1559. Diese Zielrichtung, die, soweit ich sehe, in dem Werk selber nicht angesprochen wird, wurde auch vor Bekanntwerden dieses Briefes schon vermutet. Vgl. Theodor HIRSCH, Art. Hosius, in: ADB 13 (1881), S. 180–184.

71 So sehen es ausschließlich Bruno ELSNER, Der ermländische Bischof Stanislaus Hosius als Polemiker, Königsberg i. Pr. 1911, S. 5f. (mit Belegen aus dem Briefwechsel) und A[uguste] HUMBERT, Art. Hosius, in: DThC 7 (1927), Sp. 178–190, hier Sp. 181f. Zu Modrzewski (1503–1572) und seinen kirchlichen und politischen Reformschriften vgl. Eduard BALAKIER, Art. Modrzewski, in: TRE 23 (1994), S. 138–140.

72 Confessiones Fidei Christianae tres, diuersis quidem temporibus editae, sed cum verae & catholicae ecclesiae sententia incorrupta congruentes, quarum prima exhibita est [...] in comicijs Augustae, anno XXX. Reliquae duae oblatae sunt Synodo Tridentinae: altera quidem nomine Ecclesiarum Saxonicarum, altera vero nomine Illustriss[imi] Principis ac Domini D[omini] Christophori ducis Vuirtembergensis etc., anno LII, Frankfurt 1553 (URL: <https://reader.digitale-sammlungen.de/de/fs1/object/display/bsb11230456_00005.html> [05.08.2016]). Zu den beiden genannten, im Hinblick auf die Teilnahme der Protestanten am Tridentinum formulierten Bekenntnissen vgl. Günther WARTENBERG, Die Confessio Saxonica als Bekenntnis evangelischer Reichsstände [1996], in: Ders., Wittenberger Reformation und territoriale Politik. Ausgewählte Aufsätze, hg. v. Jonas FLÖTER / Markus HEIN, Leipzig 2003, S. 175–189 (Edition: Melanchthons Werke in Auswahl, hg. v. Robert STUPPERICH, Gütersloh 1955, Bd. 6, S. [80] 81–167); Christian PETERS, Brenz und das reformatorische Bekenntnis, in: Blätter für Württembergische Kirchengeschichte 100 (2000), S. 9–28, hier S. 24–27 (Edition: Martin BRECHT / Hermann EHMER [Hg.], Confessio Virtembergica / Das Württembergische Bekenntnis 1552, Holzgerlingen 1999).

1570 erstmals erschienene *Confessio Catholica Concilii Tridentini*[73] des Juristen und Reichshofrats Georg Eder,[74] ein anderes das des biographisch nicht nachweisbaren, im erzgebirgischen Bergbau tätigen Autors Georg Biber[75]: *Confession, das ist: Ein kurtze, doch warhaffte und offentliche Bekanntnuß des Christlichen Catholischen Glaubens.*[76] Die letztere Schrift ist Anton Brus von

73 Georgius Eder, Confessio Catholica Concilii Tridentini, de praecipuis christianae religionis Articulis hoc potissimum seculo controversis, Köln 1570 (URL: <https://reader.digitale-sammlungen.de/resolve/display/bsb11024286.html> [26.09.2015]). Diese Separatausgabe des 1570 in einem Sammelband bei denselben Druckern erschienenen und 1581 in Lyon nochmals separat gedruckten Werkes ist der jüngsten und bisher einzigen umfassenden Würdigung dieses überaus einflussreichen Mannes unbekannt geblieben: Elaine Fulton, Catholic Belief and Survival in Late Sixteenth-Century Vienna. The Case of Georg Eder (1523–87), Aldershot 2007, S. 101 mit Anm. 9. Dieser Arbeit sind die Angaben zu Eders Karriere entnommen.

74 Der Bayer Eder (1523–1587), der in Köln die Artes und die Rechte studiert hatte, lebte seit 1550 in Wien und machte hier als Jurist Karriere. Seit 1552 gehörte er zur Hofkammer, 1563 wurde er zum Reichshofrat, d.h. zum Mitglied des höchsten Appellationsgerichts des gesamten Reiches, ernannt, dem neben Adligen immer auch gelehrte Juristen angehörten. Obwohl er nicht an der Wiener Universität lehrte, amtierte Eder elfmal als deren Rektor. 1551 wurde er hier zum Dr. iuris utriusque, 1571 auch zum Dr. theol. promoviert, obwohl er sowohl theologisch als auch kirchenrechtlich Laie war. Diese letztere Graduierung verdankt er ohne Zweifel seinen im weiteren Sinn theologischen Werken, die er seit 1568 zunächst auf Latein, dann auch in der Volkssprache veröffentlichte und deren Ziel es war, den römisch-katholischen Glauben, hauptsächlich auf der Basis des *Catechismus Romanus*, gegenreformatorisch zu profilieren. Vgl. die zeittypisch langen Titel bei Fulton, Catholic Belief (wie Anm. 73), S. 146–149 sowie die kurzen Inhaltsangaben ebd., S. 76–78. Sein erstes auf Deutsch erschienenes Werk *Evangelische Inquisition Wahrer und falscher Religion* (Dillingen: Sebald Mayer, 1573) schlug einen wesentlich polemischeren Ton an und ließ Eder bei Kaiser Maximilian II. in Ungnade fallen. Dieser verbot in einem ungewöhnlich scharf formulierten Dekret Eder jede schriftstellerische Tätigkeit in religiösen Fragen und befahl, alle verfügbaren Exemplare des inkriminierten Werkes einzuziehen. Im Gegenzug erhielt Eder breite Unterstützung aus Rom – u.a. von Kardinal Hosius – und München. Vgl. Fulton, Catholic Belief (wie Anm. 73), S. 83–137. Nach dem Tod seiner zweiten Frau wurde Eder im Herbst 1573 von Rom sogar das gerade freigewordene Bistum Gurk angetragen, was dieser jedoch nach einigem Hin und Her ein Jahr später endgültig ablehnte, woraufhin Gregor XIII. ihm eine päpstliche Medaille, ein Handschreiben und eine Summe Geldes zukommen ließ. Vgl. ebd., S. 96–98.

75 Biber bezeichnet sich auf dem Titelblatt als »einen alten Catholischen unparteyischen Layen […] weyland Burgern in S. Joachims Thal, und anjetzo Bergk und Gegenschreiber der Keyserlichen freyen Bergkstatt Platten«. Zu den im frühneuzeitlichen Bergbau üblichen Amtsbezeichnungen des Berg- und des Gegenschreibers Vgl. Georg Agricola, Zwölf Bücher vom Berg- und Hüttenwesen. Vollständige Ausgabe nach dem lateinischen Original von 1556, übers. von Carl Schiffner u.a., München 1994, S. 74f. Vgl. auch Deutsches Rechtswörterbuch s.v. Bergschreiber (URL: <http://drw-www.adw.uni-heidelberg.de/drw-cgi/zeige?term=bergschreiber>) und Gegenschreiber (URL: <http://drw-www.adw.uni-heidelberg.de/drw-cgi/zeige?term=gegenschreiber> [18.08.2016]).

76 Georg Biber, Confession, das ist: Ein kurtze, doch warhaffte und offentliche Bekanntnuß des Christlichen Catholischen Glaubens, sonderlich gestellt wider die

Müglitz, dem ersten Erzbischof von Prag nach einer Sedisvakanz von über hundert Jahren, gewidmet, der eifrig bestrebt war, die Beschlüsse des Trienter Konzils umzusetzen.[77]

5. »Confessionistae« als Begriff der römisch-katholischen Polemik

Im Vorwort von Eders *Confessio Catholica* begegnet neben »Pseudevangelic[i]«[78] die Bezeichnung »Confessionistae«[79] für die evangelische Seite, welche Eder mit der Vervielfachung von »Confessiones« begründet.[80] Dieser Zusammenhang ist sprachlich unschwer zu erkennen. Doch handelt es sich um eine Selbst- oder Fremdbezeichnung? Friedrich Lepp nennt in seiner Sammlung von Schlagwörtern der Reformationszeit »Confessionist« nur nebenbei, ohne auf die Entstehung einzugehen.[81] Insofern das Wort sich einem ähnlichen sprachlichen Vorgang verdankt wie die Bezeichnungen »artista«, »canonista«, »jurista«, »legista« und schließlich »humanista« im mittelalterlichen Universitätslatein für diejenigen, die sich den »artes liberales«, den »canones«, den »jura«, den »leges« und den »studia humanitatis« widmen,[82] könnte diese Bezeichnung für die, wie man zeitgenössisch in der Regel sagte, »der Augsburgischen Confession Verwandten«[83] durchaus eine Selbstbezeichnung sein. Gefunden habe ich sie aber nur im Mund der Gegner.

Bellarmin verwendet die Bezeichnung »Confessionistae« in der Vorlesung aus dem Jahre 1576, die er am Collegium Romanum gehalten hat und die er seinen *Controversiae* als »Praefatio« voranstellt. Hier ordnet er die zeitgenössischen Häresien in einen größeren Kontext ein und stellt eine Verbindung zwischen dem Denken Berengars von Tours, den »Sakramentariern«, den

jetztschwebende und im heiligen allgemeynen Tridentischen Concilio verdampte Irrthumb […], Ingolstadt 1578 (URL: <http://reader.digitale-sammlungen.de/resolve/display/bsb10152852.html> [27.08.2016]).

77 Zu Anton Brus (1518–1580), der 1560–1563 als Bischof von Wien und seit 1561 als Erzbischof von Prag amtierte und der auf dem Tridentinum die kaiserliche Gesandtschaft anführte, vgl. Winfried Eberhard, Art. Brus von Müglitz, in: Gatz, Die Bischöfe des Heiligen Römischen Reiches 1448–1648 (wie Anm. 61), S. 85–88.

78 Eder, Confessio Catholica Concilii Tridentini (wie Anm. 73), S. 8.

79 Ebd., S. 15.

80 Vgl. ebd., S. 10f.

81 Vgl. Friedrich Lepp, Schlagwörter des Reformationszeitalters, Leipzig 1908, S. 2,12. Ebd., S. 43 scheint er eher von einer Fremdbezeichnung auszugehen. Alfred Götze, Evangelisch, in: Zeitschrift für Deutsche Wortforschung 13 (1911/12), S. 1–24, bringt ebd., S. 15 Belege für den Gebrauch von »Euangelische Confessanten« bzw. »Euangelische Confessionisten« aus einer Schrift des römisch-katholischen Kontroverstheologen Johannes Nas (1534–1590) aus dem Jahre 1565.

82 Vgl. Paul Oskar Kristeller, Humanismus und Renaissance, hg. v. Eckhard Kessler, 2 Bde., München 1974–1976, Bd. 1, S. 17.

83 S.u. Anm. 128.

»Confessionisten« und den Täufern her.[84] Während hier ausdrücklich der Bezug zur *Confessio Augustana* hergestellt wird, scheint sich das Schlagwort an anderer Stelle auf die *Confessio Virtenbergica* zu beziehen.[85] In Bellarmins berühmter Definition, wer zur Kirche gehört, steht an erster Stelle die »ejusdem Christianae fidei professio«, gefolgt von »eorundem Sacramentorum comunio« und drittens die Unterordnung »sub regimine legitimorum pastorum, ac praecipue vnius Christi in terris Vicarij Romani Pontificis«.[86] Dieses Kirchenbild wird u.a. demjenigen der »Confessionisten« gegenübergestellt. Um die Übereinstimmung derselben mit den Lutheranern und Calvinisten im Hinblick auf die Sündenlehre zu belegen, zitiert Bellarmin hier nicht die *Confessio Augustana*, was er es in derselben Spalte weiter unten tut, sondern eine Stelle aus Melanchthons *Loci.*[87] In diesem Zusammenhang fällt auf, dass Bellarmin, wenn er vom Glaubensbekenntnis spricht, im römisch-katholischen Kontext den Begriff »professio« gebraucht, während er für den reformatorischen »confessio« verwendet.[88] In der seinem Verzeichnis der kirchlichen Schriftsteller beigefügten »Chronologia brevis« erklärt Bellarmin das Schlagwort »Confessionistae« als Bezeichnung der Anhänger Melanchthons, des Verfassers der *Confessio Augustana*, die auch »molles Lutherani« (schmiegsame, sanfte Lutheraner) genannt würden.[89] Zu den »confessionistae« werden außerdem Kaspar Schwenckfeld, Andreas Osiander, der gleichwohl später von denselben als Häretiker betrachtet worden sei, und Johannes Brenz als »non minimus inter confessionistas« gerechnet.[90]

Die frühesten Vorkommen habe ich in Werken gefunden, die von in Polen tätigen römisch-katholischen Autoren stammen und 1558 erschienen sind.[91]

84 Bellarminus, Disputationum (wie Anm. 35), Bd. 1, fol. [a5r]- b3r, hier fol. b2v.

85 Vgl. ebd., Bd. 2, controversia 1, l. 1, c. 15, Sp. 36. Da hier zunächst Brenz und die *Confessio Virtenbergica* genannt werden, dann aber von »Calvinistae« und »Confessionistae« die Rede ist, die deren Ansicht teilten, ist dies nicht ganz eindeutig. Auch an späterer Stelle scheint die Bezeichnung »Confessionistae« Brenz und die *Confessio Virtenbergica* zu meinen. Vgl. ebd., l. 3, c. 10, Sp. 168f.

86 Ebd., controversia 1, l. 3, c. 2, Sp. 137. Zur Kirchendefinition Bellarmins vgl. Thomas Dietrich, Die Theologie der Kirche bei Robert Bellarmin (1542–1621). Systematische Voraussetzungen des Kontroverstheologen, Paderborn 1999, S. 469–509.

87 Vgl. Bellarminus, Disputationum (wie Anm. 35), Bd. 2, controversia 1, l. 3, c. 2, Sp. 136.

88 Vgl. ebd., Sp. 137f. (»professio« passim) mit Sp. 135 (»confessio«).

89 Robertus Bellarminus, Chronologia brevis ab orbe condito usque ad annum MDCXII, mit eigener Paginierung angefügt an: ders., De scriptoribus ecclesiasticis liber unus […]. Editio recognita, et ab Auctore ipso auctior facta: Lugduni 1613, hier S. 36 (URL: <https://books.google.de/books?id=4lG5cj-UHZMC&pg=PA473&lpg=PA473&dq=Chronologia+brevis+ab+orbe+condito+usque+ad+annum+MDCXII&source> [09.08.2016].

90 Ebd., S. 36 (Schwenckfeld) – S. 37 (Osiander, Brenz).

91 Auf die historischen Hintergründe, die im Kampf der im Folgenden zu nennenden polnischen Theologen im Verbund mit dem zeitweise in Dillingen wirkenden spanischen Dominikaner Petrus de Soto († 1563) gegen die *Confessio Virtembergica* bestehen,

Der schon genannte Stanislaus Hosius zählt in seiner *Verae, Christianae, Catholicaeque Doctrinae Solida Propugnatio*, die er mit Schreiben vom 15. Oktober 1557 dem polnischen König Sigismund II. August gewidmet hat,[92] drei häretische »sectae« auf, die auf Luther[93] zurückgehen: »Sacramentarii«,[94] »Anabaptistae«,[95] »Suenckfeldius«.[96] Die Lutheraner seien mittlerweile selber wieder in mehrere Sekten zerfallen: die in mindestens drei Untergruppen zerfallenden »Interimistae« und die «Adiaphoristae«,[97] die »Antinomi« sowie die »Confessionistae«, die er auf die *Confessio Augustana* zurückführt, ohne näher darauf einzugehen.[98]

Auch in seiner in demselben Jahr erschienenen Schrift *De expresso Dei verbo*, die formal aus zwei langen, leider undatierten Briefen an den genannten polnischen König Sigismund II. August besteht, konzentriert Hosius sich auf die innerevangelischen Streitigkeiten.[99] Mehrfach erhebt er hier den Vorwurf der falschen Berufung der »Pseudeuangelistae« auf das Evangelium.[100] Zu den »Confessionistae« wird er hier etwas ausführlicher. Sie seien ohne Zweifel Lutheraner, und einer von diesen, Andreas Osiander, klage darüber, dass die *Confessio Augustana* bei den Seinen mehr Gewicht habe als das Wort Gottes. Diejenigen, die in Wittenberg zu Magistri artium oder Theologieprofessoren kreiert werden, müssten dem Wort Gottes ab- und auf die Worte

kann hier nicht eingegangen werden. Dazu vgl. Matthias A. Deuschle, Brenz als Kontroverstheologe. Die Apologie der Confessio Virtembergica und die Auseinandersetzung zwischen Johannes Brenz und Pedro de Soto, Tübingen 2006.

92 Stanislaus Hosius, Verae, Christianae, Catholicaeque Doctrinae Solida Propugnatio, Köln 1558 (URL: <http://reader.digitale-sammlungen.de/de/fs1/object/display/bsb10148979_00001.html> [27.08.2016]). Das Datum findet sich ebd., fol. a 3v. Die ungezeichnete »Praemonitio ad lectorem« (ebd., fol. [a4]r–v) stammt von dem Jesuiten Petrus Canisius, der das Werk in Köln herausbrachte. Vgl. Deuschle, Brenz als Kontroverstheologe (wie Anm. 91), S. 95f.

93 Vgl. Hosius, Verae, Christianae, Catholicaeque Doctrinae Solida Propugnatio (wie Anm. 92), S. 3–9.

94 Vgl. ebd., S. 9–18.

95 Vgl. ebd., S. 18–32.

96 Vgl. ebd., S. 32–36.

97 Vgl. ebd., S. 39–43.

98 Vgl. ebd., S. 43.

99 Vgl. Stanislaus Hosius, De expresso Dei verbo [...] Libellus valde utilis, ac his temporibus necessarius, Dillingen 1558 (URL: <http://daten.digitale-sammlungen.de/~db/0002/bsb00023059/images/> [30.08.2016]). Dass diese Schrift nach der *Propugnatio* veröffentlicht worden ist, ergibt sich aus einer entsprechenden Bemerkung: Ebd., fol. Iijv.

100 Vgl. ebd., fol. cijv [hier das genannte Schimpfwort], ciijv, g[1]r–v. In seiner polemischen Schrift *Epistola contra quosdam qui se falso iactant euangelicos* von 1529 hat Erasmus den gleichen Vorwurf erhoben und das Adjektiv »euangelicus« künftig sehr restriktiv benutzt. Vgl. Roland Crahay, L'évangélisme d'Érasme. Éléments d'un dossier [1977], in: Problèmes d'histoire du christianisme 15 (1985), S. 75–102. Zum Schlagwort evangelisch vgl. noch immer Götze, Evangelisch (wie Anm. 81).

Melanchthons schwören.[101] Die internen Streitereien der »Confessionistae« führt Hosius auf einen Mangel an Liebe zurück; sie hätten die Einheit nicht zerstört, wenn sie die Liebe hätten, die allein das Band des Friedens und der Einheit sei.[102] Sie, die die Sakramentarier, die Wiedertäufer, die Zwickauer Propheten u.a. aus ihrer Schar ausgeschlossen hätten, sollten doch ihre Kirche vorweisen. Melanchthon und Brenz seien mit ihren Anhängern aus der auf der *Confessio Augustana* gründenden kirchlichen Gemeinschaft hinausgeworfen worden, wie man bei Mathias Flacius Illyricus und Joachim Mörlin lesen könne.[103]

Das Schlagwort »Confessionistae« begegnet gleichfalls in der ohne Angabe von Autor, Ort und Drucker, lediglich mit der Jahreszahl 1558 und dem Bezug zum Wormser Religionsgespräch von 1557 auf dem Titelblatt versehenen Schrift *Theologiae Martini Lutheri trimembris epitome.*[104] Deren Verfasser gibt sich freilich in der auf den 31. Dezember 1557 datierten Vorrede als einer der katholischen Kollokatoren des genannten Religionsgesprächs zu erkennen: Friedrich Staphylus.[105] Vor allem der dritte Teil dieser polemischen Schrift, die in der Uneinigkeit der Reformatoren das hauptsächliche Gegenargument sieht, ist für unseren Zusammenhang interessant. Staphylus vergleicht hier Luther mit dem falschen Propheten der Johannesoffenbarung, aus dessen Maul »tres illi spiritus immundi ranarum similes, Homologistae,

101 Vgl. ebd., fol. F[i]^{v}. Diesen Vorwurf der Schriftvergessenheit erhebt Osiander in der Tat gegenüber dem Wittenberger Doktoreid, wobei er allerdings nicht zu erwähnen vergisst, dass in diesem neben der *Confessio Augustana* auch von den drei altkirchlichen Symbola die Rede ist. Vgl. Andreas Osiander, Widerlegung der ungegrundten, undienstlichen antwort Philippi Melanthonis (Königsberg 1552), in: Andreas Osiander d.Ä., Gesamtausgabe, Bd. 10, hg. v. Gerhard Müller / Gottfried Seebass, Gütersloh 1997, S. (561) 571–670, hier S. 574–576.

102 Vgl. Hosius, De expresso Dei verbo (wie Anm. 99), fol. G[i]^{v}.

103 Vgl. ebd., fol. I[i]^{v}.

104 [Fridericus Staphylus,] Theologiae Martini Lutheri trimembris epitome [...] Nuper collecta Wormatiae, durante Colloquio, [Dillingen] 1558 (URL: <http://daten.digitale-sammlungen.de/~db/0002/bsb00024312/images/> [22.08.2016]). Zum Entstehungskontext und zur Verbreitung vgl. Uta Mennecke-Haustein, Conversio ad Ecclesiam. Der Weg des Friedrich Staphylus zurück zur vortridentinischen katholischen Kirche, Gütersloh 2003, S. 220–222, 237f., 242 Anm. 113.

105 [Staphylus,] Theologiae Martini Lutheri trimembris epitome (wie Anm. 104), fol. A ij^{r-v}. Staphylus (1512–1564), der in Krakau, Padua und Wittenberg studiert hatte, kam auf Empfehlung Melanchthons 1546 als Theologieprofessor nach Königsberg, wo er auf der Basis des altkirchlichen Konsenses gegen Andreas Osiander argumentierte. 1552 konvertierte er zusammen mit seiner Frau Anna, der Tochter des Breslauer Reformators Johannes Heß, zum Katholizismus. 1554 wurde er Rat Kaiser Ferdinands I., als der er am Wormser Religionsgespräch teilnahm, 1558 Herzog Albrechts V. von Bayern, 1560 Professor an der Universität Ingolstadt. Staphylus kritisierte nicht nur die Uneinigkeit der reformatorischen Theologen, sondern auch die Reformunwilligkeit des katholischen Klerus. Vgl. Ernst Manfred Wermter, Art. Staphylus: in: LThK^{3} 9 (2006), Sp. 931f. Zu seiner Konversion vgl. Mennecke-Haustein, Conversio ad Ecclesiam (wie Anm. 104).

Sacramentarij, Anabaptistae«[106] hervorkommen, die er dann in umgekehrter Reihenfolge vorstellt. Während die Täufer die Taufe und die Sakramentarier die Eucharistie verfälschten,[107] sei es das Ziel der auf Melanchthon zurückgehenden »Homologistica [...] secta«, den Apostolischen Stuhl und das, was am christlichen Glauben katholisch ist, zu zerstören.[108] Wenn Staphylus im Folgenden von der *Confessio Augustana* und den »Confessionistae« spricht, wird deutlich, dass er mit dem griechischen Ausdruck dieselbe Personengruppe bezeichnet wie mit dem lateinischen, ist »confessio« doch nichts anderes als die lateinische Übersetzung von »*homología*«. Bei den Anhängern der *Confessio Augustana* unterscheidet er drei »Parteien«:[109] 1. Flacianer (»Illyricani«),[110] 2. die Melanchthonianer (»molles illi philosophi & elegantes *epieikeîs*«)[111] sowie eine 3. Gruppe, die ganz unterschiedliche »sectae« umfasst.[112] Staphylus schließt seine Darstellung, die hier nicht im Hinblick auf ihren Gehalt zu diskutieren ist, mit einem schematischen Überblick ab, der helfen soll, sich diese unübersichtliche Vielfalt zu merken.[113] Auch wenn die Anhänger der *Confessio Augustana* das Gegenteil behaupteten, sei dieses Bekenntnis keineswegs Garant der Einheit.[114] Es erweise sich vielmehr als die von Hesiod geschilderte Büchse der Pandora, die schön anzusehen gewesen sei, aber

106 Ebd., fol. L iij^r^. Bei der biblischen Bezugsstelle handelt es sich um Offb 16,13. Dies erklärt, warum Staphylus genau drei Sekten festmachen will. Georg Witzel hat bereits 1537 von drei auf Luther zurückgehenden Sekten gesprochen, ohne jedoch den Bezug zu Offb 16,13 herzustellen und die drei Untergruppen näher zu bestimmen. Vgl. Mennecke-Haustein, Conversio ad Ecclesiam (wie Anm. 104), S. 320 Anm. 72. Die Bezeichnung »Confessionistae«, die sie ebd., S. 321, anführt, ist ihr ebenso wenig einen Kommentar wert wie »Homologistae« S. 320 Anm. 73. Zu letzterer vgl. das Folgende.

107 Vgl. [Staphylus,] Theologiae Martini Lutheri trimembris epitome (wie Anm. 104), fol. [L iiij^{r}]–M ij^{v}.

108 »Eius Homologisticae sectae praecipuus scopus fuit semper, sedem apostolicam, & quod in Christiana fide Catholicum est, (ne videlicet, vlla sit apostolicarum clauium potestas) funditus delere.« Ebd., fol. M ij^{v}.

109 »Confessionistarum igitur, qui Aug[ustanam] Confessionem se dicunt profiteri, sunt factiones tres.« Ebd., fol. M iij^{r}.

110 Ebd.

111 Ebd., fol. [M iiij^{v}].

112 »Suenckfeldiani« (fol. N i^{v}), »Osiandrini« (N ij^{r}), »Stancariani« (ebd.), »Francfordienses« (ebd.).

113 Vgl. ebd., fol. N iij^{r}. Seinem Hang zur Schematisierung entsprechend verortet er die drei Sekten in den drei unterschiedlichen Ständen: die Täufer bei der Landbevölkerung, die Sakramentarier bei den Stadtbürgern und die »Confessionistae« an den Höfen. Vgl. ebd., fol. N ij^{v}.

114 »At vero quid in hisce Articulis Aug[ustanae] Confessionis est, quod ipsi confessionistae non in mutua lite ponunt? non controuertant? non rapiant iam in hunc, iam in illum sensum, modo album asserentes, modo nigrum, mox quiduis aliud?« Ebd., fol. O ij^{v}.

nichts als Unheil enthalten habe.[115] Auf Staphylus scheint auch eine auf dem Regensburger Reichstag von 1559 kursierende Schautafel mit den »von Luther ausgehenden Ketzereien«[116] zurückzugehen. Sowohl auf die *Trimembris epitome* als auch auf das Regensburger Schaubild reagierte der württembergische Theologe Jakob Andreä mit jeweils einer Gegenschrift,[117] in denen er seinem Gegner die Urheberschaft an den Schlagworten »homologistae« und »confessionistae« zuzuschreiben scheint.[118] Da Staphylus eine systematischere Sicht der evangelischen Sekten bietet, könnte man vermuten, dass er nach Hosius geschrieben hat. Auf jeden Fall haben sie zusammengearbeitet und sich wohl auch »bei der Verfassung von Ketzergenealogien […] gegenseitig befruchtet, wenngleich sie sich in der Ausführung unterschieden«.[119] Die Verwendung des auch von Staphylus gebrauchten Adjektivs »molles« zur Charakterisierung der Melanchthonischen Richtung zeigt, dass Bellarmin dessen Darstellung gelesen hat.[120]

115 Vgl. ebd., fol. O ij^{v}–O iij^{v}. Wenn Staphylus zum Beweis der negativen Auswirkungen der *Confessio Augustana* u.a. den Bauernkrieg (1524 bis 1526), die osmanische Eroberung Ungarns (1526) und die kriegerischen Auseinandersetzungen in der Schweiz (1531) nennt, bezieht er sich auf Ereignisse, die entweder vorher lagen oder in keinem direkten Zusammenhang damit standen.

116 Mennecke-Haustein, Conversio ad Ecclesiam (wie Anm. 104), S. 319.

117 Auf die *Trimembris epitome* antwortete Jakob Andreä, Ad Friderici Staphyli confictas et calumniae plenas Antilogias responsio, Frankfurt 1558 (URL: <http://reader.digitale-sammlungen.de/resolve/display/bsb10208840.html> [26.08.2016]), auf die anonyme Schautafel: ders., Bericht von der Einigkeit und Uneinigkeit der Christlichen Augspurgischen Confessions Verwandten Theologen […], Tübingen 1560 (URL: <http://reader.digitale-sammlungen.de/resolve/display/bsb10167380.html> [25.08.2016]). Zur Auseinandersetzung Andreäs mit Staphylus vgl. Rosemarie Müller-Streisand, Theologie und Kirchenpolitik bei Jakob Andreä bis zum Jahr 1568, in: Blätter für Württembergische Kirchengeschichte 60/61 (1960/61), S. 224–395, hier S. 316–322; Mennecke-Haustein, Conversio ad Ecclesiam (wie Anm. 104), S. 318f.

118 Vgl. Jakob Andreä, Ad Friderici Staphyli confictas et calumniae plenas Antilogias responsio (wie Anm. 117), S. 96: »Sic *homologistas* (uocat Confessioni Augustanae adhaerentes) domi suae Confeßionis certitudinem nullam relinquere […]«; Bericht von der Einigkeit, fol. G iij^{v}–[G iiij]^{r}: »Nun woellen wir den dritten hauffen für uns nehmen / die diser Brieffmaler [sc. Staphylus] Confessionisten nennet / vnnd in drei Rotten / namlich / die Halßsterrigen / die zarten Philosophischen / vnnd widerspennigen Confessionisten theilet […].« Zum Beruf des Briefmalers, der einfache Drucke kolorierte, vgl. Susan Dackerman, Painted Prints in Germany and the Netherlands, in: Dies. (Hg.), Painted Prints. The Revelation of Color in Northern Renaissance and Baroque Engravings, Etchings and Woodcuts, University Park, Pennsylvania 2002, S. 9–47. Möglicherweise steckt hinter der abschätzig gemeinten Bezeichnung Briefmaler das Urteil des Erasmus von Rotterdam, der die Kolorierung von Dürers Stichen ablehnte. Vgl. ebd., S. 12f.

119 Deuschle, Brenz als Kontroverstheologe (wie Anm. 91), S. 101. Deuschle verweist ebd. Anm. 394 zur Begründung auf Elsner, Der ermländische Bischof Stanislaus Hosius als Polemiker (wie Anm. 71), S. 105–107, der aber zu dieser Frage wenig Präzises hergibt. Zur Zusammenarbeit von Hosius und Staphylus vgl. auch Mennecke-Haustein, Conversio ad Ecclesiam (wie Anm. 104), S. 386 (Reg., s.v. Hosius).

120 Vgl. die bei Anm. 89 und 111 zitierten Texte.

Das Schlagwort »Confessionistae« lässt sich freilich bis zum Augsburger Reichstag von 1555 zurückverfolgen. Dort taucht es, soweit ich sehe, erstmals in der Korrespondenz des päpstlichen Gesandten Luigi Lippomano[121] auf. Während sein Vorgänger, der Nuntius Zaccaria Delfino,[122] die Protestanten durchweg als »disviati / desviati« (vom Wege Abgekommene)[123] oder »avversarii« (Gegner)[124] bezeichnet, gebraucht Lippomano in seinem Schreiben an den Kardinalnepoten Carlo Carafa vom 31. August 1555 die Junktur »gli protestanti o confessionisti«.[125] Interessanterweise stehen diese Worte in einer längeren Passage, die als wörtliche Rede König Ferdinands I. ausgegeben ist.[126] Es kann sein, dass der König selbst diese Formulierung gebrauchte, es ist aber auch möglich, dass Lippomano damit dessen Aussage sinngemäß wiedergeben hat. Für letzteres spricht, dass in den nun in einer mustergültigen Edition vorliegenden Akten des Augsburger Reichstags von 1555 und der damit zusammenhängenden Korrespondenz, soweit ich sehe, immer von den »der Augsburgischen Confession Verwandten« die Rede ist.[127] Diese Formel war im Frankfurter Anstand vom 19. April 1539 erstmals in einem Rechtsdokument verwendet worden.[128] Im lateinischen Text des Augsburger Reichsabschieds vom 25. September 1555, dem sog. Religionsfrieden, wird die deutsche Formel mit »religio Augustanae confessioni adhaerentium« wiedergegeben.[129] Es verwundert nicht, dass man für diese umständliche Redeweise

121 Luigi Lippomano (1496–1559), seit 1548 Bischof von Verona, seit 1558 von Bergamo, wirkte 1548–1550 als außerordentlicher Nuntius in Deutschland und 1555–1557 als Nuntius in Polen. Auf der Reise dorthin vertrat er auf dem Augsburger Reichstag die römische Position. Vgl. Alexander KOLLER, Art. Lippomani, in: $LThK^3$ 6 (2006), Sp. 950.

122 Zaccaria Delfino (1527–1583), 1553–1574 Bischof von Lesina (Dalmatien), 1553–1556 und 1560–1565 Nuntius bei König bzw. Kaiser Ferdinand I., 1566 Kardinal. Vgl. Klaus GANZER, Art. Delfino, 2) Zaccaria, in: $LThK^3$ 3 (2006), Sp. 74f.

123 Vgl. Helmut GOETZ (Bearb.), Nuntiaturberichte aus Deutschland, 17. Bd.: Nuntiatur Delfinos – Legation Morones – Sendung Lippomanos (1554–1556), Tübingen 1970, S. 73, 78 u.ö.

124 Vgl. ebd., S. 81f. u.ö.

125 Ebd., S. 158–167, hier S. 160.

126 Vgl. ebd., S. 159f.

127 Vgl. Rosemarie AULINGER / Erwein H. ELTZ / Ursula MACHOCZEK (Bearb.), Deutsche Reichstagsakten unter Kaiser Karl V. Der Reichstag zu Augsburg 1555, 4 Teil-Bde., München 2009.

128 Vgl. Irene DINGEL, Augsburger Religionsfrieden und »Augsburger Konfessionsverwandtschaft« – konfessionelle Lesarten, in: Heinz SCHILLING / Heribert SMOLINSKY (Hg.), Der Augsburger Religionsfrieden 1555. Wissenschaftliches Symposion aus Anlaß des 450. Jahrestages des Friedensschlusses, Augsburg, 21. bis 25. September 2005, Münster 2007, S. 157–176, hier S. 157 Anm. 3. Der Ausdruck »Confessionistae« begegnet in den hier referierten Texten, soweit ich sehe, nicht.

129 Vgl. etwa Religions-Frieden, extrahirt aus den [sic] Reichs-Abschied, Aufgerichtet zu Augsburg den 25. Septembris 1555, in: Franz Leopold WAIZENEGGER (Hg.), Corpus Juris Publici S.R. Imperii academicum, Freiburg 1750, S. 145–182, hier S. 161, Art. 14. Der Status dieser Übersetzung – ob sie im Rahmen der Augsburger Verhandlungen,

mit »Confessionistae / Confessionisti« eine Kurzformel geprägt hat, die keineswegs negativ gemeint gewesen sein muss, vor allem wenn man sie mit den in der römischen Korrespondenz sonst für die Protestanten gebrauchten polemischen Bezeichnungen vergleicht. Dass sich dies im weiteren Verlauf änderte, dürfte in den im vorliegenden Abschnitt zitierten Zeugnissen deutlich geworden sein.

6. Schluss

Die in diesem Beitrag nachgezeichnete Geschichte bietet, wenn sie denn zutrifft, ein weiteres Beispiel für den von Sigmund Freud, wenn auch in einem anderen Kontext, konstatierten »Narzißmus der kleinen Differenzen«.[130] Die sich herausbildenden Konfessionen gehen auch sprachlich eigene Wege, wie sich nicht zuletzt am Begriff der »confessio« selber zeigt, der, insofern es um das Glaubensbekenntnis geht, im römisch-katholischen Sprachgebrauch durch »professio« abgelöst wurde. Dabei bleibt es übrigens bis in die Gegenwart. Der 1983 promulgierte *Codex iuris canonici* schreibt in Canon 833 für bestimmte kirchliche Ämter vor deren Antritt die Ablegung einer »professio fidei« vor,[131] deren Wortlaut 1989 durch ein Dekret der Glaubenskongregation neu gefasst wurde.[132] Dabei handelt es sich im Hinblick auf die »Professio fidei« um eine Modifikation des 1967 von derselben Behörde promulgierten Textes, durch den die »Professio fidei Tridentina« sowie der sog. Antimodernisteneid abgelöst wurden.[133] Die Basis bildet, wie bei der »Professio fidei Tridentina«, das Nicäno-Konstantinopolitanum, auf das sowohl 1967 als auch

unmittelbar danach oder erst später angefertigt wurde – ist unklar. Sie fehlt in der jüngsten Edition des Reichsabschieds: AULINGER / ELTZ / MACHOCZEK, Der Reichstag zu Augsburg 1555 (wie Anm. 127), Teil-Bd. 4, S. 3103–3158.

130 Sigmund FREUD, Das Unbehagen in der Kultur (1930 [1929]), in: Ders., Studienausgabe, hg. v. Alexander MITSCHERLICH u.a., Bd. 9, Frankfurt am Main 1974, S. 191–270, hier S. 243. Freud gebraucht diesen Begriff, um das Phänomen der Stabilisierung einer Gruppe nach innen durch Abgrenzung nach außen zu erklären, wie er es gerade bei benachbarten Gemeinschaften zu erkennen meint. Für weitere Beispiele, wie die Praxis des Laienkelches und das Verständnis des Bischofsamtes, vgl. Peter WALTER, Die Veränderung der katholischen Kirche durch die Reformation, in: Günter FRANK / Volker LEPPIN / Herman J. SELDERHUIS (Hg.), Wem gehört die Reformation? Nationale und konfessionelle Dispositionen der Reformationsdeutung, Freiburg / Basel / Wien 2013, S. 93–120, hier S. 114–118.

131 Vgl. Codex iuris canonici / Codex des kanonischen Rechtes. Lateinisch-deutsche Ausgabe, übers. von Winfried Aymans u.a., Kevelaer ²1984, S. 376–379, can. 833.

132 Vgl. Congregatio pro doctrina fidei, Professio fidei et Iusiurandum fidelitatis in suscipiendo officio nomine Ecclesiae exercendo, in: AAS 81 (1989), S. 104–106.

133 Vgl. Sacra Congregatio pro doctrina fidei, Formula deinceps adhibenda in casibus in quibus iure praescribitur Professio Fidei, loco formulae Tridentinae et iuramenti antimodernistici, in: AAS 59 (1967), S. 1058. Für den Wortlaut des »Iuramentum contra

1989 eine recht kurze, global formulierte Zustimmung zur Lehre der römisch-katholischen Kirche folgt, die in der letzten Fassung wesentlich verschärft wurde. Auf die dadurch ausgelöste Kontroverse muss hier nicht eingegangen werden.[134]

Auf einem anderen Blatt steht die Frage nach der Eignung des Begriffes »professio« zur Bezeichnung einer Glaubensformel. Auch diesem Wort und dem zugehörigen Verb »profiteri« eignet bereits im klassischen Latein eine reiche Semantik, die das öffentliche Geständnis oder Bekenntnis, die öffentliche Äußerung, die öffentliche Angabe seines Namens und die Anmeldung eines Gewerbes zur Besteuerung und dadurch auch dieses selbst umfasst.[135] Dieses Wort eignete sich für den christlichen Sprachgebrauch durchaus, um damit das öffentliche Glaubensbekenntnis und das Ablegen eines Ordens- oder anderen Gelübdes zu bezeichnen.[136] Bei Thomas von Aquin findet sich die interessante Formulierung: »in catechismo requiritur confessio fidei, et professio Christianae religionis«.[137] Wenn ich recht sehe, scheint er mit »confessio fidei« das Bekenntnis des christlichen Glaubens im engeren Sinn und mit »professio Christianae religionis« das diesem entsprechende christliche Leben zu bezeichnen. Insofern es in der »Professio fidei Tridentina« nicht nur um den Glauben im Sinne eines Für-wahr-Haltens, sondern um eine umfassende Lebensausrichtung geht, darf man diese Wortwahl, auch wenn sie der konfessionellen Profilierung geschuldet sein sollte, durchaus für angemessen erachten.

errores modernismi« vgl. DH 3537–3550. Zum Antimodernismus vgl. Hubert Wolf (Hg.), Antimodernismus und Modernismus in der katholischen Kirche. Beiträge zum theologiegeschichtlichen Vorfeld des II. Vatikanums, Paderborn u.a. 1998.

134 Vgl. dazu Gustave Thils/Theodor Schneider, Glaubensbekenntnis und Treueid. Klarstellungen zu den »neuen« römischen Formeln für kirchliche Amtsträger, Mainz 1990.

135 Vgl. Thesaurus Linguae Latinae, Bd. 10,2, S. 1688–1692, s.v. professio.

136 Vgl. ebd., S. 1690 (profiteri fidem christianam) und S. 1691 (profiteri vitam deo devotam).

137 Thomas von Aquin, In 4 Sent., d. 6, q. 2, a. 2, quaestiuncula 3, argumentum 2: S. Thomae Aquinatis Scriptum super sententiis magistri Petri Lombardi, Bd. 4, ed. Maria Fabianus Moos, Paris 1947, S. 251, n. 144, 2. »Catechismus« meint, wie Thomas ebd., n. 147, erläutert, eine rudimentäre Glaubensunterweisung. Thomas beruft sich für die oben zitierte Aussage auf Dionysius Pseudo-Areopagita. Eine entsprechende Formulierung lässt sich bei diesem in den Thomas zur Verfügung stehenden lateinischen Übersetzungen jedoch nicht finden. Der Verweis des Editors Moos überzeugt nicht.

Jan-Andrea Bernhard

Reformierte Bekenntnistexte des 16. Jahrhunderts

1. Einleitung

Auf dem Titelblatt des *Confessio et expositio simplex orthodoxae fidei* [...] (Zürich 1566)[1] wird festgehalten, dass diese Bekenntnisschrift von den Dienern der Kirche »in Helvetia« einmütig herausgegeben worden sei. Was unter »Helvetia« zu verstehen ist, wird dann ausgeführt: Zürich, Bern, Schaffhausen, St. Gallen, die Drei Bünde, Mülhausen, Biel und Genf.[2] Auf den ersten Blick erstaunt dies, da letztere vier Gebiete bzw. Städte politisch nicht zur Schweiz gehörten. Bullinger allerdings – obwohl er auf dem Titelblatt als Autor nicht genannt wird – zählt dieselben trotzdem zu »Helvetia«, da – aus theologiegeschichtlicher Sicht – das Empfinden der Einheit der Kirchen von Genf, der reformierten Orte der Schweiz sowie der Drei Bünde (»Curia Rhetorum«) stärker als die Erfahrung der »politischen« Grenzen war, d.h. die »geistig-theologische Verbundenheit« im Bekenntnis höher als die politischen Grenzen gewertet wurde.[3] Freilich waren die Drei Bünde zugewandter Ort der Eidgenossenschaft und die Vorsteher der »evangelischen«[4] Kirche der Drei Bünde pflegten mit Bullinger intensive Kontakte.[5] Die Kirchen von Mülhausen und Biel – ab 1568 kam auch noch Neuenburg dazu – wurden schliesslich als »confœderatos« bezeichnet, und die Pfarrer der Genfer Kirche »adiunxerunt se«.[6] Das Bekenntnis,[7] bekannt geworden unter dem Namen

1 Vgl. Heinrich Bullinger, Confessio et expositio simplex orthodoxae fidei [...] (1566), in: Heiner Faulenbach u.a. (Hg.), Reformierte Bekenntnisschriften 2/2, Neukirchen-Vluyn 2009 [fortan: RBS], S. 268–345.

2 RBS 2/2, S. 268: »Confessio et expositio simplex orthodoxae fidei [...] concorditer ab Eccleisae Christi ministris, qui sunt in Helvetia, Tiguri, Bernae, Scaphusij, Sangalli, Curiae Rhetorum & apud confoederatos, Mylhusij item; & Biennae, quibus adiunxerunt se & Geneuensis Ecclesiae ministri, edita in hoc, [...]«.

3 Vgl. Jan-Andrea Bernhard, Konsolidierung des reformierten Bekenntnisses im Reich der Stephanskrone. Ein Beitrag zur Kommunikationsgeschichte zwischen Ungarn und der Schweiz in der frühen Neuzeit (1500–1700), Göttingen 2015, S. 27.

4 In den Bundstagsprotokollen der Drei Bünde wird regelmäßig von der »evangelischen« und »papistischen« Religion gesprochen.

5 Vgl. Bullingers Korrespondenz mit den Graubündnern, hg. v. Traugott Schiess, 3 Bde., Basel 1904–1906.

6 Im Vertrag von Saint-Julien (1603) anerkannte Savoyen die Unabhängigkeit von Genf, vgl. Lucienne Hubler, Frieden von Saint-Julien, in: Historisches Lexikon der Schweiz 10 (2011), S. 624.

7 Das Bekenntnis hat Bullinger in seiner Grundform bereits 1561 als »geistliches Vermächtnis« verfasst, doch wurde demselben erst dadurch, dass er es am 18. Dezember

Confessio Helvetica posterior, ist schliesslich als *die* reformierte Bekenntnisschrift in die Geschichte eingegangen. Denn innerhalb kurzer Zeit fand die Bekenntnisschrift Verbreitung und Anerkennung in mehreren Gebieten Europas: In Schottland unterschrieben bereits im September 1566 alle Pfarrer auf der Synode von Glasgow das Bekenntnis. Auch in Frankreich fand die *Confessio Helvetica posterior* gute Aufnahme, ohne aber offiziell je angenommen worden zu sein. Eine grosse Bedeutung erhielt die Bekenntnisschrift in Ostmitteleuropa: Bereits im Herbst 1566 haben zwei Provinzialsynoden der kleinen Herzogtümer Zator und Auschwitz dem Bekenntnis zugestimmt; als Folge davon wurde auf der Generalsynode von Sandomir die *Confessio* in polnischer Übersetzung als Bekenntnis der Reformierten vorgelegt. Die bedeutendste Wirkungsgeschichte hatte das Bekenntnis aber in Ungarn, da dasselbe, neben zwei anderen Bekenntnissen, im Februar 1567 nicht nur angenommen wurde, sondern bald auch die anderen Bekenntnisse verdrängte und bis heute in über 25 Auflagen erschien.[8]

Bezeichnend für die *Confessio Helvetica posterior* ist mit Bestimmtheit dies, dass dieses Bekenntnis, dank seiner Ausbreitung und Wirkung, nach kurzer Zeit einer »nationalen« Gebundenheit und, obwohl es ursprünglich ein persönliches Vermächtnis Bullingers war, einer persönlichen Note entbehrte. Letzteres wird dadurch illustriert, dass beispielsweise die reformierten Kirchen Ostmitteleuropas noch heute nicht selten in irreführender Weise als Calvinisten bezeichnet werden.

Seit dem *Consensus Tigurinus* (1549) ist der Begriff »calvinistisch« darum irreführend, weil er etwas impliziert, das es so nicht mehr gab, nämlich ein Bekenntnis von Calvin, das in diesen Kirchen noch gültig gewesen wäre. Seit 1547 fanden nämlich Bemühungen zwischen Zürich und Genf statt, sich in der Abendmahlsfrage zu einigen und damit das »helvetische« Reformationswerk zu stärken. Mit dem Augsburger Interim (1548) wurden diese Bemühungen noch drängender. Obwohl die Eidgenossenschaft faktisch seit 1499 vom Reich unabhängig war, waren sich die Vertreter der schweizerischen Reformation sowie die Magistrate in den reformierten Orten der Gefahr durchaus bewusst, die das Augsburger Interim für ihr Reformationswerk bedeuten konnte.[9] Die

1565 als Darstellung des reformierten Glaubens an den Kurfürsten Friedrich III. von der Pfalz für den bevorstehenden Reichstag zusandte, öffentliches Interesse beigemessen; vgl. Emidio Campi, Confessio Helvetica posterior 1566, in: RBS 2/2, S. 243–247.

8 Vgl. ebd., S. 255f.; István Tőkés, Wirkung Bullingers in der ungarisch-reformierten Kirche, in: Réformátus Szemle 97 (2004), S. 303–305; Barnabás Nagy, Geschichte und Bedeutung des zweiten helvetischen Bekenntnisses in den osteuropäischen Ländern, in: Joachim Staedtke (Hg.), Glauben und Bekennen. Vierhundert Jahre Confessio Helvetica Posterior. Beiträge zu ihrer Geschichte und Theologie, Zürich 1966, S. 112–115.

9 Vgl. Emidio Campi, Consensus Tigurinus. Werden, Wertung und Wirkung, in: Ders. u.a. (Hg.), Consensus Tigurinus (1549). Die Einigung zwischen Heinrich Bullin-

Consensio mutua in re sacramentaria, d.h. der *Consensus Tigurinus* (1549), ist schließlich der fruchtbare Ertrag der intensiven Korrespondenz, Verhandlungen und Gespräche, die über zwei Jahre zwischen Genf und Zürich stattfanden. Bevor der erste Druck im Februar 1551 gleichzeitig in Zürich und Genf erschien,[10] waren Bullinger wie Calvin um eine möglichst breite Zustimmung zum *Consensus* besorgt. In diesem Zusammenhang machte Bullinger am 8. März 1551 gegenüber Joachim Vadian in St. Gallen die Bemerkung: »Mitto tuae Pietati Consensionem nostram et D. Calvini, fratris charissimi, nec dubito, quin summum gaudium ea tibi sit allatura. Viderunt eam, priusquam ederetur, Angli, Prussi, Galli, Itali, Ungari aliquot praecellentes viri nec improbarunt«.[11]

Tatsächlich kam Zustimmung zur Abfassung des *Consensus* von Bucer, Vermigli, a Lasco, die sich nach dem Interim in England aufhielten, sowie von weiteren englischen Vertrauten Bullingers.[12] Melanchthon soll gemäss dem Zeugnis des Zürcher Antistes Ludwig Lavater vielen geraten haben »gen Zürych oder gen Genff zůziehen / darmit sy den verstand der leer / von den Sacramenten / klärlich erkanntind.«[13] Darüber hinaus ist es bekannt, dass Jan Utenhove, Celio Secondo Curione sowie Wilhelm Farel ihre Zustimmung ausdrückten; auch in St. Gallen, Schaffhausen, Mülhausen und den Drei Bünden wurde die Abfassung des *Consensus* gutgeheißen.[14]

Weil Myconius bei den Verhandlungen nicht beteiligt gewesen war, lehnten die Basler vorerst eine offizielle Anerkennung ab, obschon man dem Text inhaltlich beipflichtete. Aus Bern erklärten Johannes Haller und Wolfgang Musculus[15] ihre freudige Zustimmung, durften jedoch auf Anordnung des

ger und Johannes Calvin über das Abendmahl. Werden – Wertung – Bedeutung, Zürich 2009, S. 17–19.

10 Vgl. Consensio mutua in re sacramentaria, Zürich 1551 sowie Genf 1551; Einhälligkeit der Dienern der Kilchen zů Zürich und Herren Joannis Calvini dieners der Kilchen zů Genff, […], Zürich 1551; L'accord passe et conclud touchant la matiere des sacramens, Genf 1551.

11 Heinrich Bullinger an Joachim Vadian, 8. März 1551, in: Vadianische Briefsammlung, hg. v. Emil Arbenz u.a., Bd. VI/2, St. Gallen 1908 [fortan: Vadian BW], Nr. 1732.

12 Vgl. Campi, Consensus (wie Anm. 9), S. 37 [weitere Literatur]; Gottfried W. Locher, Die zwinglische Reformation im Rahmen der europäischen Kirchengeschichte, Göttingen u.a. 1979, S. 602.

13 Ludwig Lavater, Historia, Oder Gschicht Von dem ursprung und fürgang der grossen zwyspaltung, so sich zwüschend D. Martin Luthern an eim und Huldrychen Zwinglio am anderen teil […] Von wägen deß Herren Nachtmahls gehalten hat […], Zürich 1564, fol. 128r; vgl. ders., Historia de Origine et Progressu Controversiae Sacramentariae de Coena Domini, […], Zürich 1563, fol. 47r.

14 Vgl. Fritz Büsser, Heinrich Bullinger. Leben, Werk und Wirkung, Bd. 2, Zürich 2005, S. 78; Eberhard Busch, Der Consensus Tigurinus (1549), in: Calvin-Studienausgabe, hg. v. Eberhard Busch u.a., Bd. 4, Neukirchen-Vluyn 2002 [fortan: CStA], S. 7–9.

15 Bemerkenswert ist Wolfgang Musculus' Zustimmung zum *Consensus*, der zum Zeitpunkt der Einigung bereits Theologieprofessor in Bern war. Nach der Annahme des Interims durch den Ausgburger Rat hatte er die Stadt verlassen und war nach Zürich zu

Berner Rates den *Consensus* nicht unterschreiben, weil derselbe neue Abendmahlskontroversen befürchtete.[16] Tatsächlich führte der *Consensus Tigurinus* zum Ausbruch eines weiteren Abendmahlsstreites, ausgelöst durch des Hamburgers Joachim Westphal polemische Schrift *Farrago confusanearum et inter se dissidentium opinionum de coena Domini* (1552).[17]

Dennoch war die Einigung im *Consensus Tigurinus* nicht nur kirchenpolitisch richtig, sondern auch theologiegeschichtlich folgerichtig. Die genaue Untersuchung der verschiedenen Bekenntnistexte, die im »helvetischen Raum« *vor* Abfassung des *Consensus* disputiert, rezipiert und instruiert worden sind,[18] offenbart tatsächlich eine theologische »Verwandtschaft«. Unter anderem sind folgende maßgebende Unterscheidungsmerkmale, die sich bereits in der ersten Hälfte des 16. Jahrhundert herausgebildet haben, zu erwähnen:

a. Reihenfolge der Hauptartikel (*Loci*)[19]: Im reformierten Protestantismus hat sich mehrheitlich durchgesetzt, dass der Artikel vom Glauben demjenigen von den Werken vorgeordnet wird.[20] Dies hat vor allem theologische Gründe, unter anderem die Betonung des »einen Bundes«[21] (anstelle der »Aufteilung« des alten und des neuen Bundes in Gesetz und Evangelium), aber auch seelsorgerliche. Schließlich setzen viele bekenntnisartige Texte mit der Schriftlehre ein, um die Bedeutung der Schrift einerseits als Grundlage des Bekenntnisses und andererseits gegenüber dem Bekenntnis zu betonen.

Bullinger gekommen; schliesslich wurde er vom Berner Rat an die Hohe Schule berufen, wo er seit April 1549 vor allem exegetische und systematische Vorlesungen hielt; vgl. Reinhard Bodenmann, Wolfgang Musculus (1497–1563). Destin d'un autodidacte lorrain au siècle des Réformes, Genf 2000, S. 405–432; Marc van Wijnkoop Lüthi, Wolfgang Musculus in Bern, in: Rudolf Dellsperger u.a. (Hg.), Wolfgang Musculus (1497–1563), Berlin 1997, S. 281–298.

16 Vgl. Campi, Consensus (wie Anm. 9), S. 35–37.

17 Vgl. Herman J. Selderhuis (Hg.), Calvin Handbuch, Tübingen 2008, S. 62f., 345–349; Campi, Consensus (wie Anm. 9), S. 38–41.

18 Folgende drei Arten von Bekenntnistexten wurden untersucht: Disputationsthesen, Katechismen und Bekenntnisse (vgl. RBS 1/1–1/2).

19 Zur *Loci*-Methode vgl. Urs B. Leu, Die Loci-Methode als enzyklopädisches Ordnungssystem, in: Paul Michel u.a. (Hg.), Allgemeinwissen und Gesellschaft, Aachen 2007, S. 337–358; Bernhard, Konsolidierung (wie Anm. 3), S. 151–153.

20 Vgl. Jan-Andrea Bernhard, »Vna cuorta et christiauna fuorma da intraguider la giuentüna«. Der erste Katechismus Bündens als Zeugnis der Ausstrahlungen der Zürcher Reformation, in: Zwingliana 35 (2008), S. 46–49; Ernst Saxer, Der Genfer Katechismus von 1545, in: CStA 2, S. 3–7.

21 In diesem Zusammenhang ist ganz besonders auf Bullingers Schrift *De testamento seu foedere Dei unico & aeterno [...] brevis expositio* (Zürich 1534) zu verweisen; vgl. Willem van t'Spijker, Bullinger als Bundestheologe, in: Emidio Campi u.a. (Hg.), Heinrich Bullinger: Life – Thought – Influence. Zurich, Aug. 25–29, 2004. International Congress Heinrich Bullinger (1504–1575), Bd. 2, Zürich 2007, S. 573–592.

b. Reformierte *Propria*: Schriftlehre, Bundeslehre (Föderaltheologie), Sakramentslehre, Prädestinationslehre,[22] und die Lehre von der Obrigkeit.

In den folgenden beiden Abschnitten soll die theologische Entwicklung der einzelnen Reformbewegungen im »helvetischen Raum« skizziert[23] und in einen europäischen Kontext gestellt werden.

2. Von den Disputationen zum Bekenntnis

Wenn auch in der Reihe der *Reformierten Bekenntnisschriften* (2002–2015) Disputationsthesen in verdienstvoller Weise aufgenommen worden sind,[24] bleibt festzuhalten, dass Disputationsthesen zwar bekennenden Charakter haben, aber nicht in gleichem Sinne wie beispielsweise die *Confessio Helvetica prior* Bekenntnistexte sind, da sie nicht von einer kirchlichen Behörde oder einer Synode offiziell als verpflichtenden Bekenntnistext angenommen worden sind. Disputationsthesen – wir denken an die 67 Thesen Huldrych Zwinglis (1523),[25] an die achtzehn Thesen Johannes Comanders (1526),[26] die zehn Thesen Berchthold Hallers (1528)[27] oder die fünf Thesen Jacques Bernards (1535)[28] – bildeten die Diskussionsgrundlage bei Auseinandersetzungen bzw. Klagen wegen reformatorischer Predigt. Insofern haben die Disputationen die Bekenntnisbildung im »helvetischen Raum« vor 1536 maßgeblich mitbestimmt. Folglich kann man sagen, dass die Disputationsthesen wesentlich zur Abfassung der ersten Bekenntnisse, insbesondere der *Confessio Helvetica prior* (1536)[29] sowie der *Confession de la*

22 Die Prädestinationslehre versteht Bullinger als Erwählungslehre; vgl. BULLINGER, Confessio (wie Anm. 1), in: RBS 2/2, S. 289–291. Er vertritt damit eine gewissermaßen »mäßigere« Haltung, die bei Calvin in der ersten Ausgabe der *Institutio* von 1536 auch noch vorliegt; vgl. SELDERHUIS, Handbuch (wie Anm. 17), S. 307–309. Im Übergang zur reformierten Orthodoxie hat sich schließlich aber Théodore de Bèze' Lehre der *gemina praedestinatio* durchgesetzt; vgl. Herman J. SELDERHUIS, Die Dordrechter Canones 1619, in: RBS 3/2, S. 87–91.

23 Es können im Rahmen dieses Beitrages natürlich nicht alle maßgebenden Bereiche untersucht werden, doch mag die weiterführende Literatur eine entsprechende Vertiefung ermöglichen.

24 Die *Reformierten Bekenntnisschriften* gehen dabei deutlich über bisherigen Standardwerke von Hermann Agathon Niemeyer (Leipzig 1840) und Ernst Friedrich Karl Müller (Leipzig 1903) hinaus.

25 Vgl. Huldrych ZWINGLI, Dis nachbestimpten artikel und meinungen [...], in: RBS 1/1, S. 87–101.

26 Vgl. Johannes COMANDER, Schlußreden, in: RBS 1/1, S. 177–179.

27 Vgl. Berchthold HALLER, Schlußreden, in: RBS 1/1, S. 203–205.

28 Vgl. Jacques BERNARD, Le recueil et conclusion [...], in: RBS 1/2, S. 11–31.

29 Vgl. Ecclesiarum per Helvetiam confessio fidei summaria et generalis [...], in: RBS 1/2, S. 57–68.

foy (1537),[30] beitrugen, letztlich also eine wichtige Voraussetzung für das Zustandekommen des *Consensus Tigurinus* (1549) waren.

Natürlich können im Rahmen dieses Beitrages nicht einmal die wichtigeren Disputationsthesen behandelt werden. Umso mehr sollen einige grundlegende Aspekte präsentiert werden, die die reformierte Konfessionsbildung besser verstehen lassen:

a. Zu einer Disputation hat der jeweilige Rat[31] eingeladen, wenn Klagen betreffend Unruhestiftung durch die reformatorische Predigt eingegangen waren. Die politischen Verantwortungsträger waren in die Pflicht genommen, Verantwortung zu übernehmen und für Ruhe und Ordnung zu sorgen. Durch die Ansetzung einer Disputation wollten sie den »angeklagten« Predigern die Möglichkeit geben sich zu verteidigen. Dazu wurden die verschiedenen Parteien eingeladen, um über die umstrittenen Fragen zu disputieren.[32] Die Disputationen, die öffentlich waren, wurden darum in den Volkssprachen, meist Deutsch oder Französisch, abgehalten.

   Grundsätzlich nahm der Rat – anders als kirchliche Amtsträger wie ein Bischof – in kirchlichen Angelegenheiten nicht bereits vorweg Partei, weswegen der Fall eintreten konnte, dass ein »altgläubiger« Rat erste Schritte zur Einführung der Reformation verordnete.[33] Faktisch haben damit die politischen Amtsträger das *jus reformandi* in kirchlichen Angelegenheiten an sich gezogen.

30 Vgl. Johannes Calvin, Confession de la foy, in: CStA 1.1, S. 208–223.

31 Das konnte der Stadtrat oder – in den Drei Bünden – auch der Beitag, d.h. die Versammlung der Häupter der Drei Bünde, sein; vgl. Eberhard Busch, Zwinglis Thesen von 1523, in: RBS 1/1, S. 68–73; J.F. Gerhard Goeters, Ilanzer Schlussreden von 1526, in: RBS 1/1, S. 174; Wilhelm H. Neuser, Berner Thesen von 1528, in: RBS 1/1, S. 197f; Hans Helmut Esser, Genfer Thesen 1535, in: RBS 1/2, S. 5f.

32 Kirchliche Amtsträger wie Bischöfe bzw. Generalvikare waren also in der unglücklichen Lage, dass sie, falls sie die Einladung annahmen, indirekt die Überordnung der staatlichen Obrigkeit anerkannten, andererseits bei der Nichtannahme der Einladung auf den Gang der Disputation keinen Einfluss nehmen konnten. So erschien bei der Zürcher Disputation eine bischöfliche Delegation unter der Führung von Generalvikar Johannes Fabri, mit der Weisung, die Legitimation der Versammlung zu bestreiten und sich nicht an der Disputation zu beteiligen; vgl. Busch, Zwinglis Thesen (wie Anm. 31), S. 71. Bei der Ilanzer Disputation nahmen der bischöfliche Vikar und Abt Theodul Schlegel teil, die beide gleichermaßen das Gespräch verhindern wollten, da sie dessen Rechtmäßigkeit anzweifelten; vgl. Emil Camenisch, Das Ilanzer Religionsgespräch 7.–9. Januar 1526, Chur 1925, S. 15–20.

33 Vgl. Martin Bundi, Zur Dynamik der frühen Reformbewegung in Graubünden. Staats-, kirchen- und privatrechtliche Erlasse des Dreibündestaates 1523–1526, in: Zwingliana 38 (2011), S. 1–13, 27–34; ders., Gewissensfreiheit und Inquisition im rätischen Alpenraum. Von der Proklamation der »Religionsfreiheit« zu den Glaubens- und Hexenverfolgungen im Freistaat der Drei Bünde (16. Jahrhundert), hg. v. Verein für Bündner Kulturforschung, Bern 2003, S. 27–35, 40–45.

b. Die im »helvetischen Raum« stattfindenden Disputationen gehörten geistig-kulturell verschieden geprägten Regionen an.[34] Es sind dabei vor allem drei Regionen zu erkennen:

- Die freie Stadt Basel, die der geistigen Region des Oberrheins angehörte, pflegte Kontakte nicht nur mit den Schweizer, sondern auch mit den oberdeutschen Städten wie Straßburg, Konstanz, Augsburg usw.[35] Es erstaunt nicht, dass Basel unter Antistes Simon Sulzer lutheranisierenden Tendenzen unterworfen war und die *Confessio Helvetica posterior* erst im 17. Jahrhundert rezipiert wurde.[36]
- Die Städte Bern,[37] Zürich, Schaffhausen, St. Gallen und die Drei Bünde pflegten einen mehr oder weniger intensiven geistig-theologischen Austausch untereinander. Leo Juds Zürcher Katechismen der dreißiger Jahre hatte beispielsweise innerhalb weniger Jahre Einfluss auf die Konfessionsbildung in den genannten Gebieten.[38]
- In Genf, das seit dem 15. Jahrhundert zum Herzogtum Savoyen gehörte, nahmen erste reformatorische Bewegungen in den frühen 1530er Jahren ihren Anfang.[39] Als 1536 schließlich die Reformation eingeführt wurde, wurde auch die Unabhängigkeit der Republik Genf ausgerufen. Die Savoyer anerkannten die Unabhängigkeit Genfs zwar

34 Diese Regionen dürfen nicht mit den staatlichen Gebilden verwechselt werden.

35 Vgl. Hans R. Guggisberg, Strasbourg et Bâle dans la Réforme, in: Ders. (Hg.), Zusammenhänge in historischer Vielfalt: Humanismus, Spanien, Nordamerika, Basel u.a. 1994, S. 67–75; Berndt Hamm, Der Oberrhein als geistige Region von 1450 bis 1520, in: Christine Christ-von Wedel u.a. (Hg.), Basel als Zentrum des geistigen Austauschs in der frühen Reformationszeit, Tübingen 2014, S. 3–50; Amy Nelson Burnett, Teaching the Reformation. Ministers and Their Message in Basel 1529–1629, Oxford 2006, S. 19–46.

36 Rat und Bürgerschaft nahmen die *Confessio Helvetica posterior* am 18. November 1642 an, die Universität wohl aber erst 1644 vgl. Campi, Confessio (wie Anm. 9), S. 247.

37 Es ist bekannt, wie Martin Bucer, nach dem Erscheinen von Meganders Katechismus *Ein kurtze aber Christenliche ußlegung [...]* (Zürich 1536), nichts unterliess, um zumindest Bern zum oberdeutschen Raum zu »ziehen«; vgl. Rainer Henrich, Ein Berner »Kunzechismus« von 1541. Bucers verloren geglaubte Bearbeitung des Meganderschen Katechismus, in: Zwingliana 14 (1997), S. 81–94.

38 Vgl. Jan-Andrea Bernhard, »Vna cuorta et christiauna fuorma da intraguider la giuuentüna« (wie Anm. 20), S. 59–67; Locher, Reformation (wie Anm. 12), S. 571f.; Kurt Guggisberg, Bernische Kirchengeschichte, Bern 1958, S. 198–206; August Lang (Hg.), Der Heidelberger Katechismus und vier verwandte Katechismen (Leo Juds und Microns kleine Katechismen sowie die zwei Vorarbeiten Ursins), Darmstadt 1967, S. XX–XXXV; Oskar Farner, Leo Jud. Katechismen, Zürich 1955, S. 13–41. Zu Schaffhausen wird demnächst eine Studie von Erich Bryner erscheinen.

39 Vgl. Esser, Genfer Thesen (wie Anm. 31), S. 1–5.

erst 1603, dennoch hat sich Genf geistig-kulturell seit der Anwesenheit Calvins selbständig entwickelt und auch als »Zufluchtsstadt« für reformatorische Flüchtlinge aus Italien und anderen Ländern profiliert.[40]

c. Abgesehen von Genf bestand zwischen den reformgesinnten Predigern der verschiedenen geistig-kulturellen Regionen seit Anfang der 20er Jahre ein intensiver Wissenstransfer. Die intensive Korrespondenz zwischen Zürch, Basel und Bern einerseits, zwischen Zürich, St. Gallen und den Drei Bünden andererseits ist seit langem bekannt.[41] Die teils noch laufenden Editionsprojekte der Humanisten- und Reformatorenkorrespondenz bestätigen dies nicht nur, sondern gewähren auch einen faszinierenden Einblick in diesen Wissenstransfer.[42] Dies erklärt unter anderem, dass Comander in seinen Ilanzer Disputationsthesen (1526) sich mehrfach auf Zwinglis Schlussreden (1523) beruft,[43] andererseits die Hauptquelle für die Berner Thesen von 1528 Comanders Thesen bilden. So gehen die Thesen 1, 2, 4 bis 6 und 8 fast wörtlich auf die Ilanzer Thesen 1, 2, 16, 14, 12 und 7 zurück.[44] Bemerkenswert ist es zudem, dass die jeweiligen Thesen – und zwar bereits vor Abhaltung der Disputation – im Druck erschienen, so in Zürich, Konstanz und Augsburg.[45] Dies ermöglichte freilich auch eine weit über die betreffende Region hinausgehende Kenntnisnahme und Rezeption der reformatorischen Inhalte.

40 Aus der reichen Literatur seien erwähnt: Simonetta Adorni-Braccesi, Tra fuga e »partita«: Italiani a Ginevra nel cinquecento, in: Adriano Prosperi (Hg.), »Il piacere del testo«. Saggi e studi per Albano Biondi, Bulzoni 2001, S. 23–44; Liliane Mottu-Weber, Economie et refuge à Genève au siècle de la Réforme. La draperie et la soierie (1540–1630), Genf 1987; Charles Martin, Les protestants Anglais réfugés à Genève au temps de Calvin 1555–1580, Genève 1915.

41 Allein die Korrespondenz von Bullinger (ca. 3800 Briefe) und Vadian (ca. 1700 Briefe) vor 1549 mag dies illustrieren.

42 Am bemerkenswertesten ist diesbezüglich sicher die Edition des Briefwechsels von Heinrich Bullinger, der als der »bestinformierte Eidgenosse« seiner Zeit gilt. Jeder neu erscheinende Band – ediert wird der Briefwechsel am Institut für Schweizerische Reformationsgeschichte (Universität Zürich), unter der Leitung von Dr. habil Reinhard Bodenmann – eröffnet neue Erkenntnisse betreffend Wissenstransfer; vgl. Heinrich Bullinger. Briefwechsel, hg. v. Ulrich Gäbler u.a., 18 Bde. (1524–1546), Zürich 1973–2017.

43 Es sind vor allem Zwinglis Thesen 13f., 18–21, 28f., 34–37, 57 und 67 zu erwähnen, aber auch andere Schriften Zwinglis sind beigezogen; vgl. Comander, Schlußreden (wie Anm. 26), S. 177–179.

44 Vgl. Neuser, Berner Thesen (wie Anm. 31), S. 201.

45 Vgl. Dis nachbestimpten artikel vnd meinungen bekenn ich Huldrich Zuingly [...], s.l. et s.d. [Zürich 1523]; Uber dise nachkommenden Schlußreden [...] ainem yeden antwurt und bericht geben auss hayliger geschrifft news und alts Testaments auff den Pundtstag der zuo Jlantz angesehen ist auff Sontag nach Epiphanie [...], [Augsburg 1526]; Radtschlag haltender Disputation zu Bernn, [Zürich 1528]; Ratschlag haltender Disputation zu Bernn, [Konstanz 1528].

d. Eine theologiegeschichtliche Untersuchung der einzelnen Disputationsthesen offenbart, dass in den Thesen einerseits reformatorische *Propria*, andererseits »reformierte«[46] *Propria* vorliegen. Zu erwähnen sind insbesondere die Rechtfertigung allein durch den Glauben und nicht durch die Werke (»sola fide«),[47] Christus als der alleinige Mittler und die Ablehnung der Heiligenverehrung (»solus Christus«),[48] Christi Opfer am Kreuz ein für alle Male und keine Wiederholung des Opfergeschehens in der Messe,[49] sowie schließlich die Alleingültigkeit des Gotteswortes gegenüber den menschlichen Satzungen (»sola scriptura«).[50] Maßgebend ist schließlich, dass in den verschiedenen Thesen regelmäßig auf die »Gschrifft« bzw. »escripture« referiert wird.[51] Zudem wird in den Thesen da und dort festgehalten, dass die Verfasser »dies bekennen und anderes verwerfen«.[52] Damit haben verschiedene Disputationsthesen einen bekenntnismäßigen Charakter erhalten und insofern Voraussetzung der späteren Abfassung bindender Bekenntnistexte gebildet.

Verschiedene Disputationen endeten »ergebnislos«, und zwar insofern, dass es keine klaren »Sieger« gab. Dennoch bildeten grundsätzlich alle Disputationen gewissermaßen die »Initialzündung« für die Ausbreitung der reformatorischen bzw. der »reformierten« Botschaft. Denn – und dies ist zu betonen – in keinem Fall ist ein reformatorischer Prediger verurteilt bzw. der Ketzerei überführt worden. Das Ende des »Disputationszeitalter« bilden denn auch die ersten offiziell angenommenen Bekenntnisse: 1534 das 1. Basler Bekenntnis,[53] 1536 die *Confessio helvetica prior*,[54] und schließlich 1537 die *Confession de la foy*.[55] Diese Bekenntnisse der verschiedenen geistig-kulturellen Regionen illustrie-

46 Von »reformiert« im eigentlichen Sinne kann man vor 1549 noch nicht sprechen; da es aber um die später für den reformierten Protestantismus maßgebenden *Propria* geht, wird bereits »reformiert« gebraucht, allerdings im uneigentlichen Sinne.

47 Zwinglis Thesen 15, 22 (RBS 1/1, S. 87f.); Bernards These 1 (RBS 1/2, S. 11f.).

48 Zwinglis Thesen 3, 6, 17, 19–21 (RBS 1/1, S. 86, 88); Comanders Thesen 2, 11f. (RBS 1/1, S. 178); Hallers Thesen 3, 6 (RBS 1/1, S. 203); Bernards These 5 (RBS 1/2, S. 30).

49 Zwinglis Thesen 18, 51, 54 (RBS 1/1, S. 88, 93); Comanders Thesen 13–15 (RBS 1/1, S. 178); Hallers These 5 (RBS 1/1, S. 203); Bernards Thesen 2, 4 (RBS 1/2, S. 16f., 30).

50 Zwinglis Thesen 1, 5, 16, 57 (RBS 1/1, S. 86f., 94); Comanders Thesen 1, 8 (RBS 1/1, S. 177); Hallers Thesen 1f. (RBS 1/1, S. 203); Bernards These 2 (RBS 1/2, S. 12–28).

51 Z.B.: »uß grund der geschrifft«, »aus hayliger geschrift neus und alts Testaments«, »uß heyliger Biblischer gschrifft Nüws un alts Testaments«, »l'Escripture, inspirée de Dieu, est utille […]« usw. (RBS 1/1, S. 86, 177, 203 et passim; RBS 1/2, S. 19 et passim).

52 Am deutlichsten tritt dies in den Genfer Thesen hervor; vgl. RBS 1/2, S. 11–31.

53 Vgl. Confessio Basiliensis, in: RBS 1/1, S. 576–583.

54 Vgl. Confessio Helevtica prior, in: RBS 1/2, S. 44–56 (deutsch) resp. 57–68 (lateinisch). Die *Confessio Helvetica prior* wurde in Basel bekanntlich bis ins 17. Jahrhundert als Zweites Basler Bekenntnis bezeichnet.

55 Vgl. Confession de la foy, in: CStA 1.1, S. 208–223.

ren freilich, dass der »helvetische Raum« bekenntnismäßig erst allmählich am Zusammenwachsen war und die später dem reformierten Bekenntnis eigenen theologischen *Propria* noch nicht abschließend ausgebildet waren.

3. Von der regionalen zur transnationalen Bedeutung des helvetischen Bekenntnisses (1536–1566)

Der gewissermaßen erste Versuch, die »regionalen« Reformationsbewegungen in »Helvetien« zu bündeln stellt die *Confessio Helvetica prior* (1536) dar. Welches waren aber die Gründe für die Abfassung dieses Bekenntnisses? Es sind vor allem drei Beweggründe zu nennen: Seit langem war ein allgemeines Konzil in Aussicht gestellt, doch aus verschiedenen Gründen hat sich die Einberufung desselben verzögert. Schließlich hat Paul III., der im Oktober 1534 den Heiligen Stuhl bestiegen hatte, am 2. Juni 1536 auf den 23. Mai 1537 ein Konzil nach Mantua anberaumt.[56] Im Blick auf das Konzil war es sinnvoll, den eigenen »orthodoxen« Glauben zu formulieren.

Das zweite Motiv für die Abfassung war ganz anderer Natur: Um eine antihabsburgische Einheitsfront zu schaffen, sollten auch die »reformierten« Schweizer Orte dem Schmalkaldischen Bund beitreten, und sich gleichzeitig auf die *Confessio Tetrapolitana* (Straßburg, Konstanz, Lindau, Memmingen) verpflichten. Zürich und Bern lehnten dies aber ab, womit das Projekt gescheitert war. Ein gemeinsames Bekenntnis der »reformierten« Schweizer Orte war darum eine Dringlichkeit.[57] Schließlich hatte Luther selbst die Abfassung eines »helvetischen« Bekenntnis provoziert, indem er in seinem Galaterbriefkommentar von 1535 gegen die »Zwinglianer« ausfällig wurde. Bullingers Empörung, gepaart mit den bereits genannten Faktoren, mündete schließlich in seinem Einsatz für die Formulierung eines gemeinsamen Bekenntnisses der »reformierten« Schweizer Orte.[58]

Da Basel und Konstanz den Einigungsversuchen der Straßburger eher zugeneigt waren, haben die Vertreter der »reformierten« Orte der Schweiz einer Zusammenkunft in Basel zugestimmt. Auch sollte die Führung des Treffens beim Basler Rat liegen. Die Konferenz tagte vom 31. Januar bis 4. Februar 1536 im dortigen Augustinerkloster Basel. Es nahmen Vertreter aus Zürich,

56 Vgl. Rudolf Pfister, Kirchengeschichte der Schweiz, Bd. 2: Von der Reformation bis zum zweiten Villmerger Krieg, Zürich 1974, S. 196f. Für die Basler stand eine bekenntnismäßige Einigung im Blick auf das bevorstehende Konzil eindeutig im Vordergrund (vgl. Ernst Saxer, Confessio Helvetica prior von 1536, in: RBS 1/2, S. 36).

57 Vgl. Saxer, Confessio (wie Anm. 56), S. 33.

58 Vgl. Walter Köhler, Zwingli und Luther. Ihr Streit über das Abendmahl nach seinen politischen und religiösen Beziehungen, Bd. 2: Vom Beginn der Marburger Verhandlungen 1529 bis zum Abschluss der Wittenberger Konkordie von 1536, Gütersloh 1953 (ND Gütersloh 2017), S. 400–402; Pfister, Kirchengeschichte (wie Anm. 56), S. 197.

Bern, Basel, St. Gallen, Schaffhausen, Mülhausen, Biel, Konstanz und, wenn auch mit einer (von Bullinger verschuldeten) Verspätung, Straßburg teil.[59] Auf Geheiß der Tagungsteilnehmer haben Myconius, Grynaeus und Bullinger die Diskussionsgrundlage eines Bekenntnisses verfasst. Aufriss und Inhalt der behandelten Artikel zeigten eine zwinglische Ausrichtung. Das spätere Ankommen von Bucer und Capito führte dazu, dass weitere Artikel ergänzt wurden, vor allem aber in der Abendmahlslehre eine Annäherung an die *Confessio Augustana* (1530) angestrebt wurde.[60] Leo Jud trug dann allerdings in seiner deutschen Übersetzung durch verschiedene Interpretationen und Zusätze eine stärker zwinglische Abendmahlslehre in das Bekenntnis hinein.[61]

Der lateinischen Version der *Confessio Helvetica prior* stimmten schliesslich die reformierten Orte Zürich, Bern, Schaffhausen, Basel und St. Gallen zu. Konstanz und Straßburg billigten zwar das Bekenntnis, lehnten die Unterschrift jedoch ab, und blieben damit bei der *Confessio Tetrapolitana*. Luther selbst, dem Bucer und Capito die *Confessio Helvetica prior* zugesandt hatten, äusserte sich vorsichtig positiv – dennoch kam keine Übereinkunft zustande, und die Wittenberger Konkordie wurde ohne die Aufnahme der Schweizer beschlossen.[62]

Die *Confessio Helvetica prior* blieb bis 1566 als »helvetisches« Bekenntnis in Kraft. Die erstmalige Voranstellung des Schriftprinzips in der *Confessio Helvetica prior* ist dabei bemerkenswert. Im Unterschied zur Haltung der römischen Kirche wird damit die Schriftlehre als einzige grundlegende Lehrnorm festgelegt.[63] Die Gewichtung der Schriftlehre ist freilich keine Neuschöpfung der Verfasser des Bekenntnisses, sondern Folge der theologiegeschichtlichen Entwicklung im »helvetischen Raum« seit den frühen 20er Jahren des 16. Jahrhunderts. Bereits im August 1522 hat nämlich das Zürcher Landkapitel das »Schriftprinzip als alleinige Norm des Glaubens« festgelegt,[64] ein Kriterium, das der Zürcher Disputation von 1523 gleichermaßen zugrundelag.[65] Erstaunlich ist es hingegen, dass gar in der Einleitung zu den sieben

59 Vgl. Saxer, Confessio (wie Anm. 56), S. 33f.

60 Es ist hier besonders darauf hinzuweisen, dass in Art. XXII (»Eucharistia«) neu der Begriff *coena mystica* erschien, ergänzt durch einen letzten Satz, der offenließ, inwieweit die wahre Gemeinschaft des Leibes und Blutes Christi dargeboten werde – durch Christus oder auch durch das *ministerium*, vgl. Confessio Helvetica posterior, in: RBS 1/2, S. 65; Saxer, Confessio (wie Anm. 56), S. 35f.

61 Vgl. Confessio Helvetica prior (1536), in: RBS 1/2, S. 52f. (deutsch), 65f. (lateinisch).

62 Vgl. Saxer, Confessio (wie Anm. 56), S. 37f.

63 Vgl. Confessio Helvetica prior (1536), in: RBS 1/2, S. 57.

64 Vgl. Oskar Vasella, Geistliche und Bauern. Ausgewählte Aufsätze zu Spätmittelalter und Reformation in Graubünden und seinen Nachbargebieten, hg. v. Ursus Brunold u.a., Chur 1996, S. 175.

65 Vgl. Huldrych Zwingli, Dis nachbestimpten artikel und meinungen [...], in: RBS 1/1, S. 86.

Artikeln des Grauen Bundes[66] vom April 1523, gedruckt in Augsburg, eine Art Schriftprinzip postuliert wird.[67] Daraufhin setzt Comander in seinen Thesen – darauf basierend sind bekanntlich die Berner Thesen – direkt mit der Schriftlehre ein: »Die christenlich Kirch ist aus dem wort Gottes geboren, im selben sol sy beleyben und nitt hören die stimm aines anderen.«[68] In der Basler Reformationsordnung von 1529, der ersten eigentlichen »Bekenntnisschrift«, wird schließlich aus dem »Postulat« der obgenannten Disputationen eine »Verfügung«, und bereits eingangs festgehalten, wie und dass die »diener des worts [...] die heylige schrifft« verkündigen sollen.[69]

In den 1520er und 30er Jahren hat sich die Vorrangstellung der Schriftlehre zu einem *Proprium* der »reformierten« Bekenntnisbildung entwickelt. Dies ist freilich nur ein Aspekt der allmählichen Herausbildung der *Propria* des »reformierten« Bekenntnisses. Ein anderer Aspekt kristallisierte sich, nachdem es in den 30er Jahren eher ruhig darum war, in den 40er Jahren immer deutlicher heraus, als der Abendmahlsstreit zwischen Wittenberg und Zürich erneut eskalierte. Der Anstoß zum neuen Konflikt lag freilich nicht in der Schweiz, sondern in Köln, weil die von Bucer gemeinsam mit Melanchthon verfasste Kirchenordnung *Einfaltigs bedencken* (1543) eine Abendmahlslehre im Sinne der *Confessio Augustana Variata* vertrat, was Luther zu heftiger Kritik veranlasste, weil die Anwesenheit des Leibes und Blutes Christi in den Elementen nicht klar genug formuliert sei.[70] In der Folge verunglimpfte Luther neben Bucer auch die schweizerischen Kirchen aufs schärfste.[71] In seiner Streit-

66 Der Graue bzw. Obere Bund ist ein Bund des Freistaates gemeiner Drei Bünde und umfasst vor allem die Gebiete Surselva, Domleschg, Schams und Misox.

67 Die apostolischen Nachfolger »söllent getrülich leeren das Euangelium in aller welt allen creaturen zu predigen, wye dann Matheus am 10 meldet[...]« (Eyn tracktadt von etlichen grossen klagen [...], [Augsburg] 1523, fol. B[r]); vgl. Bundi, Gewissensfreiheit (wie Anm. 33), S. 29.

68 Johannes Comander, Schlußreden (wie Anm. 26), in: RBS 1/1, S. 177; vgl. Berchthold Haller, Schlußreden, in: RBS 1/1, S. 203; Eberhard Busch, Das eine Wort Gottes. Ein reformatorischer Grundsatz in alter und neuer Zeit, in: Zsolt Geréb u.a. (Hg.), Emlékkönyv Tőkés István kilencvenedik születésnapjára, Klausenburg-Kolozsvár 2006, S. 486–496.

69 Vgl. Ordnug so ein Ersame Statt Basel [...] in irer Statt und Landschafft fürohyn ze halten erkant [...], in: RBS 1/1, S. 242–246.

70 »Erstlich, dass diß ja das rechte hauptstucke vnd werck sey im Abendtmal Christi, das die H. Sacrament nach der einsetzung vnsers Herren Christi außspendet vnnd in warem glauben, an Christum, den Herren, entpfangen werden. Vnnd in solichem glauben, das man glaube vnd nit zweyffle, vnser Herr Jesus Christus gebe vns alles, wie wol durch den dienst der kirchen, sein leib vnd seyn blůt [...]« (Einfaltigs bedencken [1543], in: Martin Bucers Deutsche Schriften, hg. v. Robert Stupperich u.a., Bd. 11/1, Gütersloh 1999, S. 328; vgl. Mechthild Köhn, Martin Bucers Entwurf einer Reformation des Erzstiftes Köln. Untersuchungen der Entstehungsgeschichte und der Theologie des »Einfaltigen Bedenckens« von 1543, Bielefeld 1966, S. 126f.).

71 Am 31. August 1543 schrieb Luther schließlich als Reaktion auf eine von Froschauer als Geschenk übersandte Bibel, dass Froschauer künftig von solchen Geschenken

schrift *Kurtz Bekentnis vom heiligen Sacrament* (Wittenberg 1544) griff er die »Schwermer und Sacraments feinde, Carlstadt, Zwingel, Oekolampad« heftig an.[72] Melanchthon stand in diesem Konflikt zwischen zwei Fronten, hatte aber nicht die Möglichkeit, sich mit Luther offen auszusprechen. Schon vor der Drucklegung der »furchtbaren Streitschrift« Luthers informierte er Bullinger vertraulich vom Inhalt der Schrift.[73] Melanchthon befürchtete unübersehbare Folgen für das europäische Reformationswerk. Mit ein Grund, warum er Bullinger dazu ermahnte, auf eine gedruckte Antwort zu verzichten. Bullinger ignorierte aber die Warnungen vor den möglichen Folgen einer Zürcher Antwort an Luther. Im März 1545 erschien seine Antwort in gedruckter Form als offizielles Bekenntnis der Zürcher Kirche und ihrer Prediger.[74]

Diese erneute »Eskalation« zwischen Wittenberg und Zürich stellte für den Genfer Reformator Johannes Calvin eine große Herausforderung dar. Als »Straßburger« – Calvin befand sich ja viele Jahre in Straßburg – hatte er bislang auf eine Einigung gehofft. Hatte er doch am Reichstag zu Regensburg teilgenommen und die von Melanchthon verfasste *Confessio Augustana Variata* unterschrieben.[75] Die *Variata* ist in der Frage der Präsens des Leibes

absehen solle, weil er, Luther, der Verdammung und lästerlichen Lehre der Zürcher nicht teilhaftig werden wolle (vgl. Martin Luther an Christoph Froschauer, 31. August 1543, in: WA Br 10, Nr. 3908); vgl. Endre Zsindely, Bullinger und Ungarn, in: Ulrich Gäbler u.a. (Hg.), Heinrich Bullinger 1504–1575. Gesammelte Aufsätze zum 400. Todestag, Bd. 2, Zürich 1975, S. 364.

72 Vgl. Martin Luther, Kurtz Bekentnis vom heiligen Sacrament (1544), in: WA 54, S. 141.

73 Vgl. Philipp Melanchthon an Heinrich Bullinger, 31. August 1544, in: HBBW 14, Nr. 1966. Melanchthon formulierte seine Sorge aber nicht nur gegenüber Bullinger, sondern auch gegenüber anderen »Freunden«, namentlich Wolfgang Musculus in Augsburg, Martin Bucer in Straßburg oder Veit Dietrich in Nürnberg; vgl. Heinz Scheible, Melanchthon. Eine Biographie, München 1997, S. 163–165. Auch nach Luthers Tod blieb die Stellung Melanchthons in Wittenberg schwierig – so hat er noch im Februar 1560 in einem Brief an Georg Cracow in Dresden von einem möglichen Weggang aus Wittenberg gesprochen, um weitere Differenzen wegen der Ubiquität zu vermeiden (vgl. Philipp Melanchthon an Georg Cracow, 3. Februar 1560, in: CR 9, Sp. 1036f).

74 Vgl. Heinrich Bullinger, Warhaffte Bekanntnuß der dieneren der kilchen zů Zürych (1545), in: RBS 1/2, S. 456–465. Bullinger lehnte es im *Warhafften Bekanntnuß* energisch ab, dass die zürcherische Abendmahlslehre schwärmerisch sei; vgl. Andreas Mühling, Zürcher Bekenntnis von 1545, in: RBS 1/2, S. 449–452.

75 Vgl. Wilhelm H. Neuser, Confessio Augustana von 1540/1542, in: RBS 1/2, S. 137–149; Hubert Kirchner, Reformationsgeschichte von 1532–1555/1566. Festigung der Reformation – Calvin – Katholische Reform und Konzil von Trient, Berlin 1987, S. 78–83. In einer Studie von Matthias A. Deuschle wird Calvins Unterschrift kritisch hinterfragt. Er kommt zum Schluss, dass Calvin die *Confessio Augustana Variata* in physischem Sinne nicht unterschrieben, doch aber sich auf dem Religionsgespräch als »Vertreter der CA« und in »Übereinstimmung mit der CA« verstanden habe (vgl. Matthias A. Deuschle, Calvin und die Confessio Augustana. Ein Nachtrag zum Calvin-Jahr, in: ZThK 108 (2011), S. 139–146). Deuschle betrachtet allerdings die klare Unterscheidung der *Variata* von der *Invariata* als kritisch, da Calvin diese nicht vor-

Christi weniger konkret als die *Augustana Invariata*[76] – an die Stelle der »wahren Gegenwart und Mitteilung« des Leibes und Blutes Christi (*vere adsint et distribuantur*) ist eine blosse »Darbietung« (*exhibeantur*) getreten. Dieser vermittelnden Haltung in der Abendmahlsfrage haben nicht nur Johannes Calvin, Martin Bucer oder Wolfgang Capito zugestimmt, sondern sie bildete auch die Grundlage des Abendmahlsverständnisses, wie sie im *Consensus Tigurinus* (1549) festgehalten wurde. Aus späteren Zeugnissen Calvins wissen wir, dass er mit der Abendmahlslehre Melanchthons, wie sie in der *Variata* formuliert war, vollkommen eins ging und auch den *Consensus Tigurinus* (1549) nur als eine genauere und treffendere Formulierung der *Variata* verstanden hatte.[77]

Calvins Ziel war es, nach dem Interim (1548) das europäische Reformationswerk zu stärken. Deswegen setzte er sich so ein – Calvin kam ja zweimal nach Zürich – für eine *Consensio* mit den Zürchern. Der Hauptstreitpunkt war, ob die Sakramente Werkzeuge der Gnade seien bzw. ob – so Bullinger – die Gnade Gottes an Zeichen gebunden sei. Im Hintergrund stand freilich die Frage, ob die Sakramente »ex opere operato« wirksam seien oder ob der Glaube Bedingung für ihre Wirksamkeit sei.[78] Schließlich haben sich Bullinger und Calvin im *Consensus Tigurinus* (1549) auf das Zusammenwirken des Heiligen Geistes und des Glaubens für die Wirksamkeit der Sakramente geeinigt.[79]

Nachdem der *Consensus Tigurinus* auf mannigfache Zustimmung gestossen war, erschien derselbe 1551 in Lateinisch, Deutsch und Französisch.[80] Umso grösser war die Enttäuschung für Calvin, als der Hamburger Joachim Westphal ihm in seiner polemischen Schrift *Farrago confusanearum et inter se dissidentium opinionum de coena Domini* (1552) vorwarf, dass er sich Zwingli zu sehr genähert hätte. Indirekt führte Westphals Schrift, als Reaktion auf den *Consensus Tigurinus*, zum defintiven Auseinanderbrechen des europäischen Reformationswerks in eine reformierte und eine lutherische Konfession. Umgekehrt kann man positiv ausdrücken, dass der *Consensus*

genommen habe. Hier ist Deuschle zu widersprechen, da Calvin sich in den 1550er Jahren ebengerade auf die *Variata* aus Regensburg (und nicht auf die *Invariata* aus Augsburg) berufen hat.

76 Art. 10: »De coena Domini docent, quod cum pane et vino vere exhibeantur corpus et sanguis Christi vescentibus in Coena Domini.« (Confessio augustana variata (1540), in: RBS 1/2, S. 161).

77 »[…] in Consensus nostro reperient lectores quidquid continet edita Ratisponae confessio, quam Augustanam vocant.« (Johannes Calvin, Defensio sanae & orthodoxae doctrinae de Sacramentis eorumque natura […] (1555), in: CO IX, S. 19).

78 Vgl. Busch, Consensus (wie Anm. 14), S. 2–7; Campi, Consensus (wie Anm. 9), S. 19–24.

79 Vgl. Consensus Tigurinus (1549), in: RBS 1/2, S. 485, 487.

80 Vgl. Campi, Consensus (wie Anm. 9), S. 26.

Tigurinus die Geburtsstunde des reformierten Protestantismus als europäische Bewegung war.[81]

Rückblickend muss man die Bemühungen Calvins und Bullingers als richtig und wegweisend beurteilen, denn der *Consensus* hat keine weitere Spaltung – faktisch bestand diese ja schon – provoziert, sondern die »helvetische Richtung« der Reformation geeint und gestärkt. In der nachfolgenden Korrespondenz zwischen Genf und Zürich und in der Verbreitung des »reformierten Buches« zeigte sich immer wieder, dass erst dieses Einigungsdokument bzw. die gemeinsame »Kirchenpolitik« von Zürich und Genf zur nachhaltigen Ausbreitung des »helvetischen« Bekenntnisses geführt hat. Und es darf nicht vergessen werden, dass Melanchthon bzw. der »Philippismus« diese Entwicklung förderte.[82] In zahlreichen Bekenntnisschriften ganz Europas – wir denken an die *Confessio Raetica* (1552/53),[83] die *Confessio Gallicana* (1559),[84] das Abendmahlsbekenntnis von Neumarkt a.M. (1559),[85] die *Confessio Scotica* (1560),[86] die *Confessio Belgica* (1561)[87] oder die *Confessio Debrecinensis* (1562)[88] – haben sich mehrere der oben genannten reformierten *Propria* niedergeschlagen. Der von Bullinger gegenüber Vadian akzentuierte europaweite Zuspruch zum *Consensus Tigurinus* förderte eine weitere Verbreitung »reformierter Druckschriften« der Schweiz in ganz Europa und ermöglichte eine nachhaltige Rezeption reformierter *Propria*, wenn auch die einzelnen Regionen ihre liturgischen und praktisch-seelsorgerlichen Eigenheiten bewahrten. Die Rezeption der *Confessio Helvetica posterior* (1566) als anerkanntes bzw. allgemein verpflichtendes Bekenntnis in Schottland, Ungarn, in gewissen deutschen Territorien, in Polen und Böhmen, in den Niederlanden und in den französischsprachigen Ländern[89] ist nicht nur eine logische Folge der konfessionellen Entwicklung seit 1549, sondern machte das Bekenntnis auch zu einem starken Einheitsband zwischen den Reformierten ganz Europas. Die *Confessio Helvetica posterior* wurde gewissermassen zu einem transnationalen Bekenntnis, das in vielen Kirchen Europas bis heute nur wenig an seiner Bedeutung eingebüßt hat.[90]

81 Vgl. ebd., S. 34–41; Bernhard, Konsolidierung (wie Anm. 3), S. 251.
82 Im Fall von Ungarn habe ich dies en détail nachgewiesen; vgl. Bernhard, Konsolidierung (wie Anm. 3), S. 471–473 et passim.
83 Vgl. Confessio Raetica (1552/53), in: RBS 1/3, S. 256–275.
84 Vgl. Confessio Gallicana (1559), in: RBS 2/1, S. 17–29.
85 Vgl. Beschlus und form der lehre vom testament und abendmal [...] (1559), RBS 2/1, S. 109–115.
86 Vgl. Confessio Scotica (1560), in: RBS 2/1, S. 240–299.
87 Vgl. Confessio Belgica (1561), in: RBS 2/1, S. 324–343.
88 Vgl. Confessio Debrecinensis (1562), in: RBS 2/2, S. 11–165.
89 Vgl. oben sowie: Staedtke, Glauben (wie Anm. 8), S. 81–202.
90 Als die »Herkunftskirche« der *Confessio Helvetica posterior* hat die reformierte Kirche der Schweiz nach dem Bekenntnisstreit im 19. Jahrhundert die *Confessio* als verpflichtendes Bekenntnis aufgegeben, und sich damit aus der Gemeinschaft der

4. Erkenntnisse und Folgen

Das Abwarten mit der Drucklegung des *Consensus Tigurinus*, bis Bullinger und Calvin die Zustimmung von »Angli, Prussi, Galli, Itali, Ungari aliquot praecellentes viri« hätten, offenbart eine grundsätzliche Eigenart des reformierten Verständnisses von Bekenntnis. Formuliert nämlich eine reformierte Kirche ihre aus Einsicht in die Heilige Schrift gewonnenen Erkenntnisse als Bekenntnis, erwartet sie Überprüfung und Zustimmung anderer reformierter Kirchen. Bullinger selbst formuliert es im Vorwort zur *Confessio Helvetica posterior* folgendermassen: »Ante omnia vero protestamur nos semper esse paratissimos, omnia et singula hic a nobis proposita, si quis requirat, copiosius explicare, denique meliora ex verbo Dei docentibus, non sine gratiarum actione, et cedere et obsequi in Domino, cui laus est gloria.«[91] Gemäß reformiertem Verständnis haben die Verfasser eines Bekenntnisses also *immer sehr bereit* zu sein, einerseits einzelne Fragen ausführlicher zu erläutern, andererseits aber auch sich eines Besseren belehren zu lassen, freilich auf der Grundlage des Wortes Gottes. Zugespitzt könnte man also formulieren, dass es zur Eigenart reformierter Bekenntnisschriften gehört, dass sie nie absoluten Charakter haben, sondern Erkenntnis unter Vorbehalt sind, d.h. unter Vorbehalt der besseren Einsicht in die Heilige Schrift. Die Schrift ist – zumindest gemäß der Überzeugung im 16. Jahrhundert – den Bekenntnissen vor- und übergeordnet. Zacharias Ursinus hat das Verhältnis von Schrift und Bekenntnis aus reformierter Sicht in seiner Schrift *Admonitio christiana* (Neustadt 1581) genau bestimmt, indem er *Scripta divina* und *Scripta ecclesiastica* unterschied. Die Hl. Schrift sei »fundamentum certum et immotum fidei et salutis et norma unica iudicandi de omnibus dogmatibus et sententiis … de Deo eiusque voluntate et cultu.«[92] Dem stehen die *Scripta ecclesiastica* gegenüber, einerseits die »symbola et confessiones totius christianae et orthodoxae«, d.h. die altkirchlichen Symbole und Bekenntnisse,[93] andererseits »confessiones particulares seu scripta ecclesiae«, d.h. Bekenntnisse wie die *Confessio Augustana*, *Confessio Bohemica* oder *Confessio Helvetica posterior*. Wichtig ist dabei, dass, wer mit diesen Bekenntnissen nicht übereinstimme, nicht als Häretiker bezeichnet werden dürfe. »Non confessiones particulares

»bekennenden« Kirchen verabschiedet; vgl. Rudolf GEBHARD, Umstrittene Bekenntnisfreiheit. Der Apostolikumsstreit in den Reformierten Kirchen der Deutschschweiz im 19. Jahrhundert, Zürich 2003.

91 Confessio Helvetica posterior (1566), in: RBS 2/2, S. 269f.

92 Zacharias URSINUS, De libro concordiae, quem vocant, a quibusdam theologis nomine quorundam ordinum Augustanae Confessionis edito, Admonitio christiana, […], Neustadt 1581, S. 117f.

93 Vgl. ebd., S. 119–122.

sunt norma scripturae et symbolorum, sed scriptura et symbola sunt norma et iudex omnium aliarum confessionum.«[94]

Dieses »reformierte« Verständnis hinsichtlich der Bedeutung und Stellung von Bekenntnisschriften hat sich erst im Absolutismus verändert. In Zeiten härterer konfessioneller Auseinandersetzung haben Vertreter der reformierten Kirchen Europas nicht nur verschiedene Lehrfragen genauer definiert (Dordrechter Canones 1619,[95] Formula consensus 1675[96]), sondern es hat sich auch die Sitte profiliert, über die *Confessio Helvetica posterior* zu disputieren,[97] ja gar über das Bekenntnis zu predigen. Aus der Bemühung, Rechenschaft über den eigenen Glauben abzulegen, hat sich die Vergewisserung des eigenen Glaubens entwickelt, um schließlich den eigenen »orthodoxen« Glauben gegenüber »unorthodoxeren« Strömungen wie Arminianismus, Pietismus oder Liberalismus zu verteidigen.[98] Die *Confessio Helvetica posterior* hat damit – zumindest im 18. Jahrhundert – eine Stellung gegenüber der Heiligen Schrift eingenommen, die der ursprünglichen Stellung des Bekenntnisses im reformierten Glauben diametral widersprach.

94 Vgl. ebd., S. 131–133; Gerhard Goeters, Die Rolle der Confessio Helvetica posterior in Deutschland, in: Staedtke, Glauben (wie Anm. 8), S. 89–91.

95 Vgl. Dordrechter Canones (1619), in: RBS 3/2, S. 94–123.

96 Vgl. Formula consensus (1675), in: Ernst Friedrich Karl Müller, Die Bekenntnisschriften der reformierten Kirchen, Leipzig 1903, S. 861–870; RBS 3/2, 452–465; Pfister, Kirchengeschichte (wie Anm. 56), S. 486–498.

97 Vgl. Jan-Andrea Bernhard, Ungarische Studenten disputieren über die *Confessio Helvetica posterior* (1566) im Vorfeld der *Formula consensus* (1675). Ein theologie- und kommunikationsgeschichtlicher Beitrag, in: Reimund B. Sdzuj u.a. (Hg.), Dichtung – Gelehrsamkeit – Disputationskultur. Festschrift für Hanspeter Marti zum 65. Geburtstag, Weimar 2012, S. 511–539.

98 Vgl. Jan-Andrea Bernhard, Die apologetische Funktion des Zweiten Helvetischen Bekenntnisses im Siebenbürgen des 18. Jahrhunderts, in: Campi, Bullinger (wie Anm. 21), S. 827–835; ders., Rosius à Porta (1734–1806). Ein Leben im Spannungsfeld von Orthodoxie, Aufklärung und Pietismus, Zürich 2005, S. 93–96, 108–120.

Ernst Koch

Bekenntnis bei Martin Luther (1528 - 1538 - 1544)

1. Semantisches und Theologisches

Das Wortfeld *Bekenntnis / bekennen* umfasst in der frühen Neuzeit ein weites Spektrum von Bedeutungen. Dazu gehören vor allem juristische Konnotationen, die auf den Bereich des Rechts als Sitz im Leben verweisen. Bekenntnis bedeutet Eingeständnis, Anerkennung, Versprechen, Quittung, Beurkundung, Urteil, gerichtliche (Zeugen)Aussage, rechtskräftige Bestätigung, Konzession oder Abmachung.[1] Das zugehörige Verbum überschreitet diesen Bereich. Es kann bedeuten: zu etwas stehen, etwas eingestehen, offen aussprechen, entscheiden, behaupten, feststellen, beschließen, anerkennen, urteilend zuerkennen, sich zu etwas bekennen.[2]

Daneben steht die lateinisch-antik-mittelalterliche Kirchensprache mit dem Wortfeld *confessio / confiteri*. Sie wurzelt in biblischen Texten, verengt allerdings bisweilen die Weite ihrer Bedeutung und findet im Mittelalter ihren Schwerpunkt im Bußsakrament, dem Bekenntnis der Sünden in der Beichte mit folgender Absolution. Wohl sind die aus dem Hebräischen, der Sprache des Alten Testaments stammenden und auch im neutestamentlichen Griechisch aufgenommenen weiteren Bedeutungen von *confessio / confiteri* – den Glauben bekennen und Gott preisen – nicht vergessen, jedoch gelingt es nicht immer, alle drei Bedeutungen beieinander zu halten und aufeinander zu beziehen. An Martin Luthers bibelexegetischen Umgang mit dem Wortfeld ist jedoch von früher Zeit an zu bemerken, wie ihm daran gelegen ist, vom Sprachgebrauch des Beichtvorgangs als *confessio* aus die Brücke zu den übrigen Bedeutungen des Wortfeldes aus zu schlagen. So entfaltet er in der Auslegung der Psalmen am Verbum *confiteri* die Bedeutung von Gotteslob im scharfen Gegensatz zum Selbstlob des Menschen, sodass das Lobopfer (*sacrificium laudis*) sich gegen die Selbstrechtfertigung vor Gott wendet und zur Selbstan-

1 Deutsches Rechtswörterbuch, hg. v. der Preußischen Akademie der Wissenschaften, Bd. 2, Weimar 1914–1932, Sp. 1499–1501. Vgl. Jakob Grimm / Wilhelm Grimm, Deutsches Wörterbuch. Neubearbeitung, hg. v. der Berlin-Brandenburgischen Akademie der Wissenschaften und der Akademie der Wissenschaften zu Göttingen, Bd. 4, Stuttgart 2012, Sp. 875–877.

2 Rechtswörterbuch (wie Anm. 1), Sp. 1493–1499. Grimm (wie Anm. 1), Sp. 868–874.

klage wird.[3] Demut erscheint als *perfecta theologia*, allerdings als Gottes Werk am Menschen verstanden. Freilich ist dann das bessere Teil von *confiteri* das Gott lobende Bekenntnis. So kommt es in Luthers Umgang mit der Auslegung von *confiteri* allmählich zu einer Akzentverschiebung: Das beste Lob Gottes ist das Vertrauen auf seine Vergebung, das sich in allem Tun des Menschen auswirkt.[4] Über der Beschäftigung mit Johannes Tauler gewinnt Luther ein Verständnis, das bekennen als Sterben des alten Menschen deutet[5] und auf dessen Kreuz und Tod bezieht.[6] Im biographischen Umfeld des Reichstags zu Worms 1521 nähert sich für Luther das (öffentliche) Bekenntnis dem Bereitsein zum Zeugnis und zum Martyrium.[7] Bekennen heißt damit nicht siegen, sondern eher siegen im Unterliegen und bezieht sich damit auf die Nachfolge Christi und den Weg durch Sterben zur Auferstehung.[8] In der Folgezeit kommt Luther in Predigten immer wieder auf das Bekenntnis zu sprechen. In der Weihnachtspostille von 1522 stellt er in der Auslegung von Lk 2,15–20 »bekennen, predigen und lobenn« nebeneinander.[9] Die »Hebreische tzunge« könne, so betont er, »mitt dreye wortten kaum erlangen als beychten, bekennen, dancken«.[10] So gewinnt Luther auf dem Wege der Schriftauslegung die Breite des Bedeutungsfeldes der biblischen Sprachen, die sich in der Folgezeit zu bewähren hat.

2. 1528: »Vom Abendmahl Christi Bekenntnis«[11]

Entstanden im November/Dezember 1527 als vorerst letzte Auseinandersetzung mit seinen Gegnern im Streit um die Deutung des Abendmahls, richtet sich das Buch in erster Linie nicht an Luthers Gegner, sondern an seine Freunde bzw. die »Einfältigen« unter ihnen, die er in ihrem bei ihm gewon-

3 Vgl. hierzu und zum Folgenden Erich Vogelsang, Der confessio-Begriff des jungen Luther (1513–1522), in: LJ 12 (1930), S. 91–108, hier S. 95.
4 Ebd., S. 98.
5 Ebd., S. 100.
6 Ebd., S. 104.
7 Ebd., S. 105.
8 Ebd., S. 106f.
9 WA 10 I 1, S. 137,2.
10 WA 10 I 1, S. 437,20–24 (Kirchenpostille 1522, Auslegung von Lk 2, 33–40). Vgl. den ganzen Zusammenhang S. 437,20–438,6.
11 Zum Kontext Martin Brecht, Martin Luther, Bd. 2: Ordnung und Abgrenzung, Stuttgart 1986, S. 204–209. Ulrich Gäbler, Luthers Beziehungen zu den Schweizern und Oberdeutschen von 1526 bis 1530/31, in: Helmar Junghans (Hg.), Leben und Werk Martin Luthers von 1526 bis 1546. Festgabe zu seinem 500. Geburtstag, Berlin 1983, S. 489–492.

nenen Verständnis des Abendmahls vergewissern möchte.[12] Charakteristisch für das Werk ist neben dem Nachweis, dass Luthers Gegner auf seine bisherigen Argumente nicht geantwortet haben, die intensive, nach allen Regeln der zeitgenössischen Wissenschaft geführte Bemühung um die Auslegung der neutestamentlichen Kerntexte zur Sache.[13] Eine spezielle Wirkungsgeschichte hat Luthers Schrift auf Grund ihres dritten Teils entfaltet, die ihr auch den Titel verschafft hat, unter dem sie bekannt und zitiert worden ist. Luther wollte in diesem letzten Teil des Buches, wie er schrieb, »fur Gott vnd aller welt meinen glauben von stu(e)ck zu stu(e)ck bekennen«.[14] Dieses ›Bekenntnis‹ erfuhr bis zu seinem Tod nach derzeitiger Kenntnis sieben hochdeutsche und zwei niederdeutsche Separatdrucke sowie eine dänische und eine lateinische Übersetzung, letztere durch Johannes Bugenhagen.

Dennoch ist es auch für das Thema Bekenntnis nicht unwichtig, das ganze Buch Luthers von 1528 in die Betrachtung einzubeziehen. Dabei zeigt sich eine Reihe von Akzenten.

Die Bedeutung des Wortes Gottes

Bibelhermeneutische Grundsätze

Luther setzt in der Auseinandersetzung mit seinen Gegnern nicht nur bei den neutestamentlichen Texten an, die für das Abendmahl eine Schlüsselrolle spielen, also den synoptischen Berichten über den Ursprung des Sakraments und in 1 Kor. 11. Ihm kommt es generell darauf an, dass ein biblischer Text »einerley vnd einfeltig sein vnd einen einigen verstand haben« muss, »sol er klar vnd eine gewissen artickel gru(e)nden«.[15] Für die Abendmahlsfrage gilt: Den Text über das Abendmahl »wo(e)llen wir eynerley / einfeltig / gewis vnd sicher haben ynn allen worten / syllaben vnd buchstaben«. Hier wie auch in anderen Bereichen christlicher Lehre geht es um die Einheit der Kirche. Denn der Teufel ist »aller vneinigkeit vater«.[16] Hinzu kommt, dass dort, wo die Heilige Schrift Sachverhalte klar benennt, man ein Fundament erhält, »das man drauff stehen kan«. Es ist auch nicht zufällig, dass Luther als beispielhaft dafür ein zentrales christologisches Thema benennt: »Wo Christus ein lamb gepredigt wird / da bin ich gewis vnd sicher / das er wol recht ein lamb

12 Vgl. MLSA 4, S. 13–16.

13 Ebd., S. 186,28–245,2.

14 Ebd., S. 245,9f.

15 Ebd., S. 28,6–8. Thomas Kaufmann (Art. Abendmahl, in: Volker Leppin / Gury Schneider (Hg.), Das Luther-Lexikon, Regensburg 2014, S. 36) sieht in diesem Konflikt auch die polemische Schärfe von Luthers Stellungnahmen begründet.

16 MLSA 4, S. 33,11–13.

heist«.[17] Das bedeutet, dass die Grundlage für Glaube und Lehre der Kirche eine Bibelhermeneutik ist, die ihr Zentrum in der Soteriologie hat und auch dem Gläubigen Gewissheit in Anfechtungen gibt, von denen Luther im Hintergrund auch in seiner Arbeit an der Abendmahlstheologie gequält worden ist.[18] Sein Buch bietet auf Schritt und Tritt Beispiele gelehrter und reflektierter Bibelhermeneutik[19] bis hin zur Auseinandersetzung mit der Unterschiedlichkeit in Paralleltexten.[20] Was das Abendmahlsthema angeht, kann er sich nicht damit abfinden, dass man auf der Seite der Gegner meint, die entscheidenden Worte der neutestamentlichen Berichte seien »funff arme / elende wort«.[21]

> [...] mit solcher rede zeugen sie widder sich selbs / was sie fur einen geist haben / vnd wie theur sie Gotts wort achten / das sie die selbigen theuren wort schelten / als arme / elende funff wort / Das ist / sie gleuben nicht / das Gotts wort sind«. Glaubten sie das, würden sie »auch ein tutel vnd buchstaben gro(e)sser achten denn die gantze welt / vnd dafur zittern vnd furchten als fur Gott selbs / Denn wer ein eintzel Gotts wort veracht / der achtet freylich auch keines nicht gros.[22]

Im Einzelfall mag ein biblischer Text ungewiss und finster sein. Dann aber plädiert Luther dafür:

> Sol ich denn vnd mus vngewissen / finstern / text vnd verstand haben / so will ich lieber den haben / der aus Go(e)ttlichem munde selbst gesprochen ist / Vnd sol ich betrogen sein / so will ich lieber betrogen sein von Gott (So es mu(e)glich were) denn von menschen / Denn betreugt mich Gott / so wird ers wol verantworten vnd mir widder erstattung thun wenn sie mich betrogen haben vnd ynn die helle gefurt.[23]

17 Ebd., S. 33,17–21.
18 Vgl. ebd., S. 14.
19 Vgl. z.B. ebd., S. 110,19–119,7.
20 Ebd., S. 197,18–198,8, 199,15–200,29. Volker Leppin (Martin Luther, Darmstadt 2006, S. 285f.) betont hinsichtlich des philosophischen Hintergrunds der Debatte, dass Luthers Auseinandersetzung um die Deuteworte nur einen Teil des Problems ausmache. Dies trifft zu. Allerdings sind Ansatz und Ziel von Luthers Position das Verständnis des biblischen Textes. So akzentuiert das Problem auch Thomas Kaufmann, Art. Abendmahlsstreit, in: Leppin / Schneider, Luther-Lexikon (wie Anm. 15), S. 36.
21 MLSA 4, S. 191, l. 5–6. 15. Für die mittelalterliche Theologie sind mit diesem Terminus die Deuteworte der Abendmahlsberichte gemeint (ebd., S. 91 Anm. 2496).
22 Ebd., S. 191,17–24.
23 Ebd., S. 188,9–16.

Die Kraft des Wortes Gottes

Dem Wort Gottes eignet also nicht nur bezeichnende, sondern schöpferische Kraft, gegen die im Zweifelsfall auch das Argument der sinnlichen Wahrnehmung nichts gilt.[24] Luther geht so weit, dass er betont, mit Recht sage man,

> so man auffs brod zeiget vnd spricht / Das ist Christus leib / Vnd wer das brod sihet / der sihet den leib Christi [...] Wer dis brod angreiffet / der greiffet Christus leib an / Vnd wer dis brot isset / der isset Chrístus leib / wer dis brod mit zenen odder zungen zu dru(e) ckt / der zu dru(e)ckt mit zenen odder zungen den leib Christi / Vnd bleibt doch allwege war / das niemand Christus sihet / greifft / isset / odder zubeisset / wie man sichtbarlich ander fleisch sihet vnd zubeisset.[25]

Damit zitiert er indirekt das Dekret »Ego Berengarius«, einen Bestandteil des kanonischen Rechts, und kommentiert es: »Wolt Gott alle Bepste hetten so Christlich in allen stu(e)cken gehandelt«.[26] Die schöpferische Kraft des Wortes Gottes ist die Ursache einer soteriologischen Klimax: »Die wort sind das erste / Denn on die wort / were der becher vnd brod nichts / Weiter / on brod vnd becher / were der leib vnd blut Christi nicht da / On leib vnd blut Christi / were das newe testament nicht da / On das newe testament / were vergebung der sunden nicht da / On vergebung der sunden / were das leben vnd seligkeit nicht da«.[27] Luther exemplifiziert diese Kraft des Wortes Gottes an den »thatlich wort« der Schöpfungsgeschichte[28] und verweist auf Ps 33,9.[29] Sie bewirkt, dass in der Sakramentstheologie die Elemente von Brot und Wein von dem, was sie in sich tragen, nämlich Leib und Blut Christi, nicht trennbar sind. Es handelt sich um »fleischsbrod odder leibs brod« und »Blutswein«,[30] das heißt, »das wir den leib als fur vns gegeben / essen / vnd solchs ho(e)ren vnd glauben ym essen«.[31] Das bedeutet auch: Luther fürchtet, die von ihm eher aus pädagogischen Gründen bzw. als Kompromiss zugestandene Auslegung der Worte Christi, im Brot oder mit dem Brot oder unter dem Brot sei der Leib Christi, gefährde das Verständnis der Gabe des Abendmahls. Diese Auslegung böte den »Schwärmern« willkommene Ansatzpunkte.[32]

24 Vgl. ebd., S. 47,6–49,12.
25 Ebd., S. 183,13–21.
26 Ebd., S. 183,26–184,1.
27 Ebd., S. 222,22–26.
28 Ebd., S. 50,8–9. Vgl. S. 53,9–20.
29 Ebd., S. 51,16–23.
30 Ebd., S. 186,21–24.
31 Ebd., S. 62,28f.
32 Ebd., S. 189,18–190,7. Leppin, Martin Luther, (wie Anm. 20), S. 286 hat diesen Aspekt übersehen.

Die Bedeutung des biblischen Wortlauts

Das bedeutet: Glaube und Bekenntnis des Glaubens beziehen sich auf das Wort Gottes in seinem Wortlaut. Dafür ist der Umgang mit dem Altarsakrament ein Beispiel. Hängt doch in dem auf Gottes Tat vertrauenden Glauben ein Artikel des Glaubens mit dem anderen zusammen, so auch die Verlässlichkeit der Zusage Gottes und der Empfang des Heils. Denn kraft der in den Worten Christi ausgesprochene Zusage »Das ist mein Leib, der für euch gegeben wird« wird sein Sterben ausgeteilt »durch predigen / lesen / teuffen / geist / glauben / essen / vnd wie er will / wo er ist / vnd was er thut«.[33]

Übergreifende theologische Aspekte

Die Christologie

Die Deutung des Abendmahls in Auseinandersetzung mit den Gegnern bringt es mit sich, dass inhaltliche Bereiche des Glaubens zur Sprache kommen, die die primäre Thematik von Luthers Buch auf den ersten Blick nicht betreffen. Dies ist an der Christologie zu beobachten, mit der Luther sich von seinen Gegnern distanziert. Ihm geht es darum, dass in Christus Gottheit und Menschheit untrennbar sind, das heißt aber auch, dass sie an den Eigenschaften der Gottheit Anteil hat. Sie muss hinsichtlich ihrer Person »Gott sein / vnd also auch an allem ort sein da Gott ist«.[34] Von Zwingli aber gilt, »das er die person Christi zurtrennet / vnd lest vns keinen andern Christum bleiben / denn einen lautern menschen / der fur vns gestorben vnd vns erlo(e)set habe […] Ist doch damit der gantze Christliche glaube vnd aller welt selickeit / aller dinge weggenomen vnd verdampt / Denn wer allein durch die menscheit erlo(e)set ist / der ist freylich noch nicht erlo(e)set / wird auch nymer mehr erlo(e)set«.[35] Luthers Zusatz zu dieser Beurteilung des Zürchers, er sei mit dieser Position »erger worden sieben mal / denn da er ein Papist war«,[36] signalisiert, dass er sich an diesem Punkt der Personchristologie einig mit der römischen Kirche weiß. Folgt doch aus der Einheit zwischen Gottheit und Menschheit des irdischen und himmlischen Christus, dass auch die Apostel und wir, »so wir auff erden sterblich sind / so fern wir an Christo gleuben«, bereits jetzt im Himmel sind.[37] Die Christologie hat unmittelbare Folgen für die Gegenwart christlicher Existenz und für die Kirche.

33 MLSA 4, S. 63,12–14.
34 Ebd., S. 103,30–31.
35 Ebd., S. 105,7–13.
36 Ebd., S. 16f.
37 Ebd., S. 107,23–25.

Das Gottesbild

Luthers Entfaltung der Christologie setzt jedoch auch Folgerungen für das Gottesbild voraus. Er skizziert sie in Anknüpfung an Gabriel Biel, den er intensiv studiert hatte, indem er drei Weisen der Gegenwart Gottes in der Welt beschreibt: die lokale Anwesenheit, an einem Ort und durch einen Ort begrenzt, die unbegrenzte Anwesenheit und die Allgegenwart.[38] Diese Eigenschaften Gottes zerbrechen ein Gottesbild, das ihn lediglich als an einen umgrenzten Ort gebunden verstehen kann. »Nichts ist so klein / Gott ist noch kleiner / Nichts ist so gros / Gott ist noch gro(e)sser / Nichts ist so kurtz / Gott ist noch ku(e)rtzer / Nichts ist so lang / Gott ist noch lenger / Nichts ist so breit / Gott ist noch breiter / Nichts ist so schmal / Gott ist noch schmeler / [...]«.[39] Die Brisanz dieses Gottesbildes liegt weniger in einer Aussage über die Unmessbarkeit der Größe Gottes als vielmehr darin, dass sie mit der Freiheit Gottes zur Selbsterniedrigung rechnet, wie sie in der Abendmahlstheologie Luthers zum Ausdruck kommt. Dies erhält, an der Christologie reflektiert, eine »unerhörte, über das bisherige Dogma hinausgehende Spannweite«.[40]

Das »Bekenntnis«

Alle diese Aspekte sind im letzten Teil, dem eigentlichen »Bekenntnis«,[41] vorausgesetzt. In diesem dritten Teil seines Buches möchte Luther den Glauben »von stu(e)ck zu stu(e)ck bekennen«,[42] wie er es ansatzweise bereits im Vorangehenden getan hatte. Nun aber entfaltet er das Ganze des christlichen Glaubens in seinem Zusammenhang. Formal wie auch strukturell geschieht das in Auslegung des trinitarischen Credo und konkretisierendem Aufweis der Folgerungen aus ihr, wobei offen bleibt, ob für Luther im Hintergrund das Symbolum Apostolicum als das Credo der westlichen Taufliturgie[43] steht oder das Symbolum Nicaeno-Constantinopolitanum als Bestandteil der Messe.

Für die Relevanz seiner Darlegungen wichtig ist, dass Luther seinen Text als Absicherung verstanden wissen will gegenüber eventueller künftiger Behauptung, wenn er noch lebe, würde er von einzelnen Stücken des Glaubens anders denken und sprechen.[44] Das bedeutet, dass Luther den Inhalt des Glaubens nicht für verhandelbar hält. Er begründet dies damit, dass er sein

38 Ebd., S. 87,14–90,16.
39 Ebd., S. 102,12–16.
40 Brecht, Martin Luther, (wie Anm. 11), S. 310.
41 MLSA 4, S. 245,3–258,12.
42 Ebd., S. 245,9f.
43 Dabei entfiele bei Luther die Berücksichtigung des *Descensus ad inferos*.
44 MLSA 4, S. 245,12–14.

Bekenntnis »fur Gott vnd aller welt« abzulegen gedenkt in dem Bewusstsein, sich für den Glauben vor dem Richterstuhl Christi verantworten zu müssen.[45] Das Bekenntnis erhält eine eschatologische Perspektive. Ein direkter Rückbezug auf die ersten beiden Teile des Buches liegt darin, dass Luther feststellt, er habe den Inhalt seines Bekenntnisses wieder und wieder an der Heiligen Schrift geprüft und stehe dazu in derselben Stringenz, in der er in den ersten Teilen seines Buches »das sacrament des altars verfochten« habe.[46] Zum testimonialen Charakter des Textes gehört auch die Berufung auf seine Testierfähigkeit als Verfasser des Textes[47] und die Versicherung, dass er es ernst meine mit dem, was er schreibe, zumal er die Verunsicherung kenne, die auch im Angesicht des göttlichen Richters vom Widersacher Gottes ausgehe –, »[...] ich kenne den Satan / von Gottes gnaden / ein gros teil / kan er Gotts wort vnd schrifft verkeren vnd verwirren / wie solt ers nicht thun mit meinen odder eins andern worten?«[48] Dieser Aspekt erhält Nachdruck darin, dass er am Ende von Luthers »Bekenntnis» nochmals aufgenommen wird: »Denn (da Gott fur sey) ob ich aus anfechtung vnd todes no(e)ten etwas anders wu(e)rde sagen / so sol es doch nichts sein / vnd will hie mit offentlich bekennet haben / das es vnrecht vnd vom teuffel eingegeben sey«.[49] Ulrich Gäbler betont: »Bei keiner anderen Schrift hatte es Luther für notwendig befunden, sie mit einem solchen Siegel zu versehen«.[50]

Die Auslegung des Credo setzt ein mit der Versicherung, dass Luther »von hertzen den hohen artickel der go(e)ttlichen maiestet« glaube, der den Glauben an die Trinität in ihren drei Personen in der einen Gottheit als Ursprung der Schöpfung von Himmel und Erde nach Gen 1 umfasst und in jeder Hinsicht gegen die Irrlehren der Alten Kirche gerichtet ist, die namentlich genannt werden.[51] Zugleich wird klargestellt, dass in dieser Überzeugung Einheit mit der römischen Kirche und den christlichen Kirchen in aller Welt besteht.[52] Dass Luther an späterer Stelle in seinem »Bekenntnis« die Trinität in ihren Personen als Gott versteht, »der sich vns allen selbs gantz vnd gar gegeben hat / mit allem das er ist vnd hat«[53] spricht dafür, dass für ihn auch die Trinitätstheologie eine soteriologische Färbung aufweist, was sich auch in den Aussagen zum Werk der Personen zeigen wird.

45 Ebd., S. 245,8–12; 19f.
46 Ebd., S. 245,17f.
47 Ebd., S. 245,18f.
48 Ebd., S. 246,1–4.
49 Ebd., S. 257,4–6.
50 Gäbler, Luthers Beziehungen, (wie Anm. 11), S. 492.
51 MLSA 4, S. 246,5–9.
52 Ebd., S. 246,9–11.
53 Ebd., S. 251,22–252,1; Zitat: S. 251,22f.

Der zunächst knappen Darlegung folgt ein umfangreicher Abschnitt, der der »mittel person ynn Gott«, dem Sohn Gottes, gewidmet ist. Zunächst wird ausführlich die Personchristologie thematisiert, seine Empfängnis von Heiligen Geist als der dritten Person der Gottheit und seine Geburt »von der reynen heiligen iungfraw Maria / als von rechter natu(e)rlicher mutter« unter Bezug auf das Evangelium nach Lukas und die Propheten.[54] Unter Anspielung auf den Modalismus des 2. und 3. Jahrhunderts nach Christus und weitere entgegengesetzte Positionen ist es Luther wichtig zu betonen, dass der Sohn Gottes Mensch geworden ist als »ynn aller weise vnd gestalt / ein rechter mensch / wie ich selbs byn vnd andere [...] allein von der Iungfrawen durch den heiligen geist komen« – ausgenommen die Verfallenheit an die Sünde,[55] Maria ist »eine rechte warhafftige mutter nicht allein des menschen Christi [...] Sondern des sons Gotts«.[56] Diese und weitere Präzisierungen dokumentieren das theologische Gewicht, das für Luther einer biblisch verantworteten Personchristologie zukommt, unterstrichen durch das Bekenntnis: »Das ist mein vnd aller herr / Ihesus Christus / Gottes vnd Marien einiger / rechter natu(e)rlicher son / warhafftiger Gott vnd mensch«.[57] In dieser Gewichtung spricht sich etwas anderes aus als theologischer Traditionalismus, sofern in ihr Christologie als Soteriologie verstanden ist. Dies wird in Anlehnung an das Symbolum Apostolicum an allen Stufen des Weges des Christus durchdekliniert, dem Herrn über die Schöpfung, über Tod und Leben, über Sünde und Gerechtigkeit.

An dieser Stelle kommt Luthers Bekenntnis auf die theologische Anthropologie, speziell in der Hamartiologie verwurzelt, zu sprechen, die den Realgrund für die Soteriologie darstellt[58] und ihrerseits zu der hier an erster Stelle persönlich ausgedrückten Verwerfung führt (»verwerffe vnd verdamne ich [...]«)[59] und die Leugnung des unfreien Willens und der Radikalität der teuflischen Verblendung und Gefangenschaft des Menschen durch »new vnd alter Pelagianer« betrifft.[60] Dieser Zustand, der den Tod zur Folge hat, ist mehr als ein Gebrechen, »sondern allzu grosse sunde«, was mit Hinweis auf paulinische Theologie und Ps 51,7 betont wird.

54 Ebd., S. 246,13–16.
55 Ebd., S. 247,4–6.
56 Ebd., S. 247,8f.
57 Ebd., S. 247,11f.
58 Ebd., S. 247,20–248,7.
59 Ebd., S. 248,8.
60 Ebd., S. 248,16.

Für Luther kommt diese theologische Verfehlung aktuell in der Praxis des Mönchtums zum Ausdruck, deren Synergismus »eine o(e)ffentliche / grewliche lesterung vnd verleugnis der einigen hu(e)lffe vnd gnade vnsers einigen heilands vnd mittelers Ihesu Christi« darstellt.[61]

Dass die Institution Kloster nicht vollständig verworfen wird, ist in einer sozialen Perspektive begründet, die diese Institution als Bildungsstätte für Eliten bzw. für künftige Ehefrauen sehen möchte.[62]

Ein weiterer Schritt von der Christologie hin zur Entfaltung von Sozialethik erfolgt, indem Luther als Analogie zu »heiligen orden vnd rechte(n) stiffte(n)« auf Grund göttlicher Stiftung die drei Stände Priesteramt, Ehe und weltliche Obrigkeit vorstellt, zusammengehalten durch die Liebe.[63] Auch die drei Stände werden zu der christologisch verantworteten Soteriologie ins Verhältnis gesetzt, sofern sie wohl »heilig«, jedoch nicht »selig« machen. Die drei »Orden« sind keine gesetzlich geprägten Verordnungen, was sich auch darin zeigt, dass auch Witwen und Unverheiratete in ihnen aufgenommen sind.[64]

Nach diesen sozialethischen Ausführungen geht Luthers »Bekenntnis« zum letzten Glied der trinitarischen Gotteslehre, der Pneumatologie, über. Der Heilige Geist wird als Person wie als Gabe Gottes beschrieben. Als Person kommt er »vom Vater vnd Son ewiglich« in dem einen göttlichen Wesen,[65] als Gabe ziert er die Gläubigen mit dem Glauben und anderen geistlichen Gaben, erweckt am Ende der Welt von den Toten, befreit von Sünden, macht das Gewissen »fro(e)lich vnd getrost / frey vnd sicher« und lässt als Stärkung sein tröstendes Zeugnis »ynn vnserm hertzen fulen«.[66] Das tut der Heilige Geist »beide ynnerlich vnd eusserlich«: Innerlich durch den Glauben und andere geistliche Gaben, äußerlich durch Evangelium, Taufe und das Sakrament des Altars. Das bedeutet, dass es nicht zwei Arten von Evangelium, Taufe und Sakrament des Altars gibt, die man gegeneinander ausspielen könnte. Es bedeutet aber auch, dass die Kraft der Gaben des Heiligen Geistes weder vom Glauben der Spender und Empfänger noch von ihrem Missbrauch durch Unglauben abhängt. »Denn es stehet nicht auff menschen glauben odder vnglauben / sondern auff Gotts wort vnd ordnung«.[67] Schwerer wiegt für Luther die Änderung und Missdeutung des Wortes und der Anordnung Gottes durch »die itzigen Sacraments feynde«. Sie empfangen wegen dieser Eingriffe lediglich Brot und Wein, nicht den Leib und das Blut Christi.[68]

61 Ebd., S. 249,13–15.
62 Ebd., S. 249,21–26.
63 Ebd., S. 250,1–23.
64 Ebd., S. 251,7–9. Vgl. S. 256,15–18.
65 Ebd., S. 251,14.
66 Ebd., S. 251,15–21.
67 Ebd., S. 252,1–18.
68 Ebd., S. 252,18–22.

Das Gewicht, das für Luther die Einheit zwischen Innen und Außen auf Grund der Ordnung Gottes in den Gaben des Heiligen Geistes hat, wird von ihm durch die wiederum persönlich formulierte Verwerfung und Verdammung der Lehre der Donatisten des 4. nachchristlichen Jahrhunderts bekräftigt, die er aktuell in der Täuferbewegung des 16. Jahrhunderts wiedererkennt.[69]

Gemäß der überlieferten Credo-Texte schließen sich im persönlichen »Bekenntnis« Luthers die Ekklesiologie und die Eschatologie an. Hinzu kommen Erwägungen über Messe und sie begleitende Zeremonien. Die Ekklesiologie nimmt in der Beschreibung der »eine(n) heilige(n) Christliche(n) kirche [...] / das ist / die gemeyne vnd zal odder versamlunge aller Christen / ynn aller welt« das neutestamentlich-altkirchlich-mittelalterliche Bild der Kirche als Braut Christi und des Leibes Christi unter ihrem Haupt, Christus, auf.[70] Einerseits folgt diese kommunikativ orientierte Beschreibung einer (in späterer Begrifflichkeit ausgedrückt) konfessionsübergreifenden Ekklesiologie. Andererseits fügt Luther sogleich Negationen im Blick auf die in der mittelalterlichen Theologie vertretenen Bilder vom Bischof bzw. Priester als Haupt, Herren und Bräutigam der Kirche sowie der damit verbundenen Beschränkung der Kirche auf den Bereich der »Ro(e)mischen kirchen odder Bapst« hinzu,[71] was wiederum nicht ausschließt, dass auch unter dem Papst wie auch unter der Herrschaft des Islam Glieder der Kirche leben, »zur strawet [...] leiblich / aber versamlet geistlich ynn einem Euangelio vnd glauben vnter ein heubt das Ihesus Christus ist«.[72] Eine solche Ekklesiologie hebt also die in der Pneumatologie beschriebene Einheit von Innen und Außen nicht auf, nimmt jedoch auf Grund der Kraft der übergreifenden Ordnung Gottes dem Außen-Aspekt einen Charakter, der den Empfang der Gaben Gottes auf einen durch Zwischeninstanzen jurisdiktionell beschränkten Bereich festlegen will. So wird für Luther das Papsttum wie auch der Islam zusammen mit allen Irrlehren zur von Matthäus und Paulus angekündigten antichristlichen Tyrannei, wobei jedoch das Papsttum deren stärkster Vertreter ist.[73]

Die so beschriebene Kirche als die »Christenheit« ist der einzige Ort, an dem durch Evangelium, Taufe und Altarsakrament Vergebung der Sünden angeboten und empfangen wird. Das bedeutet, dass Luther die Überzeugung Cyprians aufnimmt, dass außerhalb der Kirche, nämlich der »Christenheit«, kein Heil ist, weil keine Vergebung der Sünden empfangen werden kann. Diese Rolle der Kirche ist so wichtig, weil der Glaube auf Vergebung der Sün-

69 Ebd., S. 252,12f. mit Anm. 3362.
70 Ebd., S. 253,1–3.
71 Ebd., S. 253,6–7.
72 Ebd., S. 253,9–12.
73 Vgl. ebd., S. 253,13–17.

den, in der Taufe empfangen, »so offt vnd viel mal / man derselbigen bedarff«, angewiesen ist. Aus diesem Grunde lehnt Luther zusammen mit der römischen Kirche die Lehre des römischen Gegenbischofs Novatian ab.[74]

Die durch den Sachzusammenhang veranlasste Erwähnung des Begriffs Ablass bewegt Luther dazu, nun auch thematisch auf diesen umstrittenen Begriff wie auch auf das Thema der Heiligenverehrung und ihre Bezüge zur Eschatologie einzugehen. Dazu veranlasst ihn der im Horizont der Soteriologie verankerte pneumatologisch-christologische Ansatz der Ekklesiologie. Die Institution des Ablasses ist für ihn eine Erdichtung und Einrichtung, die »auff menschen werck vnd der heiligen dienst« gegründet ist und die im Evangelium und den Sakramenten gegebene Sündenvergebung »schendet vnd vernichtiget«.[75] Die mit dem Ablass eng verknüpfte Fürsorge für Verstorbene möchte er auf die nicht in der Heiligen Schrift erwähnte, aber »aus freyer andacht« geübte und nicht in der institutionalisierten einmaligen oder auch zweimaligen Fürbitte beschränkt sehen – sie sei »nicht sunde«.[76] Das (zu wiederholende) Totenoffizium und die jährlich wiederholte Feier des Requiems hält er im Blick auf die damit verbundenen finanziellen Aufwendungen für »des teuffels iarmarckt«.[77] Zu weiteren Einzelheiten der individuellen Eschatologie wie etwa dem Fegfeuer und der Anrufung der Heiligen um Fürbitte bei Gott findet Luther keine Grundlage in der Heiligen Schrift.[78] Auch möchte er seine persönliche Ansicht darüber nicht zum Gegenstand eines öffentlichen Bekenntnisses machen.[79]

Die Bindung an die Heilige Schrift ist auch der Grund für Luthers Erwägungen zum Begriff des Sakraments im allgemeinen Sinn. Deshalb rechnet er die Krankensalbung, die Ehe und die Priesterweihe nicht zu den Sakramenten und begreift die Buße als »vbunge vnd krafft der tauffe«[80]. Das bedeutet nicht, dass er die Übung der Krankensalbung ablehnt. Sie »solt frey sein ym namen Gottes«.[81] Als schriftgemäße Sakramente bleiben also neben dem Evangelium die Taufe und das Sakrament des Altars.[82]

Erst gegen Ende des »Bekenntnisses« kommt Luther auf die verderbliche Rolle der mittelalterlichen Messe zu sprechen, ihren Opfercharakter, ihre Deutung in Quantitäten und die finanziellen Praktiken in ihrem Kontext, verbunden mit seinen persönlichen Erfahrungen. Ihrer schämt er sich im Rückblick, weil er, wie er sagt, in seinen 15 Lebensjahren als Mönch in

74 Ebd., S. 253,18–254,5.
75 Ebd., S. 254,6–12.
76 Ebd., S. 254,13–255,1.
77 Ebd., S. 255,2.
78 Ebd., S. 255,2–13.
79 Vgl. ebd., S. 255,7–8.
80 Ebd., S. 255,14–23; Zitat: S. 255,23.
81 Ebd., S. 255,18–20.
82 Ebd., S. 255,23–25.

Undankbarkeit gegenüber Christus »mit so viel messen [...] meinen lieben Herrn so grewlich erzu(e)rnet/gemartert vnd geplagt habe«.[83] Die Messe, in diesem Sinn verstanden, sieht er auch als Sachgrund der Stiftung von Klöstern und ihnen verwandter Institutionen.[84] In diese Beurteilung schließt er die die Messe begleitenden Zeremonien – Bilder, Glockengeläut, Messgewänder, Kirchenschmuck, Kerzen und dergleichen – nicht ein. Er will sie dem freien Gebrauch überlassen und rät: »Wer da will/der mags lassen«.[85] Aus aktuellen Gründen fügt er jedoch hinzu: »Denn ichs mit den bilderstu(e)rmen nicht halte«.[86]

Der Materialteil von Luthers ›Bekenntnis‹ schließt, dem Vorbild der Credo-Texte entsprechend, mit der Bekräftigung des Glaubens an die Auferstehung der Toten und an das Letzte Gericht nach seinem doppelten Ausgang und der Absage an die Meinung, auch die Teufel würden am Ende zur Seligkeit kommen.[87]

3. 1538: Die Schmalkaldischen Artikel[88]

Die Schmalkaldischen Artikel entstanden zunächst als Auftragswerk des sächsischen Kurfürsten Johann Friedrich, von Luther im Dezember 1536 niedergeschrieben bis einschließlich zum Artikel »Von der falschen Buße der Papisten« und dazu vorgesehen, dem von Papst Paul III. angekündigten Konzil vorgelegt zu werden. Dieser Anlass wurde der Verschiebung des geplanten Konzils wegen bald gegenstandslos. Dennoch lag der Text in dieser Gestalt dem Schmalkaldischen Bund im Februar 1537 vor und wurde Teil des Bundesabschieds vom 6. März 1537, versehen mit den Unterschriften eines Teils der Bundesabgesandten. 1538 ergänzte Luther den Text um weitere Artikel (Messe, Fegfeuer, Anrufung der Heiligen, Buße und Beichte) und veröffentlichte ihn, versehen mit einer Vorrede 1538. Neben ihrer ursprünglichen Bestimmung sind die Schmalkaldischen Artikel ein Zeugnis für Martin Luther persönliches Verständnis von Bekenntnis und Lehre und verdienen, im vorliegenden Zusammenhang als solche gewürdigt zu werden.

83 Ebd., S. 256,1–7.
84 Ebd., S. 256,9–15.
85 Ebd., S. 256,19–20.
86 Ebd., S. 256,22.
87 Ebd., S. 256,23–28.
88 Zum Kontext: Gunther WENZ, Theologie der Bekenntnisschriften der evangelisch-lutherischen Kirche, Bd. 1, Berlin/New York 1996, S. 528–542. Werner FÜHRER, Die Schmalkaldischen Artikel, Tübingen 2009, S. 1–72. BSELK (bearb. v. Hans-Otto SCHNEIDER), S. 713–716.

Luther reflektierte den Entstehungszusammenhang in seiner Vorrede von 1538 als Entwurf zum Thema seines Verhältnisses zum Papsttum, »was und wie fern wir wolten oder kundten den Papisten weichen und auf welchen wir gedechten, endlich zu beharren und zu bleiben«.[89]

Die letztere Wendung war – ganz wie im Bekenntnis von 1528 – im Sinne von Endgültigkeit im eschatologischen Sinne, nicht im vorläufigen Sinne zu verstehen, wie der Verweis auf das »Bekenntnis« von 1528[90] und auf sein Lebensende[91] wie auch die Berufung auf die Situation »an jhenem tage fur dem Richtstuel Christi«,[92] aber auch die Erinnerung an ein möglichweise drohendes, vorzeitig ergehendes Gericht Gottes[93] sowie die Anrufung Christi am Schluss des Vorworts zeigen, er möge die Seinen erlösen durch seine Parusie.[94] Ein weiteres Motiv liegt für Luther in der seelsorgerlich begründeten Sorge um das Leben und Sterben der armen Leute, »fur die doch Christus ist gestorben«[95] sowie um die sozialpolitischen Missstände im geistlichen und weltlichen Stand – »(d)arumb hab ich wenig Artickel gestellet«.[96]

Die Darlegung des Inhalts des wiederholten Bekenntnisses Luthers erfolgt in drei Teilen: den Ausführungen »von den hohen Artikeln der Göttlichen Majestet« (1),[97] »von den Artikeln, so das Ampt und Werck Jhesu Christi oder unser Erlösung betreffen« (2)[98] und einem dritten Teil als Vorlage für ein Gespräch »mit gelerten, vernünfftigen oder unter uns selbs« (3).[99]

Bekenntnis als Position

Den bei weitem knappsten Teil des Bekenntnistextes stellen die Ausführungen zu Teil 1 dar. Hier werden die klassische Trinitätstheologie und der Inhalt des Credo Apostolicum (einschließlich der Höllenfahrt Christi) in seiner Auslegung durch das sogenannte Athanasianum und durch den Kleinen Katechismus referiert bzw. knapp entfaltet. Allerdings fällt auf, dass der Text mit dem Schluss des zweiten Glaubensartikels (Letztes Gericht) schließt, also Ausführungen zu Pneumatologie, Ekklesiologie und Eschatologie fehlen, es sei denn man verstünde die Einfügung von »etc.« als Aufforderung zur fort-

89 BSELK, S. 718,18f.
90 Vgl. ebd., S. 720,3–6.
91 Ebd., S. 718,35.
92 Ebd., S. 720,34. Vgl. S. 722,2f.
93 Ebd., S. 722,16–19.
94 Ebd., S. 724,14–19.
95 Ebd., S. 722,14–15.
96 Ebd., S. 722,20–724,5; Zitat: S. 724,5.
97 Ebd., S. 726,2f.
98 Ebd., S. 726,23–24.
99 Ebd., S. 746,12f.

gesetzten Rezitation des Textes des apostolischen Credo. Darauf ist noch zurückzukommen. Jedenfalls findet sich Luther im Bereich der Geltung des altkirchlichen Dogmas und seiner Teile an der Seite seiner Gegner vor, »weil wir zu beiden teilen die selbigen bekennen«; darum sei es nicht nötig, »itzt davon weiter zu handeln«.[100]

Zwischen Gesprächsangebot und Absage

Teil 2 der Schmalkaldischen Artikel widmet sich in vier Teilartikeln der Soteriologie. Dafür gibt der erste der Teilartikel den Ton an. Hier ist Luther mit dem Herzstück der christlichen Lehre befasst. Die Ausschließlichkeit der Gnade und des Glaubens als Zutrauen zum Werk Christi markiert die Grunddifferenz gegenüber der päpstlichen Lehre und Praxis in all ihren Verzweigungen und »alles, das wir wider den Bapst, Teufel und Welt leren und leben« sowie generell die Gewissheit des Glaubens.[101] Eine Schlüsselbedeutung kommt in dieser Hinsicht dem in Teilartikel 2 entfalteten Thema der Messe als Werk und als Opfer zu. Dennoch hält Luther zunächst ein freundliches Gespräch über die für die Gegner augenscheinlich unaufgebbare Rolle der Messe in diesem Zusammenhang mit »vernünfftige(n) Papisten« für denkbar,[102] für das er fünf Teilthemen nennt:

1. Die so gefeierte Messe verdunkelt das alleinige Werk Christi als des Lammes Gottes.
2. Sie ist unnötig, und man kann sie ohne Sünde und Gefahr unterlassen.
3. Das Sakrament des Altars kann man auch ohne die Opfermesse erhalten, wenn man es nach der Einsetzung Christi feiert. Dazu solle man öffentlich predigen, dass man auch ohne sie selig werden kann. Dann wird die Messe von selbst in Missachtung fallen.
4. Mag die Messe auch etwas Nützliches und Gutes an sich haben, so soll sie doch allein um der mit ihr verbundenen Missbräuche finanzieller Art willen aufgegeben werden.

100 Ebd., S. 726,20–22.
101 Ebd., S. 728,11–14.
102 Ebd., S. 728,24–29.

5. Hinsichtlich des Zieles der Messe, sich selbst und andere mit Gott zu versöhnen und Gnade zu erwerben, ist sie zu verwerfen, weil allein das Lamm Gottes die Sünde der Welt trägt. Das gilt auch dann, wenn ein Priester »das gemein Sacrament der kirchen« wohl in guter Absicht, aber allein und ohne die kommunizierende Gemeinde feiern will.[103]

Dennoch wird nach Ansicht Luthers auf einem künftigen Konzil die Messe nicht aufgegeben werden. »Also sind und bleiben wir ewiglich gescheiden und widernander. Sie fülens wol: wo die Messe fellet, so ligt das Bapstum«.[104]

Zur im Papsttum gefeierten Messe gehört auch, dass sie wie ein »Trachenschwantz« eine Fülle von Abgötterei nach sich gezogen hat: Den Fegfeuerglauben und seine Praktiken, angebliche Erscheinungen Verstorbener, die Opfer für sie gefordert haben, weil sie im Fegfeuer seien, das Wallfahrtswesen und die mit ihm verbundene Verdienstlichkeit, die Bruderschaften als Orte für Messstiftungen, den Umgang mit Reliquien, die Erfindung des Ablasses als Ersatz für Sündenstrafen.[105]

Dieser umfangreiche Katalog der mit der Opfermesse verbundenen Missstände und Missbräuche mit ihren finanziellen Verflechtungen, zu denen auch die Praxis der Anrufung von Heiligen um Hilfe gehört,[106] lässt es für Luther unmöglich erscheinen, sich auf dem Grund des im ersten Teilartikel von Teil 2[107] bezeugten biblischen Zeugnisses vom alleinigen Verdienst Jesu Christi zu verständigen. Somit bietet das Thema des biblisch gefeierten Gottesdienstes als Gegenbild des abgöttisch gefeierten Gottesdienstes einen eigenen Akzent der Schmalkaldischen Artikel.

Teilartikel 3 von Teil 2, das Klosterwesen betreffend, zeigt sich im Unterschied zum vorausgehenden Thema zunächst abwägend, indem Luther die monastischen Institutionen von einer breit angelegte Bildungstradition her verstehen lehren möchte, die – allerdings ausschließlich – für den geistlichen wie den hausökonomischen Stand als nützlich gelten können. Auch hier bestimmt er in der Erwägung der faktischen Situation als kritische Instanz den »Heubtartikel von der Erlösung Jhesu Christi«.[108]

103 Ebd., S. 728,16–732,2.
104 Ebd., S. 732,10f.
105 Ebd., S. 732,15–736,20.
106 Ebd., S. 736,21–738,9.
107 Ebd., S. 726,25–728,14.
108 Ebd., S. 738,25.

Den Anschluss bildet ein Abschnitt zur Rolle des Papsts, dem zugestanden wird, sich als »Bischoff oder Pfarherr der Kirchen zu Rom«[109] und als Bruder mit der ihm zukommenden geistlichen und weltlichen Gewalt zu verstehen. Da dies jedoch von ihm nicht gewollt wird, bleibt Luther nur übrig, es nicht auf sein Gewissen zu nehmen und zu raten: »Wer es aber thun will, der thue es ohn uns«[110] und das päpstliche Gebaren für teuflisch zu halten, was wieder mit dem »Heubtartikel von der Erlösung Jhesu Christi« begründet wird.[111] Allerdings schließt Luther sich auch der These an, dass der Papst als gewähltes Oberhaupt der Christenheit nach menschlichem Recht fungieren könnte, wenn es denn sich *rebus sic stantibus* realistisch gestalten ließe. Seiner angemaßten Funktion wegen aber ist der Papst als Funktionsträger als »der rechte Endechrist oder Wider-Christ«[112] und Apostel des Teufels zu bezeichnen,[113] der die Christen, die sich gegen ihn stellen, tötet und plagt, wie seine Praktiken zeigen. Apostolisch zu sein heißt, in der Gemeinsamkeit der Bischöfe »inn eintrechtiger Lere, Glauben, Sacramenten, Gebeten und wercken der Liebe etc.« sich unter das eine Haupt Jesus Christus zu begeben.[114] Von einem künftigen Konzil bleibt nichts zu hoffen.

Verhandelbares

Der letzte Teil der Schmalkaldischen Artikel ist von Luther dazu gedacht, »mit gelerten, vernünfftigen oder unter uns selbs«, also ohne päpstliche Beteiligung verhandelt zu werden.[115]

Seine Themen befassen sich mit der Hamartiologie, in nochmaliger Auseinandersetzung mit Johann Agricola mit dem Gesetz Gottes, mit dem Zentralbegriff Evangelium und seiner Entfaltung in der Sakramentstheologie sowie kirchenrechtlichen Themen wie dem Umgang mit dem Bann, der Priesterweihe, der Priesterehe und den Mönchsgelübden zusammen mit einer knappen Skizze der Ekklesiologie. Schließlich kommt das Stichwort der Rechtfertigung im Hinblick auf ihre Folgen in der christlichen Ethik zur Sprache.[116]

109 Ebd., S. 740,1.
110 Ebd., S. 740,9.
111 Ebd., S. 740,16.
112 Ebd., S. 742,29.
113 Ebd., S. 744,22–25.
114 Ebd., S. 742,21–28.
115 Ebd., S. 746,12f.
116 Ebd., S. 776,12–30.

Auch in dem umfangreichen, ja dem umfangreichsten Abschnitt der Schmalkaldischen Artikel über rechte und falsche Buße steht zunächst der Konflikt mit Agricola im Hintergrund,[117] um sich dann in gleichem Interesse, das Agricola bewegt hatte, mit der mittelalterlichen Bußtheologie auseinandersetzen. In dieser doppelten Intention zeigt sich einer der Gründe für die erwähnte Spezifizierung der Adresse des dritten Teils von Luthers Schrift: Gelehrte und Vernünftige sowie die Anhänger der Wittenberger Reformation verbinden eine radikale Hamartiologie[118] mit einem alle Ungewissheit ausschließenden Verständnis von Beichte und Absolution.[119]

Damit wird auch der Begriff des Evangeliums thematisiert. Der Begriff Evangelium ist mehrdimensional zu verstehen. Das Evangelium ist »mündlich« und »eusserlich«[120] und entfaltet die Gabe Gottes mehrfach: Als mündliche Predigt, seinem »eigentliche[n] Ampt«, als Taufe, als Sakrament des Altars, in der Beichte »durch die krafft der Schlüssel« wie auch in gegenseitiger brüderlicher Tröstung nach Mt 18,20.[121] In diesem Sinne wird das vierfach gestaltete Evangelium unter Abweisung entgegengesetzter Thesen im Folgenden erklärt. Dass Luther sich in der Abendmahlslehre nicht an die Formulierung der Wittenberger Konkordie von 1536 hält[122] und die Intention des »Bekenntnis« von 1528 aufnimmt, entspricht seiner ureigenen Intention. Einer der Akzente der Erläuterung von »Evangelium« betrifft die Beichte. Man soll sie der schwachen Gewissen und »des jungen rohen volcks« wegen »bey leib nicht lassen abkomen inn der Kirchen« und sie »hoch und werd halten wie alle ander Empter der Christlichen Kirchen«.[123]

Zur Entfaltung des Begriffs Evangelium gehört für Luther auch in den Schmalkaldischen Artikeln die Anfang 1538 von Luther konzipierte energische und im »eusserlich[en] wort« begründete Absage an den Spiritualismus, den er auch in der Selbstherrlichkeit des Papsttums, aber auch im Islam am Werke sieht.[124]

117 Vgl. ebd., S. 750,23–752,23.
118 Vgl. ebd., S. 768,16–25.
119 Vgl. ebd., S. 762,13–20; 768,27–28.
120 Ebd., S. 770,12.
121 Ebd., S. 764,37–766,5.
122 Vgl. ebd., S. 766,21–23 mit Anm. 455.
123 Ebd., S. 770,1–3; 8–11.
124 Vgl. ebd., S. 770,19–23; 772,17.

In den Themen Bann und Priesterehe bestätigt Luther die Position, die er zusammen mit den Wittenberger Freunden bereits früh eingenommen hat, zeigt aber in der Frage der bischöflichen Ordination von Pfarrern bedingtes Entgegenkommen gegenüber der päpstlichen Seite, sofern »die Bisschove wolten rechte Bisschove sein und sich der Kirchen und des Evangelions annemen«.[125] Dem aber steht das nach wie vor geltende ottonische Reichskirchenrecht entgegen, das ermöglicht, dass Bischöfe »weder predigen noch leren noch Teuffen noch Communicirn noch einiges werck oder Ampt der Kirche treiben wollen, Dazu die jenigen, die solch Ampt beruffen treiben, verfolgen und verdammen«.[126]

Vergewisserung angesichts des Endgültigen

Wie auch 1528 ist für Luther auch zehn Jahre später der Blick auf das Jüngste Gericht ein Zentralmotiv für sein Verständnis von Bekenntnis. So betont er es im Vorwort des Textes (siehe oben). Gegen Ende der Schmalkaldischen Artikel nimmt er diesen Aspekt nochmals auf und betont: »Dis sind die Artikel, darauff ich stehen mus und stehen will bis in meinen tod, ob Gott will. Und weis darinne nichts zu endern noch nachzugeben«. Gleichzeitig jedoch verweist er den, der ihm nicht zu folgen vermag, auf das Gewissen als Ort für Vergewisserung: »Wil aber jemand etwas nachgeben, das thue er auff sein gewissen«.[127] Dass dieser Verweis nicht als Ermutigung zum heldenhaften Kampf des einsamen Individuums gegen letztlich bleibende Ungewissheit zu verstehen ist, geht aus der Einbettung der Schmalkaldischen Artikel in ihren ekklesiologischen Rahmen hervor. Luther kann mit dem schon vorliegenden Konsens rechnen, der in ihren Unterschriften dokumentiert ist. Zu beachten ist wiederum der weite inhaltliche Radius des Textes, der ihm einen weit über das aktuelle Interesse hinausweisenden Charakter verleiht.

125 Ebd., S. 774,5–6.
126 Ebd., S. 774,11–13.
127 Ebd., S. 778,17–19.

Exkurs:
Die drey Symbola (1538)

Bereits im April 1537, also in unmittelbarem zeitlichen Zusammenhang mit den Schmalkaldischen Artikeln, befasste sich Luther mit einer gesonderten Veröffentlichung über die gottesdienstlich im Gebrauch befindlichen altkirchlich-spätantiken Bekenntnisformulierungen, die 1538 im Druck erschien.[128] Bemerkenswert ist, dass Luther dabei auf sein Bekenntnis von 1528 wie auch auf seine Treue zur »rechten Christlichen Kirchen« verweist.[129] Ihm kommt es mit seiner Auslegung nicht nur des Credo Apostolicum und des sogenannten Symbolum Athanasianum, sondern auch des Tedeum darauf an, »nicht allein den rechten glauben zubekennen, sondern auch darin Gott zu loben und dancken«.[130] Damit berührt er die gottesdienstliche Dimension, die dem Bekenntnis mitgegeben ist.

Ansatz seiner Auslegung der Texte ist die Christologie nach ihrer personalen wie nach ihrer inhaltlichen Seite. Denn wer dabei bleibt, dass Jesus Christus wahrer Gott und Mensch ist, für uns gestorben und auferstanden, »dem fallen alle andern artickel zu und stehen jm fest bey«.[131] Wer dies jedoch nicht glaubt, dessen Unglaube wird daran nichts ändern.[132] In ausführlichen Textpartien beschäftigt sich Luther im Blick auf die von ihm ausgelegten Texte mit dem Verhältnis von Gott und Mensch in Christus und den damit verbundenen soteriologischen Folgerungen.[133] Im Anschluss an die

128 Martin Luther, Die drey Symbola oder Bekenntnis des glaubens Christi inn der kirchen eintrechtiglich gebraucht [...], Wittenberg (im Titel ursprünglich mit Erscheinungsjahr 1536 datiert, durch Überdruck geändert zu:) 1538. WA 50, S. 255–283, hier S. 255.

129 Ebd., S. 262,2; 8–10.

130 Ebd., S. 263,9–11. Vom Symbolum Nicaenum, das »alle Sontag im Ampt gesungen wird«, wird lediglich der Wortlaut zitiert, ebd., S. 282,28–283,10.

131 Ebd., S. 266,36–38.

132 Ebd., S. 267,10f.

133 Ebd., S. 267,28–269,20.

Differenzen zwischen östlicher und westlicher Theologie nimmt er zum Ausgang des Heiligen Geistes von Vater und Sohn im Sinne des *filioque* und zu den innertrinitarischen Beziehungen Stellung[134] und befasst sich ausführlich mit dem Verhältnis der Schöpfung zur Trinität.[135] Hinzuweisen ist auch auf das Sachgewicht der Eschatologie, das er dem Glauben zumisst.[136]

Das bedeutet, dass das 1538 im Druck erschienene Buch als Nachtrag sowohl zu dem Bekenntnis von 1528 als auch zu den Schmalkaldischen Artikeln verstanden werden kann.

Einen Nachtrag bringt Luther hier auch insofern bei, als er sich in diesem Zusammenhang mit dem Argument auseinandersetzt, die Reformationsbewegung stifte Unfrieden angesichts der Forderung, »die Christenheit solle eintrechtig und friedlich sein« und stellt dem entgegen: »Ja, lieber, wenn der Teuffel Christum nicht jnn die fersen beissen wollte oder müsse es lassen, So were leichtlich eine solche stille, friedliche kirche zu haben«.[137] Wo das Evangelium laut wird, ist Unfriede unvermeidlich – »Es war trawen guter friede und stille im Bapstumb«.[138] »[...] sie hören nicht und ergern sich jmer fur und fur, wollen schlechts eine Kirche machen, wie sie es gern hetten still und friedlich«.[139] Es gehört zum Wesen der Kirche, dass sie angefochten wird. »[...] wer die Christliche kirche will also sehen oder kennen, das sie aller dinge on Creutz, on ketzerey, on Rotten inn stiller ruge stehe, der wird sie nimer mehr sehen« bzw. wird einer »Teuffelskirche« begegnen.[140]

134 Ebd., S. 274,9–278,27.
135 Ebd., S. 268,30–283,10.
136 Ebd., S. 269,21–35.
137 Ebd., S. 270,14–18.
138 Ebd., S. 270,35.
139 Ebd., S. 270,9f.
140 Ebd., S. 272,34–36.

4. 1544:
Kurz Bekenntnis vom heiligen Sakrament[141]

Wenn nicht alles täuscht, ist Martin Luthers Buch von 1544 in der bisherigen Forschung im Unterschied zu anderen seiner Bücher wenig beachtet worden. Auch die neueren Auswahlausgaben von Luthers Schriften enthalten sie nicht. Einzige Ausnahme ist die 3. Auflage der Münchener Ausgabe (1957).[142]

Das Motiv für Luther, sich entgegen früherer Äußerungen sich nochmals zur Sache zu äußern, liegt in der von ihm empfundenen Notwendigkeit der Abgrenzung gegenüber Kaspar Schwenckfeld, nachdem er sich gegen Karlstadt und Zwingli und ihre theologischen Nachbarn bereits 1528 abgegrenzt hat. In diesem Zusammenhang darf nicht vergessen werden, dass Luther sich seit seiner persönlichen Begegnung mit dem Schlesier im Winter 1525/26 diesem gegenüber lange Zeit stark zurückgehalten, d.h. auch bei Erwähnung von dessen Position die öffentliche Nennung seines Namens vermieden hat. Wiederum drängt den Wittenberger nun der Blick auf sein Lebensende und die Verantwortung vor dem künftigen Richter dazu, erneut das Wort zu nehmen und Position zu beziehen. Wichtig für ihn ist jetzt auch der Rückverweis auf das Marburger Gespräch mit den Schweizern und Oberdeutschen im Oktober 1529. Nach der Publikation von Zwinglis *Fidei ratio* (1530) jedoch trifft deren Autor das Misstrauen Luthers, dass er in Marburg »gegen uns mit falschem hertzen und munde gehandelt hat«.[143] Zwingli ist wegen seiner Verachtung der Taufe als notwendiger Weg zum Heil selbst zum Heiden geworden. Somit ist sein schmählicher Tod als Gericht Gottes, vergleichbar dem Gericht über das ungläubige Israel, zu verstehen,[144] und Luther hat auch bei persönlich tief empfundenen Schmerz über das Ende seines Gegners seit der Veröffentlichung der *Fidei ratio* nicht mehr gegen ihn schreiben, aber auch nicht mehr für ihn beten wollen.[145] So erscheinen ihm auch die Marburger Artikel als Gewinn für die Wittenberger,[146] zumal da er auf seine bereits 1525 vertretene Position verweisen kann.[147]

141 Die erste Auflage erschien im September 1544. Zum Kontext: WA 54, S. 119–135 (Ferdinand Cohrs). Martin Brecht, Martin Luther. Die Erhaltung der Kirche, Stuttgart 1987, Bd. 3, S. 319–327.

142 Martin Luther, Ausgewählte Werke, hg. v. Hans Heinrich Borcherdt / Georg Merz, Der Kampf gegen Schwarm- und Rottengeister, München ^{3}1957, Bd. 4, S. 294–315 (Text). Erläuterungen S. 406–409, 424–429 (Georg Merz).

143 WA 54, S. 143,10f.

144 Ebd., S. 154,17–26.

145 Ebd., S. 142,27–143,2.

146 Vgl. ebd., S. 144,16–25.

147 Vgl. ebd., S. 145,16–30.

Was die Gegner von Luthers Abendmahlslehre betrifft, ist die Liste der Verleumdungen lang, die er ihnen vorhält.[148] Ihnen gegenüber erwecken sogar die Papisten unter den Gegnern den Eindruck, dass sie Luther näher stehen als die, die er »Schwärmer« nennt.[149] Denn ihm bleibt die Übereinstimmung mit der ersten alten christlichen Kirche seit 1500 Jahren wichtig. Dies zeigt beispielsweise seine Berufung auf eine Passage in Thomas von Aquins Sequenz »Lauda Sion salvatorem«, die Bestandteil der Liturgie des Fronleichnamsfestes ist.[150]

Nicht nur über die Lästerungen der Gegner, auch über den Vorwurf der Lieblosigkeit haben – so sieht es Luther nach 15 Jahren – die Wittenberger in Marburg hinweggesehen.[151] Nun verweist er auf den Umgang der Apostel mit Ketzereien, die bei den Gegnern sich bis in deren Gottesbild hinein erstrecken[152] und sich in den exegetischen Voraussetzungen ihrer Deutung der Himmelfahrt Christi zeigen.[153] Unter diesem Aspekt erscheint ihm nun auch die Berufung auf die christliche Liebe als Feigenblatt.[154]

Aus allen diesen Vorhaltungen, die Luther den Gegnern auf der Seite der »Schwärmer« macht, möchte er die Laien unter ihnen ausnehmen.[155] Diesen gegenüber sind ihm auch die Unterscheidung der Gegenwart Christi im Herzen und seine sakramentale Gegenwart in den Abendmahlselementen wichtig.[156]

Wiederum – wie schon 1528 – ordnet Luther seine Abendmahlstheologie in große inhaltliche Perspektiven seiner Theologie ein: in sein Verständnis von Glaube als Vertrauen auf das Wort Gottes im Unterschied zu vernunftgeleiteten Überzeugungen,[157] in die Christologie als Personeinheit zwischen Gott und Mensch in Christus[158] sowie in die Trinitätstheologie nach ihren innertrinitarischen Beziehungen.[159] Dem dienen seine Hinweise auf dogmen- bzw. lehrgeschichtliche Sachverhalte[160] mit der Betonung der Abwegigkeit

148 Vgl. ebd., S. 149,21–151,18.
149 Vgl. ebd., S. 153,10–31.
150 Ebd., S. 145,34–146,4. Der Nachweis der Quelle fehlt dort, findet sich aber bei Borcherdt und Merz (wie Anm. 141), S. 427. In beiden Ausgaben ist die Zuweisung der Sequenz zum Fronleichnamsfest nicht erkannt.
151 WA 54, S. 146,10–12.
152 Vgl. ebd., S. 147,20–29.
153 Ebd., S. 152,1–11.
154 Vgl. ebd., S. 160,30–34.
155 Ebd., S. 148,20–24.
156 Ebd., S. 156,23–32.
157 Ebd., S. 157,8–18.
158 Ebd., S. 157,25–34.
159 Ebd., S. 157,35–158,9.
160 Ebd., S. 159,5–160,16.

quantitativer Vorstellungen in der Gotteslehre. Der gottesdienstlich-liturgischen Perspektive im Sinne eines Bekenntnisses ist am Schluss des Textes eine differenzierte Stellungnahme zur Elevation der Abendmahlselemente gewidmet,[161] in der er auf Grund zwischenzeitlicher Erfahrung seine frühere Haltung revidiert und damit auch die gottesdienstliche Praxis als Entsprechung zum Lehrgehalt versteht.[162]

Auch im »Kurz Bekenntnis« ist der eschatologische Aspekt deutlich mit einem Anruf des künftigen Richters Christus markiert.[163]

Thomas Kaufmann hat im Blick auf das Buch von 1544 von »Luthers unsäglichem Kurzen Bekenntnis [...], dem wahnwitzig polemischen testimonialen ›Valet‹ des Wittenberger Reformators auf die ›Sakramentierer‹« gesprochen.[164] Jedoch bietet es im Vergleich zu den Paralleltexten von 1528 und 1536/38 insofern einen Zuwachs für sein Verständnis von Bekenntnis, als es in zwei analogen Bildern den inhaltlichen Aspekt dessen beschreibt, was er unter »Glaube« als Wurzelgrund und exklusiven Bezugspunkt des Bekenntnisses versteht: »[...] gleich wie der Ring, so er eine borsten oder ritz kriegt, taug er gantz und gar nicht mehr. Und die Glocke an einem ort berstet, klingt sie auch nichts mehr, und ist gantz untüchtig«.[165] Daraus folgt: »Darum heissts, rund und rein gantz und alles gegleubt, oder nichts gegleubt, Der heilige Geist lesst sich nicht trennen noch teilen, das er ein stück solt warhafftig und das ander falsch leren oder gleuben lassen«.[166]

Glaube lässt sich nach Luther höchstens aus pragmatisch-didaktischen Gründen auf unterscheidbare Quantitäten verteilen, weil er als Gabe Gottes ein Ganzes ist, dem auf der Seite des Empfängers das Bekenntnis des Glaubens als Ganzes entspricht.

161 Dazu Jürgen Diestelmann, Actio sacramentalis. Die Verwaltung des Heiligen Abendmahles nach den Prinzipien Martin Luthers in der Zeit bis zur Konkordienformel, Groß Ösingen 1995, S. 87f.

162 WA 54, S. 162,31–163,27.

163 Ebd., S. 154,11–16.

164 Thomas Kaufmann, Rezension von: Heinrich Bullinger Werke. Abt. 2: Briefwechsel, Bd. 15 (2013), in: HZ 299 (2014), S. 782–784, hier S. 783 und 784.

165 WA 54, S. 159,1–4. Vgl. ebd., S. 158,12f.

166 Ebd., S.158,28–30.

5. Zusammenfassung

Die Analyse der drei bzw. vier besprochenen Texte führt zu folgenden Ergebnissen bezüglich Martin Luthers Verständnis von Bekenntnis:

1. Neben Texten Martin Luthers, die beiläufig das Thema Bekenntnis berühren, zeigen zwei der drei dargestellten Schriften bereits in ihrem Titel an, dass er sie als Bekenntnisse im biblisch-theologischen Sinn verstanden wissen und sie mit seinem Namen verbinden will. Dass die Schmalkaldischen Artikel ebenfalls Aspekte eines solchen Bekenntnisses aufweisen, ohne den erwähnten Titel zu tragen, hat seinen Grund in ihrer ursprünglichen Zielstellung als sozusagen amtliches Dokument, zur Vorlage auf dem erwarteten Konzil bestimmt.
2. Für alle drei Texte gilt, dass Luther sie an kritischen Orten seiner Biographie im Angesicht von Anfechtung und Sterben und in Erwartung des Weltendes im Blick auf eschatologische Endgültigkeit im Sinne der Rechenschaft im Letzten Gericht formuliert hat. Bekennen und Bekenntnis vollziehen sich analog zur Beichte als Bekenntnis *coram Deo* (vor Gott als Adressaten) und im Unterschied zur Beichte vor der Öffentlichkeit der Welt.
3. In Unterscheidung zwischen persönlicher Meinung und dem Anspruch, für die ganze Kirche zu sprechen, nimmt, wie schon mehrfach gezeigt,[167] für Luther das aktuelle Bekenntnis als Gotteslob in gottesdienstlicher Perspektive das Bekenntnis der Alten Kirche auf, legt es aus und führt es weiter, wie die in allen Texten enthaltenen bekenntnisgeschichtlichen Passagen (bzw. die nachträgliche Ergänzung der Schmalkaldischen Artikel) zeigen.
4. Damit wird das Bekenntnis über die persönliche Stellungnahme Luthers hinaus ein kommunikatives Angebot an die ganze Christenheit. Darauf weist die möglicherweise zunächst Überraschung auslösende Zustimmung zu kontroversen Lehrinhalten aus, die Luther selbst mit im Übrigen heftig bekämpften Gegnern teilt bzw. teilen möchte. Die römische Kirche scheint Luther bisweilen näher zu stehen als die Gruppen, die er (in eigener Wortschöpfung) als »Schwärmer« bezeichnet.
5. Bekenntnis ist für Luther ein Ganzes, das sich höchstens aus pragmatisch-didaktischen Gründen auf unterscheidbare Quantitäten verteilen lässt, weil es dem Glauben entspricht, der als Gabe Gottes ein Ganzes ist. Theologisch gruppieren sich die Inhalte der Texte Luthers um die »mittel person

167 Vgl. z.B. Harding MEYER, Kontinuität des apostolischen Glaubens in der weiterschreitenden Bekenntnisbildung der Kirche, in: Gerard J. BÉKÉS; Harding MEYER (Hg.), Confessio Fidei, Rom 1982, S. 63–98, bes. S. 86.

in gott«, das heißt den »Heubtartikel von der Erlösung Jesu Christi«. Das hat zur Folge, dass auch der Trinitätstheologie eine soteriologische Färbung zukommt.

6. Diese Konzentration bleibt der diakritische Punkt in Kontroversfragen und bestimmt auch die Ekklesiologie. Eine »Kirche, wie sie es gern hetten still und friedlich«, gerät in den Verdacht, das Evangelium und das Kreuz Christi verraten zu haben und Liebe als Feigenblatt zu instrumentalisieren. In jedem Falle gehören Verwerfungen zur Eigenart dessen, was Luther mit dem Begriff Bekenntnis verbindet.
7. Es fällt auf, dass Luther in Aufnahme des gottesdienstlichen Aspekts von Bekenntnis diesen Begriff inhaltlich an der Sakramentstheologie prüft. Das gilt sowohl für die Titel der beiden Texte von 1528 und 1544 als auch für die Schmalkaldischen Artikel, in denen die Auseinandersetzung mit der römischen Messe im Sinne einer Verfälschung der Stiftung Christi einen Schwerpunkt bildet. Im Hinblick darauf, dass die Abendmahlstheologie »das systematische Zentrum lutherischer Theologie« genannt werden kann,[168] bedeutet das auch, dass die Konzentration auf den »Heubtartikel« keine Engführung duldet. Wollte man denn schon von dem von Luther so bezeichneten »Heubtartikel« als vom *Articulus stantis et cadentis ecclesiae* sprechen,[169] so kann man sich nicht auf Luther berufen, wenn man von ihm unter Ausklammerung der Sakramentstheologie oder gar in Konkurrenz zu ihr sprechen wollte.
8. Wie Georg Kretschmar gezeigt hat,[170] hat das Ineinander von liturgischem Sinn, eschatologischer Ausrichtung und sakramentstheologischer Platzanweisung des Bekenntnisses bei Luther tiefe altkirchlich-mittelalterliche Wurzeln.

168 Notger SLENCZKA, Neubestimmte Wirklichkeit. Zum systematischen Zentrum der Lehre Luthers von der Gegenwart Christi unter Brot und Wein, in: Dietrich KORSCH (Hg.), Die Gegenwart Jesu Christi im Abendmahl, Leipzig 2005, S. 79.

169 Zu Inhalt und Geschichte der Formel: Theodor MAHLMANN, »Die Rechtfertigung ist der Artikel, mit dem die Kirche steht und fällt«. Neue Erkenntnisse zur Geschichte einer aktuellen Formel, in: Udo STRÄTER (Hg.), Zur Rechtfertigungslehre in der Lutherischen Orthodoxie. Beiträge des Sechsten Wittenberger Symposiums zur Lutherischen Orthodoxie, Leipzig 2005, S. 167–271.

170 Georg KRETSCHMAR, Der christliche Glaube als Confessio. Die Herkunft des lutherischen Bekenntniskonzepts, in: Peter NEUNER / Harald WAGNER (Hg.), In Verantwortung für den Glauben. Beiträge zur Fundamentaltheologie und Ökumenik. Für Heinrich Fries, Freiburg i.Br. u.a. 1992, S. 87–116.

Christian Peters

Philipp Melanchthon und das Bekenntnis

»Melanchthon und das Bekenntnis«?[1] – Das ist ein riesiges Thema, zumal für den engen Rahmen einer halben Stunde. Wer sich da nicht völlig verirren will, muss Schneisen schlagen.

Was also erwartet Sie? – Erstens eine Einzeichnung des Themas in sein weites Umfeld, die komplexen Prozesse der Bekenntnisbildung und -fixierung während des 16. Jahrhunderts, zweitens einige grundsätzliche Beobachtungen zu Melanchthons Verständnis des Bekenntnisses, insbesondere im Gegenüber zu Luther und drittens ein abschließender Blick auf Melanchthons Rolle bei der »Kanonisierung« des im Bereich der Wittenberger Reformation Geltung erlangenden Lehrnormenbestandes in Gestalt miteinander konkurrierender *Corpora doctrinae*.

1. Die Einzeichnung des Themas in sein Umfeld

Auch wenn sich die christlichen Kirchen praktisch von Anbeginn an genötigt sahen, ihre Lehre in Form von Bekenntnissen und Dogmen zu fixieren, so kommt der Zeit der Reformation und der frühen Orthodoxie in der Bekenntnisgeschichte des Christentums doch zweifellos eine herausragende Bedeutung zu. Das 16. Jahrhundert war eine Blütezeit der Bekenntnisbildung, wie es sie vergleichbar wohl nur noch im 4. Jahrhundert gegeben hatte.[2]

Auslöser der Reformation waren die Lehrgegensätze zwischen den Reformatoren und ihren Anhängern auf der einen und der römisch-katholischen Kirche und deren Vertretern auf der anderen Seite. Dabei bildete die Theologie

1 Vortrag beim Interdisziplinären Arbeitsgespräch »Bekennen und Bekenntnis im Kontext der Wittenberger Reformation«, gehalten am Mittwoch, dem 30. September 2015, in der Forschungsbibliothek Gotha, Herzog-Ernst-Kabinett, Schloss Friedenstein, für den Druck erweitert und mit Anmerkungen versehen.

2 Vgl. Adolf Martin Ritter, Art. Glaubensbekenntnis(se) V. Alte Kirche, in: TRE 13 (1984), S. 399–412; Jan Rohls, Theologie reformierter Bekenntnisschriften, Göttingen 1987; Gunther Wenz, Theologie der Bekenntnisschriften der evangelisch-lutherischen Kirche. Eine historische und systematische Einführung in das Konkordienbuch (2 Bde.), Berlin / New York 1996 / 1998.

der Reformatoren nicht nur die Basis der vielfältigen Strukturveränderungen in Kirche und Gesellschaft. Sie war zugleich auch das Fundament der Bekenntnisbildung, d.h. konkret: der Formulierung von Bekenntnissen.[3]

Dabei traten allerdings schon früh auch die Unterschiede zwischen den maßgeblich werdenden Reformatoren (also vor allem Luther und Melanchthon auf der einen und Zwingli und Calvin auf der anderen Seite) hervor. Sie führten zu konfessionellen Lehrfixierungen, die deutlich erkennen ließen, dass es im Bereich der Reformation unterschiedliche Kirchen gab und der einzelne Christ sein Christsein nurmehr dann verwirklichen konnte, wenn sich sein Glaube an die jeweiligen Bekenntnisinhalte band. Man denke hier nicht zuletzt an die Abendmahlsfrage.[4]

Dies vollzog sich in der von Lehrstreitigkeiten überschatteten Rezeption von Credenda oder Bekenntnisschriften,[5] d.h. Texten, in denen die verschiedenen reformatorischen Kirchen ihre spezifischen Glaubensüberzeugungen zum Ausdruck brachten, und das besonders im Blick auf das Heilshandeln Gottes und die Vermittlung des Heils an den Einzelnen. Die entsprechenden, ihrer Gattung nach höchst unterschiedlichen Texte (man denke für den Bereich des Luthertums nur an die Spannweite vom Katechismus als »Laienbibel«[6] bis zur Konkordienformel als gleichermaßen summarischer wie abschließend explizierender Wiederholung der *Confessio Augustana*[7]), diese besonderen Texte also, verstanden sich als wahrheitsgemäße Auslegungen der von Humanismus und Reformation wiederentdeckten und in ihnen neu zur Sprache kommenden Heiligen Schrift.[8] Sie realisierten damit eindrücklich das gemeinreformatorische Schriftprinzip.[9]

3 Wolf-Dieter HAUSCHILD, Lehrbuch der Kirchen und Dogmengeschichte, Bd. 2: Reformation und Neuzeit, Gütersloh ²2001, S. 367.

4 Thomas KAUFMANN, Art. Abendmahl. 3. Reformation, in: RGG⁴ 1 (1998), Sp. 24–28 (Literatur); ders., Luther und Zwingli, in: Albrecht BEUTEL (Hg.), Luther Handbuch, Tübingen ²2010, S. 152–161.

5 Vgl. Paul TSCHACKERT, Die Entstehung der lutherischen und der reformierten Kirchenlehre samt ihren innerprotestantischen Gegensätzen, Göttingen 1910 (ND Göttingen 1979) (Literatur); Johannes WIRSCHING, Art. Bekenntnisschriften, in: TRE 5 (1980), S. 487–511 (Literatur). – Christian PETERS, Art. Bekenntnisschriften. I. Westen, in: RGG⁴ 1 (1998), Sp. 1270–1275; ders., Art. Bekenntnis. Bekenntnisschriften, in: Werner HEUN u.a. (Hg.), Evangelisches Staatslexikon. Neuausgabe, Stuttgart 2006, Sp. 180–188 (Literatur).

6 WA 30 I, S. 27, Z. 26: Das sol heissen die kinder predigt oder der leyen biblia [...] (Katechismuspredigt vom 14. September 1528). Außerdem WA.TR 5, S. 581, Z. 30: Der catechismus ist der leien biblia [...] (Tischrede unbekannten Datums aus Anton Lauterbachs Sammlung).

7 Ernst KOCH, Art. Konkordienformel, in: TRE 19 (1990), S. 476–483, hier S. 479.

8 Ekkehard MÜHLENBERG, Art. Schriftauslegung III. Kirchengeschichtlich, in: TRE 30 (1999), S. 472–488, hier S. 481–485 (Literatur).

9 Johann Anselm STEIGER, Art. Schriftprinzip, in: RGG⁴ 7 (2004), Sp. 1008–1010 (Literatur).

Man mag diese, hier zunächst eher schematisch dargestellte Entwicklung aus heutiger Sicht, also insbesondere unter dem Eindruck ihrer Wirkungsgeschichte, als fatal empfinden. Selbst dann bleibt sie aber ein historisches Faktum, das bis in unsere Gegenwart nachwirkt. Noch heute definieren sich die evangelischen Kirchen in ihren Kirchenverfassungen ja dogmatisch nach folgendem Schema: Das Fundament der Kirche ist das Evangelium von Jesus Christus, wie es ihr durch die Heilige Schrift bezeugt wird. Dem entspricht ihr Bekenntnis zu Jesus Christus, formuliert in den Bekenntnissen der Alten Kirche. Wie die Schrift und die Bekenntnisse der Alten Kirche zu verstehen sind, ergibt sich dabei jeweils aus den in den einzelnen Kirchen in Geltung stehenden »Bekenntnissen der Reformation« (so nicht selten die Formulierung, auch wenn die Explikation des Zusammenhanges dann in der Regel eher blass und vage bleibt).[10]

An der fundamentalen ekklesiologischen Bedeutung der reformatorischen Bekenntnisse (bzw. im lutherischen Raum: der Bekenntnisschriften) wird in den heutigen Ordnungen also auch weiterhin festgehalten. Trotz aller Umbrüche im Verständnis von Schrift und Bekenntnis (so vor allem unter dem Einfluss der Aufklärung)[11] sind es also – zumindest in der Theorie – immer noch die Lehrfixierungen der Reformation, die als hermeneutischer Schlüssel zur Bibel und den aus ihr geschöpften altkirchlichen Bekenntnissen fungieren.[12]

Doch zurück ins 16. Jahrhundert und hier konkret zum Prozess der Bekenntnisbildung bzw. Bekenntnisfixierung: Nach gemeinreformatorischem Verständnis bezeichnet der Begriff des »Bekenntnisses« ein Dreifaches, nämlich a) den Akt eines lebendigen personalen Bekennens (*confessio*), b) die verpflichtende Kundgebung einer persönlichen Überzeugung (*credo*) und c) eine reflektierend-begründende Lehraussage (*doctrina*).[13]

Für Luther ist ein Bekenntnis dann »wahr«, wenn es mit der göttlichen Wahrheit (d.h. konkret: dem in der Bibel überlieferten Wort Gottes) übereinstimmt und damit zugleich dem Glauben der gesamten, im Vollsinne »katholischen« Kirche entspricht. Geradezu klassisch begegnet dieser Gedanke in den Schmalkaldischen Artikeln von 1537, wo sich Luther im Zusammenhang der Messthematik massiv dagegen wendet, »das man aus der heiligen Veter werck oder wort Artikel des glaubens macht [...] [allein] Gottes

10 HAUSCHILD, Lehrbuch 2 (wie Anm. 3), S. 371. – Zur offiziellen Position der EKD in dieser Frage vgl. weiterhin Hermann BARTH, Welches Bekenntnis braucht die Kirche? Thesen zum Verhältnis von Kirche und Bekenntnis (URL: <https://www.ekd.de/barth_barmen_2002.html> [15.09.2018]).

11 PETERS, Art. Bekenntnis. Bekenntnisschriften (wie Anm. 5), Sp. 181–183.

12 Wilfried HÄRLE, Art. Bekenntnis. IV. Systematisch. 3. Theologische Bedeutung, in: RGG^4 1 (1998), Sp. 1260–1262, hier Sp. 1261f. (Literatur).

13 WIRSCHING, Art. Bekenntnisschriften (wie Anm. 5), S. 488.

wort sol Artikel des glaubens stellen und sonst niemand, auch kein Engel«.[14] Damit zeigt sich auch hier, dass das Wort Gottes für Luther vor allem eines ist, nämlich lebendige Verkündigung:

Evangelion […] heysset nichts anders, denn ein predig und geschrey von der genad und barmhertzikeytt Gottis, durch den herren Christum mit seynem todt verdienet und erworben, Und ist eygentlich nicht das, das ynn bu(e)chern stehet und ynn buchstaben verfasset wirtt, sondernn mehr eyn mundliche predig und lebendig wortt, und eyn stym, die da ynn die gantz wellt erschallet und offentlich wirt außgeschryen, das mans uberal ho(e)ret.[15]

Das Wort Gottes drängt zur Predigt, die es auszubreiten hat. Die Predigt wiederum findet ihre Antwort im Bekenntnis der Gemeinde. Dasselbe ist für Luther ein *schutz Symbolon* (so bereits 1538 in der Schrift *Die drei Symbola oder Bekenntnis des Glaubens Christi*).[16] Das heißt: Das Bekenntnis ist ein Erkennungszeichen, das es ermöglicht, die schriftgemäße Verkündigung von jeder Form von Irrlehre (Häresie) zu unterscheiden. Dabei geht es für ihn aber letztlich nur um Eines: die (individuelle und kollektive) Aneignung des von Gott geschenkten Heils, das in der schriftgemäßen Predigt und dem ihr antwortenden Bekenntnis zur Sprache kommt, durch die falsche Lehre aber verstellt oder verleugnet wird.

Weil dies so ist, ist es für Luther unabdingbar, dass das Bekennen seinen Inhalten nach präzise ist. Das gilt besonders für seine Aussagen über das durch das Evangelium geschenkte Heil, also die Aussagen über die Sündenvergebung, die Rechtfertigung und die Gemeinschaft mit Christus, namentlich im Herrenmahl. Nicht umsonst hat Luther in entscheidenden Situationen dann auch mehrfach eindrückliche Lehrbekenntnisse formuliert (so vor allem 1528 und 1537).[17] Und noch 1542 hat er das lebendige Bekennen und nicht die – einmal technisch ausgedrückt – »Produktion von Bekenntnisschriften« als den Vorgang bezeichnet, in dem die Kirche in ihrer Gesamtheit klar und eindeutig in Erscheinung tritt: *Ex confessione cognoscitur Ecclesia.*[18]

14 Irene Dingel (Hg.), Die Bekenntnisschriften der Evangelisch-Lutherischen Kirche. Vollständige Neuedition im Auftrag der Evangelischen Kirche in Deutschland, Göttingen 2014, S. (711) 718–785, hier S. 734, Z. 7–12* (unter Anspielung auf Gal 1,8). Der Band wird fortan mit BSELK zitiert.

15 So in der Vorrede zu seiner Schrift Epistel Sanct Petri gepredigt und ausgelegt (1523). WA 12, S. (249) 259–399, hier S. 259, Z. 8–13.

16 WA 50, S. (255) 262–283, hier S. 263, Z. 6.

17 Vom Abendmahl Christi. Bekenntnis (1528). WA 26, S. (241) 261–509, hier S. 499–509; Schmalkaldische Artikel (1537) (wie Anm. 14).

18 Promotionsdisputation von Johannes Macchabäus Scotus (1542). WA 39 II, S. (145) 146–184, hier S. 161, Z. 14.

Auch wenn Melanchthon Luthers Verständnis des Bekenntnisses zur Gänze teilt, so ergeben sich bei ihm doch deutliche Akzentverschiebungen.[19] Ursächlich hierfür ist der Umstand, dass Melanchthon das in der Heiligen Schrift begegnende Wort Gottes weniger als lebendige Verkündigung (*confessio*) denn als Überlieferung (*traditio*) der göttlichen Wahrheit in Gestalt von Lehren (*doctrinae*) begreift. Garanten dieser Überlieferung sind die Apostel und Propheten als die Empfänger der Offenbarung, über die die rechte Lehre dann – so die wirkmächtige Konstruktion Melanchthons – auch in die Symbole der Alten Kirche eingegangen ist.[20] Hieraus ergibt sich das für ihn und seine Schüler so charakteristische Postulat eines – nach Möglichkeit lückenlosen – »Kataloges der Wahrheitszeugen« (man denke an dieser Stelle nur an den wohl genialsten Schüler Melanchthons, seinen späteren Gegenspieler Matthias Flacius Illyricus).[21]

Die wahre Kirche besitzt diese ihr in der Bibel und den Bekenntnissen überlieferte Lehre und kann an ihr erkannt werden. Die Reinheit der Lehre zählt zu den Erkennungszeichen der Kirche (*notae ecclesiae*). Sie ist eine inhaltlich klar bestimmte Lehre, die geglaubt werden muss, wenn man das Heil erlangen will.[22] Dabei gilt: »Die Gewißheit der christlichen Lehre ist so sicher wie die Mathematik«.[23]

Für Melanchthon ist es eminent wichtig zu belegen, dass die reformatorischen Kirchen (präziser: deren einzelne Gemeinden) in ihrem Lehren und Bekennen in der Tradition der in der Heiligen Schrift und den Bekenntnissen der Alten Kirche überlieferten Heilslehren stehen und sich so als die wahrhaft »katholische« Kirche (*ecclesia apostolica catholica*) zu erkennen geben. Dem Nachweis dieser Verankerung dienen alle von ihm nach 1530 verfassten Lehrbekenntnisse. Sie entfalten den Artikel VII der Augustana: […] *ad veram unitatem Ecclesiae satis est consentire de doctrina Evangelii et administratione Sacramentorum*[24] – was ja gleichermaßen synchron wie auch diachron aufzu-

19 Heinz Scheible, Art. Melanchthon, Philipp, in: TRE 22 (1992), S. 371–410, hier S. 389f. (Literatur); ders., Melanchthon. Eine Biographie, München 1997, hier S. 137f.

20 Vgl. Jan Koopmans, Das altkirchliche Dogma in der Reformation, München 1955.

21 Heinz Scheible, Die Entstehung der Magdeburger Zenturien (Schriften des Vereins für Reformationsgeschichte 183), Gütersloh 1966; Oliver K. Olson, Art. Flacius, Matthias, in: RGG[4] 3 (2000), Sp. 151f. (Literatur); Arno Mentzel-Reuters / Martina Hartmann (Hg.), Catalogus und Centurien. Interdisziplinäre Studien zu Matthias Flacius und den Magdeburger Centurien, Tübingen 2008 (Literatur).

22 Vgl. bes. die wirkmächtige Praefatio zu den Loci praecipui theologici (1559). Hans Engelland / Robert Stupperich (Hg.), Melanchthons Werke in Auswahl. II. Bd., 1. Teil: Loci communes von 1521, Loci praecipui theologici von 1559 (1. Teil), Gütersloh 1978, S. 189–194.

23 Scheible, Art. Melanchthon (wie Anm. 19), S. 389.

24 BSELK S. (63) 85–225, hier 103, Z. 8f.

fassen ist, womit die *Confessio Augustana* in der Tat zu einem »die Geschwister suchenden, gemeinchristlichen Bekenntnis« (Gunter Wenz) wird.[25]

Auch wenn das Verständnis des Bekenntnisses bei Zwingli[26] und Calvin[27] wohl noch immer deutlich schlechter erforscht ist, dürfte es doch weithin mit dem der Wittenberger Theologen und hier namentlich dem Melanchthons übereinstimmen. Stärker noch als er legen sie das Gewicht aber auf den Bekenntnisvorgang selbst, also den konkreten Akt der Selbstverpflichtung bestimmter Menschen in einer bestimmten Situation. Dominierte bei Melanchthon die *doctrina*, so hier also das *credo*.[28]

Die im Gefolge Zwinglis und dann natürlich Calvins und seiner gesamteuropäischen Schüler ausgearbeiteten Lehrbekenntnisse[29] erscheinen damit in einem anderen Licht und werden in der an sie anschließenden reformierten Tradition ja bekanntlich auch anders gewichtet. Hier ruht der innere Zusammenhang der sich in den einzelnen Bekenntnissen artikulierenden, örtlich und zeitlich begrenzten Kirchen damit letztlich im Mysterium des göttlichen Erwählungswillens.

Das reformatorische Schriftprinzip betonte den unbedingten Vorrang der Heiligen Schrift vor der späteren Tradition und vollzog damit eine klare Absage an das Dogmenverständnis der römisch-katholischen Kirche. Indem es dies tat, bestimmte es aber zugleich auch den dogmatischen Rang der von ihr formulierten Lehrbekenntnisse. Diese wurden, weil ihrem Inhalt Heilsrelevanz zukam, namentlich im Bereich der Wittenberger Reformation schon bald zu verbindlichen Lehrnormen (d.h. nun im Vollsinne: »Bekenntnisschriften«) erhoben, womit sie faktisch an die Stelle des römisch-katholischen Dogmas traten (ein oft beschriebener Vorgang).[30]

Auf die Bewertung der altkirchlichen Tradition durch die lutherischen Bekenntnisschriften, und hier besonders die *Confessio Augustana*, kann ich an dieser Stelle nicht näher eingehen.[31] Nach den zeitweise fast kanonisch

25 Wenz, Theologie 1 (wie Anm. 2), S. 164.

26 Emidio Campi, Art. Zwingli, Ulrich, in: RGG[4] 8 (2005), Sp. 1945–1955, hier Sp. 1949–1951 (Literatur).

27 Brian A. Gerrish, Art. Calvin, Johannes, in: RGG[4] 2 (1999), Sp. 16–36, hier Sp. 23–26 (Literatur).

28 Rohls, Theologie (wie Anm. 2), S. 34–53.

29 Vgl. die Zusammenstellung bei Peters, Art. Bekenntnisschriften (wie Anm. 5), Sp. 1273; Heiner Faulenbach / Eberhard Busch (Hg.), Reformierte Bekenntnisschriften Bd. 1/1 1523–1534, Neukirchen-Vluyn 2002.

30 Heinrich Bornkamm, Die Bedeutung der Bekenntnisschriften im Luthertum (1947), in: Ders., Das Jahrhundert der Reformation. Gestalten und Kräfte, Frankfurt a.M. 1983, S. 286–293; Johannes Wallmann, Die Rolle der Bekenntnisschriften im älteren Luthertum, in: Martin Brecht / Reinhard Schwarz (Hg.), Bekenntnis und Einheit der Kirche. Studien zum Konkordienbuch, Stuttgart 1980, S. 381–392 (mit vielen notwendigen Korrekturen und Präzisierungen gegenüber der älteren Forschung).

31 Hauschild, Lehrbuch 2 (wie Anm. 3), S. 372f.

gewordenen Fehlurteilen Albrecht Ritschls (demnach erfolgte der Rekurs auf das altkirchliche Dogma lediglich aus formalrechtlichen Gründen, im Rahmen der Reichsketzergesetzgebung und aus taktischem Kalkül) hat sich das Bild hier ja inzwischen völlig gewandelt: Der Rekurs der Augustana auf das altkirchliche Dogma ist zutiefst sachlich begründet.[32]

Die Augustana versteht sich als Auslegungsgestalt des altkirchlichen Dogmas und beweist dies durch den Aufweis von Glaubens- und Bekenntniskontinuitäten zur Alten Kirche.[33] Dass dabei neben Melanchthon als dem wichtigsten Autor der Augustana und ihrer Apologie aber auch Luther nicht vergessen werden darf, zeigen dessen Auslegungen des Apostolikums in den beiden Katechismen. Für Luther war gerade das Apostolikum eine Kurzformel der Schrift, eine kompakte Summe des Evangeliums, der seine höchste Liebe und Wertschätzung galt.[34]

Zwar hielt man im Luthertum stets daran fest, dass die eigenen Lehrbekenntnisse (also die Bekenntnisschriften) nicht unmittelbarer Ausdruck der Offenbarungswahrheiten seien, sondern nur als menschliche Bezeugungen dieser Wahrheit begriffen werden dürften. Wegen ihrer dabei vorausgesetzten inhaltlichen Deckung mit der Bibel verstand man die Bekenntnisschriften aber doch als allgemein verpflichtende Lehrnormen.[35]

Dies führte Ende der 1560er Jahre im – auch in dieser Hinsicht vor allem durch Melanchthon geprägten – Luthertum zur Ausbildung einer komplexen Theorie der Beziehung von Schrift und Bekenntnis.[36] Ihr zufolge galt die Bibel nun als die einzige Norm für Lehre und Leben. Dem gegenüber verstand man die eigenen Lehrbekenntnisse zwar nur als eine abgeleitete Norm, eine *norma secundaria* (das hier oft zitierte Begriffspaar *norma normans / norma normata* wird in der Konkordienformel ja bekanntlich noch nicht verwandt). Da man davon ausging, dass die Bekenntnisschriften in ihren Aussagen inhaltlich

32 Ders., Die Confessio Augustana und die altkirchliche Tradition, in: Kirche und Dienst 26 (1980), S. 142–163, hier S. 143.

33 Ders., Lehrbuch 2 (wie Anm. 3), S. 382–387.

34 BSELK S. (839) 852–910 (Kleiner Katechismus), S. 912–1162 (Großer Katechismus), hier S. 870–873, 1048–1071, 1048f. Anm. 796 (Zusammenstellung sämtlicher Auslegungen des Apostolicums durch Luthers).

35 Vgl. Melanchthons Loci praecipui theologici (1559): Quis igitur erit iudex, quando de scripturae sententia dissensio oritur, cum tunc opus sit voce dirimentis controversiam? Respondeo: Ipsum verbum Dei est iudex, et accedit confessio verae Ecclesiae [...] Non contemnamus docentem Ecclesiam, et tamen iudicem esse sciamus verbum Dei [...] Docentem Ecclesiam amare, vereri et venerari discamus et purioris Ecclesiae testimonia inquiramus [...]. Hans Engelland / Robert Stuppperich (Hg.), Melanchthons Werke in Auswahl, Bd. II, 2. Teil: Loci praecipui theologici von 1559 (2. Teil) und Definitiones, Gütersloh 1980, S. 517, 519.

36 Markus Matthias, Art. Orthodoxie. I. Lutherische Orthodoxie, in: TRE 25 (1995), S. 464–485, hier S. 476f. (Literatur).

wie formal mit der Bibel übereinstimmten, bildeten sie aber den wichtigsten Schlüssel zum Verständnis der Heiligen Schrift.[37]

Damit kam ihnen auch für das Leben der Kirche eine zentrale Bedeutung zu: Als präzise Zusammenfassung der wichtigsten Glaubensinhalte erlaubten sie es nämlich nicht nur, die eigene Verkündigung zu überprüfen und zu legitimieren. Sie waren zugleich auch das wichtigste Instrument, um das Heil verstellende Irrlehren zu identifizieren und so aus der (eigenen) Kirche auszuscheiden. Es ist dies ein Denken, das vor allem in der Schule Melanchthons bestimmend wurde.[38] Und in diesem Kontext war es nur konsequent, dass man den Bestand der eigenen Lehrbekenntnisse schon bald verbindlich festzuschreiben versuchte. Die im Konkordienbuch von 1580/1584 zusammengefassten Texte galten den sich auf sie Verpflichtenden als Ausdruck rechtgläubiger Lehre. Sie bezeugten den Glauben der wahrhaft »katholischen« Kirche und konnten damit – sowohl nach innen wie auch nach außen – Allgemeingültigkeit beanspruchen.[39]

In den reformierten Kirchen ist man an dieser Stelle bekanntlich andere Wege gegangen.[40] Hier wurden die einzelnen Lehrbekenntnisse nicht in einen verbindlichen Zusammenhang gebracht (alle nach 1580 erschienenen reformierten Bekenntnissammlungen hatten privaten Charakter) und mussten deshalb auch nicht abschließend »kanonisiert« werden. Statt dessen galt jedes einzelne Bekenntnis nur *pro loco et tempore*. Es war die Urkunde einer Kundgebung, in der bestimmte Menschen in wahrheitsgemäßer Auslegung der Bibel ihren Glauben bezeugt hatten.[41]

Indem sich die von der Reformation erfassten Menschen auf bestimmte Bekenntnisinhalte festlegten, grenzten sie sich damit aber zugleich auch von anderen Positionen ab. Es ist dies der alte Vorgang der Ausscheidung der »Häresie«.[42] Wo dies nicht möglich war, sich die »Häretiker« also nicht aus der »einen« Kirche ausgrenzen ließen, kam es zur Bildung von in ihrem Bekenntnis geschiedenen Kirchen. Aus der Häresie als gelegentlicher Einzelerscheinung wurde damit ein »institutionell stabilisiertes Dauerproblem« (Wolf-Dieter

37 HÄRLE, Art. Bekenntnis (wie Anm. 12), Sp. 1261f.

38 Vgl. Hans-Werner GENSICHEN, Damnamus. Die Verwerfung von Irrlehre bei Luther und im Luthertum des 16. Jahrhunderts, Berlin 1955; Christian PETERS, Art. Status confessionis, in: Werner HEUN u.a. (Hg.), Evangelisches Staatslexikon. Neuausgabe, Stuttgart 2006, Sp. 2363–2365 (Literatur).

39 Vgl. Ernst KOCH, Art. Konkordienbuch, in: TRE 19 (1990), S. 472–476 (Literatur).

40 ROHLS, Theologie (wie Anm. 2), S. 34–53.

41 Ernst WOLF, Art. Bekenntnisschriften, in: RGG^3 1 (1957), Sp. 1012–1017, hier S. 1014f.

42 Alfred SCHINDLER, Art. Häresie II. Kirchengeschichtlich, in: TRE 14 (1985), S. 318–341, hier S. 328–331 (»7. Häresie im Umkreis der Reformation«).

Hauschild),[43] verstand sich doch jede der so entstandenen Konfessionskirchen als die eine, »wahre« Kirche. Der Abgrenzung durch Lehrverurteilungen kam angesichts dessen existentielle Bedeutung zu. Sie wurde zu einem wichtigen Element der Konfessionsbildung und der Bekenntnisfixierung.[44]

Dies galt einmal im Blick auf die römisch-katholische Kirche, die die Reformation ja auch ihrerseits schon 1520 durch die Verurteilung Luthers, seiner Anhänger und seiner Lehre als »Häresie« ausgegrenzt hatte und diese Position dann später durch die Lehrverurteilungen des Tridentinums nochmals bekräftigte.[45] Es galt aber auch innerprotestantisch. Namentlich die lutherischen Kirchen sahen sich in diesem Zusammenhang genötigt, ihre positiven Lehraussagen durch präzise Verwerfungen als irrig begriffener Lehren anderer Kirchen und Gemeinschaften (Reformierte, Täufer, Spiritualisten etc.) zu ergänzen. Sie waren der Niederschlag heftiger Lehrauseinandersetzungen, in deren Zentrum fast immer auch Melanchthon und seine Schüler standen.[46] Über die unterschiedlichsten Verwerfungskataloge (besonders produktiv waren hier ja die Gnesiolutheraner mit ihrem steten Drängen auf »Personalkondemnationen«)[47] gingen sie zuletzt auch in die Texte der lutherischen Bekenntnisschriften ein (Lehrverurteilungen der Konkordienformel). Hier sollten sie zusammen mit der positiv entfalteten schriftgemäßen Lehre den dauerhaften Bestand der eigenen, als wahrhaft katholisch begriffenen Kirche sicherstellen.

Aus eben diesem Interesse, also dem Wunsch nach Reinerhaltung der eigenen Verkündigung und Lehre durch Ausgrenzung der Häresie, entwickelte sich dann auch die evangelische Form der Bekenntnisbindung oder präziser: der Lehrverpflichtung.[48] Sie entsprach der allgemeinen Praxis des konfessionellen Zeitalters.[49] Auch die römisch-katholische Kirche hat ihren Klerus ja schon bald auf die Lehrfixierungen des Tridentinums verpflichtet – oder dies doch zumindest versucht. Ansatzpunkt dazu waren dabei wohl spätmittelalterliche Priester- oder Doktoreneide. Die historischen Details können hier nur angedeutet werden. Zu nennen wären dabei etwa die frühen Lehrverpflichtungen im Bereich der Markgrafschaft Brandenburg-Ansbach-

43 Hauschild, Lehrbuch 2 (wie Anm. 3), S. 373f, hier S. 374.
44 Vgl. Bernd Oberdorfer, Art. Konfession, in: RGG^4 4 (2001), Sp. 1546f. (Literatur).
45 Hauschild, Lehrbuch 2 (wie Anm. 3), S. 498–506.
46 Gustav Kawerau (u.a.), Art. Philippisten, in: RE^3 15 (1904), S. 322–331.
47 Rudolf Keller, Art. Gnesiolutheraner, in: TRE 13 (1984), S. 512–519 (Literatur).
48 Hauschild, Lehrbuch 2 (wie Anm. 3), S. 374f.
49 Vgl. Thomas Kaufmann, Art. Konfessionelles Zeitalter, in: RGG^4 4 (2001), Sp. 1550f. (Literatur).

Kulmbach[50] oder die in der Mitte der 1530 einsetzenden, auf die Augustana bezogenen Lehrverpflichtungen in den norddeutschen Hansestädten.[51] Sukzessive wurde es jedenfalls üblich, dass die evangelischen Geistlichen ein Ordinationsgelübde ablegten, in dem sie sich meist, aber längst nicht immer, in schriftlicher Form auf die Heilige Schrift und die in ihrer Kirche in Geltung stehenden Bekenntnisse verpflichteten. Auf die spätere Ausweitung dieser Praxis im Zuge der »Konfessionalisierung«[52] bzw. präziser: der Ausbildung von »Konfessionskulturen«[53] kann ich hier nicht eingehen.

Damit dürfte das im Rahmen eines Vortrags über »Melanchthon und das Bekenntnis« relevante Themenfeld zumindest in groben Zügen abgeschritten sein. – Was aber ist vor diesem weiten Hintergrund nun das Spezifische in Melanchthons Verständnis des Bekenntnisses?

2. Melanchthons Verständnis des Bekenntnisses

Was für Melanchthons Theologie als Ganze gilt, gilt auch für sein spezifisches Verständnis des Bekenntnisses: Basis und Kern werden durch Luther vorgegeben, die Ausgestaltung selbst ist auch durch den Humanismus geprägt. Allerdings ist dieser Einfluss ein sekundärer, und dies nach Form wie Inhalt. Die sachliche Priorität und Dominanz kommen dem Denken Luthers zu.[54]

Viele ältere Deutungen, die in Melanchthon vor allem einen »Verfälscher« oder »Verderber« der Theologie Luthers/des Luthertums sahen (so seit Albrecht Ritschl), trugen diesem Faktum nicht hinreichend Rechnung. *Cum grano salis* wird man angesichts dessen denn auch den »durch und durch lutherischen Charakter der Theologie Melanchthons« (Oswald Bayer)[55] betonen müssen.

50 Landeskirchenrat der Evang.-Luth. Kirche in Bayern (Hg.), Die Fränkischen Bekenntnisse. Eine Vorstufe der Augsburgischen Konfession. Erster Teil: Untersuchungen, bearb. von Wilhelm Ferdinand Schmidt; Zweiter Teil: Texte, bearb. von Karl Schornbaum, München 1930.

51 Vgl. Wolf-Dieter HAUSCHILD, Corpus Doctrinae und Bekenntnisschriften. Zur Vorgeschichte des Konkordienbuches, in: Martin BRECHT/Reinhard SCHWARZ (Hg.), Bekenntnis und Einheit der Kirche. Studien zum Konkordienbuch, Stuttgart 1980, S. 235–252.

52 Harm KLUETING, Art. Konfessionalisierung, in: RGG[4] 4 (2001), Sp. 1547f. (Literatur).

53 Friedrich Wilhelm GRAF, Art. Konfessionskulturen, in: RGG[4] 4 (2001), Sp. 1551f. (Literatur).

54 HAUSCHILD, Lehrbuch 2 (wie Anm. 3), S. 316.

55 Oswald BAYER, »Die Kirche braucht liberale Erudition«. Das Theologieverständnis Melanchthons, in: Kirche und Dienst 36 (1990), S. 218–244, hier S. 243.

Wie Luther geht auch Melanchthon vom Wort Gottes aus. Es bildet die Basis und den ständigen Bezugspunkt der christlichen Existenz. Der ihm gegenüber nicht selten erhobene Vorwurf des »Traditionalismus« (Karl Holl, Reinhold Seeberg u.a.)[56] geht deshalb letztlich ins Leere.[57]

Stärker als Luther versteht Melanchthon das in der Heiligen Schrift überlieferte Wort Gottes allerdings als eine auf die Glaubenspraxis bezogene Lehre. Es ist bei ihm gleichermaßen »Sachinformation« wie »existentielle Wegweisung« (Wolf-Dieter Hauschild).[58] Dies, wie häufig geschehen, als »Rationalismus« zu qualifizieren (und damit latent abzuwerten), greift zu kurz. Zutreffender dürfte es sein, an dieser Stelle von einem konsequenten »Intellektualismus« zu sprechen. Ziel desselben ist es, aufgrund von Gottes in der Heiligen Schrift enthaltener Offenbarung (man beachte den für Melanchthon typischen antispiritualistischen Akzent!) zu absoluter Gewissheit vorzustoßen. Der Weg dazu führt über eine streng methodisch vorgehende, gleichermaßen theologische wie philosophische Schriftauslegung.[59]

Auch wenn der Erkenntnis des Glaubens damit ein hoher Stellenwert zukommt, bleibt der existentielle Bezug aber – zumindest bei Melanchthon selbst – noch durchweg gewahrt, denn die Erkenntnis führt zum Vertrauen auf Gott. Der dabei leitende Begriff ist der der *consolatio conscientiae* (so, kaum zufällig, unzählige Male in Melanchthons *Apologie der Augustana*).[60]

Dazu kommt ein Zweites, denn zumindest für Melanchthon selbst gilt: Die in der theologisch-begrifflichen Erfassung des Wortes gewonnene Gewissheit (Klarheit von Lehre und Erkenntnis) ist kein Selbstzweck. Sie führt vielmehr zu einer neuen, bewusst und entschieden an Gottes Willen orientierten Lebensführung. Und das ist nur folgerichtig, denn »der vom Schöpfer gewollte Urzweck des Menschen ist die Erkenntnis und Anbetung Gottes« (Heinz Scheible).[61]

56 Vgl. dazu etwa auch noch Bernhard Lohse, Grundzüge der Theologie Melanchthons, in: Ders. u.a. (Hg.), Handbuch der Dogmen- und Theologiegeschichte, Bd. 2: Die Lehrentwicklung im Rahmen der Konfessionalität. Erster Teil: Dogma und Bekenntnis in der Reformation: Von Luther bis zum Konkordienbuch, Göttingen 1980, S. 69–81, hier S. 80.

57 Scheible, Art. Melanchthon (wie Anm. 19), S. 390.

58 Hauschild, Lehrbuch 2 (wie Anm. 3), S. 316.

59 Mühlenberg, Art. Schriftauslegung (wie Anm. 8), S. 482f.

60 BSELK S. (227) 236–709, dazu 1709 (Sachregister).

61 Scheible, Art. Melanchthon (wie Anm. 19), S. 390 (mit zahlreichen Verweisen, u.a. auf Melanchthons Vorrede zu Martin Luthers, In primum librum Mose ennarrationes […], Wittenberg 1544; MBW 3411).

Beides geht über Luther hinaus und spiegelt darin deutlich den Humanismus Melanchthons. Das Wortverständnis wird doktrinalisiert, die Existenz des Christen viel stärker ethisch bestimmt.[62]

Man mag dies in wirkungsgeschichtlicher Perspektive vielleicht bedauern. Klar ist aber auch, dass damit ein enormer Dynamisierungsimpuls verbunden war (die Wittenberger Studenten waren nicht umsonst begeistert).[63] Die neue humanistische Akzentsetzung, d.h. Melanchthons verstärktes Interesse an der Veränderung des Menschen durch eine gründliche, intellektuelle Bildung und eine sämtliche Lebensbereiche umfassende moralische Besserung, erweiterte das reformatorische Verständnis des Bekenntnisses. An die Seite des aktualen Bekennens, d.h. der *confessio* (Luther mit allen für ihn typischen Antinomien und Paradoxien), trat damit eine neue, auf Harmonisierung bedachte Systematik: die ebenso auf die Klarheit von Erkenntnis und Lehre wie auch auf die Entschiedenheit der Lebensführung ausgerichtete *doctrina* Melanchthons.[64]

Wie macht man das an einem Beispiel deutlich? – Ich wähle dazu eines der zahllosen Gebete Melanchthons. Es findet sich im *Examen ordinandorum* von 1552 (einem wichtigen *Credendum* außerhalb des Konkordienbuches) und zeigt, wie bei Melanchthon das Bekenntnis und das Gebet, die *doctrina* und – anachronistisch ausgedrückt – die *praxis pietatis* ineinander fließen:

O Allmechtiger, warhafftiger Gott, ewiger und einiger Vater unsers Heilands Jhesu Christi sampt deinem eingebornen Son und heiligen Geist, Erschaffer Himels und der Erden, der Engeln und Menschen und aller Creaturn, der du bist weise, gütig, gerecht, warhafftig, rein, barmhertzig und freiwillig,[65] Ich dancke dir mit hertzen fur alle gnaden vnd wolthaten, die so viel und so gros sind, das man sie nicht erzelen oder gnugsam bedencken kan. Erstlich aber danck ich dir, das du dich gnediglich den Menschen geoffenbaret hast und hast deinen lieben Son Jhesum Christum zu[m] Mittler, versüner und Seligmacher geordnet und zu uns gesand, und wilt uns durch jn selig machen, Hast auch dazu dein Euangelium geben und samlest ein ewige Kirchen und heiligest sie mit deinem heiligen Geist zu ewiger selikeit, Hast auch mich armen Sünder zu dieser großen gnad beruffen Und vergibest mir meine Sünd gnediglich und nimpst mich an zu gnaden umb deines Sons willen und neigest mein hertz mit glauben zu dir durch den heiligen Geist. Gibest vns auch leben, gesundheit, narung, Christliche regiment, rechte Lere, Bewarest unsere arme Kindlin und unsere hüttlin.

62 Hauschild, Lehrbuch 2 (wie Anm. 3), S. 316f.
63 Scheible, Melanchthon (wie Anm. 19), S. 28–56.
64 Hauschild, Lehrbuch 2 (wie Anm. 3), S. 317.
65 Mit einem freien Willen ausgestattet.

Fur diese und alle andere wolthaten, die ich leider nicht alle bedencken kan, danck ich dir mit hertzen Und bitte dich, du wollest mir gnedig sein umb deines Sons willen, Das ich nicht als dein feind und lesterer in ewigkeit verworffen werde, Sondern habe in ewikeit freude an dir und möge dir ewiglich dancken und dich preisen. Amen.[66]

Der Befund ist eindeutig: Beim betenden Melanchthon sind die *doctrina* und die *confessio* ganz dicht bei einander! Und sie drängen zur Realisierung, zur *praxis pietatis.*

3. Melanchthons Rolle bei der »Kanonisierung« des im Bereich der Wittenberger Reformation Geltung erlangenden Lehrnormenbestandes

Aus heutiger Sicht[67] richtet sich der Blick hier natürlich zunächst auf das Konkordienbuch von 1580 bzw. 1584. Das vollständige Konkordienbuch wurde (und wird) aber längst nicht in allen lutherischen (Landes-)Kirchen anerkannt. Auch war es beileibe nicht die einzige Sammlung lutherischer Bekenntnisschriften. Vor und neben ihm standen/stehen andere *Corpora doctrinae* (z.T. in Verbindung mit umfänglichen Kirchenordnungen), die gleichfalls als Bekenntnisschriften galten bzw. bis heute als solche gelten.[68] Und auch in diesem Kontext kommt Melanchthon eine entscheidende Bedeutung zu.

Das gilt bereits auf begrifflicher Ebene, denn der Begriff des *Corpus Doctrinae* geht zwar nicht allein auf Melanchthon zurück, verdankt diesem aber doch seine besondere Zuspitzung (so vor allem im Frankfurter Rezess vom 18. März 1558). Er meint »die Gesamtheit der Schriften, in denen die ›incorrupta Evangelii doctrina‹ *normativ* ausgesprochen ist«.[69]

Ursprünglicher Ansatz für die Entstehung von *Corpora Doctrinae* war die Einfügung von Bekenntnisformeln oder Lehrtexten (*Credenda*) in die Kir-

66 Robert STUPPERICH (Hg.), Melanchthons Werke in Auswahl. VI. Bd.: Bekenntnisse und kleine Lehrschriften, Gütersloh 1955, S. (168) 169–259, hier S. 226f.; Zu Melanchthon als Beter vgl. Martin H. JUNG, Frömmigkeit und Theologie bei Philipp Melanchthon. Das Gebet im Leben und in der Lehre des Reformators, Tübingen 1998.

67 Die hier gebotene Übersicht folgt PETERS, Art. Bekenntnisschriften (wie Anm. 5), Sp. 1271–1273.

68 Vgl. auch die Übersichten bei Heinrich HEPPE/Gustav KAWERAU, Art. Corpus Doctrinae, in: RE³ 4 (1898), S. 293–298, hier S. 294–297; TSCHACKERT, Entstehung (wie Anm. 5), hier S. 613–620 sowie WIRSCHING, Art. Bekenntnisschriften (wie Anm. 5), S. 500.

69 WOLF, Art. Bekenntnisschriften (wie Anm. 41), S. 1012.

chenordnung eines Territoriums oder einer Stadt.[70] Derartige *Credenda*, die zum Teil auch in die späteren *Corpora Doctrinae* übernommen wurden, waren z.B.: a) Melanchthons Unterricht der Visitatoren von 1528 (er wirkte auf die Brandenburg-Nürnbergische Kirchenordnung von 1533 ein und beeinflusste über diese viele weitere Kirchenordnungen); b) die Predigtanweisung Herzog Ernsts von Braunschweig-Lüneburg von 1529 (sie wurde zur Vorlage der *Formula caute loquendi* des Urbanus Rhegius von 1535); c) die Kirchenordnung der Stadt Hannover von 1536 und die Lippische Kirchenordnung von 1538; d) die Kirchenordnung der Stadt Halle von 1541; e) die Mecklenburgische Kirchenordnung von 1552 mit Melanchthons *Examen ordinandorum*; f) die sächsischen Generalartikel von 1557 mit der *Confessio Saxonica* von 1551; g) die so genannte »große« Württembergische Kirchenordnung von 1559 mit der *Confessio Virtembergica* von 1551 (dem württembergischen Pendant zur *Confessio Saxonica* aus der Feder von Johannes Brenz); h) die Calenberger Kirchenordnung (Braunschweig-Lüneburg) von 1569 mit einer Lehrabhandlung des Martin Chemnitz sowie i) die Oldenburgische Kirchenordnung von 1573 mit einer durch Nikolaus Selnecker und Hermann Hamelmann besorgten Umgestaltung von Melanchthons *Examen ordinandorum* zu einer lutherischen Schuldogmatik. – Die Melanchthonhaltig-/lastigkeit des Bestandes springt sofort ins Auge.

Systematisch ausgearbeitete Lehrordnungen begegnen (vereinzelt) schon während der 1530er Jahre, so z.B.: a) in der Pommerschen Kirchenordnung von 1535 (Johannes Bugenhagen); b) den Hamburger Artikeln von 1535 (Johannes Äpinus); c) der Kirchenordnung der Stadt Halle von 1541 (Justus Jonas) und d) der Braunschweig-Wolfenbütteler Kirchenordnung von 1543 (Bugenhagen). Hier macht sich wohl über die maßgeblichen Theologen der Einfluss des – nicht zuletzt auch durch Melanchthon stark gemachten – Wittenberger Doktoreides (strittige Datierung: 1533?) bemerkbar.

Allen genannten Lehrordnungen gemeinsam war die Tendenz, die Verkündigung an feste Normbücher zu binden. Den Kern bildete dabei stets die *Confessio Augustana* von 1530. Sie war das eigentliche *Corpus Doctrinae* der Wittenberger Reformation. Die übrigen Schriften (so z.B. Melanchthons

70 Die im Folgenden gebotenen Zusammenstellungen müssen zwangsläufig darauf verzichten, die erwähnten *Credenda* oder *Corpora Doctrinae* im zeitgenössischen Druck (VD16) oder späteren Sammlungen/Editionen (EKO o.ä.) nachzuweisen. Allerdings sei deutlich auf die an dieser Stelle bestehende, in der Tat gewaltige Aufgabe gewiesen. Sie ist noch kaum erkannt und darum bislang auch allenfalls punktuell angegangen worden (Wilhelm H. Neuser, Bibliographie der Confessio Augustana und Apologie 1530–1580, Nieuwkoop 1987). Geboten wird stattdessen nur ein knapper Überblick. Er will anschaulich machen, wie zentral die Rolle gewesen ist, die Melanchthon und seine Schriften innerhalb und für die Prozesse der »Kanonisierung« des im Rahmen der Wittenberger Reformation zur Geltung gelangenden Lehrnormenbestandes gespielt haben.

Apologie oder dessen *Loci communes*, Luthers Katechismen, seine Postillen oder der Galaterkommentar, aber auch Schriften von Bugenhagen oder Rhegius) waren variabel. Sie galten lediglich als – allerdings authentische – Interpretationen der im Wesentlichen durch Melanchthon formulierten und fixierten Augustana.

Der Tod Martin Luthers (1546) und das kaiserliche Interim (1548) setzten hier bekanntlich eine deutliche Zäsur. Sie ging einher mit einer starken doktrinären Verhärtung gegenüber dem römischen Katholizismus. Die z.T. schon zuvor schwelenden, nun aber offen aufbrechenden innerprotestantischen Lehrstreitigkeiten erschütterten das Gefüge der lutherischen Lehrnormen.[71]

In den 1550er Jahren war es dann besonders Melanchthon, der den im Wittenberger Doktoreid gegebenen Ansatz verteidigte (so 1552/1553 gegenüber Andreas Osiander) und weiter ausbaute, nämlich im Blick auf die Fixierung von *Corpora Doctrinae* als Sammlungen autoritativer Schriften. Dies führte nach verschiedenen Vorstufen (Mecklenburgische Kirchenordnung von 1552; Frankfurter Rezeß von 1558) zuletzt zu Melanchthons *Corpus Doctrinae Christianae* von 1560.

Das noch von Melanchthon selbst mit einer deutschen Vorrede (29. September 1559) versehene *Corpus Doctrinae* verdankte sein Erscheinen kaum nur der Privatinitiative des Leipziger Verlegers Ernst Vögelin. Den ersten Anstoß gab ein Gesuch des Leipziger Konsistoriums, das Melanchthon um eine authentische Zusammenstellung seiner Lehrnormen bat. Die später meist nur kurz *Corpus Doctrinae Philippicum* genannte Sammlung enthielt neben den drei altkirchlichen Bekenntnissen ausschließlich Schriften Melanchthons: Die *Augustana variata*, die Apologie, die für das Trienter Konzil verfasste *Confessio Saxonica* (1551), die *Loci Theologici* (1559), das *Examen ordinandorum* (1552) und die Bayerischen Inquisitionsartikel (1559).

Melanchthon verstand sein *Corpus* primär apologetisch: Er wollte sich mit ihm der Angriffe der Gnesiolutheraner erwehren und seine Übereinstimmung mit der Augustana unter Beweis stellen. Dem Drucker Vögelin war dies zu wenig: Daher fügte er dem Werk nachträglich eine »Erinnerung des Lesers« hinzu, die das *Corpus Doctrinae* Melanchthons zur Lehrnorm, das heißt zu einer verbindlichen Zusammenfassung des kursächsischen »Bekenntnisstandes« erklärte.

Das *Corpus Doctrinae Philippicum* erlebte bis 1580 zahlreiche Auflagen. Mehrfach wurde es auch obrigkeitlich autorisiert, so z.B. in Pommern, Kursachsen (*Corpus Doctrinae Misnicum*), Bremen und Schlesien. In Anhalt und Dänemark galt es als Wiedergabe des eigenen Lehrtropus. Nach dem Sturz des kursächsischen »Krypto-Calvinismus« (1574) verlor es aber rasch an Bedeutung.

71 HAUSCHILD, Lehrbuch 2 (wie Anm. 3), S. 407–420 (Literatur).

Das *Corpus Doctrinae* Melanchthons rief rasch eine Fülle »antiphilippistischer« *Corpora Doctrinae* hervor, so z.B.: a) das Hamburger Bekenntnisbuch von 1560; b) die Lübecker *Formula consensus de doctrina evangelii* von 1560 (Valentin Curtius); c) die Lüneburger Artikel von 1561 (Joachim Mörlin); d) das Braunschweiger *Corpus Doctrinae* von 1563 (Joachim Mörlin); e) das *Corpus Doctrinae Pomeranicum* von 1564 (ein niederdeutsches *Corpus Doctrinae Philippicum*, das durch sechs Lutherschriften ergänzt war); f) das *Corpus Doctrinae Prutenicum* von 1567 (Joachim Mörlin, Martin Chemnitz); g) das Göttinger *Corpus Doctrinae* von 1568; h) das *Corpus Doctrinae Thuringicum* (Herzogtum Sachsen) von 1570; i) das *Corpus Doctrinae Brandenburgicum* von 1572 (Andreas Musculus); j) das *Corpus Doctrinae Wilhelminum* (Braunschweig-Lüneburg) von 1576 (Urbanus Rhegius, Martin Chemnitz) sowie k) das *Corpus Doctrinae Julium* (Braunschweig-Wolfenbüttel) von 1576.

Alle diese regionalen *Corpora Doctrinae* verloren mit Erscheinen des Konkordienbuches (1580) zwar an Bedeutung. Auch in der Folgezeit bestand innerhalb des Luthertums aber eine erstaunliche Bekenntnispluralität, in der nicht zuletzt auch das Erbe Melanchthons nachwirkte.

Grob vereinfachend sind dabei zwei Typen zu unterscheiden: Wo das Konkordienbuch abgelehnt wurde, hielt man entweder am eigenen *Corpus Doctrinae* fest (so z.B. in Braunschweig-Wolfenbüttel) oder aber man entwickelte ein neues, das Konkordienbuch bewusst nicht oder doch nur in Teilen rezipierendes *Corpus Doctrinae*. Beispiele hierfür sind z.B.: a) Holstein (Konkordienbuch ohne *Formula Concordiae*); b) Pommern (*Corpus Doctrinae Pomeranicum*, ergänzt durch Teile der Konkordienformel); c) Hessen-Darmstadt (*Corpus Doctrinae Julium*, ergänzt durch die Wittenberger Konkordie von 1536 [so dann auch im *Corpus Doctrinae Hassiacum* von 1617/1626]); d) Nürnberg (hier kehrte man zu den 1573 als Ergänzung zum *Corpus Doctrinae Philippicum* festgestellten Normalbüchern zurück) sowie e) Kursachsen (hier verschärfte man das Konkordienbuch durch die Visitationsartikel des Ägidius Hunnius von 1592).

Regional bedeutsam waren aber auch folgende nicht ins Konkordienbuch gelangte lutherische Bekenntnisschriften, die in ihren Territorien anstelle und z.T. auch neben dem Konkordienbuch in Geltung blieben: a) die Wittenberger Konkordie von 1536 (Melanchthon, Martin Bucer); b) die *Confessio Saxonica* von 1551 (Melanchthon); c) die *Confessio Virtembergica* von 1551 (Brenz; als Seitenstück bzw. Württembergisches Pendant zur Saxonica); d) die *Confessio et ordinatio ecclesiarum Danicarum* von 1561 (Niels Hemmingsen) sowie e) die 1571 von Laurentius Petri verfasste schwedische Kirchenordnung, das *Corpus Doctrinae Svecanum* von 1594. Sieht man diese Vielfalt mit und neben dem Konkordienbuch, wird zugleich verständlich, warum nur einer der im Konkordienbuch enthaltenen Bekenntnistexte auch reichsrechtlich Anerkennung gefunden hat: Das vor allem durch Melanchthon fixierte »Ur-Corpus

Doctrinae« aller aus der Wittenberger Reformation hervorgegangen Kirchen, die *Confessio Augustana* (nämlich im Augsburger Religionsfrieden von 1555 und im Westfälischen Frieden von 1648).

4. Rückblick und Ausblick

»Melanchthon und das Bekenntnis« – Was ist hier abschließend festzuhalten?

a. In den komplexen Prozessen der innerevangelischen Bekenntnisbildung und -fixierung kommt es durch Melanchthon zu entscheidenden Weichenstellungen. War bei Luther das Bekenntnis primär eine *confessio*, d.h. ein Akt lebendigen personalen Bekennens, so verschiebt sich bei Melanchthon das Gewicht auf die *doctrina*, d.h. die reflektierend begründende Lehraussage. Im Zuge dessen wird nun bewusst der Anschluss an die Bekenntnisse der Alten Kirche gesucht, mit der man sich durch einen lückenlosen »Katalog der Wahrheitszeugen« verbunden sieht. Die reine, schriftgemäße Lehre ist ein Kennzeichen der wahren, katholischen Kirche (CA VII). Zu ihrer Sicherung bedarf es der Kanonisierung des eigenen Bestandes an Lehrnormen (*Corpora Doctrinae*). Was diesen Normen nicht entspricht (zeitlich begrenzt oder bald auch auf Dauer) hat als »häretisch« zu gelten.
b. Für Melanchthon eigentümlich ist aber auch, dass er das Bekenntnis auf das Engste mit der *praxis pietatis* verbindet: die Klarheit von Erkenntnis und Lehre finden ihren Niederschlag in einer entschiedenen Lebensführung (Ethisierung). Der damit verbundene Mobilisierungsschub ist enorm und wird zu einem der wichtigsten Faktor für die Durchsetzung der von Wittenberg ausgehenden Reformation.
c. Das luherische »Ur-Corpus Doctrinae« wird im Wesentlichen durch Melanchthon formuliert. Es trägt seinen Stempel, d.h. den Stempel eines lutherischen Theologen eigener Prägung. Das hat Folgen: Die Bekenntnispluralität innerhalb des Luthertums (vor, neben und nach dem Konkordienbuch) ist zu nicht geringen Teilen Ausdruck der intensiven Auseinandersetzung mit den nach 1530 erfolgenden Fixierungen der Lehre und des Bekenntnisses durch Melanchthon. Innerlutherisch (d.h. im Bereich der Wittenberger Reformation) fällt das Urteil dabei zwar sehr unterschiedlich aus, nämlich ganz oder teilweise ablehnend (Gnesiolutheraner) oder ganz oder teilweise zustimmend (Philippisten). Überkonfessionell werden die Wittenberger Reformation und ihre Bekenntnisinhalte aber gerade in der Fassung Melanchthons rezipierbar und in der Folge dann auch tatsächlich kontinuierlich und breit rezipiert (reformierte Kirchen Deutschlands und der Schweiz; europäischer Calvinismus; anglikanische und römisch-katholische Kirche).

Daniel Gehrt

Private Confessions?

Inner-Lutheran Controversies and Confessions of Faith in the Name of Lay Nobility

The dynamic process of diversification within Christianity in the sixteenth century was manifested characteristically in confessions of faith, theologically defining various emerging denominations.[1] Attempts to resolve controversies questioning old and new theological positions often employed confessional writings to negotiate a consensus. The most well-known, including the *Confessio Augustana* (1530) and the corresponding *Apologia* (1531), the *Smalcald Articles* (1536/37), the *Confessio Saxonica* (1551) and the *Confessio Virtembergica* (1551), were responses to the rifts spreading throughout the Holy Roman Empire of the German Nation and in Christian Europe. Protestant princes assuming episcopal capacities had their theologians address the fundamental problem of religious dissension by formulating mutual beliefs and demarcating distinctions. Although efforts to bridge the confessional divide on the basis of common theological denominators or the acceptance of differences remained futile, treaties could be negotiated at the imperial assemblies in Passau (1552) and Augsburg (1555) to constitutionally secure the peaceful co-existence of Roman Catholics and adherents to the *Confessio Augustana*. The theological controversies increasingly ravaging Lutheranism after the death of its leading authority, Martin Luther, in 1546 and the emperor's attempt in 1548 to re-introduce Catholicism into Protestant towns and territories through the promulgation of the provisionary religious settlement dubbed the »Augsburg Interim« were both politically charged.[2] This crisis catalyzed inner consolidation processes, resulting in part in the rise of *corpora doctrinae*, i.e. binding compilations of confessional writings primarily issued by municipal and territorial authorities in the 1560s and 1570s to specify normative doctrine.[3] At the same time, reinforcing inner-confessional

1 I sincerely thank Dr. Philipp Knüpffer and Prof. Robert Kolb for their helpful comments in the final stages of this essay.

2 For an overview of these controversies cf. Irene Dingel, The Culture of Conflict in the Controversies Leading to the Formula of Concord (1548–1580), in: Robert Kolb (ed.), Lutheran Ecclesiastical Culture. 1550–1675, Leiden / Boston, MA 2008, pp. 15–64.

3 On *corpora doctrinae* cf. Irene Dingel, Melanchthon und die Normierung des Bekenntnisses, in: Günter Frank (ed.), Der Theologe Melanchthon, Stuttgart 2000,

diversification at the local and regional level weakened the effectiveness of the Protestant estates to pose a counterweight to their Catholic pendants in the political arena of the empire and thus challenged theologians and political powers to negotiate an overriding consensus for the purpose of uniting the vast majority of Protestants. This grand enterprise met its goal largely in the *Formula* (1577) and *Book of Concord* (1580).[4]

In the shadows of such authoritative confessions lie countless individual or private confessions of faith made by both clergy and laity alike. They formed, for example, an integral part of last wills and testaments or acts of conversion, but they could also be responses to direct challenges of one's personal beliefs in everyday interactions or due to course changes in local or regional church politics. These confessions, far removed from high-level politics, were not necessarily intended for a general audience, but rather their reception was limited and regulated. Accordingly, in most cases they were never published and none of them assumed authoritative status.

Between the official consensual documents integrating larger populations into a common church body and personal statements of faith of a primarily private nature, an intriguing and frequently ignored gray area exists. Among the confessions oscillating between these poles are several written or commissioned by members of the German lay nobility in the era of the Reformation and Confessionalization. The significance and influence of these high-standing members of society combined with their avid participation in the theological controversies of their times vaulted some writings composed originally as personal confessions into a public or semi-public realm. For example, the confessions affirming the Reformed teaching on the Lord's Supper by the 21-year-old prince August of Anhalt in 1597[5] and Duchess Christine of Saxe-Eisenach in 1606[6] both arose in private correspondence

pp. 195–211; Wolf-Dieter HAUSCHILD, Corpus Doctrinae und Bekenntnisschriften. Zur Vorgeschichte des Konkordienbuchs, in: Martin BRECHT / Reinhard SCHWARZ (eds.), Bekenntnis und Einheit der Kirche. Studien zum Konkordienbuch, Stuttgart 1980, pp. 235–252; Thomas TÖPFER, »Schöner Rubin« oder »schlipffrige Wortte«? Territoriale Bekenntnisbildung in der zweiten Hälfte des 16. Jahrhunderts am Beispiel des Corpus doctrinae Philippicum, in: Daniel GEHRT / Volker LEPPIN (eds.), Paul Eber (1511–1569). Humanist und Theologe der zweiten Generation der Wittenberger Reformation, Leipzig 2014, pp. 64–82.

4 See the essay by Robert KOLB in the present volume.

5 Cf. Sascha SALATOWSKY (ed.), Im Kampf um die Seelen. Glauben im Thüringen der Frühen Neuzeit. Katalog zur Ausstellung der Forschungsbibliothek Gotha der Universität Erfurt vom 30. April bis 9. Juli 2017, Gotha 2017, p. 237.

6 Cf. Hendrikje CARIUS, »Von einem christlichen gesprech« zur Allianz. Aspekte des kommunikativen Austauschs zwischen Gerhard und Christine von Sachsen-Eisenach, in: Markus FRIEDRICH et al. (eds.), Konfession, Politik und Gelehrsamkeit. Der Jenaer Theologe Johann Gerhard (1582–1637) im Kontext seiner Zeit, Stuttgart 2017, pp. 69–92.

with defenders of the Lutheran faith – the former with his widowed mother Eleonore of Württemberg and the latter with the renowned theologian Johann Gerhard. However, due to their relevance for the confessional orientation of the respective dynasties and territories these statements became heavily debated political issues at the courts. Other personal confessions of princes were directly exploited for political goals, such as the response of Duke John Frederick I of Saxony to the Augsburg Interim in 1549, published to mobilize further resistance to this religious decree within the empire and to promote the image of the author as the ideological spearhead of genuine Lutheranism.[7] In like manner, John Casimir of the Palatinate-Simmern had the confession of his deceased father, Elector Frederick III, – in truth a longer section of Frederick's last will and testament – published in 1577 in German, Latin and French in order to undermine the re-introduction of Lutheranism into the Palatinate, a former bulwark of the Reformed faith.[8]

Alongside such confessions rooted in inter-confessional rivalry were those that arose from the virulent inner-Lutheran controversies in the decades following the Augsburg Interim. Characteristic for formulations of faith in this context, yet unique in themselves, are the personal confessions that were composed for Andreas von Meyendorf, Joachim von Alvensleben and other members of the rural nobility in the principality of Magdeburg around 1565 and for the widowed duchess Dorothea Susanna of Saxe-Weimar in 1574/75. Both were commissioned works addressing contemporary controversies over individual articles of Christian faith by decisively affirming and rejecting various theological positions. Unlike territorial princes, neither the men of low nobility in the Magdeburg countryside nor the widowed princess of high nobility in Weimar were endowed with the *ius reformandi* that would have empowered them to make the confessions legally binding for a greater area under their control. The original manuscripts were signed on various occasions by numerous theologians, attesting to the orthodoxy of the statements.

7 Cf. Daniel GEHRT, Ernestinische Konfessionspolitik. Bekenntnisbildung, Herrschaftskonsolidierung und dynastische Identitätsstiftung vom Augsburger Interim 1548 bis zur Konkordienformel 1577, Leipzig 2011, pp. 41–50, 74–81; id., Kurfürst Johann Friedrich I. und die ernestinische Konfessionspolitik zwischen 1548 und 1580, in: Volker LEPPIN et al. (eds.), Johann Friedrich I. – der lutherische Kurfürst, Gütersloh 2006, pp. 307–326, on pp. 310–315.

8 FREDERICK III., Elector of the Palatinate, Christliche Confession Weyland des ... Herren Friderichen des Dritten/ Pfaltzgrauen bey Rhein/ ... auß jhrer Churfürst. G. Testament/ gezogen. Auß sonderem befelch ... Herren Johans Casimiren/ Pfaltzgrauen bey Rhein ... Den 25. Februarij Anno 1577. Jn Druck verfertiget. ..., Heidelberg: Jakob Müller, 1577 (VD16 F 2827). Cf. August KLUCKHOHN, Das Testament Friedrichs des Frommen Churfürsten von der Pfalz, München 1874.

These two intriguing, yet lesser known confessions of faith form the focus of the following study. Against the respective political backdrop, their origins, distinct features, functions and ramifications will be discussed. The network of theologians, noblemen and women connected with the origins and reception of these confessions will also be examined in order to explore the question of their private or public nature. Finally, fundamental aspects of these writings as confessions of the German lay nobility emerging in the wake of the inner-Lutheran controversies in the second half of the sixteenth century will be elucidated alongside differences related to the unique political situations, gender and other factors in a comparative approach.

1. The Confession of the Rural Nobility in the Principality of Magdeburg (1566)[9]

Martin Luther's 95 Theses igniting an explosive reform movement in the church came as a response to the sale of indulgences in electoral Saxony sponsored by Albert of Brandenburg to finance his rapid rise to power as archbishop of Mainz and Magdeburg and administrator of the diocese of Halberstadt. Albert, created cardinal in 1518, was consequently confronted with the wildfire-like spread of the Reformation as it found exceedingly fertile ground in the Old Town of Magdeburg, the metropole at the heart of the principality. Political, ideological and personal bonds were strengthened between Magdeburg and Wittenberg and new structures in school and church were established molding the metropole into a satellite of Wittenberg for the strategic expansion of the reform movement.[10] This development was in part due to the fact that Magdeburg could employ the Reformation for its aspiration to increasingly gain autonomy from the lordship of the archbishop. De facto, yet not de jure, it achieved the status of a free imperial city. In 1531 the city joined the Smalcald League, a defensive military alliance of Protestant cities and territories charted in the same year. Cardinal Albert countered the movement

9 I sincerely thank Reimar von Alvensleben and Christoph Volkmar for the mutually gratifying and constructive exchange of information on this confession. See the soon to be published habilitation writing of the latter entitled *Jörgs Junker: Landadel und Reformation im Mittelelberaum* (Quellen und Forschungen zur Reformationsgeschichte 92).

10 For a survey on these developments cf. Thomas KAUFMANN, Das Ende der Reformation. Magdeburgs »Herrgotts Kanzlei« (1548–1551/52), Tübingen 2003, pp. 13–38; Anja MORITZ, Interim und Apokalypse. Die religiösen Vereinheitlichungsversuche Karls V. im Spiegel der magdeburgischen Publizistik 1548–1551/52, Tübingen 2009, pp. 149–200; Nathan REIN, The Chancery of God. Protestant Print, Polemic and Propaganda against the Empire, Magdeburg 1546–1551, Aldershot 2008, pp. 1–16; Franz SCHRADER, Magdeburg, in: Anton SCHINDLING / Walter ZIEGLER (eds.), Die Territorien des Reichs im Zeitalter der Reformation und Konfessionalisierung, Münster [2]1991, vol. 2, pp. 68–86.

emanating from Wittenberg from his residence in Halle with inner reforms and projects to stabilize the Roman Catholic Church. In the second half of the 1530s, however, he lost the backing of powerful neighboring territories after the deaths of Elector Joachim I of Brandenburg in 1535 and Duke George of Saxony in 1539, two avid defenders of the Catholic faith. Compelled also by his immense debt, Cardinal Albert made religious concessions to his estates at the diet of Calbe in 1541 and afterwards left the principality of Magdeburg indefinitely. His retreat opened the floodgates of Protestant reform. The town council of Halle immediately won the Wittenberg provost Justus Jonas as preacher to contend with the local Catholic clergy and population and also with Albert's governor and coadjutor, John Albert of Brandenburg-Ansbach.[11] Other cities in the principality also called Lutheran pastors to their churches in the following years, including Aken (1541), Neuhaldensleben (1541), Löbejühn (1541), Burg (1542), Calbe (1542), Schönebeck (1542), Seehausen (1542), Oebisfelde (1542), Querfurt (1542), Dahme (1542), Sudenburg (1544), Staßfurt (1545) and the New Town of Magdeburg (1547).[12]

In 1546, war broke out between Emperor Charles V and the Smalcald League. After the emperor's decisive victory at the Battle of Mühlberg in 1547, the Old Town of Magdeburg refused to capitulate. This last standing bastion of the Smalcald League subsequently drew in pursued theologians such as Nicolaus von Amsdorf, Matthias Flacius, Nicolaus Gallus and Erasmus Alberus, who published a torrent of pamphlets against the Augsburg Interim and the compromising policy of the emperor's Lutheran ally, Elector Maurice of Saxony, mockingly dubbed as the »Leipzig Interim«. Through the *Magdeburg Confession* (1550) and other writings, these refugees theologically buttressed the resistance of the besieged city under imperial ban against the emperor as a higher secular power. Among its sympathizers, the city became renown as the »Lord God's Chancery«. Although most of the pamphleteers left the Old Town as soon as the siege had been lifted in November of 1551, Flacius remained. In the following years, he initiated and organized a large-scale project to re-write the history of the Christian Church from a Lutheran perspective. The volumes of these so-called *Magdeburg Centuries* were penned largely by two theologians in Magdeburg, Johann Wigand and Matthaeus Judex.[13] The Old Town council allowed Flacius and his associates to continue publishing polemical

11 Cf. Walter Delius, Justus Jonas 1495–1555, Berlin 1952, pp. 81–106; Malte van Spankeren, Justus Jonas und der Beginn der Reformation in Halle, in: Lutherjahrbuch 84 (2017), pp. 208–223.

12 Cf. Kaufmann, Ende der Reformation (see note 10), p. 18; Mathias Tullner, Die Reformation in Stadt und Erzstift Magdeburg, in: Sachsen-Anhalt. Beiträge zur Landesgeschichte 6 (1996), p. 29.

13 On the *Magdeburg Centuries* cf. Harald Bollbuck, Wahrheitszeugnis, Gottes Auftrag und Zeitkritik. Die Kirchengeschichte der Magdeburger Zenturien und ihre Arbeitstechniken, Wiesbaden 2014; Ronald Ernst Diener, The Magdeburg Centu-

pamphlets that justified the city's defiance in the past war and at the same time fueled the controversies arising from the inner-Lutheran discourse over the Augsburg Interim.[14]

In comparison to the cities, the Reformation in the countryside of the principality of Magdeburg is shrouded in obscurity.[15] The right of the rural noblemen to approve taxes and their patronage over churches endowed this social group with political and legal leverage to assert their religious interests and to provide the evangelical movement footholds early on.[16] The rural estates defiantly opposed the archbishop's efforts to enforce the Augsburg Interim.[17] After the factual nullification of this religious decree following the Princes' Revolt and the Peace of Passau in 1552, the Reformation gained noticeable momentum in the countryside. This was facilitated by the election of Sigismund of Brandenburg, a prince with Lutheran affinities, to the archiepiscopal see in 1552.[18] Especially around 1548, a closely knit group of scholarly noblemen vigorously advancing this cause in the countryside seems to have emerged.[19] The lands under their control were concentrated west of Magdeburg near Helmstedt and centered largely around the village of Ummendorf. These noblemen drew in Lutheran pastors to their churches and enhanced infrastructures for the religious, educational and social welfare of their subjects. They founded schools and almshouses, built and maintained

ries. A Bibliohtecal and Historiographical Analysis, Harvard University dissertation 1978; Heinz Scheible, Die Entstehung der Magdeburger Zenturien. Ein Beitrag zur Geschichte der historiographischen Methode, Gütersloh 1966.

14 Cf. Kaufmann, Ende der Reformation (see note 10); Moritz, Interim (see note 10); Rein, Chancery of God (see note 10).

15 On the status of research on the rural low nobility in general cf. Christoph Volkmar, Was hatte der Niederadel in Mitteldeutschland durch die Reformation zu verlieren?, in: Werner Greiling et al. (eds.), Negative Implikationen der Reformation? Gesellschaftliche Transformationsprozesse 1470–1620, Köln / Weimar / Wien 2015, pp. 373–400.

16 Cf. Tullner, Erzstift Magdeburg (see note 12), pp. 7–40

17 Cf. Joachim von Alvensleben's Christliches Glaubensbekenntniß nebst Approbationen der vornehmsten Theologen seiner Zeit. Jm Jahre 1566 für seine lieben Kinder und Nachkommen zur gottseligen Nachfolge aufgestellt, Stendal 1854 (second extended edition: Freiburg 1986), p. 9 (introductory articles).

18 Cf. Stefan Auert-Watzik, Fronten – Interessen – Rivalitäten. Die Erzbischöfe und Administratoren des Erzbistums Magdeburg und Halle zwischen religiöser Erstarrung, Säkularisation und Dreißigjährigem Krieg 1541–1638, in: Id. (ed.), Im Wechselspiel der Dynastien – Die Stadt Halle als Residenz der Wettiner und Hohenzollern 1478–1680, Halle / Saale 2012, pp. 235–270, on pp. 244–247; Friedrich Hermann Otto Danneil, Protokolle der ersten lutherischen General-Kirchen-Visitation im Erzstifte Magdeburg anno 1562–1564, 3 booklets, Magdeburg 1864; Franz Schrader, Die Visitationen der katholischen Klöster im Erzbistum Magdeburg durch die evangelischen Landesherren 1561–1651, Leipzig 1978, esp. pp. 1–6; Eike Wolgast, Die Einführung der Reformation und das Schicksal der Klöster im Reich und in Europa, Gütersloh 2014, pp. 234–238.

19 On this rather late introduction of the Reformation into rural areas of the principality of Magdeburg cf. Schrader, Visitationen (see note 18), pp. 80f.

churches and established significant libraries, thus making knowledge for church, school and administrative purposes and for scholarly studies accessible in the countryside.

The most prominent members of this group were Andreas von Meyendorf and Joachim von Alvensleben, who had headed the opposition against the Interim.[20] Extolled by contemporaries for his knowledge of law, history and theology and for his extensive library,[21] Meyendorf had studied at the University of Leipzig.[22] In 1545, he became the castle lord of Ummendorf, exercising jurisdiction also over the areas surrounding the villages of Eilsleben and Ovelgünne. In 1547 and 1553 respectively, he called the Lutheran pastors Anthonius Holdefreund and Wolfgang Kropf, ordained in Halle and Wittenberg, to his churches in Eilsleben and Ummendorf.[23] Due to the general problem of attracting highly competent pastors to rural areas, Meyendorf cultivated correspondence with prominent theologians in the surrounding cities and later on increased the pastoral salary in Ummendorf.[24]

Joachim von Alvensleben,[25] Meyendorf's brother-in-law, had pursued studies in Leipzig, Wittenberg, Padua, France and the Netherlands. This

20 Cf. Andreas SCHOPPE, Leichpredigt. So bey des Edlen/ Ehrnuesten vnd Gestrengen Jochim von Aluenschleue/ Christlichem begrebnis zu Erxschleue den 12. Martij Anno 1588. gethan/ …, Magdeburg: Paul Donat, 1588 (VD16 S 3874), fol. F4^{r-v}.

21 Cf. Jacob GOTTFRIED, Ein Christliche vnd Tröstliche Leichpredigt aus dem 56. Capitel des Propheten Esaie/ Bey dem Begrebnis des Edlen Ehrnvesten/ gestrengen Andreassen von Meyendorff Weyland Erbsassen vff Vmmendorff. …, Magdeburg: Paul Donat, 1583 (VD16 G 2684), fol. F3^{v}; Cyriacus SPANGENBERG, Adels Spiegel. …, vol. 2, Schmalkalden: Michael Schmuck, 1594 (VD16 S 7473), fol. 77^{r}; Marcus WAGNER, Vrsprung vnd ankunfft des Vhralten Ritterlichen Geschlechts derer von Aluenslewen/ …, Magdeburg, 1581 (VD16 ZV 15349), fol. A2^{v}–A3^{r}, B1^{r}.

22 On his biography cf. Inge MAGER, Die Konkordienformel im Fürstentum Braunschweig-Wolfenbüttel. Entstehungsbeitrag, Rezeption, Geltung, Göttingen 1993, pp. 46f., note 64; Fritz SCHWERIN, Fünf Edelleute aus den vorigen Tagen: Daniel von der Schulenburg auf Altenhausen 1538 bis 1594. Jacob von der Schulenburg auf Angern, 1515 bis 1576. Joachim von Alvensleben auf Erxleben, 1514 bis 1588. Andreas von Meyendorff auf Ummendorf, 1522 bis 1583. Ludolf von Alvensleben auf Hundisburg, 1511 bis 1596. Aus den auf Dieselben gehaltenen Leichenpredigten und andern Quellen zusammengestellt, Halle 1859, pp. 92–125.

23 Cf. DANNEIL, Protokolle, booklet 2 (see note 18), pp. 25–29; Wittenberger Ordiniertenbuch 1537–1560, Leipzig 1894, no. 1434, p. 90.

24 Cf. SCHWERIN, Fünf Edelleute (see note 22), pp. 106f.

25 On his biography and library cf. ALVENSLEBEN, Glaubensbekenntniß (see note 17), pp. 5–13 (introductory articles); Reimar VON ALVENSLEBEN, Die Rückführung der Alvenslebenschen Bibliothek in ihre Heimatregion, in: Sachsen und Anhalt. Jahrbuch der Historischen Kommission für Sachsen-Anhalt 28 (2016), pp. 235–264; Werner ARNOLD, Adelsbildung in Mitteldeutschland. Joachim von Alvensleben und seine Bibliothek, in: Id. (ed.), Bibliotheken und Bücher im Zeitalter der Renaissance, Wiesbaden 1997, pp. 167–194; Peter-Michael HAHN, Fürstliche Territorialhoheit und lokale Adelsgewalt. Die herrschaftliche Durchdringung des ländlichen Raumes zwischen Elbe und Aller (1300–1700), Berlin / New York 1989, esp. pp. 140–150; Kultur-Landschaft Haldensleben-Hundisburg e.V. (ed.), Reformation auf dem Lande. Das Glaubensbek-

nobleman, well versed in philosophy, history, law and theology, later served as canon in Havelberg and councilor of the archbishops of Magdeburg. In the course of the Smalcald War, he resigned from the latter post apparently for confessional reasons. He and his eldest brother, Ludolf von Alvensleben, who served at the court of the Magdeburg archbishop Albert and his successor Sigismund,[26] shared the villages of Kalbe on the Milde and Erxleben in electoral Brandenburg as well as Eichenbarleben and the district of Alvensleben in the principality of Magdeburg. Ludolf possessed judicial authority over Hundisburg, where he founded a school in 1560,[27] and Joachim over Erxleben where he resided since 1561. Like Meyendorf, the brothers had evidently opened the doors of their churches to the Lutheran faith after the Smalcald War. In 1548, Ludolf von Alvensleben called Elias Hoffmann to Kalbe. Theodor Artropaeus was called to Hundisburg in 1554 and Nicolaus Hartzwich and Petrus Drese, two ministers who had been ordained in Wittenberg, to Alvensleben in 1557 and 1561 respectively.[28] Hoffmann oversaw the churches under the control of the Alvensleben brothers and also the extensive library of Joachim von Alvensleben in Erxleben.[29] The latter financed the acquisition of books and a new chapel partly by re-designating funds of the pious endowment of his forefather Busso von Alvensleben originally intended to maintain six mass-priests.

Ludolf and Joachim von Alvensleben's nephew, Heinrich von der Asseburg,[30] governing the district of Ampfurth, also ranked among the promotors of the Reformation in the rural areas of the principality of Magdeburg. In 1563, he made Timotheus Kirchner his personal preacher, thus successfully seizing the chance of gaining this young and talented theologian who had recently been exiled from ducal Saxony.[31] Kirchner assisted in the administration of the churches and villages under Asseburg's control. There is no

enntnis des Joachim von Alvensleben. Ausstellung auf Schloss Hundisburg vom 30.4. bis 15.10.2017. Begleitheft, Schloss Hundisburg 2017; SCHOPPE, Leichpredigt (see note 20); SCHWERIN, Fünf Edelleute (see note 22), pp. 56–91; Christoph VOLKMAR, Archivalische Quellen zu Adelsbibliotheken. Das Beispiel Joachim von Alvensleben, in: Berthold HEINECKE / Reimar VON ALVENSLEBEN (eds.), Lesen. Sammeln. Bewahren. Die Bibliothek Joachims von Alvensleben (1514–1588) und die Erforschung frühneuzeitlicher Büchersammlungen, Frankfurt a.M. 2016, pp. 49–78.

26 Cf. SCHWERIN, Fünf Edelleute (see note 22), pp. 126–131.

27 Cf. DANNEIL, Protokolle, booklet 2 (see note 18), p. 97.

28 Cf. ibid., pp. 96, 100; SCHWERIN, Fünf Edelleute (see note 22), p. 127.

29 Cf. VOLKMAR, Adelsbibliotheken (see note 25), pp. 64–70.

30 On his biography cf. Philipp MÜLLER, Leichenpredigt so bey dem Begrebnis des … Heinrich von der Assenburg, Erbsassen auf Amfort … am 3. Maij des 1573. Jars, … gehalten worden …, Magdeburg: Joachim Walde, [1573] (VD16 00). Ludolf von Alvensleben had served as Henrich's legal guardian. Cf. Landesarchiv Sachsen-Anhalt Magdeburg, U 1, IX no. 34.

31 Cf. DANNEIL, Protokolle, booklet 2 (see note 18), pp. 29f. On Kirchner's biography cf. Inge MAGER, Kirchner, Timotheus, in: Neue Deutsche Biographie 11 (1977), pp. 664f.

evidence that Asseburg established an extensive library in Ampfurth like Meyendorf in Ummendorf and Alvensleben in Erxleben, but he is known to have acquired twelve sets of the eight-volume German edition of Luther's works published in Jena for his churches.[32]

The dedicatory letter prefacing the seventh volume of the *Magdeburg Centuries* published in 1564 reveals that not only the four previously mentioned noblemen, but also Achatius von Veltheim[33] promoted the Protestant cause in the principality of Magdeburg and supported the historiographic project that had been initiated in early 1550s in the nearby metropole.[34] Veltheim, the youngest of all, had studied law in Leipzig and Italy. He co-founded an almshouse in Harbke near Helmstedt[35] and later built the palace and parish church of St. Levin in the village.

These and presumably other rural noblemen, whose related activities are scarcely traceable, formed a driving force complementing the efforts of Archbishop Sigismund to systematically introduce the Lutheran faith into his principality at the administrative level. He commenced this process by ordering the inspection of the churches and monasteries in 1561. A general visitation followed from 1562 to 1564.[36] Andreas von Meyendorf and Ludolf and Joachim von Alvensleben were among the legal experts in the visitation committees. On July 2, 1564, Sigismund requested separate proposals for church and school reforms from the cathedral chapter, the prelates, the rural

32 Cf. Timotheus Kirchner, Jndex oder Register vber die Acht deudsche Tomos/ Ersten vnd andern Drucks/ aller Bücher vnd Schrifften … Doctor Martini Lutheri …, Jena: Donat Richtzenhan and Thomas Rebart, 1564 (VD16 L 3454), fol. *3v. Cf. also Stefan Michel, Die Kanonisierung der Werke Martin Luthers im 16. Jahrhundert, Tübingen 2016, p. 233.

33 On his biography cf. Polycarp Leyser, Leichpredigt/ bei dem begrebnisz/ des weiland Edlen/ Gestrengen vñd Ehrn=Vesten Achatii Von Veldtheim/ Erbsassen zu Harpke/ vnd Dernburg/ Herrn zu Ostraw etc welcher den 12. Novembris des 88ten Jars zu Harpke … eingeschlafen ist/ vnd hernach den 22. gedachten Monats daselbsten … bestattet worden. …, Brunswick: Daniel Büring, 1589 (VD16 L 1459).

34 It was dedicated to Christoph von Steinberg in the principality of Brunswick, Ludolf and Joachim von Alvensleben, Hartwig von Werder in the prince-bishopric of Hildesheim, Andreas von Meyendorf, Heinrich von der Asseburg and Achatius von Veltheim. Matthias Flacius et al., Septima Centuria Ecclesticae Historiae …, Basel: Johann Oporinus, 1564 (VD16 E 229), fol. a2r. Cf. Bollbuck, Wahrheitszeugnis (see note 13), pp. 454–456. Similarly, Cyriacus Spangenberg dedicated a German translation of Raimundo González de Montes' *Inquisitio Hispanica* to Heinrich von der Asseburg, Andreas von Meyendorf, Ludolf and Joachim von Alvensleben and Johann von Hildesheim in the Harz region on June 19, 1569. Raimundo González de Montes, Inqvisitio Hispanica. Schreckliher Process vnd erbermliche Exempel/ Wie man in Hispanien vnd anderswo mit den armen Christen vmbgehet/ vnd vmb der Warheit willen Martert vnd Tödtet, translated by Wolfgang Kaufmann and edited by Cyriacus Spangenberg, Eisleben: Andreas Petri, 1569 (VD16 ZV 6902).

35 Cf. Danneil, Protokolle, booklet 2 (see note 18), p. 131.

36 Ibid.

nobility and the cities.[37] The memorandum of the rural nobility, an extensive document encompassing more than 1,180 folio-size pages, was completed in 1565.[38] It was modelled largely after the proposals that Archbishop Hermann von Wied had published in 1543 for his daring venture to introduce Protestantism into the principality of Cologne.[39] The memorandum of the nobility in the Magdeburg countryside was divided into eight parts. It began with an extensive exposition of 15 articles of Christian faith filling nearly 800 pages. As expressed in the introductory words, the rural nobility viewed this doctrinal section of the writing as a confession in which they presented their beliefs on the one hand and rejected corrupt and false teachings on the other. It was additionally intended as a means of handing down unadulterated teaching to the next generation. In the sole surviving manuscript – a fair copy made by several scribes containing final changes by another unknown person – it was noted that copies of the *Confessio Augustana*, the *Apologia* and the *Smalcald Articles* were to be attached to this section in the copy for the archbishop. Thus, the first and foremost section of the memorandum represented both a confession of faith and a *corpus doctrinae*.

Parallel and apparently in opposition to these common formulations of Lutheran faith, Andreas von Meyendorf, Joachim von Alvensleben and other members of the nobility[40] had a personal confession written presumably

37 Cf. SCHRADER, Visitationen (see note 18), p. 5.

38 The only known copy of the memorandum is preserved today in: FB Gotha, Chart. A 331. A description of the manuscript in: Katalog der Reformationshandschriften. Aus den Sammlungen der Herzog von Sachsen-Coburg und Gotha'schen Stiftung für Kunst und Wissenschaft, described by Daniel GEHRT, Wiesbaden 2015, pp. 618–620. Schrader mentions the existence of a copy of the memorandum of the cities written by Martin Chemnitz. It was preserved in the municipal library of Magdeburg, but then lost to war. Cf. SCHRADER, Visitationen (see note 18), p. 5.

39 Hermann von WIED, Erzbischof von Köln, … einfaltigs bedencken/ warauff ein Christliche/ in dem wort Gottes gegrünte Reformation/ an Lehr/ brauch der Heyligen Sacramenten vnd Ceremonien/ Seelsorge/ vnd anderem Kirchendienst/ biß vff eines freyen/ Christlichen/ Gemeinen/ oder NationalsConcilij/ oder des Reichs Teutscher Nation Stende/ im Heyligen Geyst versamlet/ verbesserung bey denen so vnserer Seelsorge befolhen/ anzurichten seye. …, Bonn: Laurenz von der Mülen, 1543 (VD16 K 1734). On Wied's reform efforts cf. Andreea BADEA, Kurfürstliche Präeminenz, Landesherrschaft und Reform. Das Scheitern der Kölner Reformation unter Hermann von Wied, Aschendorff 2009.

40 Meyendorf and Alvensleben indicated independently of each other that they did not initiate this writing on their own, but rather together with other noblemen. Cf. ALVENSLEBEN, Glaubensbekenntniß (see note 17), p. 22; Andreæ von Meyendorff, auf Ummendorff, Bekänntniß Göttlicher, reiner, heilsamer Lehre von denen fürnehmsten Artickeln, in Gottes Wort gegründet u.s.w., in: Fortgesetzte Sammlung Von Alten und Neuen Theologischen Sachen, Büchern, Uhrkunden, Controversien, Veränderungen, Anmerckungen, Vorschläge, u.d.g. …, Leipzig 1722, pp. 30–38, 357–367 (subsequently referred to as FSATS [1722]), on pp. 36f.

around the end of 1565.[41] The leather-bound quarto manuscript in Alvensleben's possession has survived up to this day[42] as well as a copy of this manuscript made in 1567.[43] The initials A V V embossed on the front side of the leather binding likely refer to the afore-mentioned Achatius von Veltheim. Traces of three other copies that were in Meyendorf's personal possession in Ummendorf,[44] in Alvensleben's church in Erxleben[45] and at a library in Stendal[46] can be found in secondary sources. Since knowledge of these manuscripts is due in part to chance, it is safe to assume that further copies once existed.

41 The confession is not dated. However, a letter from Meyendorf to Martin Chemnitz reveals that it was completed before January 22, 1566. The letter is printed in: Philipp Julius REHTMEYER, … Der berühmten Stadt Braunschweig Kirchen-Historie, Fünfter Theil, Darinn Die bey dem Vierten Thiel versprochene Beylagen, Epistolæ, Consilia, Responsa &c. Auch die Supplementa und Register über das gantze Werck …, Brunswick 1720, Supplementa, pp. 109f. The earliest possible year that it could have been composed is 1563. Reference is repeatedly made to the decrees of the Council of Trent published in 1563 (ALVENSLEBEN, Glaubensbekenntniß [see note 17], pp. 105, 115, 133). In addition, a panel produced in 1563 with Meyendorf's coat-of-arms was used to emboss the leather cover of his copy that no longer exists. A description of the cover can be found in: FSATS (1722), p. 31. Cf. description of the panel in: Rollen- und Plattenstempel des XVI. Jahrhunderts, cataloged by Konrad HAEBLER, Leipzig 1929, vol. 2, p. 41, no. III.

42 Von Alvenslebensche Bibliothek (subsequently referred to as AB) at the Hundisburg Castle, Alv Dl 204. The manuscript is printed in: ALVENSLEBEN, Glaubensbekenntniß. Digital images of the manuscript are available under URL: <http://diglib.hab.de/?db=mss&list=ms&id=alv-dl-204&PHPSESSID=82a907dce42ca96c66c34160eca1782b> (9/16/2018).

43 ULB Halle, 12 B 11. The copy includes the corresponding statements and signatures of the theologians, but it lacks Alvensleben's personal statement written in his own handwriting at the end of the confession. In addition to the original, it contains a table of contents and the year 1566 on the title page. At a later time period, »Joachimi von Alvensleben« was added at the top of the title page.

44 Descriptions of the copy in: AB at the Hundisburg Castle, Alv F 30, fol. 405^{v}–407^{r}: Gebhard VON ALVENSLEBEN, Stemmatographia Alvenslebiana oder Grund und ausführliche Beschreibung des Adelischen Geschlechts derer von Alvensleben … zusammen getragen Jm Jahr 1656; FSATS (1722), pp. 30–38, 357–367 (ten signed statements). In 1722, the deacon, consistorial assessor, numismatist and hymnologist in Arnstadt, Johann Christoph Olearius, held this manuscript in his possession. Today its location or fate remains unknown.

45 This is recorded in an entry written by Alvensleben in a copy of the *corpus doctrinae* that Mörlin and Chemnitz had compiled for the city of Brunswick in 1563 (VD16 ZV 20910). AB at the Hundisburg Castle, Alv U 184. Cf. ARNOLD, Adelsbildung (see note 25), p. 184. This copy contains the *Confessio Augustana*, the corresponding *Apologia*, the *Smalcald Articles* and the *Lüneburg Articles*, but it is lacking the first writing of the print, namely the school and church ordinance that Johannes Bugenhagen composed for the city of Brunswick in 1531. On this *corpus doctrinae* cf. Inge MAGER, Das Corpus Doctrinae der Stadt Braunschweig im Gefüge der übrigen niedersächsischen Lehrschriften Sammlungen, in: Stadtkirchenverband Braunschweig (ed.), Die Reformation in der Stadt Braunschweig. Festschrift 1528–1978, Braunschweig 1978, pp. 111–122.

46 Cf. ALVENSLEBEN, Stemmatographia (see note 44), fol. 406^{r}. It was also an original located there verifiably in the mid-seventeenth century.

This comprehensive confession of faith fills 218 quarto folios and is entitled *Bekentnus Gotlicher reiner Heilsamer lehre von den fürnemsten Artickeln in Gottes Wordt gegründet, darinn kurtzlich gehandelt, verworffen vndt widerlegt werden, die furnemsten Corruptelen alt vndt new, sonderlich aber die so itzige Zeit hin vndt wid[er] eingeslichen sein, auch vnter vilen die sich zur Augßburgischen Confession vermeintlich bekennen.*[47] The work is divided into *loci*, spanning the whole range of Christian doctrine from the teaching on God to the Last Judgement.[48] The second half of the title regarding the rejection and refutation of corrupt doctrines that had allegedly crept into the teachings of the adherents to the *Confessio Augustana* clearly reveals that the contemporary inner-Protestant controversies formed one of the chief reasons for the composition of the confession.

In this respect, this personal statement of faith differs markedly from the memorandum for the archbishop of Magdeburg. Although the latter also rejects and refutes specific teachings, it remains vague in comparison, thus enhancing its potential as a consensual basis. Meyendorf's and Alvensleben's confession was in this regard more in-depth and explicit. Teachings regarded as corrupt or blatantly false were condemned by name, that is according to the pejorative labels commonly used in the polemic pamphlets. For example, a section dealing with the question of free will consists of a series of paragraphs containing the predicate »I damn« and rejecting teachings accredited to the early Christian heretic Pelagius, the »Papists«, the »Synergists«, the »Schwenkfeldians« and the »Enthusiasts«.[49] In like manner, Johannes Agricola's understanding of the relationship between Law and Gospel was condemned as »antinomic«, the chief erroneous teachings on the sacraments were attributed to the »Calvinists« and »Papists« and the Wittenberg professors were denounced as »Adiaphorists« due to their seemingly compromising position in regards to ceremonial provisions of the Augsburg Interim.[50]

In contrast to the memorandum, Meyendorf's and Alvensleben's personal confession also refers to the so-called *Lüneburg Articles* as an authoritative document. They were written and signed by theologians representing the cities of the Lower Saxon Imperial Circle under the leadership of Joachim

47 AB at the Hundisburg Castle, Alv DI 204, fol. 1r.

48 It includes the articles on God, creation, mankind before the fall into sin, mankind after the fall into sin, sin in general, original sin, actual sin, deadly and daily sins, free will, God's laws, the ten commandments, the Gospel, the justification of the sinner before God or the forgiveness of sins, good works, the sacraments in the New Testament in general, the keys to the heavenly kingdom, repentance or conversion to God, prayer, the Christian and false church, Christian freedom, ceremonies and tradition of the church introduced by mankind, crosses, secular authorities, marriage, the resurrection of the dead, the Last Judgement and eternal life.

49 ALVENSLEBEN, Glaubensbekenntniß (see note 17), pp. 94–97.

50 Ibid., pp. 118f., 156, 196f.

Mörlin at a synod in Lüneburg in July of 1561. The articles were responses to three controversial issues prevailing among the adherents to the *Confessio Augustana*.[51] The first article specified the confessional writings that they regarded as authoritative interpretations of Scripture. This same *corpus doctrinae* formed the fundamental theological reference of both the memorandum of rural nobility and Meyendorf's and Alvensleben's confession. The participants of the synod emphasized the necessity to explicitly condemn all corrupt teachings in order to preserve pure doctrine. The teachings of the so-called »Osiandrians«, »Majorists«, »Sacramentarians«, »Adiaphorists« and »Synergists« were rejected accordingly as subtle, yet spiritually dangerous deviations from the *Confessio Augustana*. Finally, the third article rejected the authority of the pope to call imperial estates adhering to the *Confessio Augustana* to a church council. The views expressed in the first two articles were guiding principles for Meyendorf's and Alvensleben's confession, whereas the memorandum represented a more mediating stance to the inner-Lutheran controversies. Meyendorf and Alvensleben obviously perceived this as a shortcoming. It was most likely a primary reason for their decision to have their own confession composed.

The confession was written by Johann Wigand, pastor and superintendent in the Hanseatic city of Wismar on the Baltic Sea.[52] Wigand is not explicitly named in the manuscripts. However, he revealed himself as author in a slightly revised version of this work printed in 1582.[53] His dogmatic compendium entitled *Σύνταγμα, seu Corpus doctrinae Christi, ex novo Testamento* first published in 1558 served as the structural basis for this writing.[54] Thus, the choice

51 Joachim Mörlin, Erklerung aus Gottes Wort/ vnd kurtzer bericht/ der Herrn Theologen/ Welchen sie der Erbarn Sechsischen Stedten Gesandten/ auff den Tag zu Lüneburgk/ im Julio dieses 61. Jars gehalte[n]/ fürnemlich auff drey Artikel gethan haben. …, Jena: Donat Richtzenhan, 1561 (VD16 M 5874). On the *Lüneburg Articles* cf. Heinrich Heppe, Geschichte des deutschen Protestantismus in den Jahren 1555–1581, vol. 1, Marburg 1852, pp. 416–420; Hartmut Kühne, Nikolaus von Amsdorf im Streit zwischen dem Magdeburger Rat und lutherischen Theologen um die Amtsenthebung des Tilemann Heshusius, in: Irene Dingel (ed.), Nikolaus von Amsdorf (1483–1565) zwischen Reformation und Politik, Leipzig 2008 (LStRLO 9), pp. 281–306, on pp. 285–288.

52 On his biography cf. Irene Dingel, Wigand, Johannes (1523–1587), in: TRE 36 (2004), pp. 33–38.

53 Johann Wigand, Confession Oder Bekentnis Götlicher reiner/ heilsamer Lere von den fürnemesten Artickeln des Glaubens / sampt etlicher widerwertigen Lere/ Corruptelen vnd Jrthum/ kurtze vnd gegrünte widerlegung/ …, Erfurt: Esaias Mechler, 1582 (VD16 W 2787), fol. A2ᵛ. Cf. Robert Kolb, Confessing the Faith. Reformers Define the Church, 1530–1580, St. Louis, MO 1991, pp. 107f.

54 Wigand mentions this in the dedicatory letter prefacing the print (fol. A4ʳ). On this work cf. Robert Kolb, The Advance of Dialectic in Lutheran Theology. The Role of Johannes Wigand (1532–1587), in: Jerome Friedman (ed.), Regnum, Religio et Ratio. Essays Presented to Robert M. Kingdon, Kirksville, MO 1987, pp. 93–102, on pp. 96, 99–101. Reprinted in: Id., Luther's Heirs Define His Legacy. Studies on Lutheran Con-

and arrangement of the *loci* in the confessional writing were derived from the *Syntagma*. Only those on verbal inspiration and human tradition, predestination and miracles had been excluded. The inherent connection between both writings seemingly dispels the assertion of the Brunswick preacher Jacob Gottfried made in his funeral sermon in 1583 that Meyendorf originally wrote the confession and then had it reviewed by theologians.[55] At the same time, the possibility that he and Alvensleben participated in the creation of this writing cannot be entirely dismissed.

Meyendorf and Alvensleben had established personal contact with Wigand[56] and others working on the *Magdeburg Centuries* in the Old Town since the 1550s, including Flacius[57] and Marcus Wagner[58] who assiduously collected historical information from libraries throughout Europe. Both also ranked among the leading members of the rural nobility financially supporting this historiographic project.[59] Their confession of faith attests to the fact that they assumed the uncompromising and condemning theological stance held by these theologians. However, it remains unclear whether this allegiance already dates back to the beginning of the Interim crisis in 1548. Meyendorf and Alvensleben also frequently sought advice from the superintendent of the nearby Hanseatic city of Brunswick, Joachim Mörlin, and his coadjutor Martin Chemnitz. Alvensleben knew Mörlin since his studies in

fessionalization, Great Yarmouth / Norfolk 1996, no. XVI. This dogmatic writing arose from Wigand's and Judex' joint work on the *Magdeburg Centuries*. Cf. Daniel GEHRT, »Zum besseren vnd gründtlicheren verstandt des Catechsismi Lutheri«. Das *Kleine Corpus Doctrinae* des Matthäus Judex, in: Gerlinde HUBER-REBENICH (ed.), Lehren und Lernen im Zeitalter der Reformation, Tübingen 2012 (SMHR 68), pp. 149–199, on pp. 156f.

55 Cf. GOTTFRIED, Leichpredigt (see note 21), fol. G1^{r-v}.

56 Cf. SCHWERIN, Fünf Edelleute (see note 22), p. 95.

57 Flacius dedicated, for example, his edition of Julius Firmicus Maternus' *De errore profanarum religionum* (VD16 F 1121) on July 1, 1561, to Meyendorf. Cf. also GOTTFRIED, Leichpredigt (see note 22), fol. G1^{r}.

58 Cf. Marcus WAGNER, Von des Adels ankunfft Oder Spiegel/ Sampt zweien Ritterlichen/ Adelichen Geschlechten ..., Magdeburg 1581 (VD16 ZV 15350), appendix on Meyendorf, fol. F4^{r}. On Wagner's role in the historiographic project cf. BOLLBUCK, Wahrheitszeugnis (see note 13), esp. pp. 106–110, 123.

59 Cf. BOLLBUCK, Wahrheitszeugnis (see note 13), pp. 133, 454–456; Marcus WAGNER, Vrsprung vnd ankunfft des Vhralten Ritterlichen Geschlechts derer von Aluenslewen/ ..., Magdeburg 1581 (VD16 ZV 15349), fol. A2^{v}. In gratitude for his support, Alvensleben received a copy of the *Catalogus testium veritatis* (1556) (Alv V 598) from Matthias Flacius personally and a copy of the first volume of the *Magdeburg Centuries* (1559) (Alv V 358) from Wigand in the name of all the editors. Cf. ARNOLD, Adelsbildung (see note 25), pp. 184f.

Wittenberg,[60] but the earliest evidence for communication related to church politics is from the 1560s.[61] This also holds true for Chemnitz's role as Meyendorf's close advisor.[62]

Mörlin and Chemnitz were both involved in the noblemen's efforts to have a confession of faith composed in their names. In fact, the earliest known reference to the work can be found in a letter that Meyendorf wrote to Chemnitz on January 22, 1566.[63] The letter as a whole opens further insights into the network of the theologians advising and supporting this project and gives clues to the greater issues at hand. After remarking on the completion of the second volume of Chemnitz's comprehensive examination of the canons and decrees of the Council of Trent,[64] Meyendorf addressed a central proposal formulated in the memorandum of the rural nobility from 1565, namely the founding of university-level educational institutions in Magdeburg and Halle.[65] The existing Latin schools were to be built up using funds from the collegiate churches and monasteries. Meyendorf had received advice from Chemnitz and David Chytraeus,[66] theology professor at the University of Rostock, but also wanted to discuss the matter with Mörlin. Thus, this opening section of the letter indirectly reveals that as the confession was being composed, the church and school reforms for the principality of Magdeburg were being negotiated, and that Meyendorf was corresponding regularly with several theologians.

Following news of the death of the Brunswick mayor Henning von Damm, Tilemann Heshusius, court preacher and superintendent in Neuburg on the Danube, emerges in the second section of the letter as another theologian closely integrated into Meyendorf's network of ecclesiastical advisors.[67] Meyendorf and Alvensleben were in contact with Heshusius since he had served

60 They both lived in the same house in Wittenberg. Cf. SCHOPPE, Leichpredigt (see note 20), fol. E2^{v}.

61 Alvensleben requested, for example, Mörlin's opinion in 1564 when calling Johann Columbinus as pastor to the village of Uhrsleben. Cf. Kultur-Landschaft Haldensleben-Hundisburg e.V. (ed.), Reformation auf dem Lande (see note 25), p. 11.

62 Cf. GOTTFRIED, Leichpredigt (see note 21), fol. A3^{v}; MAGER, Konkordienformel (see note 22), pp. 46f., note 64.

63 Printed in: REHTMEYER, Braunschweig, Supplementa (see note 41), pp. 109f.

64 Martin CHEMNITZ, Examen Decretorvm Concilii Tridentini. …, 4 vols., Frankfurt a.M. 1566–1573 (VD16 C 2168).

65 FB Gotha, Chart. A 331, fol. 508^{r}–510^{v}. These academies were to be modeled after the *schola theologica* described in Hermann von Wied's reform proposals for the principality of Cologne in 1543. WIED, Bedencken, fol. CXXX^{v}–CXXXV^{v}. Like the Academy of Strasbourg, the two new institutions were to offer a curriculum equivalent to that of a university, although not possessing the necessary privileges to grant academic degrees.

66 The rural nobility had recommended Chytraeus in 1564 for the reform of the monasteries in the archbishopric. Cf. SCHRADER, Visitationen (see note 18), p. 46.

67 Cf. SCHWERIN, Fünf Edelleute (see note 22), p. 95.

as pastor at the St. John's Church in Magdeburg from 1560 to 1562.[68] Meyendorf relates that Heshusius announced in his last letter that he would soon accompany his prince, Count Palatine Wolfgang of Zweibrücken, to the diet of Augsburg because of the impending negotiations between Lutherans, Catholics and Calvinists. Meyendorf concludes with the remark that the count had gained such an outstanding theologian as Heshusius due to the persecutions in Magdeburg.

This reference points to a conflict vital for understanding the origins of the noblemen's confessional writing. It arose over the so-called Lüneburg Mandate of the estates of the Lower Saxon Imperial Circle in August of 1561 that stood in stark contradiction to the recommendations in the *Lüneburg Articles* signed just a month earlier by the leading theologians of this same circle. The mandate prohibited polemics from the pulpits and required all publications to be pre-censored by the secular authorities.[69] Archbishop Sigismund received the support of the Old Town council of Magdeburg to enforce this measure to curb the theological controversies frequently inciting animosities and public disturbances, while Heshusius mobilized protest against such restrictions on the obligation of called pastors to guard the church against false teaching. The mandate was consequently implemented to dismiss him and two other pastors from their church offices and to expel three other theologians from the city, including Wigand, who had been recently exiled from ducal Saxony due to similar conflicts with the Ernestine prince John Frederick II over authority in the church.[70] These measures silencing the »Lord God's Chancery« and thus signaling a radical change in the confessional policy of the Old Town council was necessary to secure the success of the negotiations at the time to finally lift the imperial ban from the metropole. The debate over this issue divided the citizens of Magdeburg for years to come. Members of the rural nobility also involved themselves in the conflict. Meyendorf sided with Heshusius and Wigand and subsequently accommodated them in Ummendorf after they had been forced out of Magdeburg.[71] Over the following years, Meyendorf granted several such exiled preachers temporary refuge.[72] Thus, after

68 Heshusius dedicated, for example, his book *Vom Ampt und Gewalt der Pfarherrn* (VD16 H 3163) to Meyendorf on January 13, 1561, and his book *Von vermeinten freyen Willen wider die Synergisten* (VD16 H 3169) to Alvensleben on July 4, 1562, because Alvensleben had personally attended sermons in Magdeburg that formed the basis of the writing.

69 Cf. Kühne, Amsdorf (see note 51), esp. pp. 285–292.

70 Cf. Gehrt, Konfessionspolitik (see note 7), esp. pp. 195–201; Kühne, Amsdorf (see note 51), pp. 287–289.

71 Cf. Bollbuck, Wahrheitszeugnis (see note 13), pp. 455f.

72 Gottfried, Leichpredigt (see note 21), fol. G1^{r}; Bartholomaeus Gernhard, De Exiliis. …, Eisleben: Urban Gaubisch, 1575, fol. B3^{r-v}, F4^{v} (VD16 G 1592); Kultur-Landschaft Haldensleben-Hundisburg e.V. (ed.), Reformation auf dem Lande (see note 25), p. 15.

the Old Town council of Magdeburg had abandoned its former liberal asylum and publication policy, Meyendorf and other members of the rural nobility assumed this function in the region according to their limited capacities. The personal confession of Meyendorf and Alvensleben, acknowledging the normative authority of the *Lüneburg Articles* and condemning allegedly corrupt teachings by name, stood in opposition to the restrictions prescribed in the Lüneburg Mandate and can thus also be viewed as a response to this conflict.

Along with the letter to Chemnitz, Meyendorf sent his copy of the confession, requesting Chemnitz and Mörlin to read it thoroughly and to testify their affirmation by signing it.[73] Afterwards, he intended on having the manuscript bound and sent to Wigand in Wismar. Wigand was then to request Chytraeus in Rostock and Joachim Westphal in Hamburg to sign it. He announced that Alvensleben would also soon send his copy with an identical text to them. The affirmation of the above mentioned was sought first and foremost because they represented the leading theologians in the Lower Saxon Imperial Circle to which the principality of Magdeburg belonged.[74] The clergy holding offices at the time in Magdeburg were not taken into consideration due to Meyendorf's and Alvensleben's position in the conflict over the Lüneburg Mandate. In February and March of 1566, their copies were signed and affirmed in short statements by Westphal, Mörlin, Chemnitz, Wigand and Chytraeus.[75]

At the end of April and the beginning of May, Meyendorf and Alvensleben had their confession approved by three other theologians: the two leading theologians in the dominions of the lords of Schönburg and Reuss, Bartholomaeus Rosinus and Simon Musaeus, and Heshusius, who was then at the imperial diet in Augsburg. All three had been exiled for defending the authority of the clergy against the Lüneburg Mandate or similar restrictions imposed

73 »Der Papst Impius 4. ist im Decembri ufgeflogen, ich schicke jetzo residuam partem confessionis, bitt, jhr wollets durchlesen fleißig, auch dann für eur Person unterschreiben, desgleichen des Herrn D. Morlinum bittlich vermügen auch zu unterschreiben, daran thut ihr mir ein sonder angenehmes Werck, und wils willig verdienen, ich wils dann fein reinlich lassen einbinden, darnach D. Wigando schicken, der auch D. Chytraeum und D. Westphalum um subscription soll bittlich anlangen. Jst ein Correctur darinn noch vonnöhten, das thut treulich, es kan durch den Schreiber restituiret werden, allein bitt ich subscribirt. [...] Joachim von Alvensleve wird diese Confession gleichlautens an euch beyde Herrn in kurtzen auch schicken, und um subscription bitten, qui est ejusdem propositi sicut ego«. REHTMEYER, Braunschweig, Supplementa (see note 41), p. 110.

74 Among these theologians are likely those from whom Wigand had received advice when composing the confession. Cf. WIGAND, Confession (see note 53), fol. A2^{v}. Meyendorf, Alvensleben and Elias Hoffmann also mention that several theologians were involved in the project. Cf. FSATS (1722), pp. 36f., 360; ALVENSLEBEN, Glaubensbekenntniß (see note 17), p. 22.

75 Westphal's signature is only verifiable for Meyendorf's copy. Cf. ALVENSLEBEN, Stemmatographia Alvenslebiana (see note 44), fol. 406^{r-v}. See the list of subscribers in appendix no. 1.

by Duke John Frederick II of Saxony in the early 1560s and they continued to mobilize resistance and to support pastors suffering similar fates in electoral Saxony and other territories.[76] Although Flacius, then residing in the imperial city of Regensburg, stood in close contact with Meyendorf since the early 1550s[77] and headed the opposition to Duke John Frederick II, he was not requested to sign the confession. This is likely due to the rising criticism on his claim that original sin was part of the substance of every human being. This proposition was discussed within a close circle of theologians and rejected by some, including Wigand and Heshusius, before the publication of this stance in his hermeneutical treatise *Clavis scripturae* set off a wide-spread debate in 1567. Likely disturbing for Meyendorf was the fact that Flacius assumed an ambivalent position in the conflicts in the Old Town of Magdeburg.[78]

In order to secure the orthodoxy of the confession from the pertinent church authorities, and apparently also to make a political statement, Meyendorf and Alvensleben sought the approval of these select theologians who represented the greater imperial administrative district to which they themselves belonged and had stood for their position in the conflicts over authority in the church raging simultaneously between clergy and worldly powers in several Protestant cities and territories in the 1560s. Afterwards the noblemen wrote forewords for their personal copies – the one from Alvensleben is dated June 13, 1566 – and signed at the end in their own handwriting, thus confessing for the first time their faith using Wigand's formulations.[79]

From the end of June to the middle of July, Meyendorf and Alvensleben had their copies affirmed and signed by prominent theologians in their own region. These included four theologians in the county of Mansfeld who in part served as important advisors for the noblemen, namely Hieronymus Mencel, Cyriacus Spangenberg, Johannes Aurifaber and Christoph Irenäus,[80] and a number of pastors holding offices in the lands of the rural nobility and actively promoting the church reforms in the principality of Magdeburg. Alvensleben had Fabian Kein, the new pastor in Erxleben, and Elias Hoffmann in Kalbe on the Milde sign his copy. Heinrich von der Asseburg's preacher in Ampfurth, Timotheus Kirchner, signed both copies in Meyendorf's village Ummendorf. Perhaps already informed about the confession of the noblemen, Kirchner

76 On Rosinus and Musaus cf. Theodor DISTEL, Der Flacianismus und die schönburg'sche Landschule zu Geringswalde, Leipzig 1879, esp. pp. 15–47; GEHRT, Konfessionspolitik (see note 7), esp. pp. 170–173, 193–203, 224–246; Stefan MICHEL, Das Bekenntnis zur Lehr Luthers in den reußischen Herrschaften. Wahrheit – Konfessionalisierung – Erinnerungspflege (Beiträge zur Reformationsgeschichte in Thüringen 11), Jena 2017, pp. 28–32.

77 Cf. GOTTFRIED, Leichpredigt (see note 21), fol. G1^r.

78 Cf. KÜHNE, Amsdorf (see note 51), p. 299.

79 AB at the Hundisburg Castle, Alv Dl 204, fol. VII^r–XIII^v, 219^r; FSATS (1722), pp. 36–38.

80 Cf. GOTTFRIED, Leichpredigt (see note 21), fol. G1^r.

had dedicated his *Thesaurus explicationum omnium articulorum doctrinae Christianae* to Meyendorf six month earlier.[81] The *Thesaurus* was a compilation of quotes from Luther's writings arranged according to *loci* forming a comprehensive *corpus doctrinae Christianae*. In the title, Kirchner emphasized that many of these articles were heavily debated at the time. However, such references are in general not as explicit as in Meyendorf's and Alvensleben's confession.[82]

In contrast to Alvensleben, Meyendorf continued to have others sign his copy during the course of the following four years. In May and June of 1567, three theologians working alongside Heshusius in the principality of Neuburg affirmed the confession: the superintendent in Monheim, Jacob Rabus, the court preacher in Neuburg, Johannes Kleinau, and the professor at the academy in Lauingen, Johann Friedrich Cölestin. From October to December of 1569, three pastors who had received church offices in the county of Mansfeld in the past few years signed as well: Heinrich Roth, Wilhelm Sarcerius and Andreas Fabricius. A number of exiled theologians also endorsed the confession. These included the afore-mentioned Heinrich Roth, who had been expelled from Sangerhausen before receiving a new post in the county of Mansfeld, the former archdeacon in Waldenburg, Martin Faber, who had been dismissed from his office in 1567 together with Bartholomaeus Rosinus and others as Elector August closed down the Latin school in the nearby city of Geringswalde,[83] and the new cathedral preacher in Königsberg, Benedict Morgenstern, who had been expelled from Thorn in the summer of 1568 because of his refusal to allow Bohemian Brethren to take part in the Lord's Supper.[84] Finally, Meyendorf had notable preachers in the surrounding countryside sign his copy. These included the new pastor in Erxleben, Andreas Schoppe, in February of 1569 and Johann Borgius, pastor in Fallersleben, the residence of the widowed duchess Klara of Brunswick-Gifhorn, in 1570. Interestingly enough, as rector of the Martin's School in Halberstadt Schoppe had already had access to Meyendorf's copy of the confession three years earlier as

81 Timotheus KIRCHNER, Thesavrvs Explicationvm Omnivm Articvlorvm Ac Capitvm … doctrinae Christianae, quae hac aetate controuersa sunt ex … D. Martin Lutheri … operibus iam recens … collectus, & in ordinem conuenientissimum digestus …, Frankfurt a.M.: Sigmund Feyerabend and Thomas Rebart, 1566 (VD16 L 3511). The dedicatory letter is dated December 29, 1565.

82 Kirchner mentions, as an exception, Caspar Schwenkfeld's name when denouncing his mystic's view on divine inspiration (p. 12), but when selecting quotes to refute Georg Major's proposition that good works are necessary for salvation, he does not explicitly name this theology professor in Wittenberg (p. 467).

83 Cf. DISTEL, Flacianismus (see note 76).

84 Cf. Carl Alfred VON HASE, Morgenstern, Benedict, in: Allgemeine Deutsche Biographie 22 (1885), pp. 228–230.

it was being circulated in the county of Mansfeld.[85] This case indicates that the confession commissioned by Meyendorf and Alvensleben presumably experienced a much wider reception than is mirrored by the lists of signatures.

2. The Confession of Duchess Dorothea Susanna of Saxe-Weimar (1575)

There are a number of significant correlations between the confession of the rural nobility in the principality of Magdeburg and that of Duchess Dorothea Susanna of Saxe-Weimar written nearly a decade later. This is due in part to the fact that the Ernestine dynasty, which this princess of the Palatinate had married into in 1560, played a leading role in promoting the public condemnation of those teachings also rejected by Meyendorf and Alvensleben. This policy can be seen as the dynasty's attempt at compensating for its drastic losses in the Smalcald War.[86] After the Battle of Mühlberg in 1547, Emperor Charles V had stripped John Frederick I of Saxony of the electoral title and the respective lands surrounding Wittenberg. The former elector, imprisoned by the emperor, symbolically capitalized on his losses by fashioning himself as a martyr for the Protestant cause and as an unyielding and uncompromising defender of Luther's theological legacy. Publishing his rejection of the Augsburg Interim as a »confession« was an integral part of this strategy. At the same time, he discredited the Albertine prince, Maurice of Saxony, whom the emperor had endowed with his former title and lands, as a politically opportunistic traitor of the Lutheran faith. In the ensuing inner-Lutheran controversies, Philipp Melanchthon and other theologians in the Saxon universities of Wittenberg and Leipzig were reproached as »Adiaphorists«, »Majorists« and »Synergists«. John Frederick I and his sons pursued this policy by supporting the pamphleteers in the Old Town of Magdeburg. After the siege of the metropole had been lifted at the end of 1551, they subsequently drew those responsible for this defiant publishing campaign into their service. These included Christian Rödinger, who established a printing press in Jena – the new academic center of the Ernestine princes – and the prolific writers Nicolaus von Amsdorf, Matthias Flacius, Johann Wigand and Matthaeus Judex. They fueled new campaigns directed primarily against Elector August of Saxony, Maurice's successor in 1553, and the Albertine theologians.

The Ernestine dukes also counteracted the attempts of the Albertine elector and other Protestant imperial estates to promote an integrative interpretation of the *Confessio Augustana* that could facilitate the formation of a unified

85 Cf. Gehrt, Das *Kleine Corpus Doctrinae* (see note 54), pp. 164f., 170, 198.
86 Cf. id., Konfessionspolitik (see note 7), pp. 35–97.

Protestant front in the political arena of the empire. Instead, they endorsed a consensus based strictly on the doctrinal authority of Luther. They rejected a reconciliation that simply dismissed past differences and demanded that theologians who they accused of adulterating Lutheran teachings publically confess their alleged guilt. This oppositional policy aimed at reestablishing the Ernestine dynasty's former leadership role in the religious politics of the Protestant imperial estates was manifested in the so-called *Book of Confutation*, a confessional writing commissioned by Duke John Frederick II of Saxony and composed by Flacius and other like-minded theologians in the years 1558 and 1559. It was the first document of its kind composed exclusively of refutations and condemnations and published in the name of a member of the nobility.[87]

This aggressive confessional policy reached its culminating point under the rule of Dorothea Susanna's husband, Duke John William, from 1567 to 1573.[88] The differences between the Ernestine and Albertine theologians became ultimately insurmountable at the Colloquy of Altenburg in which each side accused the other of being responsible for the dissension. Consequently, the duke had his chief theologians, Johann Wigand and Tilemann Heshusius, release a wave of polemical pamphlets against his rival. In addition, he had the authoritative confessional writings of the territory compiled and printed in a *corpus doctrinae*. He regarded this so-called *Corpus doctrinae Thuringicum*, incorporating the heavily contested *Book of Confutation*, as his personal confession of faith.

By commissioning her own extensive confession of faith addressing inner-Lutheran controversies – an act unparalleled for a princess in the sixteenth century,[89] – the widowed duchess Dorothea Susanna continued this unique tradition of the Ernestine dynasty. She expressed this symbolically by having her personal handwritten copy bound together with printed copies of the *Corpus doctrinae Thuringicum* and John Frederick I's rejection of the Interim.[90]

The writing arose in her contention with Elector August of Saxony.[91] After the death of her husband in 1573, August had assumed the legal guardian-

87 Cf. GEHRT, Konfessionspolitik (see note 7), pp. 122–125, 129–137; Volker LEPPIN, Bekenntnisbildung als Katastrophenverarbeitung. Das Konfutationsbuch als ernestinische Ortsbestimmung nach dem Tode Johann Friedrichs I., in: Id. et al. (eds.), Johann Friedrich I. (see note 7), pp. 295–306.

88 Cf. GEHRT, Konfessionspolitik (see note 7), pp. 287–435.

89 Cf. id., »ein zwiffaches scheinbarliches exsempel«. Herzogin Dorothea Susanna von Sachsen-Weimar zwischen Memoria und Selbstinszenierung bei der Prinzenerziehung, in: Id. / Vera VON DER OSTEN-SACKEN (eds.), Fürstinnen und Konfession. Beiträge hochadliger Frauen zur Religionspolitik und Bekenntnisbildung, Göttingen 2015, pp. 215–251, on pp. 215f.

90 FB Gotha, Theol 2° 304/1.

91 Cf. GEHRT, Konfessionspolitik (see note 7), pp. 436–525.

ship of the young Ernestine princes and the administration of the duchy of Saxe-Weimar. August immediately expelled nearly all the political advisors in Weimar and professors at the university of Jena in order to terminate a quarter century of vehement theological rivalry between the Ernestine dynasty and his own. In the following months, more than 120 preachers and 20 teachers were dismissed from their offices in a church visitation and the *Corpus Doctrinae Thuringicum* was stripped of its normative authority. Lacking pertinent legal rights and the political support of the regional and imperial estates, the widowed duchess was unable to hinder these radical changes that she perceived as a coercive alteration of the confessional status of the territory. Despite these handicaps, she did not regard this turn of events as irreversible, but rather she vigorously pursued the restoration of the territorial church to its former state with all resources at her disposal. This included negotiating the return of the dismissed clergy. In pursuit of this policy, Dorothea Susanna personally financed two expelled theologians to act on her behalf. The one was the former court preacher in Weimar, Bartholomaeus Gernhard,[92] who found asylum in the nearby Reuss town of Gera, and the other the former tutor at the court, Caspar Melissander.[93]

In 1574, she called Thomas Premauer from the imperial city of Regensburg where the former Weimar superintendent and close advisor of the duchess, Bartholomaeus Rosinus, held a new supervisory position, as her personal preacher. She refused to have Premauer first examined by the church consistory in Jena and allowed him to hold worship in her house. Many citizens of Weimar attended these services as a form of protest against the new preachers who had been called to the parish church without their consent. Elector August forced Premauer immediately into exile. He allowed the duchess to call a new preacher under the condition that this person already hold an office in electoral or ducal Saxony.

The confession of the duchess, composed by Melissander, was a direct response to these negotiations. Arguing that the elector's offer indicated that he was not fully informed about her confessional stance and that she, labeled by her critics as a »Flacian«, was being unjustly accused of supporting false doctrine and instigating discord, she intended to reveal her religious convictions in writing, to prove that these were orthodox and to communicate that accepting such a preacher was contrary to her conscience. Siding with the Ernestine theologians expelled in 1573 who had vehemently condemned

92 On his biography cf. id., Konfessionspolitik (see note 7), pp. 445–451, 477–522; id./ Sascha Salatowsky (eds.), Aus erster Hand. 95 Porträts zur Reformationsgeschichte. Aus den Sammlungen der Forschungsbibliothek Gotha, Gotha 2014, p. 79.

93 On his biography cf. Johann Heinrich Acker, Versuch Zur Sufficienten Nachricht Von D. Casp. Melissanders Leben …, Rudolstadt 1717; Gehrt, Konfessionspolitik (see note 7), pp. 477–521.

teachings of the Wittenberg and Leipzig theologians, she regarded all preachers holding offices in electoral and ducal Saxony at the time as suspect. Those still holding offices in the duchies or who replaced the preachers dismissed from their offices were unacceptable for her because they had agreed to teach in harmony with the churches in electoral Saxony.

Consequently, in her confession of faith she responded exclusively to the alleged differences between the Ernestine and Albertine churches. These were arranged into six articles dealing with the questions on free will, justification, good works, the relationship between Law and Gospel, adiaphora and the Lord's Supper. Appended to the article on free will was an exposition on original sin because of the accusation that she promoted Flacius' widely rejected claim that original sin was the substance of human beings.[94] Similar to the *Formula of Concord* (1577), each article was divided into a thesis and an antithesis. At the beginning of each article the controversial issue was reduced to a single central question that could either be affirmed or rejected. Two sections followed with the heading »The Sum of Right Teaching« (thesis) and »The Sum of Contradictory Teaching« (antithesis) respectively. In the first, the argumentation was based solely on biblical passages and in the second also on relevant passages from Luther's *Small Catechism*. In the antitheses, especially allegedly erroneous opinions of Albertine theologians were condemned and refuted without specifically naming persons or using the contemporary polemical terms, such as »Adiaphorists«, »Majorists« or »Synergists«. As authoritative references for her personal statement of faith the duchess named the 1530 version of the *Confessio Augustana* – the so-called *Invariata* –, the *Smalcald Articles*, the *Book of Confutation* and the *Corpus doctrinae Thuringicum*. She thereby based her confession particularly on the body of regionally binding confessional writings just as Meyendorf and Alvensleben had made reference to the *Lüneburg Articles* possessing validity in the Lower Saxon Imperial Circle.

With the help of her confession Duchess Dorothea Susanna specifically intended to regain Bartholomaeus Gernhard as court preacher in Weimar. However, considerably more was involved. The document formed a central part of her grand enterprise to restore the former state of the territorial church, further the past church policy of the Ernestine dukes at the regional and imperial level and secure the unique confessional identity of the dynasty for following generations. For her, these actions were a means of executing the last will and testament of her husband.

94 For an overview of this controversy cf. DINGEL, Culture of Conflict (see note 2), pp. 51–54.

However, Elector August emphatically denounced the confession sent to him in the form of a letter as defamatory.[95] Although no names were mentioned, the reproaches against the Albertine princes and theologians were clearly evident. The final version of the confession was in fact a radically shortened and moderated form of the initial drafts containing more explicit condemnations than Flacius' *Book of Confutation* published in 1559.[96] Originally, the confession was to be used for bringing in an accusation against Elector August at the Imperial High Court. The duchess, however, never followed through with this plan.

Just as Meyendorf and Alvensleben, Dorothea Susanna had her confession affirmed by numerous theologians in order to better assert the orthodoxy of the writing.[97] She first had a consensus of six theologians secured before sending a copy to Elector August on June 29, 1575. The author, Melissander, and the superintendents in the Hanseatic cities of Lübeck and Brunswick, Andreas Pouchenius and Martin Chemnitz, all signed in April of 1575 after negotiations surrounding the final draft in Brunswick and at the court of Duke Julius in Wolfenbüttel had been completed.[98] Apparently, it was the duchess' legal advisor, Johann Rossbeck, working in Brunswick after being expelled from the Weimar court in 1573, who had established contact to Chemnitz and Pochenius. In May, Hieronymus Mencel, Georg Autumnus and Martin Faber with supervisory positions in the county of Mansfeld, in the Lower Franconian town of Thundorf and in the Reuss town of Gera respectively followed suit.

Afterwards, Dorothea Susanna had a copy, perhaps her own, circulated and signed by other close advisors and clergymen associated with them. On July 14, 1575, Bartholomaeus Gernhard, the court preacher Johannes Euring and the archdeacon Heinrich Volckmar signed in Gera. Next Bartholmaeus Rosinus wrote a favorable opinion that was signed by him and eleven preachers in Regensburg on August 1. Three days later, the rector of the local *Gymnasium Poeticum*, Johannes Wolf, added his own testimony. In the following year, Johann Tettelbach in Burglengfeld and three other pastors in the Upper Palatinate governed by Dorothea Susanna's brother Count Palatine Ludwig signed. In July of 1576, Mencel and 20 other pastors in the county of Mansfeld signed a common statement testifying to the orthodoxy of the confession. An individual statement written by the senior and dean in Mansfeld, Simon Musaeus, followed.

As a copy of the confession was circulating in the Upper Palatinate, others were sent to theologians in the southwestern corner of the empire in an

95 The manuscript copy is in: SHStA Dresden, 10024 Geheimer Rat (Geheimes Archiv), Loc. 10302/5, fol. 9^{r}–39^{v}.

96 Cf. Gehrt, Konfessionspolitik (see note 7), pp. 499–504.

97 See appendix no. 2.

98 Cf. Gehrt, Konfessionspolitik (see note 7), pp. 484f., 504f.

attempt to gain a consensus beyond the duchess' inner circle of advisors. The undertaking was met largely with success. Not only the court preacher and general superintendent of the margravate of Baden, Joachim Gifftheil and Rupertus Dürr, gave their affirmation in letters from January and July of 1576, but also nine ministers in Strasbourg, headed by the professor of theology Johann Marbach, in a common statement from March 31, 1576. From those requested to sign, only the theologians in Stuttgart and Ulm refused due to the potential for causing conflict inherent in the work.[99] On May 31, 1576, Chemnitz sent a letter to the duchess, reporting that Jacob Andreae, leading attempts to forge unity between Lutherans, was pleased with her confession. It was at this time that Andreae, Chemnitz and other prominent theologians were convening in Torgau to draft a document that was to become a basis for the *Formula of Concord*. On July 25, 1576, Melissander entered these letters or parts thereof by hand into the personal manuscript of the duchess. Needless to say, no mention of those rejecting the confession were made.

The greater efforts to gain affirmation for her confession from theologians in various regions of the empire ended in the summer of 1576. Andreae's positive response to the writing signaled a turning point in the relationship between the widowed duchess and Elector August, who strongly supported Andreae's efforts of unification since experiencing an acute crisis within his own territorial church in 1574, leading to the dismissal and imprisonment of several alleged defenders of a Calvinistic understanding of the sacraments.[100] After the convention in Torgau, Bartholomaeus Gernhard was invited to discuss matters with Elector August and his advisors and to present a sermon. After signing the so-called »Torgau Book«, he was allowed to take up his position as court preacher in Weimar again. Great strides were made on the path to reconciliation during Dorothea Susanna's visit to the Dresden court together with her children, Gernhard and her physician Johann Ratzeberger in December of 1576. She presumably presented the elector at this opportunity a copy of her confession with signatures collected up until July of 1576.[101] The negotiations in Dresden, favored by August's increased efforts to establish unity among the Lutheran imperial estates and Dorothea Susanna's and her advisors' general acceptance of the form of consensus promoted by the Albertine prince, opened doors for the realization of her political goals, including

99 Cf. FB Gotha, Chart. B 35, fol. 364^{r-v}: Duke Ludwig of Württemberg to Duchess Dorothea Susanna, Stuttgart, March 18, 1576; fol. 365^{v}–366^{r}: Lukas Osiander to Melissander, Stuttgart, March 23, 1576; fol. 373^{v}–376^{r}: The ministers in Ulm to Melissander, Ulm, April 9, 1576.

100 Cf. Hans-Peter Hasse, Zensur theologischer Bücher in Kursachsen im konfessionellen Zeitalter. Studien zur kursächsischen Literatur- und Religionspolitik in den Jahren 1569 bis 1575, Leipzig 2000, pp. 304–319.

101 Such a copy is preserved today in: SHStA Dresden, 10024 Geheimer Rat (Geheimes Archiv), Loc. 10302/5, fol. 40^{r}–135^{v}.

the return of pastors dismissed in 1573. As a token of mutual understanding, Nicolaus Selnecker and Jacob Andreae signed the confession of the duchess as they were in Weimar in August of 1577 to collect the signatures of the Ernestine clergy under the *Formula of Concord*.[102]

Up until her death in April of 1592, the widowed duchess continued to have others, primarily church ministers in the surrounding area, sign her confession. She had no authority to make her confession legally binding, but she nevertheless attempted to assert some influence on the leading theologians in Weimar and Jena by this means. A number of preachers sojourning in the vicinity also subscribed. The duchess apparently brought her personal copy of the confession along with her on her trip to visit her brother Elector Ludwig in Heidelberg in the fall of 1581 for it was read and signed by three theologians there between February and December of 1582.[103] Among the subscribers were also laymen, including the court physician Johann Ratzeberger, the legal advisor and court tutor Virgilius Pinggitzer, the rural nobleman, Georg Albrecht von Kromsdorf, and the duchess' servant, Dietrich Kestner. In the end, well over 80 persons affirmed Duchess Dorothea Susanna' confession of faith in their own handwriting from 1575 to 1591. However, these signatures reflect just a portion of the contemporary reception of this writing. Several others read it without giving testimony to this fact.[104]

3. Aspects of Confessions of Lay Nobility

Comparing various aspects of both confessions of faith examined in this study, including the role and gender of the commissioners, the concealed authorship, use and reception, reveals some of the possibilities and limitations of confessions of lay nobility arising in the wake of the inner-Lutherans controversies of the second half of the sixteenth century. In regards to the rudimentary questions related to the intended use and audience, it is worth repeating that both confessional writings were originally personal statements of faith. The private nature of the confession of the rural nobility in the principality of Magdeburg was expressed, for example, by choosing the first person singular and not the

102 Cf. GEHRT, Konfessionspolitik (see note 7), pp. 520f.

103 This trip is documented in a collection of 32 letters in: FB Gotha, Chart. A 378, fol. 98^{r}–165^{v}.

104 It is, for example, known that the legal advisor, Veit von Obernitz, and citizens in Saalfeld also read the confession. Cf. FB Gotha, Chart. A 68, fol. 350^{r}–351^{v}: Obernitz to Dorothea Susanna, Espenfeld, August 31, 1576; Johann FLADUNG, Christliche Leichpredigt. Vber dem Seligen Abschied/ vnnd Begrebnis der Durchleuchtigen Hochgebornen Fürstin vnd Frawen/ Frawen Dorotheen Susannen/ Gebornen Pfalzgräuin bey Rhein/ Hertzogin zu Sachssen/ … Gehalten zu Salfeldt den 6. Aprilis Anno Domini M. D. XCII./ …, Erfurt: Johann Beck, 1592 (VD16 F 1586), fol. C3^{r}.

plural form that would be proper for the common confession of a religious community. Due to her status as a member of the high nobility, Duchess Dorothea Susanna's confession is written in the majestic plural. This plural form refers solely to her. In addition, both confessions had specific addressees – the families of the noblemen and Elector August of Saxony respectively – and were duplicated exclusively by hand for selected individuals. When Johann Wigand made the confession of the rural nobility available to a general German-speaking audience in print in 1582, he emphasized in the preface that its use remained private:

> I wrote this confession […] some years ago with God's help upon the friendly request of honorable people who used it privately for themselves and for their benefit. […] I now willingly and heartily allow everyone, whomever it pleases, to use and maintain this confession written by me through God's grace for himself and his family as his own confession, that is as a confession of faith, in God's name.[105]

The subordinate clause »whomever it pleases« underscores that as a private confession it did not possess any binding character. Rather it was regarded as an individual expression of Christian teaching congruent with and complementary to the authoritative confessions of faith explicitly referred to in the introductory words of each writing. Accordingly, the statements and signatures collected after the completion of each work were merely personal affirmations of the orthodoxy of the teachings presented and not binding commitments similar to an oath. The practice of signing confessional documents in the era of the Reformation and Confessionalization was in itself ambiguous. In general, the meaning of this act depended on whether it was mandatory for affiliation with a particular church or religio-political body. For example, theologians attending the diet of the League of Smalcald in 1537 signed both Luther's *Smalcald Articles* as a basis for possible inter-confessional discussions at the council summoned by the pope and Melanchthon's *Tractatus de potestate et primatu papae* as a supplement to the *Confessio Augustana*. Whereas the former was merely an act of personal consent, the latter was binding since the *Confessio Augustana* constituted the consensual doctrinal basis of the league.[106] Similar ambiguity can also be observed at the regional level.

105 »Diese Confession […] hab ich vor etlichen Jaren/ auff freundlich beger vnd bitte etlicher Erbarer Leute/ durch Gottes beystand geschrieben/ welche auch dieselbe priuatim für sich vnd zu jhrem nutz gebrauchet. […] Nun lasse ich willig vnd von Hertzen gerne zu/ das ein jeder, wem es gefelt/ diese Confession durch Gottes Gnade von mir verzeichnet/ für sich vnd die seinen als auch seine Confession/ das ist/ Bekentnis des Glauben im Namen Gottes gebrauche und behalte«. WIGAND, Confession (see note 53), fol. A2^{v}–A3^{r}.

106 Cf. Daniel GEHRT, Wider »allerlaj secten vnd falsche Opinion, der Religion halben«. Beobachtungen zu den von den Ernestinern autorisierten Ausgaben der Schmal-

For example, all members of the clergy in Ernestine Saxony were expected to sign a short exposition on free will – the so-called *Declaratio Victorini* – in 1562 in order to demonstrate a consensus that could definitively end the inner theological conflicts ravaging the territorial church.[107] In contrast, signing the *Formula of Concord* 15 years later was part of the process of introducing this document as an authoritative confession into the territorial church.[108] It consequently became an integral part of the oath taken by all new pastors in the principality.

Unlike territorial princes, Meyendorf and Alvensleben as members of the low nobility and Duchess Dorothea Susanna as a non-ruling member of the high nobility did not possess the *ius reformandi* that would have legally allowed them to prescribe the confessional orientation of the areas directly under their control. The gender of the duchess did not categorically exclude her from this right; as legal guardians of their children widowed princesses in many cases ruled territories, exercising the same political power as their male counterparts.[109] Dorothea Susanna was, however, not designated for such a position, and Elector August of Saxony actively opposed her repeated attempts to assert influence over the Ernestine churches, including those directly under her patronage in her widow's seat in the districts of Dornburg and Camburg north of Jena.[110] In this respect, the rural noblemen experienced less restrictions. This advantage was in part due to the fact that their spheres of power and influence were located on the peripheries of the principality and thus less entangled with those of the territorial lord. The confession served as a special means of specifying the authoritative teachings in their churches. Thus, in the foreword addressed to his children and descendants Alvensleben demanded that the teachings of the preachers in his and later on their churches should fully comply with this confession and that no deviances should be tolerated.[111] Consequently, he presented his church in Erxleben with a handwritten copy of the confession in 1566 along with a copy of the city of Brunswick's *cor-*

kaldischen Artikel von 1553 und 1555, in: Lutherjahrbuch 83 (2016), pp. 87–113, on pp. 91–93.

107 Cf. Daniel Gehrt, Strategien zur Konsensbildung im innerlutherischen Streit um die Willensfreiheit. Edition der *Declaratio Victorini* und der ernestinischen Visitationsinstruktion von 1562, in: Zeitschrift für Thüringische Geschichte 63 (2009), pp. 143–190.

108 Cf. id., Konfessionspolitik (see note 7), pp. 520–522.

109 Cf., for example, Heide Wunder, Fürstinnen und Konfessionen im 16. Jahrhundert, in: Gehrt / von der Osten-Sacken (eds.), Fürstinnen (see note 89), pp. 15–34, on pp. 24f.

110 Cf. Hendrikje Carius, Konfessionspolitik und Recht. Zur Herrschaftspraxis der Herzoginwitwe Dorothea Susanna von Sachsen-Weimar, in: Gehrt / von der Osten-Sacken (eds.), Fürstinnen (see note 89), pp. 201–214, on pp. 203–207.

111 Cf. Alvensleben, Glaubensbekenntniß (see note 17), pp. 24f.

pus doctrinae published in 1563.[112] In the same accord, Meyendorf stipulated in his foundation for the improvement of the income of the church office in Ummendorf that the funds be forfeited if the future pastor was Catholic or Calvinist or if he promoted a teaching that was deemed false by the 1530 version of the *Confessio Augustana* or his written confession.[113] To enforce this measure, it was necessary that a copy of the confession was available in the church inventory in Ummendorf. Hence, the political conditions allowed the confession of the rural noblemen to achieve a semi-binding status in their spheres of influence. From this perspective, they were able to exercise authority over the churches under their patronage in a similar manner as territorial princes, but with significant limitations.

In general, the noblemen enjoyed more freedom of expression in their confession than the duchess did. This is largely due to the fact that, in contrast to her, they did not have to contend directly with political confrontations since their confession was intended primarily for personal and family use and also for a handful of churches directly under their influence. In this particular constellation, they exercised their authority as patres familias and were thus free to explicitly condemn theological positions that they considered adulterated forms of Lutheran doctrine without expecting protest. In contrast, Dorothea Susanna's confession arose out of a delicate political correspondence. In this duel, she held a subordinate position. Thus, her advisors persuaded her to abandon the explicitness of the initial drafts of her confession in order to avoid adverse political repercussions and not to jeopardize all chances of reaching her intended goals.

Beyond the struggles with Elector August of Saxony, societal norms, designating public participation in complex theological debates as a purely male domain, also had a restrictive effect on the inherent form and the words and phrases chosen for the confession of the duchess. Complying at least formally with gender norms of her time, Dorothea Susanna abandoned the initial idea of addressing a general audience and printing her confession.[114] Instead, she had it rewritten in the form of a private letter. In addition, great efforts were made to attain a semblance of simplicity. In all drafts, she emphasized that she as a Christian wanted to present a rudimentary statement on various questions of faith that every ten-year-old could as easily comprehend as Luther's *Small Catechism*. Finally, the duchess justified her confession by appealing to values superordinate to those of gender. As she explained in the introductory words, her sense of honor and her conscience moved her to clarify her position in the religious conflicts:

112 VD16 ZV 20910. Cf. ARNOLD, Adelsbildung (see note 25), p. 184.
113 Cf. SCHWERIN, Fünf Edelleute (see note 22), pp. 106f.
114 Cf. GEHRT, Konfessionspolitik (see note 7), p. 511.

Then we regard it as the responsibility of every individual Christian not just for reason of honor, but also of conscience that, when something slanderous is unjustly said and repeated against his Christian name and especially when it deals with religion, also in matters of faith and in cases of confession, there is no distinction of person or difference between the genders of humans before God, and a female person should just as well as a male person declare her belief and faith as often and wherever she is obliged and bound to do so by necessity.[115]

Hence, she argued that her special situation called for an immediate act of confession allowing her to transcend certain societal norms of gender.

In contrast, few words were deemed necessary to justify the much more comprehensive, explicit and scholarly composed confession of her male counterparts in the countryside. Wigand felt free to model their confession after his extensive dogmatic work and to argue not only biblically and with quotes from Luther, the church fathers and various confessional writings, but also to make a reference to the *Magdeburg Centuries* penned chiefly by himself.[116] Whereas Dorothea Susanna's confession of faith treated merely the contemporary state of the theological controversies, Wigand sketched out the development of these debates, if applicable, from antiquity to the present. This is a further trace of the influence of his historiographical work on the confession. These marks of scholarly expertise posed no impediment for the reception of this confession written in the name of a male Christian.

It is no mere coincidence that the authors of these confessions were among the Lutheran theologians in the second half of the sixteenth century insisting that laymen and women take a public stance in theological controversies by confessing their faith and explicitly condemning false teachings.[117] Wigand expressed this very stance at the beginning of the confession for the rural noblemen. In the main body, he explained the status of each controversy or the main question at hand and then provided argumentative rules and strategies for refuting the teachings that were regarded as erroneous. In this way, he intended to intellectually empower the laity to better judge doctrinal differences, to defend itself against those that were regarded as spiritually dangerous and to actively participate in their condemnation.

115 »Dann wir achtens dafur, das einem ieden Christen, nicht allein Ehren, sondern auch gewissens halben zuuerantwortten gebürn wölle, So Jhme ichtwas böses wieder seinen Christlichen namen, vnnd sonderlichen in der Religion zur vnschult vffgelegt, vnnd nachgesagt wirdet, Dz auch in Glaubenssachen, vnnd in fellen der Bekantnus, bei Gott kein ansehen der Person oder vnd[er]schiedt der geschlecht der Mennschen, vnnd ein weibs so wol als ein Mannes Person Jhr Bekantnus, vnnd Glaubenn, so offt, vnnd wo es die notturfft zuthun schuldig, vnnd verbunden sei, [...]«. FB Gotha, Theol 2° 304/1 (1), fol. 3^{v}.

116 Alvensleben, Glaubensbekenntniß (see note 17), p. 128.

117 Cf. passim Kolb, Confessing the Faith (see note 53).

Especially in the early years of the Reformation, Luther had emphasized the right and obligation of individual Christians and congregations to judge the preaching of their pastors.[118] The issue of lay confession became increasingly prevalent at the end of the 1540s as the Interim threatened the continued practice of the Protestant faith and the Wittenberg theologians were reproached by critics for a lack of confessional clarity. Within this context, Flacius coined the term *casus confessionis* to describe an exceptional situation demanding a public act of confession.[119] In addition, several controversies arose out of the inner-Lutheran contentions in the following years in which some believed that the *Confessio Augustana* was being misused to defend corrupt teachings. From this perspective, many theologians insisted that also members of the laity, regardless of social status or gender, publically confess their faith and rebuke errors.[120] Refuting and condemning false teachings was ascribed such eminent importance that some also granted this responsibility to adoles-

118 Cf., for example, Lorna Jane ABRAY, Laity, in: The Oxford Encyclopedia of the Reformation, vol. 2, New York / Oxford 1996, pp. 384–386.

119 Cf. Hans Christoph VON HASE, Die Gestalt der Kirche Luthers. Der casus confessionis im Kampf des Matthias Flacius gegen das Interim von 1548, Göttingen 1940, pp. 58–61.

120 For example, Johann WIGAND emphasized that in this matter no distinction was to be made between genders in: De Nevtralibvs Et Mediis Pia Et Necessaria Admonitio …, Frankfurt a.M.: Peter Braubach, 1552 (VD16 W 2808), p. 142: »[…] Confessionem postulat Deus ab omnibus sine distinctione sexus, ordinis aut status sui, & doctrinæ sanæ, & uerorum cultuum […]«. The Ernestine theologians expressed in one of their responses to the Frankfurt Recess of 1558 the intrinsic connection between confession and condemnation: »Darumb so ist ein jeder Christ, nicht allein mechtig, sondern auch schuldig die Erste zwey stuck zupflegenn, Nemlich die Warheit gottes souiel Jmmer muglich, zuerkennen, zubekennen, vnd von den Jrthmbenn zuunterscheiden, Darnach den Satan sambt allenn seynen Jrthumbenn, vnd verfuehrer klar vnnd Specificè zu straffen, vnd zuuerdammen«. FB Gotha, Chart. A 33, fol. 1r–85v, at fol. 11r–v. In a pamphlet published in 1560 Cyriakus SPANGENBERG argued that such confessions should not only be verbal, but if possible, also in written form: Etliche Hohe vnd wichtige Vrsachen/ worümb ein jglicher Christ/ wes Standes er auch ist/ schuldig vnd pflichtig sey zu jeder zeit/ Sonderlich aber jtzt/ seines glaubens vnd lere offentliche Bekentnis zu thun/ mündlich/ vnd da ers vermag auch Schrifftlich. …, Eisleben: Urban Gaubisch, 1560 (VD16 S 7565). In an entry into an *album amicorum* on December 22, 1561, Wigand stylized Luther as the champion who had regained the right of the laity to judge all matters regarding the Christian religion from the tyranny of the papacy: »Papa Romanus, ut magis antichristum repraesentaret, edictis vetuit severissime, ne quis laicus sibi potestatem de dogmatibus fidei iudicandi sumeret, sed suis decretis citra omnem accuratiorem explorationem subscriberet. Hanc enormem tyrannidem monstri Rom[ani] vir Dei Lutherus ex verbo Dei detexit et destruxit«. Stefan MICHEL / Jörg SIEBERT, Das Stammbuch des Weimarer Juristen Sebastian Steindorffer aus den Jahren 1561 bis 1568. Edition und Übersetzung, in: Jahrbuch für die Geschichte des Protestantismus in Österreich 131 (2015), pp. 90–114, on p. 95.

cents[121] and stigmatized neutrality as the tacit approval of false doctrine.[122] Shortly after signing Meyendorf's confession in 1569, the Erxleben pastor Andreas Schoppe published a pamphlet radically defending the right of members of the laity to assess all religious teachings by emphasizing that their public confessions were not subject to the judgement of church authorities.[123]

However, in actual practice these theologians did not grant the laity the autonomy that they asserted in their writings. They were by no means propagating the freedom of confession, but rather they were exclusively encouraging those who were of the same opinion as themselves to publically express their faith as a means of strengthening the cause of their fraction within the inner-Lutheran controversies.[124] Consequently, the confessions of Dorothea Susanna and the rural nobility in the principality of Magdeburg were both subject to various control mechanisms. Firstly, theologians were commissioned to formulate the lay member's personal statement of faith. Secondly, the orthodoxy of the doctrinal positions was subsequently reaffirmed by the authors themselves and other like-minded theologians. Hence, the duchess and the noblemen did not directly develop their own religious views in this process. A similar phenomenon can also be observed regarding the fourteen lay confessions known to exist in connection with the controversy over

121 For example, Matthaeus Judex' catechetical compendium for children and adolescents published in 1564 explicitly condemns Judaism, Islam, the Roman Catholic and Reformed Church and various theological positions that arose within Lutheranism, thereby affirming the question: »Is it also right for a Christian in his youth to condemn and reject false teaching that is so prevalent in our time according to the catechism and God's word?« Cf. GEHRT, Das *Kleine Corpus Doctrinae* (see note 54).

122 Hence Flacius' amanuensis Sebastian KRELL bemoaned in 1562 that the »Nemінisten/ Nullisten/ Neutralisten/ Nullarts Brüder/ Verrether vnd Epicurer« were gaining the upper hand: Christlich bedencken/ Ob vnd wiefern ein jglicher Christ/ die Rotten vnd Secten/ auch allerley offentliche Jrthumen vnd Religionstreitte/ beide von Rechts wegen/ … zu anathematiziren/ schüldig sey. …, Eisleben: Urban Gaubisch, 1562 (VD16 K 2330), fol. C1v. This was in part a belated response to the conflicts over the *Book of Confutation* involving several citizens in the town of Jena. Cf. GEHRT, Konfessionspolitik (see note 7), pp. 165–176.

123 Andreas SCHOPPE, Gründtliche vnd richtige Antwort auff die Frage: Ob eine gantze Christliche Gemein/ vnd ein jeder Christ in sonderheit/ von Gottes wegen recht vn[d] macht habe/ allerley Lere zu vrtheilen vnd zu richten/ dawider jetziger zeit aber mal von etlichen Klueglingen gestrieten vnd gehandelt wird …, Eisleben: Andreas Petri, 1570 (VD16 S 3870). Cf. KOLB, Confessing the Faith (see note 53), pp. 109f.

124 The goal of recruiting support by encouraging lay members to publically confess their faith can be well observed in the theological controversies in the county of Mansfeld beginning in the 1570s. Cf. Robert J. CHRISTMAN, Competing Clerical Efforts to Secure Lay Support in the Flacian Controversy over Original Sin, in: Wim JANSE / Barbara PITKIN (eds.), The Formation of Clerical and Confessional Identities in Early Modern Europe, Leiden / Boston, MA 2006, pp. 225–238.

original sin in the county of Mansfeld at the end of the sixteenth century; all arguments that the laymen presented were derived from pamphlets written by Cyriacus Spangenberg and his adherents.[125]

Concealing the identity of the actual authors and issuing the confessions in the names of the members of the laity was, however, essential for achieving the specific religious, political and pedagogical goals of each writing. In both cases, it enabled the commissioners to assume a special role model function as confessors and to perpetuate this image. For Meyendorf and Alvensleben expressing their faith in writing was a means of giving their children, descendants and subjects guidance through the labyrinth of theological controversies and fulfilling their »fatherly office«.[126] In his funeral sermon, Jacob Gottfried presented Meyendorf also as an *exemplum* for other members of the nobility.

The Weimar duchess also hoped to become an eminent role model for her children with the help of her confession. This pedagogical strategy was among the goals deliberated as the writing was conceived.[127] This purpose became clearly evident as she had a special copy made for her elder son, Frederick William, in 1578 on occasion of the fifth anniversary of the death of her husband John William.[128] She presented her son this gift, as she explained to him in the dedication, so that »you not only have in your dearest father of blessed memory, but also in me as your faithful mother a twofold evident example to emulate in the most Christian manner.«[129] Within the five years from 1573 to 1578, a process of self-fashioning can be observed in which the widowed duchess not only repeatedly admonished her son to follow in the footsteps of his deceased father, but also increasingly presented herself as a role model in confessional matters. The central importance of both confessions within the respective families underscores the private side of these writings.

Cultivating private confessions as part of cultural memory is rarely encountered. However, for the confessions at the heart of this study some traces can be found over the following centuries. In the funeral sermons for Meyendorf and Alvensleben, merely the former included a reference to their unique document of faith, although the author of the latter, Andreas Schoppe, had signed

125 Cf. Robert J. CHRISTMAN, Doctrinal Controversy and Lay Religiosity in Late Reformation Germany. The Case of Mansfeld, Leiden / Boston, MA 2012, pp. 252f.

126 »väterliches Amt«. ALVENSLEBEN, Glaubensbekenntniß (see note 17), pp. 22f.

127 Cf. GEHRT, Dorothea Susanna (see note 89), pp. 216f.

128 FB Gotha, Chart. B 290, fol. VII^r–88^v. Cf. GEHRT, Dorothea Susanna (see note 89), pp. 235–241.

129 So that »du nicht allein, an dero hertzgeliebte[n] herr[n] vattern, selige[n], sondern auch an mir, Als deiner getreue[n] frau Mutter, ein zwiffaches scheinbarliches exsempel habest, zu aller Christliche[n] nachfolg«. Printed in: GEHRT, Dorothea Susanna (see note 89), no. 2.1, pp. 243–246, on p. 245.

Meyendorf's copy.[130] Upon the death of Duchess Dorothea Susanna in 1592, four German sermons and a Latin speech were printed.[131] Only one of them contained a marginal reference to her confession.[132] Paul Wolf made no direct mention of the duchess' confession in his handwritten annals of the city of Weimar from 1517 to 1617.[133] He did, however, refer to the dedication that she wrote to her son Frederick William as she presented him a copy of her confession on March 2, 1578, indicating that copies of this private writing had been circulated. The confession of the duchess first became widely known after it was printed in the 1746 edition of the church journal *Fortgesetzte Sammlung von Alten und Neuen Theologischen Sachen*,[134] although it had never fallen completely into oblivion.[135] A quarter century earlier, in 1722, Meyendorff's personal copy of his confession, then in the possession of the famous hymnologist in Arnstadt, Johann Christoph Olearius, had been described in the same journal.[136]

Descendants of Joachim von Alvensleben proved to be especially active in cultivating the memory of the confession of their forefather. The personal copies of Meyendorff and Alvensleben were, for example, both treated in the handwritten chronicles compiled by Gebhard von Alvensleben in 1656.[137] In 1854, later descendants had the confession printed for the first time.[138] This edition clearly reveals that the work had fulfilled its intended goals. Firstly,

130 Gottfried, Leichpredigt (see note 21), fol. G1^{r-v}; Schoppe, Leichpredigt (see note 20).

131 The funeral sermons were held by Johann Fladung (VD16 F 1586), Josua Loner (VD16 ZV 9840), Anton Probus (VD16 ZV 1279) and Gregor Strigenitz (VD16 S 9656), and the speech by Nikolaus Reusner (VD16 R 1461).

132 Fladung, Leichpredigt (see note 104), fol. C3^{r}.

133 Paul Wolf, Annales seculi Lutherani Vinarienses, oder Jahr verzeichnuß, was innerhalb 100 Jharen, sind Lutheri s.g. Reformacion, sich sonderlich denckwurdiges zu Weimar zugetragen …, 1620. FB Gotha, Chart. A 666, fol. 311^{r}–330^{v}, at fol. 324^{r}. On this manuscript cf. Daniel Gehrt, Gelehrtenkultur und Reformationsgedenken 1617 am Beispiel der ernestinischen Herzogtümer. Formen, Kontexte und dynamische Prozesse, in: Markus Friedrich et al. (eds.), Konfession, Politik und Gelehrsamkeit. Der Jenaer Theologen Johann Gerhard (1582–1637) im Kontext seiner Zeit, Stuttgart 2017, pp. 177–223, on pp. 217f.

134 FSATS (1746), pp. 486–522, 652–676, 911–943.

135 Cf., for example, the entry on Duchess Dorothea Susanna in: Frauenzimmer-Lexicon …, Leipzig: Johann Friedrich Gleditsch, 1715, p. 423; and a handwritten list of Protestant confessions of faith from 1528 to 1672 sent with a letter from Erdmann Neumeister to Ernst Salomon Cyprian in 1729 in: FB Gotha, Chart. A 432, fol. 101^{r}–104^{v}.

136 FSATS (1722), pp. 30–38, 357–367.

137 Gebhard von Alvensleben, Stemmatographia Alvenslebiana oder Grund und ausführliche Beschreibung des Adelischen Geschlechts derer von Alvensleben … zusammen getragen Jm Jahr 1656. AB at the Hundisburg Castle, Alv F 30.

138 Joachim von Alvensleben's Christliches Glaubensbekenntniß nebst Approbationen der vornehmsten Theologen seiner Zeit. Jm Jahre 1566 für seine lieben Kinder und Nachkommen zur gottseligen Nachfolge aufgestellt, Stendal 1854. A second extended

Joachim von Alvensleben was unquestionably believed to be the author of the writing and heroicized for his bold stance in the religious battles of his time. Secondly, his descendants were aware that the confession had been written for them and they felt obligated to ensure that this family jewel be passed on to future generations. Hence, this document uniquely contributed to forging a sense of family identity. At the same time, the print had a noticeable impact on cultural memory and scholarly research. The confession of the rural noblemen in the principality of Magdeburg subsequently became known as Alvensleben's confession and the awareness of Meyendorf's role in the emergence of this writing temporarily diminished.

4. Concluding Observations

The confessions of faith commissioned by Andreas von Meyendorf, Joachim von Alvensleben and Duchess Dorothea Susanna of Saxe-Weimar were responses to the vehement conflicts ravaging the Lutheran churches since the proclamation of the Augsburg Interim in 1548. In these personalized statements, they not only expressed their position in various theological controversies, but also their stance in the heated debates over re-establishing a general consensus. With their confessions, they openly sided with those Lutherans who held the public and explicit condemnation of alleged deviations from the *Confessio Augustana* – including »Adiaphorism«, »Majorism« and »Synergism« purportedly originating in electoral Saxony – as the only acceptable means of reconciliation.

At the same time, specific contentions elicited the emergence of each confession. Meyendorf and Alvensleben were spurred on by a two-fold impetus. Firstly, it can be inferred that they were dissatisfied with the more vaguely formulated and integrative doctrinal exposition comprising a major portion of the general memorandum composed in the name of rural nobility in the principality of Magdeburg in 1565. Secondly, their confession was a response to the longstanding conflict in Magdeburg over the Lüneburg Mandate of 1561, limiting polemics from the pulpit and in publications with the goal of inhibiting public dissension. In opposition to the archbishop and the Old Town of Magdeburg, the two noblemen held a critical stance to the enforcement of this mandate that had led to the exile of Tilemann Heshusius, Johann Wigand and other like-minded theologians. Instead they upheld the *Lüneburg Articles* of 1561, encouraging pastors to uncompromisingly and explicitly condemn false

edition was commissioned in 1986 by the Association of the Family von Alvensleben because not enough copies of the first edition were available for all members of the family after World War II.

teaching. As a result of this reversal in its confessional policy, the Old Town of Magdeburg, once known as the »Lord God's Chancery«, no longer served as refuge for defiant or recalcitrant Lutheran theologians in Central Germany. In its stead, noblemen like Meyendorf and Alvensleben took on this function in the surrounding countryside according to their capabilities.

The confession of Duchess Dorothea Susanna emerged in the wake of conflicts with Elector August of Saxony over changes in the confessional status of the Ernestine church and the dismissal of numerous theologians, pastors, teachers, professors and political advisors in 1573 after taking over the administration of the duchies of Saxe-Weimar and Saxe-Coburg. The writing was conceived in immediate connection with the controversy over the right of the duchess to call a personal court preacher of her choice to Weimar. Specifically, the confession was to be instrumental in regaining the former court preacher Bartholomaeus Gernhard which would mark a significant first step in restoring the territorial church to its former state.

Formally, both confessions were private writings. Accordingly, they were neither authoritative nor binding and reproduced exclusively by hand for select recipients. The confession of the rural noblemen, a document of testamentary character, was intended primarily for their respective families and descendants. In the early deliberations, the widowed duchess and her advisors considered addressing a general audience as an option. However, this idea was abandoned, not least on account of contemporary societal norms, restricting public participation in complex theological debates solely to adult males. In the end, her confession took on the form of a private letter. Due to her gender and subordinate position in her contention with Elector August, the chief addressee of the confession, the duchess did not enjoy the same uninhibited freedom of expression as her male counterparts in the countryside exercising their authority as patresfamilias. Hence, when she presented her elder son a copy in 1578 she had it bound together with a pamphlet containing the explicit condemnations of purported deviations from the *Confessio Augustana* that had been removed from the final version of her confession.[139]

The confessions of faith were not only presented to the direct addressees, but also to a broader audience, thus becoming to a limited degree semi-public. In order to assert each writing's orthodoxy, the commissioners had their copies judged and signed by a larger group of theologians. In both cases, most of the earliest subscribers belonged to the transregional network providing the respective commissioner guidance and assistance in the pursuit of his or her ambitious church policies. The rural noblemen specifically sought the approval of the leading theologians in the Low Saxon Imperial Circle since

139 Nikolaus GALLUS, Religion streite vnd Einigkeit. …, Regensburg: Heinrich Geisler, 1560 (VD16 G 288). Cf. GEHRT, Dorothea Susanna (see note 89), pp. 236f.

the principality of Magdeburg was part of this district. The reference to the *Lüneburg Articles* likewise reveals their interest in embedding their personal statements of faith in the body of confessional writings representing the authoritative doctrinal position of the region. The reference of Duchess Dorothea Susanna to the *Book of Confutation* and the *Corpus doctrinae Thuringicum* that had been exclusively valid in Ernestine Saxony also reflects the preeminence of inner-confessional regionalism in the second half of the sixteenth century. Beyond her trusted group of advisors, she also gained approval for her confession from southwestern German theologians and those under the patronage of Elector August of Saxony forging the path to a transregional inner-Lutheran consensus, culminating in the *Formula of Concord*. This signaled a cooperation and confessional congruency that opened doors for the realization of several church policies that she pursued. Similar in some respects to territorial princes exercising the *ius reformandi*, Meyendorf and Alvensleben took measures in a more limiting legal framework to enforce their confession in the churches under their patronage, whereas Dorothea Susanna attempted to assert her confessional stance at a small regional level by having influential theologians in Weimar and the nearby university town of Jena sign her confession up until her death.

The theologians involved in both projects were among those vigorously encouraging members of the laity to respond directly and explicitly to the inner-Lutheran controversies through personal statements of faith. In doing so, they were not propagating the freedom of confession, but rather soliciting support for their party in these socially explosive theological conflicts. Accordingly, both confessions were composed by theologians and subject to their scrutiny. It was essential that the names of the actual authors be concealed and the commissioners fashioned as prominent confessors for the writings to serve their intended purposes. In this way, the commissioners could use their influence as parents, patrons and privileged members of society to promote the acceptance of those theological positions they themselves defended and to pursue their specific confessional, political and pedagogical goals.

Appendix

The subscribers of the confessions commissioned by the rural nobility in the principality of Magdeburg[140] and Duchess Dorothea Susanna[141] have been arranged below in chronological order. After name and years of life, the office held at the time of signing is listed. This is followed by the place and date of signature, if specified. Both confessions were signed by Martin Chemnitz (no. 1.3, 2.3), Hieronymus Mencel (no. 1.9, 2.4, 2.40), Martin Faber (no. 1.19, 2.6), Bartholomaeus Rosinus (no. 1.6, 2.10), Simon Musaeus (no. 1.7, 2.61) and Timotheus Kirchner (no. 1.14, 2.65). Besides the original statements and signatures of the reviewers, the duchess' personal copy of her confession also contains copies of five letters or parts thereof in Caspar Melissander's handwriting (no. 2.25, 2.26–34, 2.35, 2.37, 2.62). In his letter from May 31, 1576, Chemnitz relates Jacob Andreae's approval of the confession (no. 2.37). Hieronymus Mencel (no. 2.4, 2.40) and Bartholomaeus Gerhard (no. 2.9, 2.41) affirmed the confession of the duchess on two different occasions.

1. Subscribers of Meyendorf's (M) and Alvensleben's (A) Confession

1. Joachim Westphal (1510–1574), pastor and superintendent in Hamburg (M).
2. Joachim Mörlin (1514–1571), pastor and superintendent in Brunswick: n.p., n.d. (M); Brunswick, February 22, 1566 (A).
3. Martin Chemnitz (1522–1586), pastor and coadjutor in Brunswick: Brunswick, February 9, 1566 (M); Brunswick, March 1, 1566 (A).
4. Johann Wigand (1523–1587), pastor and superintendent in Wismar: Rostock, March 24, 1566 (M); Rostock, March 24, 1566 (A).
5. David Chytraeus (1530–1600), professor of theology in Rostock: n.p., n.d. (M); Rostock, March 24, 1566 (A).

140 This list has been reconstructed on the basis of three sources: the original statements and signatures in Alvensleben's personal copy, preserved in: AB at the Hundisburg Castle, Alv Dl 204 (printed in: Alvensleben, Glaubensbekenntniß (see note 17), pp. 215–224); the description of Meyendorf's lost copy in: FSATS (1722), pp. 30–38, 357–367; and information on both confessions provided by Gebhard von Alvensleben in his *Stemmatographia Alvenslebiana* from 1656 in: AB at the Hundisburg Castle, Alv F 30, fol. 405ᵛ–407ʳ.

141 The original statements and signatures are bound together with Duchess Dorothea Susanna's personal copy of her confession in: FB Gotha, Theol 2° 304/1 (1), fol. 40ʳ–70ᵛ. Printed in: FSATS (1747), pp. 34–45, 337–345; (1748), 822–828; (1749), pp. 631–635; (1750), pp. 655–663, 828–834, 968–975; (1751), pp. 459–479.

6. Bartholomaeus Rosinus (ca. 1520–1586), pastor and superintendent in Waldenburg: n.p., April 23, 1566 (M / A).
7. Simon Musaeus (1521–1576), pastor and superintendent in Gera: n.p., 1566 (M); Gera, April 25, 1566 (A).
8. Tilemann Heshusius (1527–1588), court preacher and superintendent in Neuburg on the Danube: Augsburg, May 8, 1566 (M); Augsburg, May 9, 1566 (A).
9. Hieronymus Mencel (1517–1590), superintendent in Eisleben: Eisleben, June 27, 1566 (M / A).
10. Cyriacus Spangenberg (1528–1604), general superintendent of the county of Mansfeld: Mansfeld, June 28, 1566 (M / A).
11. Johannes Aurifaber (ca. 1519–1575), theologian in Eisleben without a church office: Eisleben, June 28, 1566 (M / A).
12. Christoph Irenäus (ca. 1522–1595), pastor of the church of St. Peter and Paul in Eisleben: Eisleben, June 29, 1566 (M / A).
13. Fabian Kein († 1568), pastor in Erxleben: Erxleben, July 3, 1566 (M); July 8, 1566 (A).
14. Timotheus Kirchner (1533–1587), preacher in Ampfurth: Ummendorf, July 11, 1566 (M / A).
15. Elias Hofmann (1518–1579), pastor in Kalbe on the Milde: Kalbe on the Milde, July 17, 1566 (A).
16. Jacob Rabus (1522–1581), pastor and superintendent in Monheim near Donauwörth: Neuburg on the Danube, May 1, 1567 (M).
17. Johannes Kleinau (1527–1602/03), pastor and court preacher of Count Palatine Wolfgang of Zweibrücken in Neuburg on the Danube: n.p., May 1, 1567 (M).
18. Johann Friedrich Cölestin († 1578), professor at the academy in Lauingen: Lauingen, June 13, 1567 (M).
19. Martin Faber (ca. 1526–1580), former archdeacon in Waldenburg: n.p., October 3, 1567 (M).
20. Benedict Morgenstern (1525–1599), cathedral preacher in Königsberg: Kneiphof, August 26, 1568 (M).
21. Andreas Schoppe (1538–1614), pastor in Erxleben: n.p., February 5, 1569 (M).
22. Heinrich Roth († 1575), archdeacon of the St. Andrew Church in Eisleben: n.p., October 20, 1569 (M).
23. Wilhelm Sarcerius (ca. 1530–after 1573), pastor of the St. Peter and Paul Church in Eisleben: n.p., November 6, 1569 (M).
24. Andreas Fabricius (1528–1577), pastor of the St. Nicholas Church in Eisleben: Eisleben, December 26, 1569 (M).
25. Johann Borgius (mentioned 1570–1580) pastor in Fallersleben: n.p., December 1, 1570 (M).

2. Subscribers of the Confession of Duchess Dorothea Susanna of Saxe-Weimar

1. Caspar Melissander (1540–1591), Duchess Dorothea Susanna's advisor: Brunswick, April 17, 1575.
2. Andreas Pouchenius (1526–1600), pastor and superintendent in Lübeck: Brunswick, April 22, 1575.
3. Martin Chemnitz (1522–1586), pastor and superintendent in Brunswick: Brunswick, April 23, 1575.
4. Hieronymus Mencel (1517–1590), general superintendent of the county of Mansfeld: Eisleben, May 4, 1575.
5. Georg Autumnus (1529–1598), pastor and superintendent in Thundorf in Lower Franconia: Naumburg, May 7, 1575.
6. Martin Faber (ca. 1526–1580), pastor and superintendent in Gera: n.p., May 17, 1575.
7. Johannes Euring (1540–1609), court preacher in Gera: Gera, July 14, 1575.
8. Heinrich Volckmar (1567–1599), archdeacon in Gera: n.p., July 14, 1575.
9. Bartholomaeus Gernhard (1525–1600), Duchess Dorothea Susanna's advisor: Gera, July 14, 1575.
10. Bartholomaeus Rosinus (1520–1586), pastor and superintendent in Regensburg: Regensburg, August 1, 1575.
11. Wolfgang Waldner († 1583), church minister in Regensburg: Regensburg, August 1, 1575.
12. Theodor Rosinus (1530–1616), pastor in Regensburg: Regensburg, August 1, 1575.
13. Samuel Gallus († 1581), church minister in Regensburg: Regensburg, August 1, 1575.
14. Leopold Moser (mentioned 1548–1575), deacon in Regensburg: Regensburg, August 1, 1575.
15. Johann Oberdörffer (mentioned 1575–1583), church minister in Regensburg: Regensburg, August 1, 1575.
16. Friedrich Sebold (mentioned 1575), deacon in Regensburg: Regensburg, August 1, 1575.
17. Thomas Premauer (mentioned 1570–1577), church minister in Regensburg: Regensburg, August 1, 1575.
18. Paul Schnetter († 1622), deacon in Regensburg, Regensburg: August 1, 1575.
19. Abraham Rörer (first mentioned 1575), deacon in Regensburg: Regensburg, August 1, 1575.
20. Michael Linsenbarth († 1607), deacon in Regensburg, Regensburg: August 1, 1575.

21. Johannes Baumgartner (first mentioned 1575), deacon in Regensburg: Regensburg, August 1, 1575.
22. Johannes Wolf (1524–1602), rector of the *Gymnasium Poeticum* in Regensburg: n.p., August 4, 1575.
23. Jakob Lachkern (1563–1580), pastor in Wiesent in the Upper Palatinate: n.p., n.d.
24. Melchior Erich (mentioned 1573–1600), pastor in Regenstauf in the Upper Palatinate: Regensburg, January 24, 1576.
25. Joachim Gifftheil (mentioned 1576–1583), court preacher in Pforzheim: Pforzheim, January 31, 1576.
26. Johann Marbach (1521–1581), professor of theology and president of the church convocation in Strasbourg: Strasbourg, March 31, 1576.
27. Johann Pappus (1549–1610), professor of theology and free preacher in Strasbourg: Strasbourg, March 31, 1576.
28. Johannes Flinner (1520–1578), cathedral pastor in Strasbourg: Strasbourg, March 31, 1576.
29. Nicolaus Florus (1525–1587), pastor in the church of St. Aurelius in Strasbourg: Strasbourg, March 31, 1576.
30. Isaak Kessler (1527–1577), pastor in the old church of St. Peter in Strasbourg: Strasbourg, March 31, 1576.
31. Matthaeus Negelin (1522–1587), pastor in the church of St. William in Strasbourg: Strasbourg, March 31, 1576.
32. Johannes Thomas (mentioned 1563–1576), pastor in the church of St. Nicholas in Strasbourg: Strasbourg, March 31, 1576.
33. Johannes Faber (mentioned 1562–1595), pastor in the church of St. Thomas in Strasbourg: Strasbourg, March 31, 1576.
34. Johann Liptitz (mentioned 1562–1579), pastor in the new church of St. Peter in Strasbourg: Strasbourg, March 31, 1576.
35. Johann Marbach (1521–1581), professor of theology and president of the church convocation in Strasbourg: Strasbourg, March 3 and April 1, 1576.
36. Johann Tettelbach (1517–1598), pastor and superintendent in Burglengfeld in the Upper Palatinate: Burglengfeld, April 17, 1576.
37. Martin Chemnitz (1522–1586), pastor and superintendent in Brunswick: Torgau, May 31, 1576.
38. Bernhard Zülich (mentioned 1573–1576), pastor in Steinach in the Upper Palatinate: n.p., July 10, 1576.
39. Georg Regebrand (1547–1613), pastor in Kreisfeld in the county of Mansfeld: n.p., n.d.
40. Hieronymus Mencel (1517–1590), general superintendent of the county of Mansfeld: n.p., July 1576.
41. Bartholomaeus Gernhard (1525–1600), pastor of the church of St. Andrew in Eisleben: n.p., July 1576.

42. Andreas Fabritius (1528–1577), pastor of the church of St. Nicholas in Eisleben: n.p., July 1576.
43. Konrad Porta (1541–1585), pastor of the church of St. Peter and Paul in Eisleben: n.p., July 1576.
44. Johann Martin (mentioned 1573–1578), pastor of the church of St. Andrew in Eisleben: n.p., July 1576.
45. Friedrich Roth (1548–1598), archdeacon of the church of St. Andrew in Eisleben: n.p., July 1576.
46. Georg Dessaeus (1529–1586), deacon of the church of St. Andrew in Eisleben: n.p., July 1576.
47. Andreas Hoppenrod (1524–1584), pastor in Heckstedt: n.p., July 1576.
48. Bartholomaeus Stein (1517–1598), deacon in Heckstedt: n.p., July 1576.
49. Matthias Kindler (mentioned 1573–1577), court deacon in Mansfeld: n.p., July 1576.
50. Daniel Haunschild († 1579), deacon in Tal-Mansfeld: n.p., July 1576.
51. Anton Krüger († 1577), pastor in Volkstedt: n.p., July 1576.
52. Andreas Strophius (1530–1585), deacon in Helbra: n.p., July 1576.
53. Georg Biber (mentioned 1565–1576), pastor in Artern: n.p., July 1576.
54. Samuel Bornhusius (mentioned 1576), pastor in Polleben: n.p., July 1576.
55. Christian Caelius (mentioned 1576–1598), pastor in Friedeburg: n.p., July 1576.
56. Samuel Höhe (mentioned 1576), pastor in Heiligenthal and Lochwitz: n.p., July 1576.
57. Andreas Paradysus (mentioned 1576), pastor in Friesdorf and dean of the district of Rammelburg: n.p., July 1576.
58. Johannes Bresen (mentioned 1576), pastor in Königerode: n.p., July 1576.
59. Johannes Bohemus (mentioned 1576), pastor and dean in Mansfeld: n.p., July 1576.
60. Andreas Drasdo († 1577), preacher in Tal-Mansfeld: n.p., July 1576.
61. Simon Musaeus (1529–1576), senior, dean and pastor in Mansfeld: n.p., July 4, 1576.
62. Rupertus Dürr (1525–1580), general superintendent of the margrave of Baden in Durchlach: Pforzheim, July 22, 1576.
63. Johann Ratzeberger (1531–1586), Duchess Dorothea Susanna's court physician: n.p., July 25, 1576.
64. Philipp Caesar († 1585), former pastor in Königsberg, Prussia: n.p., September 18, 1576.
65. Timotheus Kirchner (1533–1587), professor of theology in Helmstedt: Erfurt, May 12, 1577.
66. Nicolaus Selnecker (1530–1592), pastor, superintendent and professor of theology in Leipzig: Weimar, August 24, 1577.
67. Jacob Andreae (1528–1590), chancellor and professor of theology and

provost of the church of St. George in Tübingen: Weimar, August 24, 1577.

68. Andreas Thomeyer († 1590), pastor of the church of St. Jacob in Osterrode: Weimar, June 16, 1578.
69. Martin Lange (1548–1613), deacon in Weimar: Weimar, November 2, 1578.
70. Johannes Schultheis (mentioned 1578–1582), deacon in Weimar: Weimar, November 3, 1578.
71. Georg Milo (1552–1613), rector of the Latin school in Weimar: Weimar, November 4, 1578.
72. Andreas Kreuch († 1615), pastor in Illeben in the county of Gleichen: Weimar, August 14, 1579.
73. Virgilius Pinggitzer (1541–1619), court tutor in Weimar: n.p., December 1, 1579.
74. Johann Schechsius (first mentioned 1583), court preacher in Heidelberg: n.p. February 24, 1582.
75. Paulus Schechsius (first mentioned 1583), court preacher in Heidelberg: n.p., February 24, 1582.
76. Wilhelm Zimmermann (1542–1598), court preacher and consistorial advisor in Heidelberg: n.p., December 18, 1582.
77. Andreas Jagenteufel (* ca. 1558, last mentioned 1613), deacon in Wittenberg, also on behalf of his deceased father Nicolaus Jagenteufel (1525–1583), former superintendent in Weimar: Weimar, April 26, 1585.
78. Georg Albrecht von Kromsdorf (1544–1611), rural nobleman near Weimar: Weimar, December 5, 1583.
79. Gregor Strigenitz (1548–1603), court preacher in Weimar: Weimar, December 4, 1584.
80. Petrus Popp (mentioned 1573–1585), deacon in Vippach near Weimar: Weimar, December 4, 1585.
81. David Meise (1551–1611), deacon in Weimar: n.p., n.d.
82. David Voit (1529–1589), professor of theology in Jena: Jena, May 12, 1586.
83. Anton Probus (1537–1613), superintendent in Weimar: n.p., January 20, 1589.
84. Josua Loner (1535–1595), court preacher in Weimar: n.p., January 22, 1589.
85. Johannes Rosinus (1551–1626), pastor in Wickerstedt near Apolda: Weimar, January 23, 1589.
86. Martin Rutilius (1550–1618), archdeacon in Weimar: Weimar, January 24, 1589.
87. Dietrich Kestner (mentioned 1578–1589), Duchess Dorothea Susanna's servant and kitchen scribe: Weimar, March 12, 1589.

88. Georg Mylius (1548–1607), professor of theology in Jena: Jena, August 26, 1591.
89. Samuel Fischer (1547–1600), professor of theology and superintendent in Jena: Jena, September 2, 1591.
90. Ambrosius Reuden (1543–1615), professor of Hebrew in Jena: Jena, September 5, 1591.

Abbreviations

AB	von Alvenslebensche Bibliothek
FB	Forschungsbibliothek
n.d.	no date
n.p.	no place
SHStA	Sächsisches Hauptstaatsarchiv
ULB	Universitäts- und Landesbibliothek
VD16	Verzeichnis der im deutschen Sprachbereich erschienenen Drucke des XVI. Jahrhunderts, supplemented online version: www.vd16.de

Stefan Michel

Lutherische Bekenntniskonzepte in Mitteldeutschland vor der Konkordienformel

Die Mansfelder Bekenntnisse (1559, 1562, 1565) und die Reußisch-schönburgische Konfession (1567)

In den Kontexten der miteinander rivalisierenden ernestinischen und albertinischen Konfessionspolitik der 1560er Jahre entstanden in der Grafschaft Mansfeld und den Herrschaften der Reußen in Gera und Greiz sowie der Schönburger Bekenntnisschriften, die auf theologische Auseinandersetzungen in den beiden mächtigen wettinischen Nachbarterritorien aufgrund unterschiedlicher Motivationen reagierten.[1] Die Prediger der Grafschaft Mansfeld verfassten in den Jahren 1559 und 1564/65 zwei Bekenntnisse sowie 1562 einen bekenntnisartigen Text, die sie im Druck verbreiteten.[2] Die Theologen der Herren Reuß in Gera und Greiz sowie Wolfs von Schönburg verteidigten in einer gemeinsamen Bekenntnisschrift im Jahr 1567 ebenfalls öffentlich ihren Glauben. Im folgenden Beitrag soll den Motivationen für die Abfassung dieser Bekenntnistexte nachgegangen werden. Dabei interessiert weniger die von der Forschung seit Jahrhunderten als Kuriosum behandelte Sonderstellung der Bekenntnisse innerhalb der Bekenntnisgeschichte,[3] die zur Ausbildung regionaler oder theologischer Identitäten führte, sondern generell die Frage nach konfessorischen Konzepten unter Luthers Schülern nach dem Tod ihres Lehrers. In der Zeit zwischen 1546 und 1580 befand

1 Die auch häufig in diesem Zusammenhang erwähnten Lüneburger Artikel von 1561 sollen an dieser Stelle ausgeblendet werden, weil sie einem anderen historischen Kontext entstammten. Sie müssen vor allem als Reaktion auf den Naumburger Fürstentag von 1561 angesehen werden, vgl. dazu Robert Calinich, Der Naumburger Fürstentag 1561. Ein Beitrag zur Geschichte des Lutherthums und des Melanchthonianismus aus den Quellen des Königlichen Hauptstaatsarchivs zu Dresden, Gotha 1870, S. 259–266.

2 Vgl. die Übersicht bei Lothar Berndorff, Die Prediger der Grafschaft Mansfeld. Eine Untersuchung zum geistlichen Sonderbewusstsein in der zweiten Hälfte des 16. Jahrhunderts, Potsdam 2010, S. 264f.

3 Vgl. z.B. Johann Gottfried Büchner, Erläutertes Voigtland, oder vermischte zu Ergänzung und Verbesserung der Hoch-Gräfl. Reuß-Pl. Historie dienliche Anmerckungen, Viertes Stück, Greiz 1727, S. 295–300; Siegmund Jakob Baumgarten, Erleuterungen der im christlichen Concordienbuch enthaltenen symbolischen Schriften der evangelischlutherischen Kirche, nebst einem Anhange von den übrigen Bekenntnissen und feierlichen Lehrbüchern in gedachter Kirche, Halle ^{2}1761, S. 457, 462–464.

sich das Luthertum in einer Phase der Transformation und Selbstfindung, was auch an den hier behandelten Quellen abzulesen ist. Es galt das Erbe der Wittenberger Reformation, insbesondere das Martin Luthers zu bewahren und an die nächste Generation weiterzugeben. Jedoch war umstritten, worin dieses Erbe bestand und wie es bewahrt werden konnte. Feststand nur, dass die Lehre Luthers beizubehalten war. Dieser Umstand eröffnete offenbar vielfältige Möglichkeiten, ein Bekenntnis zur Theologie Luthers abzulegen. Zu diesen Möglichkeiten zählten verschiedene Verfahren des Bekennens unterschiedlicher Handlungsträger. Die hier behandelten Bekenntnisse bieten sich schon deshalb für eine Untersuchung an, weil die mansfeldischen und reußischen Theologen in regem Austausch untereinander standen, jedoch bei allen inhaltlichen Gemeinsamkeiten verschiedene Akzente in ihren Bekenntnissen setzen.

1. Religionspolitische Hintergründe zwischen 1562 und 1567

Als unmittelbare Auslöser für das Entstehen der mansfeldischen und reußisch-schönburgischen Bekenntnisse kommen die Modifikationen in der Konfessionspolitik einerseits der Ernestiner[4] und andererseits der Albertiner zwischen 1562 und 1567 in Betracht. Die Theologen der beiden wettinischen Häuser in der Mitte der 1560er Jahre wetteiferten miteinander um die richtige Bewahrung des reformatorischen Erbes von Martin Luther und versuchten sich gegenseitig, Verfälschungen der reinen Lehre nachzuweisen.[5] In diesen Auseinandersetzungen spielten auch immer wieder Bekenntnisse und Bekenntnissammlungen eine Rolle. Die Ernestiner bestanden in dieser Auseinandersetzung auf ihrem Selbstverständnis, die Fürsten im Reich zu sein, die der Reformation Luthers zuerst zum Durchbruch verholfen und dafür sogar 1547 mit dem Verlust ihrer Kurwürde bezahlt hatten.[6] Gleichwohl hofften sie immer noch darauf, diese verlorene Kurwürde zurückzuerlangen.

4 Vgl. Daniel GEHRT, Ernestinische Konfessionspolitik. Bekenntnisbildung, Herrschaftskonsolidierung und dynastische Identitätsstiftung vom Augsburger Interim 1548 bis zur Konkordienformel 1577, Leipzig 2011; ders., Pfarrer im Dilemma. Die ernestinischen Kirchenvisitationen von 1562, 1560/70 und 1573, in: HCh 25 (2001), S. 45–71; ders., Kurfürst Johann Friedrich I. und die ernestinische Religionspolitik zwischen 1548 und 1580, in: Volker LEPPIN u.a. (Hg.), Johann Friedrich I. – der lutherische Kurfürst, Gütersloh 2006, S. 307–326; Rudolf HERRMANN, Thüringische Kirchengeschichte, Bd. 2, Weimar 1947 (ND Waltrop 2000), S. 145–176.

5 Vgl. Stefan MICHEL, Die Kanonisierung der Werke Martin Luthers im 16. Jahrhundert, Tübingen 2016, passim.

6 Vgl. ders., Martin Luther und Kurfürst Johann Friedrich von Sachsen im Holzschnitt. Zur Bedeutung eines Bildmotivs ernestinischer Konfessionspolitik, in: Siegrid WESTPHAL u.a. (Hg.), Die Welt der Ernestiner. Ein Lesebuch, Köln u.a. 2016, S. 45–55.

Bereits nach dem Wormser Religionsgespräch von 1557[7] brachte Matthias Flacius (1520–1575) den Gedanken auf, dass die Ernestiner ein eigenes Bekenntnis, in die innerlutherischen Diskussionen einbringen sollten, das von der Theologie Luthers abweichende Lehren verurteilte.[8] Zunächst lieferten Erhard Schnepf (1495–1558), Victorinus Strigel (1524–1569) und Andreas Hügel († 1578) auf Drängen Herzog Johann Friedrich des Mittleren (1529–1595) einen Entwurf, den allerdings Flacius heftig ablehnte. Deshalb wurden Flacius und Johannes Aurifaber (ca. 1519–1575) nach dem gescheiterten Frankfurter Rezess 1558 – einem Versuch Philipp Melanchthons, die innerlutherischen Streitigkeiten zu beenden – mit der Überarbeitung beauftragt.[9] So entstand 1559 das sogenannte Konfutationsbuch,[10] das als weiteres Bekenntnis neben *Confessio Augustana*, Apologie und Schmalkaldischen Artikeln für das Herzogtum Sachsen erhoben wurde. Jedoch widersetzten sich ausgerechnet der Jenaer Superintendent Andreas Hügel sowie der Jenaer Theologieprofessor Victorinus Strigel der Einführung dieses neuen Bekenntnisses.[11] Auch eine 1560 angesetzte Disputation zwischen Flacius und Strigel in Weimar konnte die Lehrunterschiede nicht beheben, vielmehr verschärfte sich die Situation nur noch.[12] Nachdem Flacius 1561 gegen die Einrichtung eines Konsistoriums in Weimar protestiert hatte, entließ Johann Friedrich ihn sowie seine Kollegen Johann Wigand und Matthäus Judex kurzerhand, um dem Streit ein Ende zu bereiten.[13] Strigel wurde nun in seine

7 Vgl. Björn Slenczka, Das Wormser Schisma der Augsburger Konfessionsverwandten von 1557. Protestantische Konfessionspolitik und Theologie im Zusammenhang des zweiten Wormser Religionsgesprächs, Tübingen 2010.

8 Vgl. Gehrt, Ernestinische Konfessionspolitik (wie Anm. 4), S. 122–129.

9 Vgl. Irene Dingel, Melanchthons Einigungsbemühungen zwischen den Fronten. Der Frankfurter Rezeß, in: Jörg Haustein (Hg.), Philipp Melanchthon. Ein Wegbereiter der Ökumene, Göttingen 1997, S. 119–141.

10 Illvstrissimi Principis ac Domini, Domini Iohannis Friderici secvndi, Dvcis Saxoniae […] suo ac Fratrum D. Iohannis Vuilhelmi, et D. Iohannis Friderici natu Iunioris nomine, solida et ex Verbo DEI sumpta Confutatio et condemnatio praecipuarum Corruptelarum, Sectarum, et errorum, hoc tempore ad instaurationem et propagationem Regni Antichristi Rom. Pontificis […] grassantium […] ad suae Celsit. et Fratrum suorum subditos cuiuscunquè Ordinis scripta et edita […], Jena 1559 (VD16 S 1100). Vgl. Volker Leppin, Bekenntnisbildung als Katastrophenverarbeitung. Das Konfutationsbuch als ernestinische Ortsbestimmung nach dem Tode Johann Friedrichs, in: Johann Friedrich I. – Der lutherische Kurfürst (wie Anm. 4), S. 295–306; Gehrt, Ernestinische Konfessionspolitik (wie Anm. 4), bes. S. 129–137.

11 Vgl. Ernst Koch, Victorin Strigel (1524–1569). Von Jena nach Heidelberg, in: Heinz Scheible (Hg.), Melanchthon in seinen Schülern, Wiesbaden 1997, S. 391–404.

12 Vgl. Friedhelm Gleiss, Die Weimarer Disputation von 1560. Theologische Konsenssuche und Konfessionspolitik Johann Friedrichs des Mittleren, Leipzig 2018.

13 Die Reußen verfolgten diese Vorgänge sehr genau. Vgl. Thüringisches Staatsarchiv Greiz (LATh – StA Greiz), Gemeinschaftliches Hausarchiv Reuß älterer Linie (HARäL), Schrank IV, Fach 3, Nr. 12: Enturlaubung Flacii Illirici und seiner Rotte auß der Universität Jehna samt seiner Confession. 1561; Schrank IV, Fach 3, Nr. 13: B. Confessio Math. Flac. Illyr. [1561].

Jenaer Professur zurückberufen. Da in dieser Auseinandersetzung besonders die Rolle des freien Willens umstritten war,[14] sollte eine Erklärung Strigels – die *Declaratio Victorini* – von allen Pfarrern unterschrieben werden, um diese Streitfrage abschließend beizulegen.[15] Doch es kam anders, als es sich der Landesherr gedacht hatte: Einige Pfarrer verhandelten sehr lange wegen ihrer Unterschrift, andere lehnten diese sofort ab und wieder andere wollten eine Zusatzerklärung abgeben. Dies hielt den gesamten Prozess auf und drohte ihn ad absurdum zu führen. Mit Unterbrechungen zogen sich zunächst die Visitation und dann die sich daran anschließenden Einigungsversuche von Mai 1562 bis März 1563 hin. Insgesamt wurden bei diesen Visitationen etwa 30 Pfarrer entlassen,[16] da sie gegen die Neuausrichtung der Konfessionspolitik protestierten. Sie gerieten damit in den Verdacht, Flacianer zu sein, wobei diese Titulatur pejorativ gebraucht wurde und nicht die tatsächliche theologische Einstellung der Pfarrer einfing.[17] 1564 machten 28 von ihnen den Protest gegen ihre Entlassung in Form einer gedruckten Erklärung öffentlich,[18] die sie 1567 bekräftigten.[19]

14 Vgl. zu den theologiegeschichtlichen Hintergründen Stefan Michel, Der Synergistische Streit. Theologische und religionspolitische Positionen über den freien Willen des Menschen, in: Irene Dingel / Günther Wartenberg (Hg.), Politik und Bekenntnis. Die Reaktionen auf das Interim von 1548, Leipzig 2006, S. 249–277.

15 LATh – StA Greiz, HARäL, Schrank II, Fach 53, Nr. 6: Declaratio der bekenntnis Victorini vom freyen willen; Schrank II, Fach 54, Nr. 14: Gutachten von Bartholomäus Rosinus, Ob man von den Victorinischen Subscribenten kann mit guthem gewissen das Abendmahl des Herrn empfahen?; Ob und wie In der Herrschaft Greiz und Gera, mit der Pfarrbestellung zu verfahren [ca. 1568]. Vgl. Daniel Gehrt, Strategien zur Konsensbildung im innerlutherischen Streit um die Willensfreiheit. Edition der Declaratio Victorini und der ernestinischen Visitationsinstruktion von 1562, in: Zeitschrift für Thüringische Geschichte 63 (2009), S. 143–190.

16 Später folgten noch weitere Entlassungen.

17 Vgl. Stefan Michel, Gab es einen Flacianismus? Begriffsgeschichtliche Erkundungen, in: Johannes Hund u.a. (Hg.) Matthias Flacius Illyricus. Biographische Kontexte, theologische Würdigungen, historische Rezeption, Göttingen 2018 (im Druck).

18 Warhafftiger/ vnnd Gruendtlicher Summarien Bericht/ Etlicher Predicanten/ Wie vnd Worumb sie im LXII. vnd LXIII. Jare/ in Thueringen seind jres Ampts entsetzet/ vnd zum theil verjagt worden. Dorinnen auch von M. Stoessels Schlußreden/ den 10. Augusti/ des 1563. Jares/ zu Jena disputirt/ etwas gesagt wirdt […]. o.O. 1564 (VD16 W 734).

19 Responsio exulum turingicorum ad invectivam D. Iohannis Stosselii, quam mense Octobri Anno M.D.LXV. emisit. Eisleben 1567 (VD16 R 1191; R 1192).

Im albertinischen Sachsen gab es demgegenüber andere Probleme:[20] Seit 1547 waren die Albertiner im Besitz der Kurwürde, die sie von ihren ernestinischen Verwandten übernommen hatten. Kurfürst August von Sachsen (1526–1586) hatte mit theologischen Spannungen, die nach dem Tode Luthers und dem Versuch der Einführung des kaiserlichen Interims entstanden waren, zu kämpfen. Dabei versuchten vor allem die Wittenberger Theologen, nicht nur die Lehre Luthers, sondern zugleich den bis dahin gepflegten Lehrkonsens der Wittenberger Theologen aufrecht zu erhalten. Dieses Anliegen schloss die Theologie Melanchthons selbstverständlich mit ein. In Weimar und Jena unterstellte man den Wittenberger und Leipziger Theologen sogar, dass sie die Lehre Luthers verfälschen würden. Gerade als 1560 das *Corpus doctrinae Christianae* als positives Angebot im Druck erschien, was als geltende theologische Position in Kursachsen anzusehen war, erregte dieses Buch zahlreichen Widerstand unter den konsequenten Schülern Martin Luthers. Das *Corpus doctrinae Christianae Philippicum* oder *Misnicum* war kein neues Bekenntnis, sondern eine Bekenntnissammlung, die neben den drei altkirchlichen Symbolen nur Schriften Philipp Melanchthons – *Confessio Augustana* (1533), *Apologie* (1533), *Confessio Saxonica* (1551), *Loci praecipui* (1559), *Examen ordinandorum* (1552), *Responsiones ad impios articulos Inquisitionis Bavaricae* (1559), *Refutatio erroris Servetii et Annabaptistarum* (1559) – enthielt.[21] Sie ging auf die Initiative des Leipziger Verlegers Ernst Vögelin zurück und ihre Verbindlichkeit als Bekenntnis in Kursachsen erfuhr in den folgenden Jahren verschiedene Konjunkturen. Trotzdem wurde die Sammlung durch die kursächsische Regierung hochgeschätzt und war weit verbreitet. Die Gegner dieser Sammlung meinten, dass die darin vertretene Abendmahlslehre zum reformierten Abendmahlsverständnis tendiere. In den Worten der Zeit warf man dem Buch Schwärmerei oder sogar »Kryptocalvinismus« vor.

20 Vgl. Ernst Koch, Ausbau, Gefährdung und Festigung der lutherischen Landeskirche von 1553 bis 1601, in: Helmar Junghans (Hg.), Das Jahrhundert der Reformation in Sachsen, Leipzig ²2005, S. 191–218; ders., Der kursächsische Philippismus und seine Krise in den 1560er und 1570er Jahren, in: Heinz Schilling (Hg.), Die reformierte Konfessionalisierung in Deutschland. Das Problem der »Zweiten Reformation«, Gütersloh 1986, S. 60–77; ders., Auseinandersetzungen um die Autorität von Philipp Melanchthon und Martin Luther in Kursachsen im Vorfeld der Konkordienformel von 1577, in: LJ 59 (1992), S. 128–159.

21 Vgl. Thomas Töpfer, »Schöner Rubin« oder »schlipffrige Worte«? Territoriale Bekenntnisbildung in der zweiten Hälfte des 16. Jahrhunderts am Beispiel des Corpus doctrinae Philippicum, in: Daniel Gehrt / Volker Leppin (Hg.) Paul Eber (1511–1569). Humanist und Theologe der zweiten Generation der Wittenberger Reformation, Leipzig 2014, S. 64–82.

2. Mansfeldische Bekenntnisse

Die Grafen von Mansfeld, die ihr Territorium am Rande des Harzes besaßen, befanden sich um die Mitte des 16. Jahrhunderts durch zahlreiche Erbteilungen und übermäßige Ausgaben für ihren zahlreichen Nachwuchs in einer angespannten finanziellen Situation. Wegen ihrer immensen Schulden hatten sie im 15. Jahrhundert nicht nur die Reichsunmittelbarkeit eingebüßt, sondern sie wurden 1570 sogar unter Sequestration gestellt.[22] In den 1550er und 1560er Jahren verstanden sie sich unter der Führung der Superintendenten Erasmus Sarcerius (1501–1559) und Hieronymus Menzel (1517–1590) als Sachwalter der Reformation Luthers, der ihr Landeskind gewesen war. Deshalb wurden verfolgte Lutheraner in der Grafschaft gern aufgenommen, wie 1562 Johannes Aurifaber nach seiner Entlassung aus Weimar.

Die Grafen von Mansfeld standen in einem Lehnsverhältnis zum Kurfürstentum Sachsen, d.h. zur albertinischen Linie der Wettiner. Während dies auf der politischen Ebene ein geregeltes Verhältnis bedeutete, versuchte Kurfürst August von Sachsen wiederholt Einfluss auf die Konfessionspolitik der Grafen auszuüben, wofür er keine rechtliche Grundlage besaß. Die kompromisslose theologische Haltung der mansfeldischen Pfarrerschaft gegenüber den kursächsischen Theologen war ihm ein besonderer Dorn im Auge.

Bereits am *Bekenntnis der Prediger in der Graffschafft Mansfeld/ vnter den jungen Herren gesessen/ wider alle Secten/ Rotten/ vnd falsche Lehre* vom Mai 1559 fällt eine Besonderheit auf, die für die mansfeldischen Bekenntnistexte, aber auch andere mansfeldische Publikationen dieser Zeit typisch ist: Die Prediger der Grafschaft – 1559 allerdings nur des Vorderortes – verstanden sich als Kollektiv und handelten aufgrund der Bekenntnispflicht des Geistlichen Amtes gemeinsam.[23] Das Bekenntnis von 1559 hatte Erasmus Sarcerius kurz vor seinem Abschied aus Eisleben formuliert und wollte damit im formalen als auch inhaltlichen Anschluss an das ernestinische Konfutationsbuch, an dem er mitgearbeitet hatte, den reinen Lehrstandpunkt der mansfeldischen Geistlichen dokumentieren.[24] Mit eschatologischem Ernst setzten sich die

22 Vgl. Gerhard Köbler, Historisches Lexikon der deutschen Länder. Die deutschen Territorien vom Mittelalter bis zur Gegenwart, München ^{7}2007, S. 411; Robert J. Christman, Doctrinal Controversy and Lay Religiosity in Late Reformation Germany. The Case of Mansfeld, Leiden / Boston, MA 2012, S. 21–40. Die komplizierten lehnsrechtlichen Beziehung stellt Uwe Schirmer dar: Die Lehnsbeziehungen der Grafen von Mansfeld (1215–1539/40), in: Armin Kohnle / Siegfried Bräuer (Hg.), Von Grafen und Predigern. Zur Reformationsgeschichte des Mansfelder Landes, Leipzig 2014, S. 13–44.

23 Vgl. dazu Berndorff, Die Prediger der Grafschaft Mansfeld (wie Anm. 2), bes. S. 212–214.

24 Zu Sarcerius vgl. Stefan Rhein / Günther Wartenberg (Hg.), Reformatoren im Mansfelder Land. Erasmus Sarcerius und Cyriakus Spangenberg, Leipzig 2006, S. 19–134.

Prediger damit gegen »Rotten« zur Wehr, die ihrer Meinung nach die reine Lehre des Evangeliums im Sinne Luthers und der Augsburger Konfession verdunkeln wollten. Sie fühlten sich dazu berufen, weil »Fürsten vnd Herrn hierwider wenig thun«.[25] Als Rotten wurden, wie im Konfutationsbuch die Täufer, die Anhänger des Michael Servet, des Francesco Stancaro, die sogenannten Antinomer, die Jesuiten, die Anhänger des Caspar von Schwenkfeld, Ulrich Zwinglis und Johannes Calvins, die Befürworter der Rechtfertigungslehre des Andreas Osiander, die sogenannten Synergisten, Majoristen sowie Adiaphoristen benannt. Damit wird die durch das Konfutationsbuch eingeschlagene Linie insofern fortgesetzt, kein positives Bekenntnis abzulegen, sondern konkrete Lehrinhalte anzugeben, von denen man sich abgrenzte. Auf politischer Ebene folgte man damit der Notwendigkeit gegen Ketzereien vorzugehen, die den gesellschaftlichen Frieden und die gute Ordnung störten.[26]

Offenbar fand das *Bekenntnis der Prediger in der Graffschafft Mansfelt* in konsequent lutherischen Kreisen solchen Absatz, dass 1560 eine weitere Auflage gedruckt werden musste. Auf einer Synode aller Prediger der Grafschaft Mansfeld erneuerten diese im Februar 1562 ihr Bekenntnis. Dies war möglich geworden, weil es nun mit Hieronymus Menzel wieder einen Superintendenten gab, der die Aufsicht über die Pfarrer aller Landesteile hatte. Seinem Vorgänger Sarcerius hatten die Grafen von Mittel- und Hinterort nach 1557 ihr Vertrauen entzogen.[27] In einem *Kurtzen Bericht*,[28] den nun auch die Prediger von Mittel- und Hinterort zum Zeichen der Einheit unterschrieben, wurde die Öffentlichkeit über die Annahme des Bekenntnisses von 1559 für alle Landesteile unterrichtet. Zugleich verschärfte der *Kurtze Bericht* die Polemik gegen den Synergismus, den Maiorismus und den Adiaphorismus, was sicher auf den Fortgang dieser Streitigkeiten zurückgeführt werden kann,

25 Bekentnis der Prediger in der Graffschafft Mansfelt / vnter den jungen Herren gesessen / wider alle Secten / Rotten / vnd falsche Leren / wider Gottes wort / die reine Lere D. Luthers seligen / vnd der Augspurgischen Confession / an etlichen o]rten eingeschlichen / mit notwendiger widerlegunge derselbigen, Eisleben 1559 (VD16 B 1519), Bl. iii^{r}.

26 Vgl. in diesem Zusammenhang auch die Reichspolizeiordnung von 1548, die vor allem die Gotteslästerer im Blick hat, in: Matthias Weber (Hg.), Die Reichspolizeiordnungen von 1530, 1548 und 1577. Historische Einführung und Edition (Ius Commune 146), Frankfurt a.M. 2002, S. 169–172.

27 Vgl. Berndorff, Die Prediger der Grafschaft Mansfeld (wie Anm. 2), S. 62–64.

28 Kurtzer Bericht / Wes sich die Prediger / In der Graff / vnd Herrschafft Mansfeld / in irem Synodo zu Eisleben dieses 1562 Jares / den 24. Februarij am tage Matthie / der / fur zweien jaren in Deutscher vnd Lateinischer sprach / ausgegangenen Confession halben wider alle Secten / erklerungs weise / vnd sonst in andern noetigen stuecken / einhellig vergliechen haben, Eisleben 1562 (VD16 K 2760). Eine weitere Auflage erschien 1563 (VD16 K 2761).

deren Beilegung nicht in Sicht war. Ohne Rücksicht wurden die gegnerischen Lehrmeinungen als Auflösungserscheinungen der wahren und reinen Lehre, die Luther wieder ans Licht gebracht hatte, angeprangert.

Als 1562 Graf Vollrad von Mansfeld-Hinterort (1520–1578) eine Reise nach Frankreich unternahm, verabschiedeten die Prediger der Grafschaft Mansfeld ein Abendmahlsbekenntnis, das ihr Landesherr in Frankreich verteilen sollte. Mit der *Summa der reinen Lere / von dem Hochwirdigen Sacrament des Leibes und Blutes Jhesu Christi*, die zunächst in Latein erschien, wollten sie ihren Standpunkt darstellen. Eine Ablehnung der in Westeuropa verbreiteten Abendmahlsauffassungen der Schweizer Reformation und ein Werben für den lutherischen Standpunkt motivierten den Text.[29] Die *Summa* stellt eine eher katechetische Schrift dar, die die Abendmahlsauslegung Luthers aus seinem Kleinen Katechismus erklärte. Das Buch wurde durch je ein Gebet vervollständigt, das vor und nach dem Abendmahlsempfang gesprochen werden konnte. Außerdem wurde Psalm 111 und das Lied *Jesus Christus, unser Heiland, der von uns Gottes Zorn* von Martin Luther abgedruckt. Dies zeigt, dass das Ringen um die reine Lehre auch immer ein Ringen um die reine Frömmigkeit einschloss, weil sich die Wahrheit der Lehre im Leben zeigen musste.

Das wohl wichtigste Bekenntnis der Mansfelder Prediger, die *Confessio et Sententia Ministrorum verbi in Comitatu Mansfeldensi*,[30] entstand auf einer Synode der mansfeldischen Theologen im Oktober 1564[31] und lag ein Jahr später als Druck vor.[32] Dabei wollte diese von Hieronymus Menzel und Cyriacus Spangenberg (1528–1604) verfasste Schrift kein neues Bekenntnis sein, sondern verstand sich als Ergänzung der Bekenntnisse von 1559 und 1562. Der Titel brachte dies deutlich zum Ausdruck, indem darauf verwiesen wurde, dass nur die dogmatischen Irrtümer der vergangenen drei Jahre genauer beurteil würden. Sie richteten sich gegen christologische und sakramentstheologische Lehraussagen Paul Ebers,[33] den Heidelberger Katechismus, die Lehre

29 Die Schrift erschien zunächst auf Latein: Summa purioris doctrinae de sacrosanta Coena Domini, In qua etiam ad contrarias opiniones breuiter respondetur. Fundata in verbo divino, et Confeßione Augustana ac Apologia eiusdem, atque ex sincera interpretatione D.D. Martini Lutheri, aliorumque piorum Doctorum collecta. Ad Nascentem Ecclesiam Galliae missa, à ministris verbi, qui sunt in ditione Comitum Mansfeldensium, Eisleben 1562 (VD16 S 10167). Die deutsche Übersetzung erschien ebenfalls 1562 (VD16 S 10168); vgl. Berndorff, Die Prediger der Grafschaft Mansfeld (wie Anm. 2), S. 298–300.

30 Confessio et sententia ministrorum verbi in comitatu Mansfeldensi, de dogamtis quorundam proximo triennio publice editis, Eisleben 1565 (VD16 C 4823).

31 Berndorff, Die Prediger der Grafschaft Mansfeld (wie Anm. 2), S. 70.

32 Vgl. ebd., S. 268–270.

33 Vgl. Johannes Hund, Das Wort ward Fleisch. Eine systematisch-theologische Unter-

von den guten Werken Georg Majors, den Antinomismus Johannes Agricolas, die Willenslehre des Victorinus Strigel sowie Johannes Stössel (1524–1576). Die Geistlichen beriefen sich in der Vorrede legitimierend auf ihr Amt, das sie zum Bekenntnis der Wahrheit verpflichtete. Für ihre Argumentation zogen sie die Bibel, Texte der Kirchenväter und Aussagen Martin Luthers, vor allem aus dessen Kirchenpostille, heran. Als weitere argumentative Stütze zitierten sie ihre bisherigen Bekenntnistexte sowie einen Brief Joachim Mörlins (1514–1571) aus Braunschweig, der offenbar als theologischer Gewährsmann angesehen wurde.[34] Da die angeprangerten Schriften ebenfalls öffentlich im Druck erschienen, mussten sie nun auch öffentlich widerlegt werden. Schließlich galt es, die Lehre Martin Luthers zu verteidigen. Wieder unterschrieben alle Prediger der Grafschaft Mansfeld diesen Text, um namentlich für seine inhaltliche Korrektheit einzutreten.

Betrachtet man die drei Bekenntnisse im Vergleich, so fallen Gemeinsamkeiten und Unterschiede auf: Gemeinsam ist das mansfeldische Sendungsbewusstsein, das im Verständnis des geistlichen Amtes und dem Bewusstsein, in der Endzeit zu leben,[35] gründet. Unterschiedlich ist die Schärfe der Formulierungen. Während man 1559 sich noch im Einklang mit den Ernestinern wusste, trat man 1565 zu ihnen in Opposition, weil sie womöglich nicht konsequent genug für die Bewahrung der reinen Lehre eintraten. Dies führte dazu, dass die Abweichungen von der als wahr erkannten Lehre, deutlich schärfer angeprangert wurden.

3. Die Confessionsschrifft etlicher Predicanten von 1567[36]

Die reußischen Herrschaften lagen im Vogtland, mindestens eine Tagesreise von der Grafschaft Mansfeld entfernt. Zwischen den Reußen und Mansfeldern gab es durch Heiraten auf dynastischer Ebene mehrere verwandtschaftliche

suchung zur Debatte um die Wittenberger Christologie und Abendmahlslehre in den Jahren 1567 bis 1574, Göttingen 2006, bes. S. 124–126; ders., Vom Philippisten zum Melanchthonianer. Die Entwicklungen in Paul Ebers Abendmahlslehre im Kontext des Zweiten Abendmahlsstreits, in: Paul Eber (wie Anm. 21), S. 341–374.

34 Mörlin hatte Eisleben mehrfach als Druckort für seine Schriften verwendet, vgl. z.B. Wider die Landluegen/ der Heidelbergischen Theologen, Eisleben 1565 (VD16 M 5894); Wie die Buecher und Schrifften/ des teuren und Seligen Manns Gottes D. Martini Lutheri nuetzlich zulesen, Eisleben 1565 (VD16 ZV 11075; ZV 28277).

35 Vgl. Anja Moritz, Interim und Apokalypse. Die religiösen Vereinheitlichungsversuche Karls V. im Spiegel der magdeburgischen Publizistik 1548–1551/52, Tübingen 2009.

36 Vgl. zum folgenden Abschnitt: Stefan Michel, Das Bekenntnis zur Lehre Luthers in den reußischen Herrschaften. Wahrheit – Konfessionalisierung – Erinnerungspflege, Jena 2017.

Beziehungen.[37] Zudem tauschten sich auch ihre Theologen untereinander aus und bildeten vor allem in den 1560er Jahren ein gnesiolutherisches Netzwerk aus,[38] das auch der Unterstützung bedrängter Amtskollegen diente.

Manche der 1563 aus dem ernestinischen Sachsen als auch der 1566 aus dem albertinischen Sachsen entlassenen Pfarrer fanden Aufnahme in den reußischen Herrschaften sowie bei Wolf von Schönburg (1532–1581). Er war ein erbitterter Gegner der Konfessionspolitik Kurfürst Augusts[39] und besaß zunächst Penig, Wechselburg und Rochsburg, die alle kursächsische Lehen waren. Somit war Wolf von Schönburg in diesen Herrschaften ein Lehnsträger Kurfürst Augusts. Als er begann, in seinem Besitz vertriebene streng lutherische Geistliche – darunter den abgesetzten Weimarer Superintendenten Bartholomäus Rosinus (um 1520–1586)[40] – aufzunehmen, die im Verdacht standen, Anhänger der Theologie des Matthias Flacius zu sein, verschärften sich die Spannungen zwischen ihm und dem Kurfürsten. August befürchtete nicht zu Unrecht, dass diese Pfarrer gegen seine Konfessionspolitik polemisieren würden. Als sie im Juni 1566 einen Teil eines Gebets gegen die Türken, in dem die aktuellen innerlutherischen Lehrauseinandersetzungen als Gezänk bezeichnet wurden, verweigerten,[41] und zudem in Geringswalde eine Schule eröffnet wurde, die ebenfalls im Ruf stand, den »Flacianismus« zu fördern,[42] kam es zu einer Verschärfung der Auseinandersetzung. Nachdem das Leipziger Konsistorium die Vorgänge untersucht hatte und dabei Superintendent Christoph Hoffmann († 1576), Archidiakon Bartholomäus Baumgarten (um 1526–1574) und Diakon Matthäus Böhm (1533–1581) in Penig entlassen hatte,[43] verweigerte Wolf von Schönburg die Anerkennung

37 Vgl. Berthold SCHMIDT, Die Reußen. Genealogie des Gesamthauses Reuss, Schleiz 1903, passim.

38 Es dürfte kein Zufall gewesen sein, dass 1567 in Eisleben auch das »Confessio. Christliche Bekentnis des Glaubens / etlicher Euangelischen Prediger in Oster=Reich« (VD16 K 1985) erschien. Der 1566 entstandene Text ist ediert in: Peter F. BARTON / László MAKKAI (Hg.), Ostmitteleuropas Bekenntnisschriften der evangelischen Kirchen A. und H.B. des Reformationszeitalters III/1 1564–1576, Budapest 1987, S. 53–113.

39 Vgl. Theodor SCHÖN, Herr Wolf von Schönburg, der treue Freund und Vertheidiger der Peniger lutherischen Geistlichkeit, in: Schönburgische Geschichtsblätter 2 (1895/96), S. 117–149, 177–214.

40 Vgl. Rudolf HERRMANN, Magister Bartholomäus Rosfeld (Rosinus), in: Reinhold JAUERNIG (Hg.), Luther in Thüringen. Gabe der Thüringer Kirche an das Thüringer Volk, Berlin 1952, S. 212–220.

41 Vgl. Theodor SCHÖN, Geschichte des fürstlichen und gräflichen Gesamthauses Schönburg. Urkundenbuch der Herren von Schönburg, Bd. 8/1 (1566–1581): Vom Tode des Herrn Hugo I. von Schönburg bis zum Tode des Herrn Wolf II. von Schönburg, Waldenburg 1908, S. 11f., 17f.

42 Vgl. ebd., S. 14–17; Theodor DISTEL, Der Flacianismus und die schönburgische Landesschule zu Geringswalde, Leipzig 1879.

43 Vgl. LATh – StA Greiz, HARäL, Schrank II, Fach 93, Nr. 10: Auseinandersetzung des Leipziger Konsistoriums mit den Predigern zu Penig, 1566; SCHÖN, Herr Wolf von Schönburg (wie Anm. 39), S. 178f.

der an ihrer statt eingesetzten Pfarrer.[44] Ungeachtet dessen verfügte Kurfürst August die Einsetzung von drei neuen Geistlichen. Da Wolf von Schönburg als kursächsischer Untertan seinem Landesherrn den Gehorsam verweigert hatte, war der Kurfürst zum Handeln gezwungen. Deshalb wurde Wolf am 14. März 1567 in Chemnitz gefangen genommen.[45] Weil er in der Haft schwer erkrankt war, verwarf er am 16. Oktober des gleichen Jahres schriftlich seine bisherigen theologischen Positionen[46] und kam daraufhin einen Tag später frei. Die Schule in Geringswalde musste geschlossen werden. Erst nach der Änderung der kirchpolitischen Ausrichtung in Kursachsen 1574, die zu einer Abkehr von den Lehrmeinungen der Schüler Philipp Melanchthons hin zu einer stärkeren Betonung der Theologie Martin Luthers führte, erlangte Wolf von Schönburg seine alten Rechte vollständig zurück.[47]

Die Motivation der reußischen Pfarrer zu der Abfassung eines Bekenntnisses war deutlich anders gelagert als das der mansfeldischen Theologen: Die drei regierenden Brüder – Heinrich der Ältere (1506–1572), Heinrich der Mittlere (1525–1578) und Heinrich der Jüngere (1530–1572) – hatten ihren Besitz um Gera und Greiz 1564 unter sich aufgeteilt. Die beiden jüngeren Halbbrüder konnten dem deutlich älteren Bruder die jahrelange Bevormundung und Alleinherrschaft nicht verzeihen. Zum Streit unter den drei Brüdern führten neben den unterschiedlichen politischen insbesondere die divergierenden kirchenpolitischen Ziele. Während Heinrich der Mittlere in Obergreiz und Heinrich der Jüngere in Gera aufgrund ihrer streng lutherischen Haltung vertriebene Pfarrer aufnahmen, weigerte sich Heinrich der Ältere strikt dagegen. Da zwischen ihm und Kurfürst August bereits Spannungen bestanden, wollte er keinen weiteren Konflikt riskieren,[48] so dass er sich fortlaufend bei ihm über seine beiden jüngeren Brüder beklagte, um wenigstens in dieser Hinsicht seine Loyalität zu bekunden.[49] Die beiden jüngeren Brüder orientierten sich

44 Vgl. Schön, Geschichte des Gesamthauses Schönburg 8/1 (wie Anm. 41), S. 28–30, 33, 62.
45 Vgl. ebd., S. 69–71
46 Vgl. ebd., S. 169–173.
47 Vgl. Koch, Bekenntnis bei Martin Luther (1528 - 1538 - 1544) (s.o. in diesem Band).
48 Vgl. Berthold Schmidt, Ein Rechtsstreit um das Reußenland in den Jahren 1555–1562, in: Forschungen und Versuche zur Geschichte des Mittelalters und der Neuzeit. FS Dietrich Schäfer, Jena 1915, S. 457–499.
49 Vgl. dazu LATh – StA Greiz, HARäL, Schrank II, Fach 55, Nr. 1c–k: Das Konvolut enthält Briefe von Kurfürst August von Sachsen an Heinrich den Älteren (vom 15.5.1567, 3.7.1567, 22.4.1568), einen Brief Heinrich des Älteren an Kurfürst Friedrich, Pfalzgraf bei Rhein (vom 17.11.1567), einen Brief Johanns Graf zu Schwarzenberg an Kurfürst Friedrich, Pfalzgraf bei Rhein (vom 28.12.1567), einen Brief Kurfürst Friedrichs an Kaiser Maximilian (vom 6.1.1568) sowie einen Brief Heinrichs des Älteren an Kurfürst August von Sachsen (vom 17.5.1568).

hingegen offenbar mehr an der ernestinischen Konfessionspolitik, vor allem der Herzog Johann Wilhelms von Sachsen (1530–1573).[50]

Der Streit in Greiz entzündete sich kurz nach der Landesteilung von 1564 unter den drei reußischen Brüdern und nachdem Joachim Balthasar Mylius (1529–1596) als Superintendent nach Schleiz berufen worden war.[51] Da sich Heinrich der Ältere und Heinrich der Mittlere nicht auf einen gemeinsamen neuen Pfarrer für Greiz einigen konnten, begann jeder nach einem eigenen geeigneten Kandidaten zu suchen. Wieviel jeder der Brüder von Theologie verstand, muss dahingestellt bleiben. Heinrich der Mittlere und Heinrich der Jüngere konnten aufgrund ihres Studiums in Wittenberg mit Sicherheit zwischen den beiden theologischen Hauptparteien unterscheiden, deren eine sich stärker an Melanchthon und die andere an Luther orientierte. 1565 berief Heinrich der Ältere Johann Schürer († 1574) als Pfarrer und späteren Superintendenten von Greiz, der allerdings von Heinrich dem Mittleren nicht anerkannt wurde, weil er zu stark der Theologie Melanchthons folgte.[52] Deshalb sah sich Heinrich der Mittlere genötigt, einen eigenen Pfarrer zu berufen, was zu einem Schisma in der Stadt Greiz führte, das bis 1574 andauerte. Seine Wahl fiel auf den 1566 aus dem kursächsischen Chemnitz vertriebenen Georg Autumnus (1529–1598), der wiederum von Heinrich dem Älteren nicht anerkannt wurde. Die Folgen dieser Auseinandersetzung waren vor allem in der Stadt Greiz zu spüren, wo nun auf kleinstem Raum zwei theologisch unterschiedlich ausgerichtete Parteien gegeneinander arbeiteten und sich wechselseitig absprachen, die reine Lehre des Evangeliums zu verkündigen. Ausgrenzungen fanden in der Gemeinde statt, indem Gemeindegliedern das Abendmahl oder bei Taufen die Zulassung zum Patenamt verweigert wurden. Erst nachdem Heinrich der Ältere im Jahr 1572 gestorben war, konnte der Zwist 1574 endlich beigelegt werden.

Die Vorrede der *Confessionschrifft etlicher Predicanten in den Herrschafften / Graitz / Geraw / Schonburg* wurde am 2. März 1567 unterzeichnet.[53] Der

50 Vgl. Gehrt, Ernestinische Konfessionspolitik (wie Anm. 4), S. 287–435.

51 Vgl. Thüringer Pfarrerbuch, Bd. 4: Die reußischen Herrschaften, hg. v. der Gesellschaft für Thüringische Kirchengeschichte, bearb. von Paul Heller, Leipzig 2004, S. 223, Nr. 865.

52 Hans Georg Prinz zu Schönaich Carolath, Das landesherrliche Kirchenregiment in Reuß-Greiz 1560–1716, Jena 1938, S. 38f.

53 Vgl. Confessionschrifft. Etlicher Predicanten in den Herrschafften/ Graitz/ Geraw/ Schonburg/ und anderer hernach unterschriebenen: Gestellet zu Notwendiger Ablenunge vieler ertichten Calumnien und Lesterungen/ und dagegen zu erklerunge und beförderung der Warheit/ Zu förderst aber wie ein jeder Christ die jetzt schwebenden schedlichen Corrupteten und Irthume/ nach dem heiligen Catechismo Lutheri erkennen/ Widerlegen und fliehen müge, [Eisleben] 1567 (VD16 M 5038; ZV 10919); Heinrich Otto Meusel, Die Reussische oder Reussisch-Schönburgische Konfession

Druck, den Heinrich der Mittlere förderte,[54] erfolgte erst im Herbst des Jahres 1567. Die Auslieferung der 350 hergestellten Exemplare zog sich noch bis ins Frühjahr 1568 hin.[55] Als Hauptverfasser kann der Waldenburger Pfarrer Bartholomäus Rosinus genannt werden, dem Simon Musäus (1521–1582), Superintendent in Gera, und Georg Autumnus, Pfarrer in Greiz, zur Seite standen. Die Konfessionsschrift wurde von 33 Pfarrern unterschrieben.

Der *casus confessionis* war für die reußischen und schönburgischen Theologen gegeben, weil sie als Flacianer angesehen wurden und damit dem Verdacht ausgesetzt waren, sie würden mit einer neuen Lehre die Eintracht der Evangelischen spalten. Die Bezeichnung als Flacianer schloss keineswegs nur die Schülerschaft gegenüber Matthias Flacius ein, sondern wurde auch als Schimpfwort verwendet. Um diesen ungerechtfertigten Verdacht zu entkräften, Schüler eines im Hinblick auf die Erbsündenlehre der Ketzerei verdächtigen Theologen zu sein, formulierten sie ihr Bekenntnis.[56]

In drei Teilen nahmen die unterzeichnenden Theologen zu diesen Vorwürfen Stellung. Zunächst wiesen sie im *ersten Teil*, der als Schutzrede konzipiert ist, die Vorwürfe zurück, dass sie Flacianer wären.[57] Vielmehr entdeckten sie in den Schriften des Matthias Flacius Illyricus, soweit sie ihnen bekannt waren, keine neue Lehren, die von denen Martin Luthers abwichen. Vielmehr habe Flacius zur Zeit des Streits um das Interim deutlich Position für die lutherische Sache ergriffen. Auch verdammten sie keine anderen Kir-

von 1567, in: Beiträge zur Sächsischen Kirchengeschichte 14 (1899), S. 149–187; Heinrich Berthold Auerbach, Die reussische Konfession, ihr Gedankengang und ein neuer Beitrag zu ihrer Geschichte, in: Thüringer Kirchliches Jahrbuch 10 (1904), S. 17–66.

54 Dies geht aus folgenden Quellen hervor: LATh – StA Greiz, HARäL, Schrank II, Fach 53, Nr. 3: Brief an Heinrich den Mittleren von Bartholomäus Rosinus den Druck der reußischen Konfession betreffend vom 4. Mai 1567; Schrank II, Fach 93, Nr. 7: Sieben Briefe von Bartholomäus Rosinus an Heinrich den Mittleren. 1567 (unpaginiert).

55 So berichtete Heinrich der Ältere an Kurfürst August erst im Mai 1568 über das Erscheinen des »Schmabuch«, vgl. LATh – StA Greiz, HARäL, Schrank II, Fach 55, Nr. 1j: Brief Heinrich des Älteren an Kurfürst August von Sachsen vom 17. Mai 1568.

56 So heißt es in der Widmungsvorrede an Heinrich den Mittleren, Heinrich den Jüngeren und den in kurfürstlicher Haft befindlichen Wolf von Schönburg (Confessionschrifft [wie Anm. 53], A ii^{r-v}): »Wieweil wir denn (leider) alzumal teglich erfahren / vnd hören müssen / werden auch offentlich von Hohen und Niedrigen Stenden / derhalben hin vnd wider / grewlich gelestert / vnd schmelich ausgeruffen / Als / das wir Flacianische / gifftige / schedliche und falsche Lehre füren / damit Auffrur / zurrüttung vnd verwirrung der Kirchen anrichten / Vnd gantz vergeslich muthwillig vnd Lügenhafftig / Hohe Personen / Lande / Kirchen / Schulen / Vniuersiteten vnd Gelerte leute verachten / Iniuriren / schenden vnd lestern sollen. Vnd zwar solche Beschüldigung / Nachreden vnd Aufflagen / nicht allein vns / Sondern auch Ewren Gnaden [...] betrifft vnd angehet / etc. Derhalben denn auch E. G. als Newer Religions Bundesgesellen / Auffrichter des gantzen Bapstumbs / Anhenger Falscher lehre vnd Auffrürischer Prediger: Item / die vns / andern zu verdries vnd zu wider / hegen vnd fördern / ausgeschrien vnd beschüldiget werden«.

57 Confessionschrifft (wie Anm. 53), Bl. B ii^{r}–D ii^{r}.

chen, Universitäten oder Kurfürsten, müssten aber trotzdem falsche Lehren benennen. Zum dritten seien sie keinesfalls Prediger, die nur von den Kanzeln Gezänk verbreiteten. Vielmehr verteidigten sie lediglich den Inhalt des Katechismus gegen Verfälschungen. Dies sei das Amt der Prediger. Für ihre Position beriefen sie sich auf Zitate aus der Heiligen Schrift sowie auf Aussagen Luthers. Schließlich liege es nicht an ihnen, dass sie vertrieben worden seien. Natürlich hätten sie ihren »Mantel nach dem Winde hengen« können,[58] doch damit hätten sie die Lehre Christi verleugnet. Da sie sich unschuldig fühlten, mussten sie diese Konfessionsschrift abfassen.

Im *zweiten Teil* benannten die Verfasser die Bekenntnisse und Lehren, zu denen sie sich bekannten.[59] An erster Stelle stand natürlich die Heilige Schrift. Darauf folgten die drei altkirchlichen Bekenntnisse sowie die unveränderte Augsburgische Konfession.[60] Des Weiteren hatten die Schmalkaldischen Artikel Luthers für sie Bekenntnisrang.[61] Die Unterzeichner bekannten sich ferner zum Konfutationsbuch von 1559, zu den Lüneburgischen Artikeln von 1561 und zur Mansfelder Konfession von 1565. Schließlich war für sie der (Kleine) Katechismus Luthers als »Summa« bindend, wie sie sich auch allgemein auf die Schriften Luthers beriefen.

Deutlich umfangreicher als die beiden ersten Abschnitte fiel der *dritte Teil* aus, der wohl als Hauptteil der Konfessionsschrift bezeichnet werden kann.[62] Hier entfalteten die reußischen und schönburgischen Theologen in Anlehnung an Luthers kleinen Katechismus ihre Lehre in sechs »Heuptstücke[n]«, indem sie alle aus ihrer Sicht falschen Lehren aufdeckten und diesen ihre Lehrmeinung entgegenstellten, die sie als wahr ansahen. Sie begannen bei den zehn Geboten.[63] Danach folgten die Abschnitte über »Glaube und Rechtfertigung«,[64] »Vom Gebet«,[65] »Von der Taufe«,[66] »Von der Beichte«[67] und »Vom Abendmahl«.[68] In allen Abschnitten setzten sie sich ausführlich mit den Lehrabweichungen auseinander, die die Konfessionsschrift zu einem Kompendium der Dogmengeschichte des 16. Jahrhunderts macht. Insbeson-

58 Ebd., Bl. C ii^v.
59 Ebd., Bl. D ii^v–F ii^r.
60 Vgl. zu den Hintergründen: Ernst KOCH, Bedeutungswandlungen der Confessio Augustana zwischen 1530 und 1580, in: Ders., Aufbruch und Erneuerung. Studien zur lutherischen Bekenntnisbildung im 16. Jahrhundert, Stuttgart 1983, S. 20–33.
61 Vgl. Daniel GEHRT, Wider »allerlaj secten vnd falsche Opinion, der Religion halben«. Beobachtungen zu den von den Ernestinern autorisierten Ausgaben der Schmalkaldischen Artikel von 1553 und 1555, in: LuJ 83 (2016), S. 88–113.
62 Confessionschrifft (wie Anm. 53), Bl. F ii^v–f iiii^v.
63 Ebd., Bl. F iii^v–I iiii^r.
64 Ebd., Bl. I iiii^v–V iii^r.
65 Ebd., Bl. V iii^v–X iiii^r.
66 Ebd., Bl. X iiii^v–Z iii^v.
67 Ebd., Bl. Z iiii^r–c iii^r.
68 Ebd., Bl. c iii^r–f ii^r.

dere in der umstrittenen Lehre von der Erbsünde versuchten sie sich an die Aussagen Luthers zu halten, um nicht den Verdacht aufkommen zu lassen, Anhänger der theologischen Lehrbildung des Flacius zu sein. Es verwundert auch nicht, dass sie die Jenaer Lutherausgabe zitierten und damit deutlich machten, dass die Jenaer Theologen in der wahren Nachfolge Luthers standen, von der die Wittenberger offensichtlich abgewichen waren.

Eine *Ständelehre* beschloss die Konfessionsschrift, in der die Verfasser die Aufgaben der Prediger, der Obrigkeit und der christlichen Gemeinde darstellten sowie mit zahlreichen Beispielen illustrierten und belegten.[69] Zugleich unterstrichen sie dadurch ihre eigene Amtsauffassung, zu der das Bekenntnis zur wahren Lehre gehörte. Der »Endliche Gemeine Beschlus« wandte sich an den Leser, der nun über die Rechtmäßigkeit der Lehre der unterzeichnenden Theologen informiert war, und schloss mit einer Segensbitte.[70]

4. Resümee: Konfessorische Konzepte

Im Vorfeld der Konkordienformel von 1577 wurden verschiedene Konzepte erwogen, ein erneutes Bekenntnis zur Wittenberger Theologie abzulegen und dadurch die Einheit der protestantischen Stände in politischer Hinsicht zu demonstrieren. Neben dem Verweis auf die Augsburger Konfession, zu der weitere reformatorische Bekenntnisse wie die Schmalkaldischen Artikel hinzukamen, wurden vor allem seit dem Frankfurter Rezess entweder neue Bekenntnisse verfasst oder bestehende Bekenntnisse in sogenannten *Corpora Doctrinae* zusammengestellt.[71]

Die vier hier vorgestellten Bekenntnisse entstammen zwar einer ähnlichen theologischen Grundhaltung, trotzdem folgten sie unterschiedlichen Motivationen und Konzepten. Während die mansfelder Bekenntnistexte sich an das Vorbild des ernestinischen Konfutationsbuches anlehnten, den Dissenz zu anderen Positionen benannten und Lehrabweichungen brandmarkten, schlugen die reußischen und schönburgischen Theologen einen anderen Weg ein. Sie verfassten ein positives Bekenntnis, dass sich gegen Anfeindungen wehrte, Lehrgrundlagen und Lehrinhalte definierte und auf diese Weise den Konsens suchte. Beide Konzepte – das negative, abgrenzende Bekenntnis und das positive, konsenssuchende Bekenntnis – konnten sich auf Vorbilder innerhalb der Wittenberger Reformation berufen. Bereits Luther hatte mit seinem Bekennt-

69 Ebd., Bl. g^{r}–o ii^{r}.
70 Ebd., Bl. o ii^{r}–o [iiii]^{r}.
71 Vgl. Gustav Kawerau, Corpus doctrinae, in: RE^{3} 4 (1898), S. 293–298.

nis vom Abendmahl von 1528[72] und den Schmalkaldische Artikeln von 1537[73] eine testamentarische Grenze gezogen, die er keinesfalls überschreiten konnte und wollte. Vom Gegenstand seines Bekenntnisses glaubte er sein Seelenheil abhängig. Diesem Vorbild folgte das ernestinische Konfutationsbuch und das *Bekenntnis der Prediger in der Graffschafft Mansfeld*. Jedoch gab es neben diesen Texten auch das Augsburger Bekenntnis, das vorrangig den Konsens suchte und deshalb einige Lehrpunkte nicht so absolut formulierte. In diese Richtung wiesen auch die beiden Katechismen Luthers, die durch zahlreiche *Corpora Doctrinae* ab 1570 zu Bekenntnistexten erhoben wurden.[74] Die Confessionsschrift von 1567 folgte Luthers Kleinem Katechismus.

Alle vier hier behandelten Bekenntnisse reagierten auf unterschiedliche Diskussionen in den benachbarten wettinischen Territorien. Während die Mansfelder eher auf die Entwicklungen im Herzogtum Sachsen eingingen, waren die reußischen und schönburgischen Theologen gezwungen sich gegenüber der Linie der albertinischen Konfessionspolitik zu rechtfertigen. Die Lehre Luthers zu verteidigen, bedeutete sie auch in sich wandelnden Kontexten anzupassen, aber nicht grundsätzlich zu verändern. Modifikationen konnten eine Verfälschung der Lehre mit sich bringen.

Die hier behandelten Bekenntnisse verbindet, dass streng lutherische Geistliche darin um den Erhalt der reinen Lehre Luthers rangen, die für sie heilbringende Wahrheit darstellte. Sie waren bereit für die Wahrheit dieser Lehre namentlich in der Öffentlichkeit einzustehen und selbst Vertreibungen auf sich zu nehmen.[75] Auch darin folgten sie dem Vorbild der Schmalkaldischen Artikel, die – anders als das Augsburger Bekenntnis, das mehrere weltliche Obrigkeiten unterzeichneten – von den anwesenden Theologen unterschrieben wurde.[76]

Entscheidender Motor für das Ablegen eines Bekenntnisses in lutherischen Kreisen nach 1548 war das eschatologisches Bewusstsein der Theologen, am Ende der Zeiten zu leben. Deshalb war es ihnen nicht egal, ob in manchen Lehrfragen zugunsten einer moderateren Position nachgegeben wurde. Ihre konfessorische Motivation speiste sich aus ihrer Amtstheologie. Sie traten als

72 Vgl. den Beitrag von Koch in diesem Band.

73 Vgl. Werner Führer, Die Schmalkaldischen Artikel, Tübingen 2009, bes. S. 23f.

74 Vgl. Wilhelm H. Neuser, Bibliographie der Confessio Augustana und Apologie, Nieuwkoop 1987, S. 118 (Nr. 100), 120 (Nr. 103), 121 (Nr. 104), 123 (Nr. 106), 126 (Nr. 110) und 127 (Nr. 111). Zu ergänzen wäre noch die Göttinger Kirchenordnung von 1568 (VD16 G 2525), die bei Neuser nicht verzeichnet ist.

75 Vgl. die Biogramme der Unterzeichner der Confessionsschrift von 1567 in: Michel, Das Bekenntnis zur Lehre Luthers (wie Anm. 36), S. 56–67.

76 Die Unterschriften wurden 1538 nicht mit veröffentlicht, sondern erscheinen erstmals in der Ausgabe von 1553, vgl. Gehrt, Wider »allerlaj secten vnd falsche Opinion, der Religion halben« (wie Anm. 61), S. 93.

Pfarrer für die Wahrheit des Evangeliums ein, das ihrer tiefsten Überzeugung nach Luther ans Licht gebracht hatte und das auf gar keinen Fall wieder verdunkelt werden durfte. Dafür beriefen sie sich unter anderem auf biblische Vorbilder, wonach der Abfall von Gott zum Untergang führen würde. Zudem stand ihnen Luthers Handlungsweise vor Augen.

Während es sich bei den hier behandelten Bekenntnissen um Partikularbekenntnisse handelt, ging man mit der Konkordienformel von 1577 einen Schritt weiter: Man übernahm den Gedanken, einen neuen Text abzufassen, der zur Klärung von aktuellen Streitfragen führen sollte. Allerdings vermieden die Konkordisten ausdrücklich die Formulierung Bekenntnis. Sie verstanden die Konkordienformel vielmehr als eine Auslegung des Augsburger Bekenntnisses.

Anders als die mansfeldischen Bekenntnistexte blieb es bis ins 19. Jahrhundert in Geltung, weil es 1599 als Landesbekenntnis für die reußischen Herrschaften erneuert wurde.[77] Auch dieser Schritt resultierte letztlich aus dem Interesse der Reußen, ihre Identität gegenüber den ernestinischen Nachbarn zu behaupten.

77 Die Confessionsschrift erlebte als »Reußische Konfession« noch zwei Auflagen: Confessionschrifft. Nach welcher bisshero in den Reusischen Kirchen/ vermöge Heiliger Schrifft/ Auspurgischer Confession/ und des Hocherleuchten Teuren Mannes Gottes D. Martini Lutheri Schrifften/ geleret worden. Itzo aus wichtigen und erheblichen ursachen repetiret und publiciret/ neben einer neuen Praefation/ und darauff folgenden ausfürlichen Bericht/ in welchem aller verdacht/ darein erwente Confessionschrifft zur ungebür hat wollen gezogen werden/ gründlich und bescheidentlich abgehnet ist. Auch wird bey dieser Repetition und fürgefallenen gelegenheit angezeigt/ in was hohen werth die Reusischen Kirchen das Christliche Concordibuch halten, Jena 1599 (VD16 M 5039); Confession-Schrifft/ Nach welcher bißhero in den Reußischen Kirchen/ vermöge heiliger Schrifft/ Augspurgischer Confession, und des hocherleuchten theuren Mannes Gottes D. Martini Lutheri Schrifften/ gelehret worden. Anno 1567. zum ersten mahl gedruckt/ und Anno 1599. zum andern mahl Aus wichtigen und erheblichen Ursachen repetiret und publiciret/ neben einer neuen Praefation, und darauf folgenden ausführlichen Bericht/ in welchem aller Verdacht/ darein erwehnte Confession-Schrifft zur Ungebühr hat wollen gezogen werden/ gründlich und bescheidentlich abgelehnet ist. Auch wird bei dieser repetition und fürgefallenen Gelegenheit angezeigt/ in was hohen Werth die Reußischen Kirchen das Christliche Concordi-Buch halten […], Gera 1699 (VD17 3:633612X).

Robert Kolb

The Formula of Concord and the Book of Concord

The Path to Consensus and Definition within the Wittenberg Circle

1. The Theological Setting of the Search for Concord in the Wittenberg Circle

Open strife broke out over the proper interpretation of key elements of the public teaching of the Wittenberg reformers in 1549 till 1550,[1] and soon thereafter both theologians and secular political leaders within the Evangelical movement in Germany began to devote strenuous efforts to re-establishing harmony within the Wittenberg circle. Such disagreements among the disciples of charismatic leaders are inevitable, especially in the wake of the substantial redefinition of what it means to be Christian that Luther had introduced and Melanchthon and other colleagues had promoted. Throughout human history battles over the interpretation of the ideas and institutional innovations of great leaders have marked the consolidation and maturing of movements. Sunnis and Shiites, Stalinists and Trotskyites, illustrate this phenomenon.

Luther had redefined what it means to be Christian in his call for reform, from his Heidelberg theses (1518) on. Medieval Christians had believed that their relationship with God depended on their performance of the works God demands, chiefly sacred or religious works, the proper performance of ritual. The rituals that established and insured the proper relationship with God depended upon the hierarchy, beginning with the local priest, but ultimately resting upon Christ's vicar on earth, the bishop of Rome. Throughout

1 For insight into this »culture of controversy«, as Irene DINGEL has labeled it, see id., Zwischen Disputation und Polemik. »Streitkultur« in den nachinterimistischen Kontroversen, in: Henning P. JÜRGENS et. al. (eds.), Streitkultur und Öffentlichkeit im Konfessionellen Zeitalter, Göttingen 2013, pp. 17–29; DINGEL, Pruning the Vines, Plowing Up the Vineyard. The Sixteenth-Century Culture of Controversy between Disputation and Polemic, in: Anna Marie JOHNSON et. al. (eds.), The Reformation as Christianization. Essays on Scott Hendrix's Christianization Thesis, Tübingen 2012, pp. 397–408, and Irene DINGEL, Streitkultur und Kontroversschrifttum im späten 16. Jahrhundert. Versuch einer methodischen Standortbestimmung, in: Id. et al. (eds.), Kommunikation und Transfer im Christentum der Frühen Neuzeit, Mainz 2007, pp. 95–111.

the later Middle Ages protest groups had arisen against this dominant understanding of the Christian faith. These groups most often called for reform along biblicistic, moralistic, anti-sacramental, anti-clerical, millenarian lines. Such programs for reform surfaced again in the sixteenth century in Andreas Bodenstein von Karlstadt and a variety of Anabaptist groups. The many other monastic, episcopal, and lay reform movements of the Middle Ages remained within the ritualist, hierarchical framework, counting on performance of sacred activities and submission to the hierarchy to guarantee both unity and truth.

Luther's new definition of being Christian arose out of own personal struggles with the person of his Creator which then combined with his presuppositions as a student trained by Ockhamistic-inclined instructors and with the intensive study of Scripture that aroused his ardor and devotion as a monk and became obligation as he took his doctoral oath. This new understanding of the Christian life rested on the presumption that the relationship with the Creator begins with his initiative and that he creates and re-creates through his Word. Luther understood the Christian life as God's on-going conversation with sinners. He speaks with both the rebellious and the justified, with the latter in his expression of love for them in Jesus Christ and in his plan for their life, with the former through the accusation delivered by that plan. He speaks in the grammar of law and gospel.

2. The Search for Concord within the Wittenberg Circle

This new definition of being Christian required those who sought to restore the unity and cooperation of the Wittenberg circle to think in terms of rebuilding consensus in the public confession of the faith. This involved a fresh, contemporary formulation of the *regula fidei*, the assumptions and interpretive framework which stood behind the ritual and polity. The Wittenberg theologians did not regard ritual and policy as unimportant, but they were penultimate, placed in the service of proper teaching or explication of Holy Scripture. Melanchthon had established »confession« as the Lutheran way of reaching a definition of what it means to be Christian when he entitled the princes' and cities' explanation of their reform program and the nature of their public teaching a »confession« at Augsburg.[2] Proper confession became the template for authentic concord.

Two avenues developed in the early 1550s which shaped the endeavors for reaching concord among the disciples of Luther and Melanchthon through

2 Robert Kolb, Confessing the Faith. Reformers Define the Church, 1530–1580, St. Louis, MO 1991, pp. 29–42.

such a common confession or, more precisely, a clarification of the meaning of the Augsburg Confession. One approach depended on the leadership and control of secular governments; the other on the leadership and control of theologians. Indeed, both princes and theologians recognized the necessity of the others' involvement in the process, but each claimed for itself the ultimate responsibility. The former tended to favor consensus expressed in short, positive statements, with the divergences from Wittenberg teaching simply forgotten: »amnistia« was the term. The latter tended to favor extensive, detailed treatment of the specific issues that divided members of the Wittenberg circle. Its advocates insisted on explicit condemnations of formulations that were false and of the false teachers who had propagated them. Martin Chemnitz is an example of a moderate form of the second position, Matthias Flacius of its more radical form. Jakob Andreae exemplified the first approach for much of his career but then moved to adapt the second form and stand alongside Chemnitz in the creation of the Formula of Concord and the Book of Concord.

This essay will trace briefly the earlier approaches of Andreae and Chemnitz to solving doctrinal disputes and then use the example of the doctrine of the election of the faithful to salvation, as enunciated in Article XI of the Formula, to demonstrate how Andreae, Chemnitz, and their fellow drafters of the Formula of Concord sought to honor the concerns of feuding positions while remaining faithful to the biblical message as they sought concord among their fellow Lutherans.

3. Jakob Andreae's Efforts at Establishing Concords

At age 29, Jakob Andreae set out to solve one area of disunity among the Evangelical churches of western Europe in 1557, when he and Theodore Beza met and formulated a way of reconciling Geneva and Stuttgart. This plan earned only rejection on both sides.[3] Later in 1557 Andreae stood side by side with Johannes Brenz and Duke Christoph in seeking reconciliation between the

3 Jakob Andreae, Kurtzer vnnd einfletiger Bericht von deß Herrn Nachtmal/ vnnd wie sich ein einfeltiger Christ in die langirige zwyspalt/ so sich daru[e]ber erhebt/ schicken sol, Pforzheim 1557, translated as: Simplex ac dilucidia expositio sententiae de coena Domini ..., Frankfurt a.M. 1559. On this attempt to find an agreement with the Genevans in his conversations with Beza, see Rosemarie Mueller-Streisand, Theologie und Kirchenpolitik bei Jakob Andreae bis zum Jahre 1568, in: Blätter für württembergische Kirchengeschichte 60/61 (1960/1961), pp. 293–303, and Robert M. Kingdon, Barriers to Protestant Ecumenism in the Career of Theodore Beza, in: Elsie Anne McKee et al. (eds.), Probing the Reformed Tradition. Historical Studies in Honor of Edward A. Dowey, Jr., Louisville, KY 1989, pp. 237–244.

Wittenberg loyalists and the teaching of Andreas Osiander on justification, earning Andreae once again deep-seated suspicion and animosity from many others in the Wittenberg circle.[4]

In 1559, while serving as Christoph's court preacher at the imperial diet in Augsburg, Andreae preached two sermons. In the first, he embraced in detail Luther's understanding of the true presence of Christ's body and blood in the Lord's Supper. The second set forth the Wittenberg teaching of justification through the re-creating and absolving Word of the gospel, and through the trust created by the Holy Spirit as he fashions new creatures through this faith in Christ.[5] These sermons served two purposes. They supported Christoph's public defense of the Augsburg Confession, against which Roman Catholic theologians and princes were agitating in an attempt to reverse the Religious Peace of Augsburg, only four years old at that point. The two sermons contained sharp critique of Roman Catholic positions on justification and sacramental doctrine and practice. Furthermore, the two sermons laid down a foundation for concord among the adherents of the Augsburg Confession on these two vital issues and were designed to serve as proof of Andreae's faithfulness to Wittenberg teaching. These sermons did not, however, make clear that he used the Augsburg Confession – to say nothing of its Apology or the Smalcald Articles – as a secondary authority to guide his confession. Only the Catechism served as that kind of reference point.

Andreae continued to serve Christoph as ecclesiastical diplomat, specifically entering into situations in which he was to aid in the search for unity in the faith, in the Württemberg delegation to the Colloquy of Poissy in 1561, in a similar delegation that actively aided the attempt to solve the controversy over the freedom of the will in ducal Saxony in 1562, and in the more successful effort to reach a settlement in Strassburg on the issues of the presence of Christ in the Lord's Supper and of the perseverance of the saints and related questions regarding predestination in 1563. In the last case, however, Andreae did not seek middle ground but came down decisively against Hieronymus Zanchi in favor of his Lutheran friend, Johann Marbach.[6] This could not over-

4 Timothy J. Wengert, Defending Faith. Lutheran Responses to Andreas Osiander's Doctrine of Justification, 1551–1559, Tübingen 2012, pp. 191–241.

5 Jakob Andreae, Eine Christenliche Predig wie der mensch vor Gott gerecht werde/ so zu Augspurg werendem Reichstag/ auff den Sontag Quasimodogeniti/ Anno &c. LIX. Gehalten, Tübingen 1559, and Ein Christenliche Predig vom Nachtmal des Herrn/ so zu Augspurg in werendem Reichßtag/ auff den Sontag Cantate, Anno &c. LIX. gehalten, Tübingen 1559, cf. Robert Kolb, Jakob Andreae's Preaching in the Public Arena (Augsburg 1559), in: Lutheran Quarterly 29 (2015), pp. 10–32.

6 The text is found in Wilhelm Baum et al. (eds.), Corpus Reformatorum 47, Ioannis Calvini Opera 19, Braunschweig 1864, pp. 671–675. Cf. Robert Kolb, Bound Choice, Election, and Wittenberg Theological Method From Martin Luther to the Formula of Concord, Grand Rapids, MI 2005, pp. 173–179.

come the suspicions aroused in »Gnesio-Lutheran« circles by his attempt to honor Viktorin Strigel's use of the term »modus agendi« to describe the role of the will in conversion.[7]

After a series of efforts from theologians and princes to find a path to concord within the Wittenberg circle, Christoph seized upon the invitation of his cousin, Julius of Braunschweig-Wolfenbüttel, to send Andreae north to aid in the introduction of the Reformation into Julius' lands in 1568. Christoph viewed this as an opportunity to launch another attempt to establish a common basis for confessing and teaching the faith among the Evangelical churches committed to Wittenberg reform. Andreae composed »Five Articles« which treated justification by faith, good works, freedom of the will, adiaphora, and the Lord's Supper. He traveled from court to court and from town to town, seeking acceptance of his brief, general expressions of these articles of faith which contained no condemnations of false teaching or teachers.[8] In a sermon in Braunschweig on August 20, 1570, he demonstrated to the congregation how the catechism provides answers to the controversies treated in his »Articles«.[9] In the process of conversing with a variety of officials and church leaders, he tinkered with the text of the »Articles«, further arousing particularly »Gnesio-Lutheran« suspicion that he set his banners to the wind.

The general reaction to Andreae's »Articles« seems to have been indifference, but Andreae persisted. He had become convinced that the problem besetting the churches of the Augsburg Confession lay not in actual differences but in the misrepresentations of opponents that plagued all sides. He proposed that all parties to the disputes agree on the simple conclusions of his five articles and stop attacking others. He persuaded several governments to send representatives to Zerbst in May 1570 to give formal recognition to their common teaching as expressed in in his »Five Articles«. They were not to regard the »Articles« as a newly created »formula of concord« because that would make the document another cause of separation and misunderstanding. Rather they came together, in Andreae's view, to confess that they would remain faithful to the writings of the prophets and apostles, as interpreted in the Nicene, Athanasian and Apostles creeds and in the Augsburg Confession,

7 Mueller-Streisand, Theologie und Kirchenpolitik (see note 3), pp. 224–395, on the biography of Andreae to 1568.

8 Irene Dingel (ed.), Die Bekenntnisschriften der Evangelisch-Lutherischen Kirche, Göttingen 2014 [henceforth BSELK], Quellen und Materialien [henceforth QuM vol. 1 or QuM vol. 2], vol. 2, pp. 14–20.

9 Jakob Andreae, Ein Christliche Predigt: Vor dem Durchleuchtigen Hochgebornen Fu[e]rstn … Julio/ Herztogen zu Braunschweig vnd Lu[e]neburg/ etc. In der Stadt Braunschweig auff den 13. Sontag nach Trinitatis gehalten. Heinrichstadt [Wolfenbüttel] 1571, pp. E2a–E3b.

understood in the light of the Apology and the Smalcald Articles. In addition, they were to recognize Luther's catechism as a rejection of all false teachers and to commend the writings of Luther, Melanchthon, and Brenz.[10]

Andreae left Zerbst satisfied, but on a subsequent visit to Wittenberg he discovered that his optimism had not been totally justified. Earlier visits there in his campaign for agreement around his »Five Articles« had acquainted him with Georg Major, whose views on the Lord's Supper remained close to Luther's (in January 1569); in August he met with Johannes Bugenhagen the younger, Paul Crell, and Paul Eber, who agreed largely with Major, but also with Caspar Cruciger the younger and Christoph Pezel, who held to a more spiritualized understanding of the presence of Christ in the Supper.[11] When Andreae returned after the meeting in Zerbst, his conversation partners did not include those in the »Crypto-Philippist« camp but only Crell, the younger Bugenhagen, and Nikolaus Selnecker, whose views more closely corresponded to his own.[12] As Andreae came to recognize that his Christological views were rejected by the leading Wittenberg professors, especially Christoph Pezel and his colleague in the medical faculty, Melanchthon's son-in-law, Caspar Peucer, his elation turned to disappointment, and he changed his strategy significantly. His *Sechs Christliche Predigten* of 1573 were extensive treatments of six focal points of disagreement, treated in much greater detail, with explicit condemnations of false teachings and also of false teachers. Apart from certain specific Crypto-Philippists in the text, however, the false teachers were mentioned only in the margins.[13]

10 Jakob ANDREAE, Gru[e]ndtlicher Warhafftiger/ vnd bestendiger Bericht: Von Christlicher Einigkeit der Theologen vnd Predicanten/ so sich in einhelligem/ rechtem/ warhafftigem/ vnd eigentlichem verstandt/ zu der Augspu[e]rgischen Confession/ in Ober vnd Nieder Sachsen/ sampt den Oberlendischen vnd Schwebischen Kirchen bekennen. Durch Etlicher Christlicher Fu[e]rsten Gesanten im LXIX. ctc. vnd diesem lauffenden LXX. Jhar/ eigentlich erku[e]ndiget/ vnd zu Zerbst auff dem Synodo durch der Christlichen Churfu[e]rsten/ Fu[e]rsten / vnd Erbarer Stedt abgesandte vnd versamlete Theologen/ den 10. Maij gegen einander erkleret. Wolfenbüttel 1570, esp. pp. M3a–N4b. On Zerbst, see Johannes HUND, Das Wort ward Fleisch. Eine systematisch-theologische Untersuchung zur Debatte um die Wittenberger Christologie und Abendmahlslehre in den Jahren 1567 bis 1574, Göttingen 2006, pp. 137–162.

11 ANDREAE, Gru[e]ndtlicher Bericht (see note 10), pp. 113–125.

12 Ibid., pp. D1a, E3a, N4b–R2a.

13 BSELK, pp. 26–82.

4. Martin Chemnitz's Efforts at Establishing Concord

If Andreae had early on conveyed the impression that he was more concerned about concord or unity than about truth, Martin Chemnitz had left little doubt that he insisted on proper expression of pure or correct teaching even as he sought to bring the adherents of the Augsburg Confession together in a common expression of biblical teaching. As Andreae had stood alongside his mentor Johannes Brenz, so Chemnitz found his place alongside his friend, the »Gnesio-Lutheran« Joachim Mörlin. The two had forged a friendship while involved in the controversy swirling around Andreas Osiander in the early 1550s in Königsberg. Mörlin, sent into exile by Duke Albrecht in February 1553 for turning from mediator to opponent in that dispute, accepted a call to be superintendent of the church of the city of Braunschweig.[14] He quickly sought to bring Chemnitz from Wittenberg to Braunschweig, whither he had gone for further study after departing from Königsberg in April 1553. Chemnitz arrived there in December 1554. In 1557 he aided Mörlin and other Lower Saxon pastors in the attempt to reconcile Flacius and his followers with Melanchthon and his in the »Coswig colloquy«.[15]

In 1561 Chemnitz again stood by Mörlin as the Braunschweig ministerium led efforts to bring controversy over the presence of Christ's body and blood in the Lord's Supper in Bremen to an end in the »Declaration« agreed upon by fifteen church leaders from Lübeck, Bremen, Hamburg, Rostock, Magdeburg, Lüneburg, Wismar, and Braunschweig. In 1561, Mörlin, presumably with Chemnitz supporting and perhaps actively assisting in reaching his formulations, came down decisively against the moderately spiritualizing views of Albert Hardenberg, affirming the true presence of Christ's body and blood in the bread and wine of the sacrament. The »Declaration« defended its specific rejection of the false teachings of Georg Major, John Calvin, and Ulrich Zwingli because the Augsburg Confession had also condemned false teachers.[16] The basis of its teaching, the »Declaration« stated, were the »prophetic and apostolic writings of the Old and New Testaments and the precious creeds« as well as the Augsburg Confession as presented to the emperor in 1530, its Apology, the Smalcald Articles, and »finally the catechism and other writings of Luther of blessed memory«.[17] In this case Chemnitz had not attempted mediation, but sided with the »Lutheran« pastors in Bremen against Hardenberg.

14 Martin Stupperich, Osiander in Preussen, 1549–1552, Berlin 1973, pp. 110–165.
15 Oliver K. Olson, Matthias Flacius and the Survival of Luther's Reform, Wiesbaden 2002, pp. 310–317.
16 Erklerung aus Gottes Wort/ vnd kurtzer bericht/ der Herrn Theologen/ Welchen sie der Erbarn sechsischen Stedten Gesandten/ auff den Tag zu Lu[e]neburgk/ im Julio dieses 61. Jars gehalten, Jena 1561, p. B4a.
17 Ibid., pp. B3a–B4a.

He supported that position with his two books, *On Christ's Supper* and his *Anatomy of the Propositions of Albert Hardenberg on the Lord's Supper* issued the same year.[18]

In 1561 Chemnitz also composed his own proposal for ending the controversies within the Wittenberg circle, a manuscript that first was printed more than thirty years later. It makes clear his adherence to the *corpus doctrinae* or rule of faith contained in the Augsburg Confession, its Apology, and the Smalcald Articles, in this case without the addition of others of Luther's writings.[19] In this document he accepted all versions of the Augsburg Confession, for he did not want to lose the expanded treatment of justification in the Variata.[20] He did insist on interpreting the teaching of Article X, on the Lord's Supper, as it was formulated in the 1531 *editio princeps.*[21] As he pursued clear confession of the biblical message and the unity of the churches of the Augsburg Confession in the following years, he affirmed the Holy Scriptures as the »reliable and only plumbline«, »according to which all religion and teaching was to be judged and normed«, and he explained that its teaching is confessed in the Apostolic and Nicene Creeds as well as those of Athanasius and of Ambrose and Augustine (the »*Te Deum Laudamus*«), as well as »the Augsburg Confession of 1530«, the Apology, the Smalcald Articles, and Luther's writings.[22] For Chemnitz, as for Andreae, the *corpus doctrinae* or rule of faith that should be the instrument for defining the truth revealed in Scripture and thereby for establishing consensus and concord within the Wittenberg circle was quite clear.

18 Martin CHEMNITZ, Repetitio sanae doctrinae de vera praesentia corporis et sanguinis in Coena. ... Additus est Tractatus complectens doctrinam de Communicatione idiomatum, Leipzig 1561; id., Anatome propositionum Alberti Hardenbergii de Coena Domini, Eisleben 1561.

19 On the Wittenberg use of the term, cf. Irene DINGEL, Melanchthon und die Normierung des Bekenntnisses, in: Günter FRANK (ed.), Der Theologe Melanchthon, Stuttgart 2000, pp. 195–211; ET: Melanchthon and the Establishment of Confessional Norms, in Irene DINGEL et al., Philip Melanchthon. Theologian in Classroom, Confession, and Controversy, Göttingen 2012, pp. 161–179.

20 BSELK, QuM vol. 1, pp. 173f.

21 Martin CHEMNITZ, De Controversiis quibusdam, quae superiori tempore circa quosdam Augustanae Confessionis articulos motae et agitatae sunt, Iudicium d. Martini Chemnitii, hg. v. Polycarp LEYSER, Wittenberg 1594.

22 Repetitio Corporis Doctrinae Ecclesiasticae. Oder Widerholung der Summa vnd jnhalt/ der rechten/ allgemeynen/ Christlichen Kirchen Lehre/ wie die selbige aus Gottes wort/ in der Augspurgischen Confession/ Apologia/ vnd Schmalkaldischen articeln […] Königsberg 1567, pp. 2a–4a (this *corpus doctrinae* he co-edited with Mörlin). Cf. his similar statements in: Corpus doctrinae Christianum. Braunschweig 1563; Corpus doctrinae, das ist, die Summa/ Form und vorbilde der reinen Christlichen Lere […] Ülzen 1576, pp.)(2a–)(4a, the so-called »Corpus Wilhelmanum« and the similarly entitled »Corpus Julianum«, Heinrichstadt 1576.

5. The Concordists' Efforts at Establishing Concord 1576–1580

The two former partners in the introduction of the Reformation in Braunschweig-Wolfenbüttel came together under the aegis of Elector August of Saxony to work on fostering Lutheran concord in the mid-1570s after August had borrowed Andreae to help restore order in his churches, shaken by the discovery of the spiritualizing tendencies of the »crypto-Philippists« in 1574.[23] That contemporaries regarded the enterprise launched by Elector August in 1576 as an effort at establishing concord is clear from the first scholarly analysis and appraisal of its origins and genesis, Leonhardt Hutter's *Concordia Concors* of 1614.[24] At least four formal aspects of the composition of the Book of Concord indicated the will to reach out to as many elements of the Wittenberg circle as possible. First, the title *Formula of Concord* followed a tradition reaching back into the 1530s among the Evangelicals when seeking to resolve differences. But the entire collection of documents in the Book of Concord represented what had come to be labeled a *corpus doctrinae* by 1580. Such a title for the Book of Concord could have made it appear as a rival and replacement for Melanchthon's *Corpus doctrinae Philippicum [Misnicum]*, and that the Concordists wished to avoid.[25] Second, the maneuvering that produced the preface to the Book of Concord traded for an explicit theological – Christological – discourse a version of the history of the Augsburg Confession as the key Lutheran confessional standard. The preface that was adopted was designed to reconcile those still fond of the *Confessio variata* to the Concordia enterprise.[26] Third, the flexibility shown by Chemnitz and Andreae in including or not including Luther's »Taufbüchlein« from his Small Catechism in the Book of Concord indicates their distinction between issues they considered necessary for clarifying disputed points and issues that were not so vital. In the case of the »Taufbüchlein« some princes and ministerial found the exorcism rite which it contained absolutely necessary, others abhorrent. The existence of differing Dresden printings of the Book, some with and others without the »Taufbüchlein« indicates how willing the authors were to

23 HUND, Wort ward Fleisch (see note 10), esp. pp. 485–540; Ulrike LUDWIG, Philippismus und orthodoxes Luthertum an der Universität Wittenberg. Die Rolle Jakob Andreäs im lutherischen Konfessionalisierungsprozeß Kursachsens (1576–1580), Münster 2009.

24 Leonhard HUTTER, Concordia Concors. De origine et Progressu Formulae Concordiae Ecclesiarum Confessionis Augustanae, Wittenberg 1614.

25 Irene DINGEL, Melanchthon und die Normierung des Bekenntnisses (see note 19); id., Melanchthon and the Establishment of Confessional Norms (see note 19).

26 The several drafts of the preface are found in BSELK, QuM 2, pp. 511–607; cf. Irene DINGEL, The Preface of The Book of Concord as a Reflection of Sixteenth-Century Confessional Development, in: Lutheran Quarterly 15 (2001), pp. 373–395; id., Eine Etappe Kurpfälzer Konfessionsgeschichte. Die Vorrede zu Konkordienformel / Konkordienbuch und Kurfürst Ludwig VI., in: Blätter für pfälzische Kirchengeschichte 69 (2002), pp. 27–48.

adjust to political necessity in reaching concord when it concerned a practice, the doctrine behind which could be secured in other ways.[27] Fourth, the Formula of Concord retreated from Andreae's concession to the »Gnesio-Lutherans« in naming false teachers; the Formula rejects only false teachings. Most important, however, in addition to these formal aspects, was the theological approach of the Concordists, which strove to embrace and honor the concerns of disputing parties within a clear confession of what they regarded as true biblical teaching.

Three general areas of disagreement had caused the discord among the adherents of Wittenberg theology. Chronologically, the first concerned the Leipzig Proposal's use of adiaphora as a means of protecting the proclamation of the gospel in the wake of the Smalcald War, the subject of article X of the Formula of Concord. The last of the controversies to break out, though a longer-standing source of friction, concerned Luther's conviction regarding God's use of selected elements of the created order, specifically the Word attached to sacramental elements and then, derivatively, the incarnation in his plan of salvation. These controversies are treated in articles VII, VIII, and IX. Articles I–VI and XI addressing questions arising out of the tension between Luther's and Melanchthon's common insistence on God's total responsibility for his entire creation and, thus, for the delivery of sinners from their sin, and their mutual affirmation of complete human responsibility for conforming to God's design for human life, beginning with fearing, loving, and trusting him above all else. In addressing concerns for the proper biblical application of both of these poles, Wittenberg disciples stepped into the field of distinguishing law and gospel and directing hearers living in the midst of the tension between the two.

In regard to adiaphora and related questions of proper behavior during periods of the persecution of the faith, Chemnitz, Andreae, and their Concordist colleagues strove to honor the fundamental principles of both sides, affirming the existence of adiaphora (which had never been an issue) and the exercise of Christian freedom in their use, but also insisting on stalwart public confession of the faith against the church's persecutors. On questions related to the Lord's Supper and Christology, there was less success in honoring the concerns of the »crypto-Philippists« because all those involved in the composition of the Formula, including Nikolaus Selnecker,[28] had rejected their Aristotelian-anchored concepts of presence, which excluded Luther's concept of a sacramental presence of Christ's body and blood. In Articles I and II, IV–VI, and XI the Concordists also attempted to take seriously the concerns of all sides and honor their insights while guarding against misrepresentation

27 BSELK, p. 846, note 19.

28 Hund, Wort ward Fleisch (see note 10), pp. 162–196, 238–267, 449–452.

of the biblical teaching; the proper distinction of law and gospel aided this effort. The presentation of the doctrine of divine election of the faithful in article XI illustrates this. Though not at all a prominent theme within the Wittenberg circle in the 1550s, 1560s, and 1570s, both Andreae and Chemnitz had been called upon to mediate in discussions of this teaching, Andreae between Johann Marbach and Hieronymus Zanchi in Strassburg in 1563 (as noted above).

Chemnitz became an advisor for Duke Julius of Braunschweig-Wolfenbüttel after the duke's accession the throne in 1568. The ducal government drew him into the mediation of a small dispute on predestination in 1572. Chemnitz hewed to Luther's affirmation of the bound nature of sinful human choice in regard to God; he also agreed with the controversial position of Cyriakus Spangenberg, who had raised the ire of the Wittenberg theologians around Paul Eber and Christoph Pezel in 1567 with his *Seven Sermons on Predestination.*[29] »Predestination« had commanded the attention of Luther's scholastic contemporaries in the 1510s, but the topic had, following Peter Lombard,[30] concerned not only God's foreseeing who would be saved but his providential care in general.[31] Luther had placed God's unconditional choice of those whom he would save squarely in the middle of his debate with Erasmus over the free choice exercised by the will. However, in works published subsequent to his *De servo arbitrio* he largely abandoned the term »predestination«. He reinforced his mention of God's choosing his elect by anchoring the comfort this teaching was designed to convey in the promise expressed in the gospel, in its oral, written, and sacramental forms.[32] This emphasis on the means of grace – rather than on God's predestining exercise of his will to choose his own – typified Melanchthon's later treatment of this doctrine as well.[33] Both these colleagues shared the conviction of Melanchthon, in the Augsburg Confession expressed in the words that »a human being has some measure of free will, so as to live an externally honorable life and to choose among the things reason comprehends. However, without the grace, assistance, and activity of the Holy Spirit a human being cannot become pleasing to God, fear or believe in God with the whole heart, or expel innate evil lusts from the heart. Instead, this happens through the Holy Spirit, who is given through the Word of God«.[34] Both Luther and Melanchthon insisted that God is totally responsible

29 Cyriacus Spangenberg, De praedestinatione. Von der Ewigen Vorsehung/ vnd Go[e]tlichen Gnadenwahl. Sieben Predigten, Eisleben 1567.

30 J.-P. Migne (ed.), Patrologia Latina Tomus 92, Paris 1880, pp. 619–633, book I, dist. 36–40.

31 Karl Zickendraht, Der Streit zwischen Erasmus und Luther über die Willensfreiheit, Leipzig 1909, pp. 1–3.

32 Kolb, Bound Choice (see note 6), pp. 37f., 43–48.

33 Ibid., pp. 70–95.

34 Augsburg Confession, article XVIII, BSELK 112, BC 50.

for his creation, but both also were concerned to affirm the responsibility placed upon human beings by their Creator for the proper performance of his plan for human life. The tension between these two sets of responsibilities they held in place – or in tension – through their exercise of the proper distinction of law and gospel, which also guided particularly Luther's treatment of God's election of those who receive true faith through the Holy Spirit.

The Wittenberg students and other followers of Luther and Melanchthon largely avoided the topic of divine will as well[35] until Spangenberg used it to combat the »synergism« which he found in the electoral Saxon theology of the 1560s. Chemnitz wrote to a mutual friend that he approved of Spangenberg's work, but »I would like, however, not to arouse controversy, especially in this battered time, which offers more than enough other disputes. For I see what a long web of insoluble and dangerous questions hang from this argument. Certain things are not explicated sufficiently in Spangenberg's book, and they could give occasion for arguments that it would be better not to stir up«.[36]

However, when in autumn 1572 »misunderstandings« regarding divine election occurred within the duchy, Julius asked that Chemnitz come to Wolfenbüttel to preach on the topic »for the sake of Christian unity«, to reach harmonious settlement of the issue. Chemnitz complied with a sermon in the ducal chapel in Wolfenbüttel on the gospel lesson for the twenty-second Sunday after Trinity, Matthew 22:1–14, which includes the words, »Many are called but few are chosen« (v. 14). The sermon was published the following year.[37] This sermon recognized the problems that arise out of false views of God's predestination of his chosen people. Nonetheless, Chemnitz affirmed this teaching which Luther had regarded as so necessary within Luther's framework of the distinction of law and gospel and the need to rely solely on the promise received in God's Word in oral, written, and sacramental forms.[38] Like Andreae, Chemnitz claimed to be relying on Luther's catechism as his guide in interpreting the pericope and formulating his teaching on election.[39] He honored concerns on both sides of the debate, insisting that God not be seen as responsible for evil in any way but at the same time affirming the teaching of Luther's *De servo arbitrio* that placed the salvation of sinners completely

35 Kolb, Bound Choice (see note 6), pp. 179–197.

36 Georg Christian Joannis (ed.), Martini Chemnitii […] ad Matthiam Ritterum […] Epistolae, Frankfurt a.M. 1712, p. 63, a letter of December 13, 1567, to Conrad Schlüsselberg, at the time a student in Wittenberg.

37 Martin Chemnitz, Eine Predigt vber das Euangelion Matth. 22. Von dem Ko[e]nig der seinem Sohn Hochzeit machet etc. Dahin der Hohe Artickel von der Versehung Gottes auffs aller einfeltigest erkleret wird […], Heinrichstadt 1573.

38 The sermon is summarized in Robert Kolb, Preaching Predestination: Martin Chemnitz's Proclamation of God's Election of Believers, in: Concordia Journal 28 (2002), pp. 23–40.

39 Chemnitz, Predigt vber Matth. 22 (see note 37), pp.)(2b–)(4b. Cf. note 22.

in God's will and Word, based on his recording names in the Book of Life before the foundation of the world. This approach to the doctrine flowed into the second edition of the handbook he had initially prepared in 1569 for candidates for ordination; in 1574 he added a section on the biblical teaching of God's election of his own.[40]

As a tool for guiding pastors in learning how to present the biblical message, the *Enchiridion* began by affirming that Scripture teaches that God had foreseen, chosen, and predestined the elect for salvation before the world was created, »not in just one passage but in many«. He mentioned seventeen such biblical statements. He immediately warned against abuse or misunderstanding of this teaching but found that no reason to ignore it. He summarized two false understandings of election: That it guarantees salvation so that the believer can sin freely without repentance, or that those who hear the gospel think that they are so sinful that they could not be elect and therefore nothing can bestow on them salvation. Through this teaching, instead, Scripture »directs us to the Word«, »admonishes us to repent«, »focuses us on a God-pleasing life« and »comforts us through faith and assures us of salvation«.[41] Chemnitz acknowledged the difficulties which Spangenberg's »crypto-Philippist« critics had expressed while upholding the proper use of the application of the doctrine.

Chemnitz next raised the question whether God indeed foresees everything that happens and that nothing could happen contrary to his will. He explained with many biblical examples the distinction of the ancient fathers between foreknowledge or foreseeing (*praescientia* or *praevisio*) and predestination or election (*praedestinatio* or *electio*). Without attempting to solve the logical tension involved, he affirmed that God is all-knowing but that he takes no pleasure in the wicked (Ps. 5:4) and in no way »creates, causes, supports, or aids« evil. Evil comes from the perverted will of the devil and the human being. God knows and sees what evils will take place in his hidden order of things but sets limits to all evil. Everything good, on the other hand, is caused by his gracious will and pleasure.[42] Pastors can avoid causing people to stumble over this doctrine by focusing on the execution of God's choice in Christ, »the proper and true book of life, and the revealed Word of God«, as revealed in the Holy Trinity's plan for redeeming humankind through Christ, calling believers to himself, justifying them, and glorifying them for eternity, echoing Romans 8:29–30. Chemnitz emphasized God's love for sinners, as shown in Christ; the delivery of the benefits of Christ through the revealed Word and

40 Martin CHEMNITZ, Handtbu[e]chlein Der Fu[e]rnemsten Heupstu[e]ck der Christlichen Lehre/ Durch Frag vnd Antwort aus Gottes Worte einfeltig vnd gru[e]ndlich erkleret […], 2. ed. Heinrichstadt, 1574, pp. 158–191.

41 Ibid., pp. 158–161.

42 Ibid., pp. 162–164.

the sacraments as his means of calling and assembling his church; the illumination of hearts through the Holy Spirit, which produces true repentance and genuine faith, delivers the forgiveness of sin, and effects the renewal of the justified saints in love through the Holy Spirit; God's protection against sin, death, the devil, the world, and the flesh; and God's faithful sparking of trust in God's goodness as on the Last Day he completes what he has begun in believers (Phil. 1:6).[43]

In Melanchthon's later editing of the *Loci communes theologici* Chemnitz's praeceptor had accentuated the predestination of the church as a whole rather than of individual believers.[44] The *Enchiridion* poses the question whether God's predestination concerns the act of providing salvation in general but not the specific individuals who are to be saved. Chemnitz departed from Melanchthon's lack of clarity on this point and asserted that God had included all the elect as individuals in his eternal plan for salvation. God's choice was not determined by the faith or piety that he foresaw in some people but rather by his gracious will. Pastors need to answer the question, »how do I know that I am among the number of the elect, whether your name is written in the book of life?« Chemnitz echoed both Luther and Melanchthon by avowing that reason, the law, outward appearance, or searching for the secret, hidden plan of God cannot answer these questions. Only the will of God revealed in Christ provides the truly satisfying answer. God has called the elect individually through his effective Word.[45]

Chemnitz used the sermon he had preached on Matthew 22 two years earlier to answer the question why few are chosen: That lies on the refusal of people to trust the gospel. The question of how people can come to faith if the Holy Spirit does not bring them, which Luther addressed in *De servo arbitrio* and then turned from despairing of a logical answer,[46] did not appear in Chemnitz's pages. He simply repeated that God is responsible for salvation, the gospel, and that human beings are responsible when they reject his gracious invitation, the law.[47]

Both law and gospel appear in Chemnitz's question regarding the proper use and fruit of the doctrine of election. He enumerated six. It confirms the doctrine of justification. It repudiates all opinions supporting the powers and ability of the natural free will in spiritual matters. It provides the comfort that

43 Ibid., pp. 164–171.

44 C.G. Bretschneider / H.E. Bindweil (eds.), Corpus Reformatorum. Opera quae supersunt omnia, Halle / Braunschweig 1834–1860, vol. 21, pp. 912–920, Robert Stupperich (ed.), Melanchthons Werke in Auswahl [Studien-Ausgabe], Gütersloh 1980, vol. 2,2, pp. 628–638.

45 Chemnitz, Handtbu[e]chlein (see note 40), pp. 171–177.

46 WA 18, pp. 719,9–12, LW 33, p. 190.

47 Chemnitz, Handtbu[e]chlein (see note 40), pp. 178–181.

God was so concerned »about my conversion, righteousness, and salvation« that he planned them before the foundation of the world. It provides glorious comfort against the devil, the world, and the flesh because they cannot triumph over God's will. It provides comfort when the cross and spiritual struggles appear. It also gives warning not to have contempt for God's Word. Finally, in the face of questions regarding those who are not elect, who may have never heard God's Word, Chemnitz echoed Luther's distinction of God Hidden and God Revealed, urging recognition that God's ways are above human ways, and rich and wise (Rom. 11:33–36).[48]

Andreae had affirmed the same essential points in his »Concordia« in Strassburg eleven years earlier.[49] Whether he had read Chemnitz's *Enchiridion* when he composed his »Swabian Concord« around the time that Chemnitz's work appeared is impossible to establish from the texts. Nonetheless, the two shared the same law-gospel orientation to the questions and reached much the same conclusions. Andreae's »Five Articles« had not treated predestination,[50] nor had his *Six Christian Sermons.*[51] In the Swabian Concord he developed his case for this law-gospel distinguishing pastoral presentation which took seriously the concern to affirm God's lordship and unconditional grace in the salvation of his people and the concern to avoid offense and uphold the necessity of faith and the use of God's Word as means of grace.[52] The consultations led by David Chytraeus and Martin Chemnitz in 1574 and 1575 with northern German ministeria on Andreae's text produced »the Swabian-Saxon Concord«.[53] Their revisions, or better additions, to the text strengthened the insistence that God is not the origin of evil and the importance of turning to God's Word and promises in its several oral, written, and sacramental forms. Chemnitz and Chytraeus also incorporated more exegetical arguments into the text. The Swabian-Saxon Concord and the alterations in its treatment of election at Torgau[54] added material addressing pastoral concerns and the proper use and application of the doctrine of election when questions arise.[55]

The Formula of Concord and the Book of Concord won the adherence of some two-thirds of the Evangelical estates of the Empire and of some in lands to the east. Denmark's king rejected it for his lands, but within two generations his theologians were committed to its theology. Theologians in the kingdom

48 Ibid., pp. 181–191.
49 See note 6 above.
50 BSELK, QuM vol. 2: pp. 14–20.
51 Ibid., pp. 26–82.
52 Ibid., pp. 126–133.
53 Ibid., pp. 230–246.
54 Ibid., pp. 486–503. The Maulbronn Formula did not treat the doctrine of election, BSELK, QuM vol. 2, pp. 279–342.
55 The sources in these preceding documents are identified in the marginal notes of the Solid Declaration XI, in: BSELK, pp. 1560–1596.

of Sweden preceded their king's edict of 1686 in representing its views as well. Among those ministeria that did not accept the Formula and the Book of Concord were those, like Pomerania, that adhered to its teaching but wished to preserve the Melanchthonian heritage more clearly. The Concordists had created a definition of what their generation believed it had received from the Wittenberg reformers. In their Formula of Concord they attempted to honor a wide spectrum of concerns while remaining faithful to their fundamental teachings and their application of the biblical message to the lives of the faithful. Pastoral concern and exegetical efforts combined in the theological method which the Wittenberg preceptors had practiced to produce consensus and concord among a significant majority of those who claimed the heritage of Wittenberg, of Luther and Melanchthon.

Inge Mager

Die Rezeption der Zwei-Reiche-Vorstellung in der lutherischen Orthodoxie bis zu Johann Gerhard*

1. Bemerkungen zur Forschungslage

»Die Geschichte der Zwei-Reiche-Lehre im Protestantismus ist noch nicht geschrieben«. Dieser 1962 von dem Leipziger Kirchenhistoriker Franz Lau formulierte Satz[1] gilt noch immer. Obgleich die Vorstellung von zwei Reichen bzw. zwei Regimenten zur Erfassung der geistlichen und irdischen Wirklichkeit, in welcher ein Christ sich während seines Lebens vorfindet, trotz unterschiedlicher Akzentsetzungen im einzelnen als »gemeinreformatorisch« zu bezeichnen ist,[2] wird sie im allgemeinen doch stärker mit der lutherischen Tradition in Verbindung gebracht und soll auch von mir so behandelt werden. Wer sich der Zwei-Reiche-Vorstellung im Luthertum zunächst über die Sekundärliteratur zu nähern versucht, stellt fest, dass die inzwischen fast nicht mehr zu übersehende Literatur zu diesem Thema sich entweder auf Luther im 16. Jahrhundert oder auf die Neubesinnung darauf im Luthertum des 19. und 20. Jahrhunderts bezieht.[3] Dazwischen klafft eine Lücke, über die so gut wie nie ein Wort verloren wird. Lediglich Wolfgang Huber bemerkte 1975 über die »Aufnahme der Ethik Luthers unter dem Begriffspaar Gottesreich und Weltreich« bei dem Erlanger Theologen Christoph Ernst Luthardt im Jahre 1867,[4] dass die Zwei-Reiche-Thematik »nach Luther fast keine Rolle« gespielt habe.[5] Luthardt selbst bestätigte diesen Sachverhalt, wenn er in der

* Diesem Aufsatz liegt kein auf der Gothaer Tagung gehaltener Vortrag zu Grunde. Er ist in englischer Sprache unter dem Titel »The Reception of the Two Kingdom Idea in Lutheran Orthodoxy up to Johann Gerhard« bereits in dem Tagungsband Iustus Ordo E Ordine Della Natura ... a cura di Fausto Arici e Franco Todescan, Mailand 2007, S. 155–172, veröffentlicht worden. Die Zwei-Reiche-Lehre ebenso wie die Drei-Stände-Vorstellung können aber zu den dogmatischen Voraussetzungen des reformatorischen Bekennens gezählt werden.

1 Franz Lau, Zwei-Reiche-Lehre, in: RGG³ 6 (1962), Sp. 1947.

2 Ders., Die Lutherische Lehre von den beiden Reichen, in: Gunther Wolf (Hg.), Luther und die Obrigkeit, Darmstadt 1972, S. 371.

3 Vgl. z.B. Ulrich Duchrow/Heiner Hoffmann (Hg.), Die Vorstellung von Zwei Reichen und Regimenten bis Luther, Gütersloh 1972; Ulrich Duchrow (Hg.), Umdeutungen der Zweireichelehre Luthers im 19. Jahrhundert, Gütersloh 1975; Ulrich Duchrow (Hg.), Die Ambivalenz der Zweireichelehre in lutherischen Kirchen des 20. Jahrhunderts, Gütersloh 1976; Wolfgang Lienemann, Zwei-Reiche-Lehre, in: EKL 4 (1996), Sp. 1408–1419 (Lit.).

4 Christoph Ernst Luthardt, Die Ethik Luthers in ihren Grundzügen, Leipzig 1867.

5 Vgl. Einleitung in: Duchrow, Umdeutungen (wie Anm. 3), S. 15.

Einleitung betonte, für seine Ausführungen keine Vorläufer in der älteren Geschichte des Protestantismus ausfindig gemacht zu haben.[6] Deshalb legt sich die Vermutung nahe, dass die Rezeption der Zwei-Reiche-Vorstellung über Jahrhunderte unterbrochen worden ist. Diese Hypothese bedarf der Überprüfung durch die Quellen.

2. Die Zwei-Reiche-Vorstellung bei Melanchthon und in den lutherischen Bekenntnisschriften

Befragen wir die im Konkordienbuch von 1580 vereinigten lutherischen Bekenntnisschriften, so fällt auf, dass Melanchthon in Art. XVI *De rebus civilibus* lediglich das Evangelium dem weltlichen Regiment gegenüberstellt und *politia aut oeconomia* als göttliche *ordinationes* erwähnt, die der Mensch nicht nur gebrauchen dürfe, in denen er vielmehr nach dem Prinzip der Liebe handeln solle.[7] Erst in Artikel XVI der Apologie der *Confessio Augustana* ist unter Verwerfung sowohl der mittelalterlichen als auch der linksreformatorischen Vermischung von Geistlichem und Weltlichem der grundsätzliche Unterschied des *regnum Christi spirituale* und des *regnum civile* ebenso eingeschärft wie die Gottgewolltheit der irdischen Ordnungen und Stände samt deren Gehorsamsforderungen. Bezeichnenderweise fehlt aber hier – anders als in CA XVI – die den Obrigkeits-Gehorsam einschränkende Clausula Petri (Act 5,29).[8] Melanchthon hat sie in den Bekenntnisschriften überhaupt nur noch gegenüber der bischöflichen Gewalt eingesetzt[9] und ihr in den späteren Ausgaben der Loci lediglich das Gewicht einer »Fußnote«[10] zugebilligt.[11] Andererseits hat Melanchthon für die Ausbildung des nachreformatorischen Verständnisses von Obrigkeit und deren Verhältnis zur Kirche vier wichtige Lehr-Entscheidungen getroffen, die weit über das Reformationsjahrhundert hinaus gewirkt haben.

6 Über Luthardts Ethik unter Verwendung der Zwei-Reiche-Vorstellung Luthers vgl. Uwe Rieske-Braun, Zwei-Bereiche-Lehre und christlicher Staat, Gütersloh 1993, S. 141–146.

7 Philipp Melanchthon, Confessio fidei, Art. XVI, 1530, in: Die Bekenntnisschriften der Evangelisch-Lutherischen Kirche. Vollständige Neuedition, hg. v. Irene Dingel, Göttingen 2014, S. 111f.

8 Philipp Melanchthon, Apologia Confessionis Augustanae, Art. XVI, in: BSELK, S. 542–549.

9 Vgl. ebd., S. 132, 402f., 483f.

10 So Lau von der reformatorischen Zwei-Reiche-Lehre allgemein, in: Luther und die Obrigkeit (wie Anm. 2), S. 376.

11 Philipp Melanchthon, Loci Theol., Loc. De Magistratibus civilibus et dignitate rerum politicarum, 1559 (Melanchthons Werke, Bd. II,2, hg. v. Hans Engelland, Gütersloh 1953, S. 726).

In dem als Ergänzung zur *Confessio Augustana* formulierten *Tractatus de potestate et primatu Papae* von 1537 gestand der Praeceptor einem christlichen Regenten den Ehrentitel *praecipuum membrum ecclesiae* zu, um ihn zum Kampf gegen Aberglaube und Irrlehre in der Kirche zu autorisieren.[12] Denn, diesen Gedanken entfaltete er etwa gleichzeitig, aber an anderer Stelle, einem frommen Fürsten obliege nicht nur die Aufsicht über die Erfüllung der zwischenmenschlichen Gebote der zweiten Dekalogtafel, sondern auch die Pflicht, über der äußeren Einhaltung der das Gottesverhältnis und den Gottesdienst betreffenden Gebote der ersten Gesetzestafel zu wachen.[13] Diese weitreichende Beauftragung zur *custodia utriusque tabulae legis* fußt auf einer dritten wichtigen Voraussetzung, nämlich auf der inhaltlichen Gleichsetzung von *lex naturae, lex divina moralis* und Dekalog.[14] Auch die Gesetze eines guten politischen Gemeinwesens sollen mit der *lex naturae* übereinstimmen. Ist das der Fall, müssen sie wie göttliche Gesetze verstanden und befolgt werden.[15] Dabei betonte Melanchthon nachdrücklich, dass Gesetzesgehorsam – in welcher Form auch immer – niemals zu Glaubensgerechtigkeit und *iustitia Dei* führen könne. Immerhin eröffnete ihm eine zunehmende Entfernung von der Gott und Welt auseinanderrückenden Zwei-Reiche-Vorstellung Luthers die Möglichkeit, weltliche Obrigkeit und Kirche schrittweise einander anzunähern. Strukturelle Ähnlichkeiten beider Institutionen erleichterten diesen Vorgang: Beide verdanken sich der göttlichen Bestimmung des Menschen zur Gemeinschaft; beide werden von Menschen geleitet. In den Loci von 1559 heißt es dazu: *conditi sunt homines ad societatem, cuius vincula sunt Magistratus, Leges, politica officia ... Ideo enim praecipue ad societatem conditi sumus, ut late propagetur notitia Dei et Filii eius Domini nostri Iesu Christi.*[16] Auch Melanchthons Kirchenbegriff ist wesentlich von der Gemeinschaftsvorstel-

12 Philipp Melanchthon, Tractatus de potestate et primatu Papae, 1537 (in: BSELK, S. 820): »Inprimis autem oportet praecipua membra Ecclesiae, Reges et Principes, consulere Ecclesiae et curare, ut errores tollantur et conscientiae sanentur«.

13 Philipp Melanchthon, De iure reformandi, 1537 (CR 3, Sp. 242): »Magistratus est custos primae et secundae tabulae legis, quod ad externam disciplinam attinet, hoc est, prohibere externa scelera et punire sontes debet, et proponere bona exempla«. Vgl. auch Loci, 1559 (Melanchthons Werke, Bd. II,2 [wie Anm. 11], S. 727; vgl. auch CR 21, Sp. 553).

14 Loci, 1559 (Melanchthons Werke, Bd. II,1, S. 280).

15 »ius naturae vere esse ius divinum. Omnes igitur sententiae de civili societate, quae bona et firma consequentia colliguntur ex natura, pro divinis legibus erunt habendae atque colendae« (CR 16, Sp. 424). Zur Sozialethik Melanchthons vgl. Ernst Uhl, Die Sozialethik Johann Gerhards, München 1932, S. 22–49.

16 Melanchthons Werke, Bd. II,2 (wie Anm. 11), S. 718.

lung geprägt.[17] Bei solcher Konzentration auf die *externa societas Ecclesiae*[18] und auf den mit ihr kooperierenden *magistratus civilis* mußte die Erinnerung an die Spannung zwischen *regnum* bzw. *regimen Dei* und *regnum* bzw. *regimen mundi* wie von selbst verblassen.

3. Die Zwei-Reiche Vorstellung unter obrigkeitskritischen Gnesiolutheranern

Dennoch gibt es versteckte Spuren der Zwei-Reiche-Vorstellung auch in spätreformatorischer Zeit. Ihre Erwähnung ist meist verbunden mit der Absicht, die Unabhängigkeit der Kirche zu verteidigen, den obrigkeitlichen Zugriff auf kirchliche Belange möglichst einzudämmen und die Grenzen des Obrigkeitsgehorsams für die Untertanen genau zu markieren. Die häufigsten Konfliktfelder waren die Einführung des Augsburger Interims nach 1548, Pfarrbesetzungen und die schonungslose Ausübung von Kirchenzucht. Autoren derartiger Texte waren meist frühorthodoxe Geistliche, Hofprediger oder Universitätslehrer. Sie warnten in Regentenpredigten, Gutachten, Vorworten oder apologetischen Gelegenheitsschriften nachdrücklich vor zu viel obrigkeitlichem Einfluss im Binnenraum der Kirche. Dafür bekamen sie den Zorn des vielerorts etablierten sogenannten landesherrlichen Kirchenregimentes nicht selten durch Amtsenthebungen zu spüren. Denn außer den beiden für Luther bedrohlichen Fronten, der »hierokratischen« und der »utopistischen«,[19] war nach dem Augsburger Religionsfrieden noch die »cäsaropapistische« oder »staatskirchliche« hinzugekommen.

Einer der prominentesten dagegen opponierenden Theologen war Tilemann Heshusius (1527–1588), der wegen seiner kompromisslosen Amtsführung immer wieder in Konflikte mit seinen städtischen oder fürstlichen Oberen geriet und deswegen nicht weniger als siebenmal ins Exil gehen musste. In seiner 1561 veröffentlichten Schrift »Vom Ampt vnd Gewalt der Pfarherrn«[20] widmet er sich ausführlich dem Unterschied zwischen beiden von Gott eingesetzten Regimenten, dem geistlichen und weltlichen, und

17 Ebd., S. 476: »Ecclesia visibilis est coetus amplectentium Evangelium Christi et recte utentium Sacramentis, in quo Deus per ministerium Evangelii est efficax et multos ad vitam aeternam regenerat, in quo coetu tamen multi sunt non renati, sed de vera doctrina consentientes«.

18 Ebd., S. 487.

19 So Hans-Joachim Gänssler, Evangelium und weltliches Schwert. Hintergrund, Entstehungsgeschichte und Anlass von Luthers Scheidung zweier Reiche oder Regimente, Wiesbaden 1983, Gliederung der Teile I und II.

20 Magdeburg 1561. Vgl. dazu Inge Mager, Tilemann Heshusen (1527–1588). Geistliches Amt, Glaubensmündigkeit und Gemeindeautonomie, in: Heinz Scheible (Hg.), Melanchthon in seinen Schülern, Wiesbaden 1997, S. 341–359.

gesteht einer christlichen Obrigkeit durchaus eine Schutzfunktion sogar für Teile der ersten Dekalogtafel zu. Gleichzeitig aber weist er sie dadurch in ihre Schranken, dass er sie zur Dienerin des Reiches Christi erklärt.[21]

Ein anderer prominenter Verteidiger der kirchlichen Autonomie gegenüber Herzog Julius von Braunschweig-Wolfenbüttel war der Braunschweiger Stadtsuperintendent Martin Chemnitz (1522–1586). Auch er bediente sich z.B. in der Vorrede zu seinem 1569 abgefaßten Visitationsfragebuch[22] der Zwei-Reiche-Vorstellung und lehnte die politische Zuständigkeit für die Pfarrbestellung ab: »Das Predigtampt gehöret zum Reich Christi, unnd weil Christus sein Reich und der Welt Reich mit jhren Emptern wil unterschieden haben. Der halben gehöret die bestellung der Ministerien nicht unter die Politischen Regalien und Hoheiten der Weltlichen Obrigkeit«.[23] Ebenfalls schränkte er Melanchthons Bezeichnung der Obrigkeit als *praecipuum membrum ecclesiae* erheblich ein: »Denn Christliche Obrigkeit ist nicht die gantze Kirche, sondern nur ein Gliedmaß derselbigen [...] Auch ist sie nicht Herr uber die Kirche, sondern jr pfleger [...] Jha jhr Diener«.[24]

Es ließen sich noch weitere Beispiele im gnesiolutherischen Lager des späten 16. und 17. Jahrhunderts für das Fortleben der Zwei-Reiche-Vorstellung zur Eindämmung der landesherrlichen Zuständigkeiten in der Kirche bis an die Schwelle des Pietismus anführen.[25] Ihren Niederschlag fanden solche

21 Vom Ampt vnd Gewalt der Pfarherrn, Bl. C^v: »Die Regiment sind dazu furnemlich von Gott eingesetzt das sie dem Reich Christi dienen sollen. Darumb wil jnen auch gebüren das sie Gotteslesterung, offentliche Abgötterey vnd falsche Lere straffen, vnd mit gewalt abschaffen«.

22 Martin CHEMNITZ, Die fürnemsten Heuptstück der Christlichen Lehre. Wie darinn die Pastores der Kirchen im Fürstenthumb Braunschweig etc. in den Jerlichen Visitationibus also examiniret unnd befraget werden, das sie zugleich darin gründtlich berichtet unnd unterweiset werden, Wolfenbüttel 1569.

23 Ebd., Bl. Biij^r. Vgl. dazu Hans-Walter KRUMWIEDE, Die Entstehung des landesherrlichen Kirchenregimentes in Kursachsen und Braunschweig-Wolfenbüttel, Göttingen 1967, S. 230–236; Inge MAGER, »Ich habe dich zum Wächter gesetzt über das Haus Israel«. Zum Amtsverständnis des Braunschweiger Stadtsuperintendenten und Wolfenbüttelschen Kirchenrats Martin Chemnitz, in: Braunschweigisches Jahrbuch 69 (1988), S. 57–69.

24 Martin CHEMNITZ, Die fürnemsten Heuptstück, Bl. Biij^v–Biiij^r. Ähnliche Gedanken fanden auch Eingang in die nach Chemnitz' Tod von Polycarp Leyser herausgegebenen Loci Theologici, Frankfurt 1591f., und zwar auch hier wieder im Zusammenhang mit der Berufung ins Pfarramt in Artikel XVII über die Kirche.

25 Vgl. z.B. Wolfgang SOMMER, Gottesfurcht und Fürstenherrschaft. Studien zum Obrigkeitsverständnis Johann Arndts und Lutherischer Hofprediger zur Zeit der altprotestantischen Orthodoxie, Göttingen 1988; ders., Obrigkeitskritik und die politische Funktion der Frömmigkeit im deutschen Luthertum des konfessionellen Zeitalters, in: Robert von FRIEDEBURG (Hg.), Widerstandsrecht in der frühen Neuzeit. Erträge und Perspektiven der Forschung im deutsch-britischen Vergleich, Berlin 2001, S. 245–263; auch in ders., Frömmigkeit und Weltoffenheit im deutschen Luthertum, Leipzig 2013, S. 273–293; vgl. auch das Referat über zwei Universitätsgutachten zur »Gewaltenteilung« zwischen Obrigkeit und Kirche (Tübingen 1583 und Wittenberg

Gedanken überwiegend in Predigten.[26] Auf die Fortentwicklung der Dogmatik, der Sozialethik und des Kirchenrechts im orthodoxen Luthertum scheinen derartige Äußerungen jedoch nur geringen Einfluß ausgeübt zu haben.[27]

Diese Vermutung wirft Fragen auf: Weshalb trat Luthers Zwei-Reiche-Vorstellung so bald in den Hintergrund? Wie machten es die orthodoxen Theologen, um die Spannung zwischen einem Leben gemäß dem Evangelium und nach den Erfordernissen der Welt zum Ausgleich zu bringen? Welcher Theorien bedienten sie sich zur Bestimmung des Verhältnisses von Kirche und Obrigkeit?

4. Die unbetonte Zwei-Reiche-Vorstellung bei dem frühorthodoxen Lutheraner Leonhard Hutter

Wenden wir uns zunächst dem Wittenberger Professor Leonhard Hutter (1563–1616) zu. Sein *Compendium locorum theologicorum* ist für die Ausbildung des allgemeinen orthodoxen Lehrbegriffs normativ geworden. Das im Frage-Antwort-Stil konzipierte Lehrbuch kam erstmals 1610 heraus und fand weit über das Kurfürstentum Sachsen hinaus Verbreitung. Hutter galt wegen seines Einsatzes für das Konkordienluthertum schon bei den Zeitgenossen als »Lutherus redonatus«.[28] Trotzdem taucht die fast mehr an Augustin als an Luther erinnernde Vorstellung von einem dem Reich Christi gegenüberstehenden Reich des Teufels nur einmal am Rande bei der Überlegung auf, ob auch Unfromme zur wahren Kirche gehören. Hutter antwortet: »Quia enim Ecclesia vera est regnum Christi, distinctum contra regnum Diaboli, certum autem est impios, in potestate Diaboli, et membra regni Diaboli esse, [...] certe hinc sequitur, impios, cum sint in regno Diaboli, non esse Ecclesiae

1638) bei Martin Honecker, Cura Religionis magistratus Christiani. Studien zum Kirchenrecht im Luthertum des 17. Jahrhunderts insbesondere bei Johann Gerhard, München 1968, S. 198f.

26 Dies hat Wolfgang Sommer immer wieder an Äußerungen lutherischer Hofprediger herausgearbeitet. Vgl. Sommer, Die Stellung lutherischer Hofprediger im Herausbildungsprozeß frühmoderner Staatlichkeit und Gesellschaft, in: Ders. (Hg.), Politik, Theologie und Frömmigkeit im Luthertum der Frühen Neuzeit, Göttingen 1999, S. 84–90. Von Mitte des 17. Jahrhunderts an beklagt aber auch Sommer den »Verlust der lutherischen Zwei-Regimenten-Unterscheidung« und die Modifizierung der Dreiständelehre (ebd., S. 88).

27 Franz Laus folgende Feststellung ist deshalb zu hinterfragen: »Luthers Lehre (scil. von den Zwei Reichen) hat, geschichtlich gesehen, weitgehend dahin gewirkt, daß sie einer bestimmten Staatsform zur Rechtfertigung dienen mußte. Den monarchisch geleiteten Staat hat sie über alle Wandlungen desselben vom ständestaatlichen Landesfürstentum über den landesfürstlichen Absolutismus bis zur konstitutionellen Monarchie und deren Zusammenbruch in Deutschland im Jahre 1918 durch die Geschichte begleitet«. (Luther und die Obrigkeit [wie Anm. 2], S. 383).

28 Walter Sparn, Hütter, Leonhart, in: RGG^4 3 (2000), Sp. 1967.

verae membra«.[29] Sind nach Luther die Grenzen zwischen beiden Reichen fließend, solange Menschen unter Zuspruch und Anspruch des Evangeliums unterwegs bleiben, so liegt hier ein ganz starres Entweder-Oder vor. Mehr als diese übrigens fast pflichtschuldig wirkende Erinnerung an die Zwei-Reiche-Vorstellung kann ich in Hutters Kompendium nicht finden. Mit einer weiteren, ebenfalls eigenwilligen Anlehnung an Luther hat Hutter allerdings sehr beispielgebend gewirkt. Dabei handelt es sich um die Drei-Stände-Lehre, die Luther ursprünglich als »Einteilungsprinzip der bürgerlichen Ordnung« zur Entfaltung seiner Glaubensethik verwandte, um der monastischen consilia-Frömmigkeit ihre Berechtigung zu entziehen:[30] Gott erwartet von den aus Gnade Gerechtfertigten außer dem Glauben nichts als die von der Liebe bestimmte Erfüllung der alltäglichen Standes- und Berufsaufgaben.[31] Ganz anders bedient sich Hutter der drei Stände: Obrigkeit, Geistliche und Laien. Bei ihm sind sie als Glieder der sichtbaren Kirche allesamt zuständig für Pfarrberufungen. Während Gott im Alten Testament die Propheten und in der Urkirche die Apostel unmittelbar/*immediate* selbst berief, geschehe die Einsetzung von Geistlichen heute mittelbar/*mediate* durch die ganze Kirche, die, wie es weiter heißt, »constat ex Magistratu, Ecclesiae ministris, et Auditoribus reliquis, quos vulgo plebem sive Laicos appellitant«.[32] Damit hat Hutter der Drei-Stände-Lehre einen neuen Ort innerhalb der Dogmatik zugewiesen.[33] Ihre Abwanderung aus der Ethik in die Ekklesiologie, genauer in die Lehre vom geistlichen Amt, wirkt zunächst befremdlich. Ein Blick in die orthodoxen Dogmatiken aber löst das Rätsel. Die Drei-Stände-Einteilung wird nämlich genutzt als Prinzip einer ständischen Kirchenverfassung, um die Aufgaben und Zuständigkeiten für Geistliche, Politiker und Laien genauer bestimmen und gleichzeitig sozialethische Folgerungen daraus ziehen zu können.[34] Hutter scheint den ersten Schritt in diese Richtung getan zu haben.

29 Leonhard HUTTER, Compendium Locorum Theologicorum, hg. v. Wolfgang TRILLHAAS, Berlin 1961, Loc. XVII, 8, S. 81.

30 Am ausführlichsten reflektierte Luther darüber in der Schrift »Vom Abendmahl Christi. Bekenntnis«, 1528 (WA 26, S. 504f.). Vgl. Werner ELERT, Morphologie des Luthertums, Bd. 2, München 1965, S. 49–65, hier S. 58; Wilhelm MAURER, Luthers Lehre von den drei Hierarchien und ihr mittelalterlicher Hintergrund, München 1970; Reinhard SCHWARZ, Luthers Lehre von den drei Ständen und die drei Dimensionen der Ethik, in: LuJ 45 (1978), S. 15–34.

31 LUTHER, Vom Abendmahl: »Vber diese drey stifft vnd orden ist nu der gemeine orden der Christlichen liebe, darynn man nicht allein den dreyen orden, sondern auch ynn gemein einem iglichen dürfftigen mit allerley wolthat dienet« (WA 26, S. 505).

32 HUTTER, Compendium (wie Anm. 29), Loc. XVI,9: De ministerio et ordine ecclesiastico, Fr. 9 (ebd., S. 79).

33 HONECKER, Cura Religionis (wie Anm. 25), S. 164, findet bei Hutter noch keinen Gebrauch der Drei-Stände-Lehre »im Zusammenhang mit der partikularkirchlichen Kirchenordnung«. Ich meine, gerade er hat die Weichen in diese Richtung gestellt.

34 Diese für die orthodoxe Dogmatik und Sozialethik bedeutsame Instrumentalisierung der lutherischen Drei-Stände-Lehre ist in ihrer Fernwirkung nicht zu unterschätzen.

Johann Gerhard nahm diese Anregung auf und entfaltete sie in einer bis in die Spätorthodoxie unverändert gültigen Weise. Diese Leistung Gerhards ist in der neueren Forschung sowohl von Theologen[35] als auch von Kirchenrechtlern[36] erkannt worden. Ob es sich dabei möglicherweise um eine Art Ersatz für die nicht rezipierte Zwei-Reiche-Vorstellung handeln könnte, hat bisher nur beiläufig Erwähnung gefunden.[37]

5. Der Ersatz der Zwei-Reiche-Vorstellung durch die Drei-Stände-Lehre bei Johann Gerhard

Johann Gerhard (1582–1637) gilt als »Klassiker der orthodoxen Theologie«.[38] Das bezieht sich vornehmlich auf seine zwischen 1610–1622/25 veröffentlichten Loci, die, obgleich noch nicht nach der analytischen Methode aufgebaut, doch wegen ihres aus Antike, Bibel, Patristik und eigener theologiegeschichtlicher Tradition geschöpften Materialreichtums sowie wegen der meisterhaften systematischen Durchdringung des gesamten Glaubensgutes – zumeist mit Hilfe des Kausalschemas – wegweisend für die ganze lutherische Orthodoxie wurden. Für unseren Zusammenhang sind die Bände 5 bis 7 relevant, in welchen über die Kirche, das kirchliche Amt, die Obrigkeit und die Ehe gehandelt wird. In diesem nahezu ein Fünftel ausmachenden Teil der gesamten Dogmatik verfolgt Gerhard nicht nur ein sozialethisches Ziel, sondern lässt vorrangig ein kirchenrechtliches Interesse erkennen.[39]

Deshalb ist Bernhard LOHSE zu widersprechen, der bemerkt, »Die Redeweise von drei Ständen bei Luther hat nicht die gleiche Aufmerksamkeit gefunden wie die Zwei-Reiche-Lehre; sie kann aber als eine wichtige Ergänzung gelten« (Luthers Theologie in ihrer historischen Entwicklung und in ihrem systematischen Zusammenhang, Göttingen 1995, S. 342). Nach meinem Eindruck ist es – jedenfalls im 17. Jahrhundert – genau umgekehrt.

35 Vgl. UHL, Die Sozialethik (wie Anm. 15), S. 60ff.; HONECKER, Cura religionis (wie Anm. 25), S. 160ff.; Wolfgang HUBER, Kirche und Öffentlichkeit, Forschungen und Berichte der Evangelischen Studiengemeinschaft 28, Stuttgart 1973, S. 62f.

36 Martin HECKEL, Staat und Kirche nach den Lehren der evangelischen Juristen Deutschlands in der ersten Hälfte des 17. Jahrhunderts (JusEccl 6), München 1968, S. 139ff.

37 So hat der Göttinger Systematiker Ernst Wolf schon 1946 von der »verhängnisvollen Auflösung« der Zwei-Reiche-Vorstellung Luthers »in die orthodoxe Theorie von den drei Ständen« gesprochen; vgl. Ernst WOLF, Luthers Erbe?, in: EvTh 6 (1946/47), S. 110 Anm. 75. Und 1968 hat Martin Heckel in seiner kirchenrechtlichen Studie über die evangelischen Juristen des frühen 17. Jahrhunderts mehrfach bedauert, dass die Zwei-Reiche-Vorstellung Luthers für die theologische Begründung und Ausgestaltung des evangelischen Kirchenrechtes weder von Theologen noch von Juristen genutzt worden sei; vgl. HECKEL, Staat und Kirche (wie Anm. 36), S. 86, 159, 186.

38 Jörg BAUR, Johann Gerhard, in: Gestalten der Kirchengeschichte 7, Stuttgart u.a. 1982, S. 99.

39 Bd. V (1617) behandelt die Lehre vom Abendmahl und von der Kirche, Bd. VI (1619) entfaltet die Lehre vom kirchlichen Amt und von der politischen Obrigkeit. In Bd. VII

Als Gerhard diese Themen an seinem professoralen Schreibtisch in Jena durchdachte, konnte er auf eine zehnjährige Tätigkeit in kirchenleitenden Ämtern zurückblicken und deshalb aus eigener Erfahrung schöpfen.[40] Obgleich er niemals mit seinem früheren Oberherrn, Herzog Johann Casimir von Sachsen-Coburg (1586–1633), in einen Konflikt um die beiderseitigen Zuständigkeiten geriet, nutzte er seine Möglichkeiten doch z.B. als Visitator häufig ohne die Einschaltung des Konsistoriums.[41] Denn die Gefahren des landesherrlichen Kirchenregiments für die Eigenständigkeit der Kirche waren ihm sehr wohl bewußt. Deshalb dürfte er sich vom Einsatz der Drei-Stände-Lehre für die theologische Begründung sowohl einer »Gewaltenteilung« als auch einer »Gewaltenverbindung«[42] in der Kirche einiges versprochen und den Vorschlag Hutters deshalb dankbar aufgegriffen haben.

Die Suche nach Spuren der lutherischen Zwei-Reiche-Vorstellung bei Gerhard ist mühsam und wenig erfolgreich. Wohl reflektiert er in den ersten Kapiteln des Locus XXII *De Ecclesia*, in welchen er alle möglichen Bezeichnungen, Analogien und Bilder für die Kirche zusammenträgt, auch über die biblischen Begriffe *regnum coelorum* und *civitas Dei*,[43] doch fehlt eine Gegenüberstellung zum *regnum mundi*. Ebenso werden keine orientierenden Hinweise für das Leben in diesen beiden Reichen oder für die Kompetenzaufteilung der in ihnen jeweils Agierenden gegeben. Das geschieht vielmehr in Loc. XXIII und XXIV *De ministerio ecclesiastico* und *De magistratu politico*, aber hier ohne echten Bezug zur Zwei-Reiche-Vorstellung, vielmehr mit Hilfe der Drei-Stände-Lehre.

Die Entfaltung der Lehre vom geistlichen Amt beginnt gleich mit diesem die ganze Darstellung strukturienden Rahmen: »Quemadmodum inter angelos sanctos [...] certi ordines divinitus constituti sunt [...] ita quoque in ecclesia in his terris militante [...] certi ordines ac status itidem divinitus sunt definiti [...] Tales status sive ordines in ecclesia a Deo instituti numerantur tres, videlicet ecclesiasticus, politicus et oeconomicus, quos etiam hierarchias appellare consueverunt. Oeconomicus ordo inservit generis humani multiplicationi; politicus ejusdem defensioni; ecclesiasticus ad salutem aeternam

(1620) sind Ehe und Zölibat thematisiert. Die im Folgenden nur sehr holzschnittartige Interpretation dieser Texte ist z.T. angelehnt an Uhl, Die Sozialethik (wie Anm. 15); Honecker, Cura Religionis (wie Anm. 25); Heckel, Staat und Kirche (wie Anm. 36).

40 Vgl. Johann Anselm Steiger, Kirchenordnung, Visitation und Alltag. Johann Gerhard (1582–1637) als Visitator und kirchenordnender Theologe, in: ZRGG 55 (2003), S. 227–252.

41 Ebd., S. 251.

42 Diesen Gesichtspunkt bezüglich der Drei-Stände-Lehre im Dienste der orthodoxen Kirchenverfassung betont mehrfach Heckel, Staat und Kirche (wie Anm. 36), S. 149.

43 Johann Gerhard, Loci Theologici, ed. Eduard Preuss, To. V, Berlin 1867, S. 265f. (Loc. XXII).

promotioni«.[44] Damit wird die sichtbare Partikularkirche zum Referenzrahmen einer ständischen Dreiteilung. Die gesamte Gesellschaft steht unter einem »kirchlichen Endzweck«.[45] Alle drei Stände dienen der Kirche. Der durch Verkündigung, Sakramentsverwaltung, Lehre und Kirchenzucht um das menschliche Heil bemühte geistliche Stand tut es *immediate* und ist am wichtigsten. Ihm folgt in der Bedeutungsskala der obrigkeitliche, für das irdische Wohl, den äußeren Frieden, aber auch für die Rahmenbedingungen der kirchlichen Arbeit zuständige Stand. Gerhard kann ihn sogar als von Gott *propter ecclesiam* gestiftete Ordnungsmacht zur Eindämmung des durch den Sündenfall in die Welt gekommenen Bösen bezeichnen.[46] Nach den ihm 1555 im Augsburger Religionsfrieden übertragenen *iura episcopalia* hilft er der Kirche gleichwohl nur *mediate* durch die Inkraftsetzung von Kirchengesetzen und Verordnungen sowie durch die Einberufung von Synoden. Bei Visitationen und in der Ehegerichtsbarkeit wirken seine Beamten in den Konsistorien mit den Superintendenten zusammen; und das Pfarrbestallungsrecht muß er sich mit Geistlichen und Gemeindevertretern teilen.[47] Hinter den beiden ersten Ständen tritt der Laienstand erkennbar zurück. Er ist Adressat der Verkündigung, Lehre und Jurisdiktion des geistlichen Amtes. Sein wichtigster aktiver Beitrag zum Aufbau der Kirche wie auch der säkularen Gesellschaft besteht in der Leistung der Familie als *seminarium*.[48] An der Kirchenleitung ist er nur scheinbar beteiligt, wenn etwa das Vokationsrecht der »ganzen Kirche« zuerkannt wird.[49] In Wirklichkleit handelt es sich dabei aber um ein bloßes Bestätigungsrecht.[50] Auch den Obrigkeitsstand sieht Gerhard in konstitutiver Beziehung zu den beherrschten und zum Gehorsam verpflichteten Untertanen: *respublica nihil aliud sit quam ordo imperantium ac parentium*.[51] In dem Falle, dass eine Obrigkeit durch ihre Anordnungen die Gewissen ihrer Untertanen verletzt, zu einem ungerechten Krieg aufruft oder das Christentum verfolgt, empfiehlt Gerhard gemäß der Clausula Petri (Act 5, 29) verbalen, leidenden und damit passiven Ungehorsam bis hin zu Flucht oder Martyrium.[52] Denn auch bezüglich einer ungerechten oder tyrannischen Obrigkeit gilt die *regula generalis* von Rm 13,2: »Qui resistit,

44 Ebd., To. VI, Berlin 1868, S. 1 (Loc. XXIII).
45 Werner Elert, Morphologie, Bd. 2 (wie Anm. 30), S. 59.
46 Johann Gerhard, Loci Theologici, To. VI, S. 2 (Loc. XXIII, § 2).
47 Ebd., S. 77 (Loc. XXIII, § 112).
48 Ebd., S. 2 (Loc. XXIII, § 2); To. VII, S. 1 (Loc. XXV, § 1).
49 Ebd., S. 81 (Loc. XXIII, § 117).
50 Ebd., S. 55 (Loc. XXIII, § 86: »consensus, suffragium, approbatio vel etiam pro ratione circumstantiarum postulatio«).
51 Ebd., S. 267 (Loc. XXIV, § 4).
52 Vgl. z.B. ebd., S. 506 (Loc. XXIV, § 399); S. 554 (Loc. XXIV, § 481). Nur den Fürsten wird aktiver Widerstand gegenüber ihrer Obrigkeit (etwa dem Kaiser) zugestanden, wenn diese sich nicht an vertragliche Abmachungen hält (ebd., S. 559, § 485). Zur Sache vgl. die materialreiche, weit über Luther hinausgehende, zu Unrecht vergessene

divinae ordinationi resistit«.[53] Trotz der Rolle des *status oeconomicus* als Objekt der beiden oberen Stände behandelt Gerhard ihn in Loc. XXV gesondert und sehr ausführlich unter dem Gesichtspunkt der Ehe als gottgewollter Lebensordnung. Gleichzeitig beantwortet er viele eherechtliche Detailfragen. Vermutlich reagierte er gerade damit auf mangelnde Sachkenntnis unter den Konsistorialtheologen, die in der Ehegerichtsbarkeit gegenüber den fürstlichen Juristen oft nicht genügend zum Zuge kamen.[54]

Die Behandlung der Drei-Stände-Lehre in den Loci XXIII bis XXV verdankt sich sozialethischen und kirchenrechtlichen Interessen. In Loc. XXIII geht es Gerhard sogar vorrangig um die Aufteilung der Kirchenleitung zwischen den drei Ständen, genauer zwischen dem geistlichen und dem politischen Stand. Dabei war ihm an einem Mittelweg zwischen Scylla und Charybdis gelegen, d.h. zwischen dem Ausschluß einer Obrigkeit von jeglicher *cura religionis* und der autokratischen Wahrnehmung der *cura religionis* als politisches Regal.[55] Beide Extreme lehnte Gerhard ab. Dadurch gewann er Raum für eine konstruktive Kooperation zwischen Kirche und Obrigkeit, ohne die auf Verkündigung und Lehre bezogene unabhängige *potestas ecclesiastica interna* preiszugeben, aber auch ohne dem landesherrlichen Kirchenregiment die *potestas ecclesiastica externa* vorzuenthalten.[56] Melanchthons Würdigung der Obrigkeit als *praecipuum membrum ecclesiae*[57] sowie die ihr durch ihn eingeräumte *custodia utriusque tabulae legis* stützen diese Gratwanderung zusätzlich ebenso ab wie seine Reflexionen über *ius naturale* und *ius divinum*.[58] Und wie die durchgehende Auseinandersetzung mit Robert Bellarmin zeigt, erteilte Gerhard auch dem zu Papocäsarie neigenden rein kirchlichen Regiment eine Absage. So gelang es ihm nicht zuletzt mit Hilfe der für seine Zwecke zum kirchlichen Verfassungsprinzip umfunktionierten Drei-Stände-Lehre, alle um die Alleinherrschaft in der Kirche ringenden Mächte in einem

Studie von Hermann Dörries, Gottesgehorsam und Menschengehorsam bei Luther. Ein Beitrag zur Geschichte des Apostelwortes Acta 5, 29 (1941), in: Ders., Wort und Stunde, Bd. 3, Göttingen 1970, S. 109–194.

53 Loci theol., To. VI, S. 562 (Loc. XXIV, § 488).

54 Uhl, Die Sozialethik (wie Anm. 15), S. 62. Es erscheint nur folgerichtig, wenn angesichts der Gerhardschen Zurückdrängung des Laienstandes in Kirche und Obrigkeitsstaat Georg Calixt in seiner Epitome Theologiae moralis von 1634 nur noch von zwei Ständen spricht, nämlich vom »status Ecclesiasticus« und vom »status secularis«, den er in erster Linie von den Regierenden und Verantwortung über andere Tragenden her versteht. Vgl. Georg Calixt, Ethische Schriften, hg. v. Inge Mager, Göttingen 1970, S. 37f.).

55 Gerhard, Loci Theologici, S. 81 (Loc. XXIII, § 117): »jus vocandi et deponendi ecclesiae ministros non pertinet ad regalia magistratus«; S. 342f. (Loc. XXIV, § 165).

56 Ebd., S. 352ff. (Loc. XXIV, § 178ff.). Die Unterscheidung von äußerer und innerer Kirchengewalt geht auf den reformierten Theologen David Paraeus zurück. Vgl. Heckel, Staat und Kirche (wie Anm. 36), S. 136 Anm. 724.

57 Loci Theol., To. VI, S. 55 (Loc. XXIII, § 85); S. 352 (Loc. XXIV, § 178).

58 Vgl. Uhl, Die Sozialethik (wie Anm. 15), S. 22ff.

nach allen Seiten abgesicherten Balancesystem gegenseitig zu begrenzen.[59] Die der Episkopaltheorie verpflichteten evangelischen Kirchenjuristen des 17. Jahrhunderts haben Gerhards Gedanken übernommen, bis sie dem territorialistischen Konzept, das Verhältnis von Staat und Kirche zu bestimmen, zum Opfer fielen.[60]

6. Abschließende Reflexionen

Fragen wir am Schluß nach Gewinn und Verlust des Gerhardschen Ersatzes der Zwei-Reiche-Vorstellung durch die Drei-Stände-Lehre für die Ortsbestimmung christlicher Existenz in der Welt, so ist trotz großer Gelehrsamkeit und Geschlossenheit der Darstellung ein Mangel an theologischer Substanz nicht zu übersehen. Die drei Stände sind abgesehen von der Behauptung der den Engelhierarchien entsprechenden göttlichen Stiftung und Erhaltung überwiegend säkulare, von Menschen ausgefüllte Größen. Die Konzentration auf die Partikularkirche bzw. auf die Gesellschaft eines Territoriums unterstreicht den hiesigen, ausgesprochen kleinräumigen Zug. Zudem hat der obrigkeitliche Stand als integraler Teil der Kirche seine dämonische Potenz durchweg eingebüßt. Gerhard weiß zwar, dass das geistliche Reich Christi vom Weltreich, zu dem Kirche und obrigkeitlicher Staat gehören, grundsätzlich zu unterscheiden ist. Auch die pervertierende Macht der Sünde in allen Ständen unterschätzt er nicht.[61] Dennoch sieht er keinen unüberbrückbaren Gegensatz zwischen beiden Sphären, jedenfalls nicht zum *regnum potentiae*, mit dem Christus sogar in die hiesigen Belange eingreift und Fürsten ein- oder absetzt (Dan 2,21).[62] Auch zwischen den pazifistischen Radikalismen der Bergpredigt (Mt 5,38f.) und dem Einsatz von Gewalt im Krieg oder in der Justiz durch die Obrigkeit (Rm 13,4) besteht für Christen und christliche Potentaten kein Zwiespalt. Denn zu Gewaltverzicht sind Christen und christliche Herrscher als *personae privatae* nur in persönlichen Konflikten verpflichtet. Für obrigkeitliche Amtsträger als *personae publicae* hingegen besteht geradezu eine Pflicht zur Gewaltanwendung im Interesse der Gesellschaft.[63] Von grundsätzlich anderer Art als das *imperium mundanum* ist allein das *regnum gratiae*, in welchem Christus mit seinem Geist und Wort herrscht. Aber auch dadurch verliert das Weltreich nicht seine Berechtigung.[64] Vielmehr haben beide, das ministerium ecclesiasticum und das *ministerium politicum*, als gemeinsames

59 Vgl. Heckel, Staat und Kirche (wie Anm. 36), S. 154.
60 Ebd., S. 127–163.
61 Gerhard, Loci Theologici, To. VI, S. 288 (Loc. XXIV, § 51).
62 Ebd., S. 295 (Loc. XXIV, § 71).
63 Ebd., S. 294 (Loc. XXIV, § 66; vgl. dazu noch die §§ 278.281.304f.).
64 Ebd., S. 295.

Ziel die *respublica Christiana* vor Augen.[65] Staat und Kirche kommen einander so nah,[66] dass die mittelalterliche Idee des *corpus Christianum* wieder ins Blickfeld tritt.[67] Der qualitative Unterschied zwischen Gottes- und Weltreich ist in der quantitativen Kompetenzaufteilung unter den drei Ständen gleichsam aufgehoben.

Dem wollte Luther durch seine paradoxe zwischen Gott und Teufel sowie zwischen Gott und Gott ausgespannte Zwei-Reiche-Vorstellung gerade entgegenwirken. Ihm lag daran, die Grenze zwischen beiden Reichen fließend zu halten. Er mutete es dem in beiden Reichen beheimateten Christen zu, in seinem Handeln für sich und für andere,[68] als Christ- wie als Welt- oder Amtsperson[69] nach dem Maßstab der Liebe[70] seinen Weg zwischen diesen beiden Polen zu finden. Obgleich er um die Gottgewolltheit der irdischen Lebensordnungen wußte, war er gleichzeitig von der ihnen ständig drohenden Gefahr überzeugt, durch Menschen zu Unheilsordnungen pervertiert zu werden oder in Eigengesetzlichkeit abzugleiten. Der eschatologische Horizont der Zwei-Reiche-Vorstellung sollte diese Erinnerung ständig wachhalten. Die bei Gerhard fast aller Spannungen entkleidete und in die hiesigen Verhältnisse eingepaßte Drei-Stände-Lehre neigte aber dazu, diese Erinnerung zu verdrängen. Deshalb verflüchtigte sich auch Luthers Überzeugung von dem nur als zeitlich begrenzter Liebesdienst verstandenen landesherrlichen Kirchenregiment[71] ebenso wie die Erwägung eines möglichen aktiven Widerstandes gegen ein ungerechtes politisches System durch »eynen newen sonderlichen befelh von Gott«.[72] Eine solche göttliche Beauftragung zum Widerstand setzte Luther z.B. bei Simson, dem israelitischen Kämpfer gegen die Philister, voraus (Ri 15),[73] während er sie bei Thomas Müntzer und den »mordpropheten« im Bauernkrieg vermisste.[74]

65 Ebd., S. 353 (Loc. XXIV, § 178).

66 Vgl. auch die von Optatus von Mileve übernommene Sentenz: »Respublica non est in ecclesia, sed ecclesia est in republica« (To VI, S. 351 = Loc. XXIV, § 175).

67 Vgl. Heckel, Staat und Kirche (wie Anm. 36), S. 173f.

68 Vgl. WA 11, S. 253–255.

69 Vgl. WA 32, S. 316, 390. Vgl. Lohse, Luthers Theologie (wie Anm. 34), S. 338–342.

70 WA 11, S. 256: »Denn die liebe gehet durch alles vnd vber alles«. Der Liebesaspekt fehlt bei Gerhard natürlich keineswegs, hat aber keine so tragende Funktion wie bei Luther (vgl. z.B. die Liebe als Regulator im Verkehr zwischen Gläubigern und Schuldnern Loc. XXIV, § 239, S. 393).

71 WA 26, S. 197f.; vgl. Krumwiede, Zur Entstehung des landesherrlichen Kirchenregimentes (wie Anm. 23), S. 97–101.

72 WA 18, S. 304 (Ermahnung zum Frieden auf die zwölf Artikel der Bauernschaft in Schwaben, 1525).

73 WA 11, S. 261 (Von weltlicher Obrigkeit). Gerhard gesteht nur ganz allgemein eine mögliche *exceptio* von der apostolischen *Regula generalis* des Widerstandsverbotes zu (Loci Theol., To. VI, S. 562 = Loc. XXIV, § 488).

74 WA 18, S. 308.

Luthers Zwei-Reiche-Vorstellung wollte nur orientierende Eckpunkte für das Leben von *Christen coram Deo* und *coram hominibus* liefern. Als Grundlage für eine materiale Ethik oder für eine evangelische Kirchenverfassung eignet sie sich kaum. Dennoch hätte sowohl Gerhards Sozialethik als auch seine Kirchenverfassungslehre mehr theologischen Tiefgang gewonnen und manche einseitigen Festschreibungen vermieden, wenn er die Drei-Stände-Theorie mit der Zwei-Reiche-Vorstellung stärker verbunden hätte, als er es in seinen Loci tat.

Das Schicksal der Zwei-Reiche-Vorstellung über die Zeit der lutherischen Hochorthodoxie hinaus kann hier nicht weiter verfolgt werden; es bedarf aber dringend einer gründlichen Erforschung, und zwar bis ins 19. Jahrhhundert, als ein neues, von Luther abweichendes Kapitel in der Verstehensgeschichte der zur Zwei-Reiche-Lehre umgestalteten Vorstellung des Reformators begann.

Christian Witt

Historisierung als apologetische Strategie

Fallstudien zum lutherischen Bekenntnis im 18. Jahrhundert

1. Grundsätzliche Infragestellung und Historisierung bei Johann Michael von Loën

> Man siehet nichts als Laster und gefährliche Absichten bey dem Gegentheil. Den Mangel an Wahrheit ersetzt ein blinder Glaubenseifer. Man spricht sich selig, die wahre Religion zu haben, und rechnet den Haß gegen die vermeynten Irrglaubigen mit unter die Verdienste guter Wercke. Kein Eifer scheinet gerechter.

So fällt die düstere Diagnose aus, die der Frankfurter Bürger Johann Michael von Loën in einer kurzen Schrift von 1748 seiner Gegenwart stellt.[1] Seit jeher für eine Aussöhnung zwischen Reformierten und Lutheranern engagiert,[2] votiert der 1694 geborene und 1776 verstorbene Reformierte[3] auch Mitte des 18. Jahrhunderts für eine Vereinigung der beiden großen protestantischen Konfessionskirchentümer. Die seiner Argumentation zugrundeliegenden

1 Johann Michael von Loën, Von der Vereinigung der Protestanten, und wie leicht solche wäre, wenn man die Controversien abschaffte, in: Ders., Gesammelte kleine Schriften (1749–1752), Bd. 2, hg. v. Johann Caspar Schneider, Frankfurt a.M. 1972 (reprographischer Nachdruck der Ausgabe Frankfurt a.M. u.a. ²1751), S. 480–504, hier S. 501.

2 Eine Auswahl seiner entsprechenden kleineren Beiträge ist versammelt in: Johann Michael von Loën, Gesammelte kleine Schrifften Von Kirchen- und Religions-Sachen. Zur Erläuterung der bey seiner einzigen wahren Religion ihm angedichteten ungleichen Meynungen eines unlauteren Syncretismi, hg. v. [C.J.S.] Osterländer, Frankfurt a.M. u.a. 1751.

3 Über Leben und Werk informieren ausführlich: Lebensgeschichte des Königl. Preuss. geheimen Rats und Präsidenten der Lingen-Tecklenburgischen Regierung Herrn v. Loen, in: Beiträge zur juristischen Litteratur in den Preußischen Staaten 5 (1780), S. 257–286; Siegfried Sieber, Johann Michael von Loen. Goethes Großoheim (1694–1776) – sein Leben, sein Wirken, und eine Auswahl aus seinen Schriften, Leipzig 1922. Einen Überblick bietet auch Wilhelm Stricker, Art. Loen, Johann Michael von, in: ADB 19 (1884), S. 86–88. Eine Einbettung von Loëns in die Kultur- und Ideengeschichte des 18. Jahrhunderts unternimmt Heinrich Haeckel, Johann Michael von Loen und die deutsche Aufklärung, in: Zeitschrift für Religions- und Geistesgeschichte 6 (1954), S. 36–48. Ein forschungsgeschichtlicher Überblick zu Person und Werk mit einer Bibliographie zur Forschungsliteratur seit dem 19. Jahrhundert liegt vor mit Christiane Büchel, Johann Michael von Loen im Wandel der Zeiten. Eine kleine Forschungsgeschichte, in: Das achtzehnte Jahrhundert 16 (1992), S. 13–37.

Muster offenbaren bereits seine soeben zitierten Worte: Unter beißender Kritik spätorthodoxer Verhärtungen geißelt er die dogmatisch grundierte Diskreditierung des je anderskonfessionellen Gegenübers. Damit einher geht durch die Unterstellung meritorischer Aufladung kontroverstheologischer Polemik der unzweideutige Vorwurf an die Adresse der so Kritisierten, auf das argumentative Niveau der verdammenden Papstkirche zurückzufallen und sich so in blindem Glaubenseifer zu ergehen, statt sich in Wort und Tat in den Dienst christlicher Wahrheit zu stellen.

Zwar sind Frieden und Vereinigung leicht zu erreichen, wenn man von Zank- und Eigensucht absieht und sich auf die Liebesbotschaft Jesu Christi besinnt:[4]

> So bald wir Christum im Glauben erkennen, sein Evangelium in Einfalt und Aufrichtigkeit annehmen und darnach uns befleissen unser Leben und Wandel einzurichten, so sind wir von einerley Kirche, und gehören unstreitig zu der Gemeinschaft Christi und seiner Glaubigen.[5]

Doch von solchen Einsichten sind die »Schriftgelehrten«[6] seiner Zeit denkbar weit entfernt: Sie berufen sich zur Verteidigung ihrer menschengemachten Lehrgebäude auf ihre Dogmatiken und Glaubensformeln und forcieren so den unchristlichen Streit.[7] Und weil die »Controvershelden«[8] in ihrer Selbstgefälligkeit der Einigkeit entgegenarbeiten, sind sie

> dem gemeinen Wesen noch schädlicher als die Strassenräuber und Mordbrenner; denn sie stifften das gröste Unheil unter dem Schein des Religionseifers und der Orthodoxie. Ist es nicht eine Schande daß wir als vernünftige Geschöpfe die Ruhe und die Wohlfahrt des ganzen Staats den eigensinnigen Einfällen dieses zänckischen Volcks zum besten geben?[9]

Entsprechend fordert von Loën die Abschaffung jedweder Glaubensformeln zugunsten der Heiligen Schrift,[10] die Rückbesinnung auf die Liebe als Kennzeichen der christlichen Religion[11] sowie das Einschreiten der Obrigkeit gegen Kontroverstheologie und konfessionelle Polemik.[12] Es gilt somit, sich von der Herrschsucht der Theologen zu befreien; denn nicht auf deren künst-

4 Von Loën, Von der Vereinigung der Protestanten (wie Anm. 1), S. 485, 500.
5 Ebd., S. 486.
6 Ebd., S. 485.
7 Ebd., S. 485–487.
8 Ebd., S. 488.
9 Ebd.
10 Ebd., S. 488, 490.
11 Ebd., S. 487.
12 Ebd., S. 489f.

liche Lehrsätze kommt es an, sondern allein auf den Glauben an die biblische Liebesbotschaft.[13] »Auf diese Weise hätten also die Lutheraner und Reformirten schon die nöthige Einigkeit in der Lehre«.[14]

Von Loën weiß sehr wohl, dass ihm sein Eintreten für die innerprotestantische Aussöhnung unter scharfer Absage an Schultheologie und an deren Fixierung auf oder auch nur Berücksichtigung von *corpora doctrinae* nicht nur Beifall einbringen wird: »Wo ein jeder Theil für seine Rechte und Vorzüge eifert, und der Eigensinn nichts nachgeben will, da verdient man wenig Danck, wenn man einen Friedemacher abgeben will; indem man es mit beyden gut meynet, verdirbt man es mit beyden«.[15]

Davon allerdings völlig unbeeindruckt, legt er 1750 seine wohl bekannteste Schrift zum Thema – nun sogar unter Einschluss der Katholiken – vor, wegen der er den Zorn vor allem lutherischer Theologen auf sich zieht; die daraus resultierenden öffentlichkeitswirksamen Streitigkeiten bewegen ihn schließlich sogar zum Weggang aus Frankfurt, wie später auch sein Großneffe Goethe in *Dichtung und Wahrheit* bezeugt.[16]

13 Ebd., S. 486, 489, 503f.
14 Ebd., S. 488.
15 Ebd., S. 481.
16 Goethes Erwähnung seines Großonkels fällt dabei insgesamt anerkennend aus. Vgl. dazu Johann Wolfgang von Goethe, Aus meinem Leben. Dichtung und Wahrheit, 1. Teil, 2. Buch (Werke Jubiläumsausgabe Bd. 5), Frankfurt a.M. 1998, S. 69f.: »Früher, und von mir kaum noch mit Augen gesehen, machte Johann Michael von Loen in der literarischen Welt so wie in Frankfurt ziemliches Aufsehen. Nicht von Frankfurt gebürtig, hatte er sich daselbst niedergelassen und war mit der Schwester meiner Großmutter Textor, einer gebornen Lindheim, verheiratet. Bekannt mit der Hof- und Staatswelt, und eines erneuten Adels sich erfreuend, erlangte er dadurch einen Namen, daß er in die verschiedenen Regungen, welche in Kirche und Staat zum Vorschein kamen, einzugreifen den Mut hatte. Er schrieb den ›Grafen von Rivera‹, einen didaktischen Roman, dessen Inhalt aus dem zweiten Titel: ›oder der ehrliche Mann am Hofe‹, ersichtlich ist. Dieses Werk wurde gut aufgenommen, weil es auch von den Höfen, wo sonst nur Klugheit zu Hause ist, Sittlichkeit verlangte; und so brachte ihm seine Arbeit Beifall und Ansehen. Ein zweites Werk sollte dagegen desto gefährlicher für ihn werden. Er schrieb: ›die einzige wahre Religion‹, ein Buch das die Absicht hatte, Toleranz besonders zwischen Lutheranern und Calvinisten zu befördern. Hierüber kam er mit den Theologen in Streit; besonders schrieb Dr. Benner in Gießen gegen ihn. Von Loen erwiderte; der Streit wurde heftig und persönlich, und die daraus entspringenden Unannehmlichkeiten veranlaßten den Verfasser, die Stelle eines Präsidenten zu Lingen anzunehmen, die ihm Friedrich der zweite anbot, der in ihm einen aufgeklärten, und den Neuerungen, die in Frankreich schon viel weiter gediehen waren, nicht abgeneigten vorurteilsfreien Mann zu erkennen glaubte. Seine ehemaligen Landsleute, die er mit einigem Verdruß verlassen, behaupteten, daß er dort nicht zufrieden sei, ja nicht zufrieden sein könne, weil sich ein Ort wie Lingen mit Frankfurt keineswegs messen dürfe«. Goethe spielt bezüglich der Gegenschrift aus der Feder des Gießener Theologen Johann Hermann Benner an auf: Johann Hermann Benner, Entdekter Ungrund der so genanten einzigen wahren Religion, aus dem summarischen Inhalt einer also betitelten Schrift, welche Herr Johann Michael von Loen zu Franckfurt herausgegeben, zu Abwendung des Anstoses bey den Schwachen und Sicheren vor Augen gestellet,

Das umstrittene Werk von Loëns heißt *Die einzige wahre Religion, allgemein in ihren Grund-Sätzen, verwirrt durch die Zänkereien der Schriftgelehrten, zertheilet in allerhand Secten, vereiniget in Christo,*[17] und schon der Titel legt die Programmatik in aller wünschenswerten Deutlichkeit offen. Beschränken wir uns auf das für unseren Kontext Wesentliche, zumal uns die argumentativen Grundlinien schon bekannt sind: Mit ihrer Reformation stellten Luther und Zwingli das Ansehen der Bibel zwar wieder her, doch gingen die Folgen ihres reformatorischen Denkens und Handelns so weit, dass zwischen ihnen und ihren Anhängern einerseits und der Papstkirche anderseits ein schwerlich zu überbrückender Graben entstand.[18]

> Die Verbitterung unter beiden Theilen wuchs von Tag zu Tag. Man dachte kaum mehr an den Frieden, sondern suchte einander entweder zu seiner Parthey zu bringen, oder auszurotten. Dieses war noch ein gröseres Uebel als dasjenige so man verhüten wolte.[19]

Wäre man vernünftigen Zeitgenossen wie Erasmus von Rotterdam gefolgt, hätte man zutreffend diagnostizierte Missstände Hand in Hand mit katholischen Reformern abstellen können; allein die Reformatoren wollten gleich die ganze römische Hierarchie abschaffen und schossen damit über ihr Ziel hinaus – mit geradezu tragischen Folgen für ihr eigenes Unternehmen der Kirchenverbesserung.[20]

Frankfurt a.M. u.a. 1751. Der von Benner Attackierte reagiert mit: Johann Michael von Loën, Sendschreiben an einen guten Freund über Benners Ungrund der sogenanten einzigen wahren Religion, Frankfurt a.M. u.a. 1750. Unterdessen erntet er auch Kritik von auswärts; so äußert sich zu von Loëns provokantem Vorstoß zum Beispiel der Hallenser Theologe Hieronymus Daniel Schleisner, zu dessen entsprechender Wortmeldung Siegmund Jacob Baumgarten eine bemerkenswerte Vorrede beisteuert: Hieronymus Daniel Schleisner, Historische und dogmatische Anmerkungen über das Lehrgebäude des Herrn von Loen in der Schrift die einzige wahre Religion. Mit einer Vorrede D. Siegmund Jacob Baumgartens, Halle 1751. Es ist hier nicht der Ort, die ganze Breite der Debatte nachzuzeichnen; die teils auch anonym publizierten Beiträge zur öffentlichkeitswirksamen Kontroverse um von Loëns *Die einzige wahre Religion* nennen und kommentieren Johann Christoph Koecher, Abbildung einer Friedenstheologie, oder der Gottesgelahrheit, welche den Frieden in der Kirche erhält und befördert. Nebst einer Bibliotheca theologiae irenicae mit nützlichen Anmerckungen begleitet, Jena 1764, S. 225–229, und Johann Anton Trinius, Freydenker-Lexikon, oder Einleitung in die Geschichte der neuern Freygeister ihrer Schriften, und deren Widerlegungen. Nebst einem Bey- und Nachtrage zu des seligen Herrn Johann Albert Fabricius Syllabo Scriptorum, pro veritate Religionis Christianae, Leipzig u.a. 1759, S. 558–577.

17 Johann Michael von Loën, Die einzige wahre Religion: allgemein in ihren Grund-Sätzen, verwirrt durch die Zänkereien der Schriftgelehrten, zertheilet in allerhand Secten, vereiniget in Christo. 2 Teile, Frankfurt a.M. u.a. 1750.

18 Von Loën, Die einzige wahre Religion (wie Anm. 17), Teil 1, S. 104.

19 Ebd.

20 Ebd., S. 104–106.

Haß und Neid und Feindschaft und Aufruhr und Henker und Blut; ja der Umsturz und die Verwüstung ganzer Länder, besiegelten mit einer unglückseligen Raserey, die Fortgänge dieser neuen Zwietracht, und den blinden Eifer der Nachfolger des Fürsten des Friedens.[21]

Doch damit des Streites noch nicht genug: Stolz, rechthaberisch und eigensinnig wie sie waren, entzweiten sich Luther und Zwingli nicht nur mit den reformorientierten Katholiken, sondern auch untereinander.[22] Statt dann beschwichtigend auf die zanksüchtigen Parteien einzuwirken, ließ auch Calvin sich von seinem Eifer hinreißen und verschlimmerte die Situation noch dadurch, dass er noch mehr theologische Dissense aufs Tapet brachte.[23] »Wie nun hierüber ein jeder seine Scharfsinnigkeit wolte spielen lassen, so wurden leider aus diesen gelehrten Schul-Fragen solche giftige Zank-Aepfel, daß der Friede und die Eintracht unter den Protestirenden schier gar dadurch getödtet wurde«.[24]

Nachfolgende Generationen setzten diese wenig erfreuliche Entwicklung munter fort: »Die folgende Zeiten bis auf die gegenwärtige entdecken allenthalben abscheuliche Exempel von der Geistlichen Zank- und Disputir-Sucht«.[25] Die durchweg bedauerlichen Zeugnisse der konfessionellen Polemik füllen ganze Bibliotheken; daher nimmt es nicht Wunder, dass sich gottesfürchtige, fromme Menschen von den Konfessionskirchen abwenden und sich zeitweise sogar die weltlichen Obrigkeiten genötigt sahen, dem ständigen Hader Einhalt zu gebieten.[26] Freilich gelang es auch ihr nicht, dauerhaft für Frieden zu sorgen, denn die wütenden Theologen dachten gar nicht daran, sich zurückzunehmen und vom Streit zu lassen. »Heist dieses das Evangelium verkündigen? Gott behüt uns vor dergleichen Friedens-Boten!«[27] So werde weiter völlig unbeeindruckt von der Bedürfnislage der einfachen Gläubigen und ohne jede Rücksicht auf die Liebesbotschaft Christi über Dinge gezankt, »welche er uns nicht gelehret hat«.[28]

21 Ebd., S. 106.
22 Ebd., S. 106f. Vgl. zur nicht gerade vorteilhaften Charakterisierung Luthers, Zwinglis und Calvins auch ebd., S. 109–112.
23 Ebd., S. 108.
24 Ebd.
25 Ebd., S. 113.
26 Ebd., S. 113f.
27 Ebd., S. 114.
28 Ebd., S. 115. Zur Liebesbotschaft als Kern des christlichen Glaubens vgl. auch ebd., S. 116f.

Da die in Selbstherrlichkeit und Unnachgiebigkeit der Theologen wurzelnde Uneinigkeit nun auf menschengemachten Lehren beruht und diese Lehren in den Bekenntnisschriften fixiert und durch dieselben perpetuiert wurden, gilt es, von den einzelnen *corpora doctrinae* abzusehen, um endlich den Weg der Liebe einschlagen zu können.[29]

Unter diesen zänkischen Hauffen ist also keine Vereinigung zu hoffen, so lang sie nicht, ein jeder für sich, ihre eigene besondere Satzungen verlassen und bei den Grund-Wahrheiten, wie uns solche Christus und seine Apostel gelehret haben, einfältig stehen bleiben.[30]

Aber das ist bei nüchterner Beobachtung der Geistlichkeit kaum zu hoffen: »Keiner ist dabey wahrhaftig entschlossen, seine Irrthümer fahren zu lassen, im Fall er derselben solte überwiesen werden; auch der bescheidenste Lehrer ist hier eifrig sein Lehr-Gebäude zu vertheidigen und nichts daran zu ändern«.[31]

Es ist insgesamt ein denkbar schlechtes Zeugnis, das Goethes engagierter Großonkel den Konfessionskirchentümern, ihren Lehrgrundlagen und ihren Theologen ausstellt: Streit und Uneinigkeit allerorten, Rechthaberei, Zorn und Verdammung überall. Die Bekenntnisschriften sind für ihn bei all dem integraler Bestandteil des Problems: Sie dokumentieren die Entfernung der Theologie und mit ihr der Kirchen vom reinen Gotteswort, werden zu Zeugnissen der Selbst- und Herrschsucht der Geistlichkeit und sind somit Hindernisse auf dem Weg hin zur gottgewollten christlichen Eintracht. Von Loëns radikale Kritik, die letztlich in die unmissverständliche Infragestellung der Legitimität der schieren Existenz symbolischer Bücher mündet, stützt sich dabei wesentlich auf historisierende und psychologisierende Argumentationsgänge – von Gottes Walten in der und durch die Reformation keine Spur, von den Reformatoren als Werkzeugen des Allmächtigen keine Rede, auch nur von einem Hauch der Botschaft des Evangeliums in den Bekenntnisschriften kein Wort. Und so appelliert er an seinen vernunftbegabten Leser in dezidierter Abgrenzung auch von der protestantischen Bekenntnisbildung: »Lasset uns einmahl das Herz fassen und weise werden. Lasset uns der Kirche ihre erste Unschuld und Reinigkeit wiedergeben. Lasset uns die thörichte Fragen aufheben, die keinen Nutzen haben und nur Zank gebähren«.[32]

29 Ebd., S. 196f.
30 Ebd., S. 197.
31 Ebd.
32 Ebd., S. 199.

Dieser Appell verhallt dann auch nicht ungehört, sollte allerdings nur bedingt verfangen; denn von Loëns Verdikt über die Schultheologie, die Konfessionskirchen und ihre Lehrgrundlagen ruft den scharfen Protest eben derjenigen hervor, mit denen der Frankfurter Privatgelehrte so unzweideutig ins Gericht geht. Die sich nun anschließenden Wortmeldungen rund um die Schrift *Die einzige wahre Religion* lösen in und außerhalb Frankfurts eine breite Debatte aus, die wiederum nach Goethe – wir haben es bereits gehört – in den Weggang seines Großonkels aus Frankfurt mündet.[33] Um sich nun den Anfeindungen seiner Gegner zu entziehen, wählt von Loën einen Dienstherrn, dessen religionspolitische Haltung keineswegs zufällig auf sein Unionsprogramm gegen theologisch-dogmatische Lehrsysteme und konfessionelle Streitigkeiten ansprechbar ist: Der aus seiner Heimatstadt Gewichene tritt in die Dienste Friedrichs II. von Preußen und wird von diesem 1752 zum Regierungspräsidenten der Grafschaften Lingen und Tecklenburg bestellt.

2. Theologische Apologie durch Historisierung: Siegmund Jacob Baumgarten und Johann Salomo Semler

Damit wechselte der streitbare Frankfurter Bürger in ein Territorium, dessen Landesherren bekanntlich seit 1613 darum bemüht waren, im Interesse des Zusammenhalts und der Regierbarkeit ihres Herrschaftsgebiets ein friedliches Verhältnis der beiden protestantischen Konfessionskirchentümer zueinander durchzusetzen. Ein Instrument dazu ist seit jeher die obrigkeitlich approbierte Lösung der allzu starren Bindung an die Bekenntnisschriften, die vor diesem Hintergrund wenig überraschend auch im friderizianischen Preußen Gegenstand milieugebundener gelehrter Kritik sind. Dortige Zentren dieser – von Loëns radikaler Infragestellung argumentativ durchaus verwandten – Bekenntniskritik sind bestimmte aufklärungsaffine Kreise in Berlin, von denen in der zweiten Hälfte des 18. Jahrhunderts der von Emanuel Hirsch so bezeichnete *Symbolstreit*[34] ausgeht; wir werden noch darauf zurückzukommen haben.

Den Gegenpol zu den Berliner Kreisen wiederum bildete u.a. die Universität Halle, genauer: die dortige theologische Fakultät.[35] Und es sind ausgerech-

33 Vgl. dazu Anm. 16.

34 Emanuel Hirsch, Geschichte der neuern evangelischen Theologie im Zusammenhang mit den allgemeinen Bewegungen des europäischen Denkens, Bd. 4, Gütersloh ²1960, S. 102.

35 Zur keineswegs reibungslosen Einbindung der Universität Halle und ihrer theologischen Fakultät in die preußische Religionspolitik vgl. exemplarisch Veronika Albrecht-Birkner, Der Berliner Hof und die Theologische Fakultät Halle. Konfessionelle Aspekte eines spannungsvollen Verhältnisses (1690–1790), in: Matthias

net Angehörige des eben noch für seine unvernünftige Bekenntnisfixierung gegeißelten Theologenstandes, die ihren historisch-kritischen Umgang mit den symbolischen Büchern offen vortragen, wenn auch in grundsätzlich apologetischer Intention. Ihre Beschäftigung mit den Ergebnissen schwerpunktmäßig der lutherischen Bekenntnisbildung erreichte dabei zwar nicht die Öffentlichkeitswirksamkeit der soeben skizzierten Vorstöße von Loëns; sie gelangte dafür aber auf methodisch-hermeneutischer Ebene zu Qualitäten, die die Hallenser trotz des historisch-kritischen Ansatzes aus der programmatischen Opposition zur bekenntniskritischen Haltung des von Goethe erinnerten Privatgelehrten und der Berliner Kreise heraus entwickelten – und die ideen- und theologiegeschichtlich Epoche machen sollten.

Nehmen wir zur Konkretisierung unseren Anfang bei einem wirkmächtigen Hallenser Theologen, der sich auch an prominenter Stelle in der Debatte um von Loëns *Die einzige wahre Religion* engagiert hat. Die Rede ist von Siegmund Jacob Baumgarten, einem »der gelehrtesten und kenntnisreichsten Theologen seines Zeitalters«.[36] Gegen von Loën richtete er u.a. eine ausführliche Vorrede, die er zu einer 1751 publizierten Absage aus fremder Feder an dessen bekenntniskritisches Unionsprogramm beisteuerte.[37] Darin betonte er die Unentbehrlichkeit von Bekenntnistexten: Mittels ihrer allein ließ sich überhaupt erst feststellen, welche Lehrsätze zu den identitätsstiftenden und entsprechend essentiellen Grundsätzen einer Kirche gehörten und welche dogmatischen Stücke als Nebendinge im interkonfessionellen Gespräch zur Disposition gestellt werden könnten; diese Distinktion, die ja auch von den Gegnern des theologischen Streits eingefordert wurde, musste der Konfliktlösung notwendig vorausgehen und war nur auf der Basis der symbolischen

FREUDENBERG u.a. (Hg.), Kirche, Theologie und Politik in reformierten Protestantismus. Vorträge der 8. Emder Tagung zur Geschichte des reformierten Protestantismus, Neukirchen-Vluyn 2011, S. 107–127 (dort auch weitere Literatur).

36 Über den Werdegang und das Werk Baumgartens informiert Martin SCHLOEMANN, Siegmund Jacob Baumgarten. System und Geschichte in der Theologie des Überganges zum Neuprotestantismus, Göttingen 1974, S. 29–58. Eine theologiegeschichtliche Kontextualisierung bietet Emanuel HIRSCH, Geschichte der neuern evangelischen Theologie im Zusammenhang mit den allgemeinen Bewegungen des europäischen Denkens, Bd. 2, Gütersloh [2]1960, S. 370–387; das Zitat findet sich ebd., S. 371. Eine eigene Würdigung Baumgartens, die dessen Bedeutung für die Theologiegeschichte des 18. Jahrhunderts unterstreicht, findet sich auch in Christopher VOIGT, Der englische Deismus in Deutschland. Eine Studie zur Rezeption englisch-deistischer Literatur in deutschen Zeitschriften und Kompendien des 18. Jahrhunderts, Tübingen 2003, S. 149–173.

37 SCHLEISNER, Historische und dogmatische Anmerkungen (wie Anm. 16), Vorrede, S. 3–48. Ebd., S. 37, findet sich eine positive Bezugnahme auf BENNER, Entdekter Ungrund der so genanten einzigen wahren Religion (wie Anm. 16). Weitere Wortmeldungen Baumgartens – mit Blick auf von Loëns Vorstoß in strikt ablehnender Stoßrichtung – verzeichnet TRINIUS, Freydenker-Lexikon (wie Anm. 16), S. 562f., 577.

Bücher zu bewerkstelligen.[38] Wer also – wie von Loën – eine gleichermaßen grundsätzliche wie nachhaltige Verständigung der Kirchen und ein Ende allen Streits verlangte, zugleich aber die Abschaffung der Bekenntnistexte unter Kritik von Bekenntnisentstehung und vor allem Bekenntnisbindung einforderte, zerstörte nicht nur die Grundlage jedweder interkonfessioneller Aussöhnung, sondern setzte die zu Versöhnenden schlicht dem Gewissenszwang aus; denn diese wurden bei auferlegtem Verzicht auf ihre Bekenntnisse genötigt, ohne Besinnung auf die eigene Lehrtradition »die wesentlichen Stücke ihres gottesdienstlichen Lehrbegriffs« zu benennen und dabei auf ihre identitätsstiftenden Dokumente zu verzichten.[39]

Diese Absage an von Loëns den Wert und die Notwendigkeit von *corpora doctrinae* negierenden Vorstoß ruhte argumentativ auf Baumgartens ausführlicher Beschäftigung mit dem lutherischen Konkordienbuch: Bereits 1747 hatte er seine *Erleuterungen der im christlichen Concordienbuch enthaltenen symbolischen Schriften* vorgelegt.[40] Und auch hier nahm er die Bekenntnisschriften primär in ihrer Funktion als Identifikations- und Distinktionsinstanzen in den Blick, und zwar unter historischen Vorzeichen. Bekenntnistexte erfüllen seit den Anfängen der Christenheit einen dreifachen Zweck, nämlich »theils Beschuldigung und Verdacht irriger Lehre abzuwenden; theils die mögliche Übereinstimmung des gottesdienstlichen Lehrbegrifs zu befördern; theils den nötigen Wiederspruch wieder Irlehrende zu bezeugen«.[41] Aus dieser dreifachen Abzweckung resultiert ihr Inhalt: »Folglich dürfen eben nicht alle Warheiten des geoffenbarten Lehrbegrifs darin stehen, sondern nur die Unterscheidungslehren«.[42] Unter diesen Voraussetzungen waren dann bestimmte Dokumente lutherischer Lehrbildung im Konkordienbuch versammelt worden, wobei das Konkordienbuch gerade deshalb unter anderen Sammlungen besonderen Rang beanspruchen konnte, »weil keine andere Samlung derselben (scil. der Bekenntnisschriften, C. W.) eine so ausgebreitete und dauerhafte Genemhaltung bekommen, als diese«.[43] Baumgarten definiert Würde und Verbindlichkeit des wichtigsten lutherischen *corpus doctrinae* also ganz nüchtern über dessen Wirkung und Verbreitung.[44]

38 Schleisner, Historische und dogmatische Anmerkungen (wie Anm. 16), Vorrede, S. 25f.
39 Ebd., S. 26.
40 Siegmund Jacob Baumgarten, Erleuterungen der im christlichen Concordienbuch enthaltenen symbolischen Schriften der evangelisch-lutherischen Kirche nebst einem Anhange von den übrigen Bekenntnissen und feierlichen Lehrbüchern in gedachter Kirche, Halle 1747.
41 Ebd., S. 2.
42 Ebd.
43 Ebd., S. 3.
44 Vgl. auch ebd., S. 3f.

Bezüglich der normativen Kraft der Bekenntnisschriften galt für Baumgarten grundsätzlich:

Weil wir nach dem eigenen Zeugnis der symbolischen Bücher […] die heilige Schrift vor den einigen Erkentnis- und Entscheidungsgrund götlicher Warheiten erkennen: so können unsere symbolische Bücher keine eigentliche Glaubensregel sein, oder vor keinen entscheidenden Bestimmungsgrund götlicher Warheiten angesehen werden.[45]

Verbindlich sind sie lediglich als »Vorschrift der Uebereinstimmung des gottesdienstlichen Lehrbegrifs und öffentlichen Vortrags desselben«.[46] Diesbezüglich unterschied der Hallenser Theologe zwischen ihrer inneren und ihrer äußeren Verbindlichkeit. Die innere Verbindlichkeit der Bekenntnisschriften beruht

theils hauptsächlich auf ihrer Erweislichkeit aus der Schrift; theils aber auch hiernächst auf der Obliegenheit des öffentlichen Gottesdienstes und der dazu nötigen gottesdienstlichen Gesellschaft von übereinstimmigem richtigen Lehrbegrif götlicher Warheiten.[47]

Die Normativität einer Bekenntnisschrift eben als *norma normata* erwuchs ihr demnach nicht aus formalen Gründen, sondern ist in erster Linie gebunden an den Nachweis ihrer Übereinstimmung mit der Schrift, der freilich von Baumgarten als möglich angenommen wurde; hinzu trat die Notwendigkeit eines regulativen Instruments zur Gestaltung einheitlicher gottesdienstlicher Praxis, die ihrerseits wieder auf einem einheitlichen Lehrgebäude fußen musste, das selbst als lehrmäßige Fassung der göttlichen Wahrheit, nicht als göttliche Wahrheit selbst zu verstehen war. Die äußere Verbindlichkeit hingegen beruhte auf den Willenssetzungen der Obrigkeit, sei es durch Kirchenordnungen, sei es durch andere legislative Maßnahmen.[48] Wichtig war, dass nach Baumgarten das Ausbleiben von Schritten zur Herstellung der äußeren Verbindlichkeit die innere keineswegs aufhob.[49]

Die subjektive Aneignung der Gehalte der in den Bekenntnisschriften fixierten Unterscheidungslehren und die anschließende Verlesung derselben als lehrmäßige Fassungen der göttlichen Wahrheit durften eingedenk der sich stetig veränderten Voraussetzungen des Wahrnehmens und des Verstehens nie ohne vorherige genaue Prüfung erfolgen. So war es den sich auf sie Stützenden zur Pflicht gemacht, sich unter Zuhilfenahme aller statthaften Hilfsmittel immer wieder das adäquate Verständnis der Inhalte zu erarbeiten sowie deren

45 Ebd., S. 5.
46 Ebd.
47 Ebd.
48 Ebd., S. 6.
49 Ebd., S. 4.

Rückhalt in der Heiligen Schrift zu überprüfen und nachzuvollziehen. Dabei waren zweifelhafte und bestrittene Stellen unter den Vorzeichen der Gründe der inneren Verbindlichkeit ausgiebig zu erörtern und zu verteidigen, während bezüglich der Erheblichkeit und Verbindlichkeit einzelner Lehrsätze kriteriengeleitet zu differenzieren war. Alle so gewonnenen Einsichten mussten im Dienste der Befestigung der Lehre, der Verteidigung der göttlichen Wahrheiten und »sorgfältiger Erhaltung gottesdienstlicher Gemeinschaft und nötigen Kirchenfriedens« stehen.[50]

Dass sich Baumgarten bei seinen *Erleuterungen der im christlichen Concordienbuch enthaltenen symbolischen Schriften* vorzugsweise der historischen Perspektive bediente, ist der Zielsetzung seiner Schrift geschuldet:

> Dreierley habe mir angelegen seyn lassen den richtigen Verstand und Gebrauch dieser erleuterten Glaubensbücher zu befördern: 1) so viel historische Nachrichten von derselben Veranlassung, Verfertigung und Bestimmung zu ertheilen, als diese angezeigte Absicht zu erfordern geschienen; 2) eine genaue Zergliederung derselben und aller ihrer Theile zu liefern; und 3) sonderlich alle schwere Stellen, die einen Widerspruch gegen andere Stellen oder unstreitige Sätze unsers in GOttes Wort gegründeten Lehrbegrifs zu enthalten scheinen möchten, hinlänglich zu erklären, vor Misdeutung zu verwaren und gegen wirkliche Beschuldigungen oder feindliche Angriffe zu vertheidigen.[51]

In seiner Anlage verfolgt das Werk also einen apologetischen Zweck, und in dessen Dienst stellte Baumgarten seine historisierende Herangehensweise an die Bekenntnisschriften.[52] Hier schließt sich der Kreis der Argumentation, die Baumgarten dann vier Jahre später gegen von Loëns *Die einzige wahre Religion* in Anschlag bringen sollte: Nur vermittels der konkreten historischen

50 Ebd., S. 7.

51 Ebd., Vorrede (unpag.), S. 3.

52 Den hier aufgezeigten Zusammenhang zwischen Baumgartens historischer Methode und ihrer apologetischen Abzweckung beleuchtet ausführlich SCHLOEMANN, Siegmund Jacob Baumgarten (wie Anm. 36), S. 156–170, 202–213. Vgl. bündelnd ebd., S. 158: »Wenn Baumgartens Hinwendung zur Geschichte tatsächlich ein Ausweichen vor den Aporien der Theologien gewesen wäre, dann wäre auch kaum verständlich, daß er in zunehmendem Maße von seinen Studenten ein gründliches Eindringen in die Geschichte gerade um einer ordentlichen Theologie willen verlangte. Nein, Baumgarten sah in den intensivierten Geschichtsstudien keinen Ersatz, er erwartete von ihnen wirklich einen wesentlichen Nutzen für die Theologie. Die theologischen Gründe für die Wendung waren also nicht negativer, sondern positiver Art. Die guten Erfahrungen, die er gerade als Theologe mit der gründlichen Anwendung historischer Mittel gemacht hatte, und der Nutzen, den er nach eigenem Zeugnis für die Kirchengeschichte und die Exegese daraus gezogen hatte, sollten nämlich speziell einem Zweck zugute kommen, der seine Interessen in hervorragendem Maße bestimmte: einer zeitgemäßen theologischen Apologetik«.

Voraussetzungen geschuldeten Bekenntnisschriften[53] ließ sich das interkonfessionelle Gespräch überhaupt führen, eben weil sie in ihrer historisch zu erklärenden dreifachen Abzweckung die Unterscheidungslehren offenlegten, durch deren kritische Sichtung sich überhaupt erst die potentielle dogmatische Verhandlungsmasse in Form der sogenannten Nebendinge herauskristallisieren ließ.

Halten wir nach all dem mit Emanuel Hirsch zu Baumgarten fest:

> Seine Theologie hat also einer sich verständig auslegenden Orthodoxie das gute Gewissen dazu gegeben, sich wider den werdenden Rationalismus zu behaupten, und hat doch wiederum selbst die Triebkräfte zu der Entwicklung in sich getragen, welche von der Orthodoxie zu entschlossener Aufklärung hinüberführte.[54]

Baumgartens Historisierung der Bekenntnisschriften zum Zwecke ihrer Apologie bestätigt diesen Befund vollauf: Die penible Rekonstruktion ihrer Entstehungs- und Wirkungsgeschichte stand unter den Vorzeichen seines dogmatischen Konservativismus. Die Anerkenntnis der Tatsache, dass auch symbolische Bücher eine Geschichte hatten und damit formal und inhaltlich an historisch singuläre Bedingungsgefüge gebunden waren, rührte nicht im Mindesten an der traditionsreichen Haltung, dass die Bekenntnisschriften Explikationsinstanzen der göttlichen Offenbarungswahrheiten waren. Vielmehr handelte es sich bei ihren Inhalten auch nach Baumgarten um identitätsstiftende »Unterscheidungslehren«, mittels derer sich der Wahrheitsanspruch und damit die Orthodoxie der sich zu ihnen Bekennenden rechtfertigten, mindestens aber verfechten ließ. Sie waren folglich der Heiligen Schrift als einziger Offenbarungsurkunde göttlicher Willenssetzung nicht gleich zu setzen und insofern unzweifelhaft *normae normatae*, aber eben nichtsdestotrotz *normae*, und zwar wegen der nachweislichen Übereinstimmung ihrer Lehrinhalte mit der Bibel und ihrer regulativen Funktion gelebter Konfessionalität bzw. – in Baumgartens Perspektive – Rechtgläubigkeit von überzeitlicher Qualität.[55]

53 Baumgarten zeichnet die historischen Entstehungsbedingungen der Bekenntnisschriften und ihres Inhalts nüchtern und präzise nach; vgl. dazu exemplarisch seine mindestens apologetisch gefärbten Ausführungen zur *Confessio Augustana* (ebd., S. 27–85), zu den Schmalkaldischen Artikeln (ebd., S. 119–148) oder zur Konkordienformel (ebd., S. 176–246).

54 Hirsch, Geschichte der neuern evangelischen Theologie, Bd. 2 (wie Anm. 36), S. 371.

55 Mit dieser Verhältnisbestimmung schließt Baumgarten an die klassische, letztlich in der Konkordienformel wurzelnde Lehre von der Schrift der lutherischen Orthodoxie an; vgl. dazu Reinhold Seeberg, Lehrbuch der Dogmengeschichte: Die Fortbildung der reformatorischen Lehre und die gegenreformatorische Lehre, Bd. 4/2, Darmstadt [4]1954,

Gleichwohl handelt es sich bei Baumgarten um einen vorsichtigen dogmatischen Konservativismus, der sich gleichsam behutsam tastend mit den Lehrgrundlagen des Luthertums auseinandersetzt – freilich mit dem Ziel der reflektierten Aneignung und ohne sie oder ihre Geltung in Bausch und Bogen infrage zu stellen.[56] Doch mit seiner historisierenden Perspektive steht er bereits denkbar weit weg von der Wahrnehmung beispielsweise des wortgewaltigen älteren Zeitgenossen Ernst Salomon Cyprian, der hinter dem Verlauf der Reformation doch letztlich immer direkt das gnädige Walten Gottes erkennt, das ihm so auch zum hermeneutischen Schlüssel zum Verständnis der Bekenntnisschriften wird.[57] Bei gleicher apologetischer Stoßrichtung war die Differenz bezüglich ihrer argumentativen Basis doch unverkennbar, und es war Baumgartens auf Historisierung ruhendes Begründungsgefüge, dass die Bekenntnishermeneutik in der nächsten Generation der Hallenser Theologie schöpferische Wege beschreiten lässt.

Nun oblagen die Erstellung der Register zu den *Erleuterungen der im christlichen Concordienbuch enthaltenen symbolischen Schriften* und die Durchsicht des Werkes nach Baumgartens eigenem Zeugnis[58] demjenigen aus seiner großen und theologisch-positionell breitgefächerten Schülerschaft,[59] der den

S. 535f., und – unter Nachzeichnung der ganzen Komplexität jenes Lehrstücks – Otto Ritschl, Dogmengeschichte des Protestantismus, Bd. 4: Orthodoxie und Synkretismus in der altprotestantischen Theologie (Schluß). Das orthodoxe Luthertum im Gegensatz zu der reformierten Theologie und in der Auseinandersetzung mit dem Synkretismus, Göttingen 1927, S. 157–172. Gleichwohl nimmt Baumgarten – bestimmten Zeitgenossen gleich – Modifikationen innerhalb jener Lehre vor, die sich im Wesentlichen auf die Inspirationslehre und die Fassung des Offenbarungsbegriffs richten, wie Hirsch, Geschichte der neuern evangelischen Theologie, Bd. 2 (wie Anm. 36), S. 376–384, und ausführlicher Schloemann, Siegmund Jacob Baumgarten (wie Anm. 36), S. 214–223, herausstellen.

56 Vgl. dazu auch ebd., S. 372f., 376–379, 384f., sowie Schloemann, Siegmund Jacob Baumgarten (wie Anm. 36), S. 214–242.

57 Vgl. exemplarisch Ernst Salomo Cyprian, Historia der Augspurgischen Confession, auf gnädigsten Befehl Des Durchlauchtigsten Fürsten und Herrn, Herrn Friedrichs des Andern, Hertzogens zu Sachsen-Gotha, aus denen Original-Acten beschrieben, Gotha 1730, Widmungsschreiben, S. 8, 10, 12, und Vorrede, S. 13. So auch ders., Hilaria Evangelica, Oder Theologisch-Historischer Bericht Vom Andern Evangelischen Jubel-Fest, Nebst III. Büchern darzu gehöriger Acten und Materien, Deren das Erste, Die Obrigkeitlichen Verordnungen, und viele Historische Nachrichten, Das Andere, Orationes und Programmata Jubilaea, Das Dritte Eine vollständige Beschreibung der Jubel-Medaillen begreiffet. Mit Kupffern, Summarien und einem nützlichen Register, Leipzig 1719, darin: Ders., Historisch-Theologischer Bericht vom Andern Evangelischen Jubel-Fest, Welcher anstatt einer abgenöthigten Schutz-Schrifft vor die Reformation, und überzeugenden Belehrung vom Ursprung, Wachsthum und Beschaffenheit des Pabstthums dienen kann, aus der Heiligen Schrift, denen Kirchen-Lehrern, und neuesten Scribenten der Römischen Kirchen abgefasset, passim.

58 Baumgarten, Erleuterungen der im christlichen Concordienbuch enthaltenen symbolischen Schriften (wie Anm. 40), Vorrede (unpag.), S. 9.

59 Vgl. dazu in aller Kürze Schloemann, Siegmund Jacob Baumgarten (wie Anm. 36), S. 20f.; Hirsch, Geschichte der neuern evangelischen Theologie, Bd. 2 (wie Anm. 36),

berühmten Lehrer einst nach dessen Willen in der Fakultät beerben sollte,[60] nämlich Johann Salomo Semler.[61]

Semler widmete sich bekanntlich in vielerlei Hinsicht der Verwaltung des theologisch-publizistischen Nachlasses Baumgartens; ein Beispiel dafür ist die Herausgabe und Kommentierung von Baumgartens dreibändiger *Evangelische[r] Glaubenslehre*.[62] In der *Historischen Einleitung* zum zweiten Band[63] legte Semler die Grundzüge seines Umgangs mit den Resultaten der lutherischen Bekenntnisbildung offen, deren Verwandtschaft mit den historisierenden Einsichten seines Förderers unverkennbar ist:[64] Luther

S. 370f.; Marianne SCHRÖTER, Aufklärung durch Historisierung. Johann Salomo Semlers Hermeneutik des Christentums, Berlin u.a. 2012 (Hallesche Beiträge zur europäischen Aufklärung 10), S. 10. Den großen und vielschichtigen Einfluss, den Baumgarten als akademischer Lehrer auf die kommenden Generationen theologischer Denker haben sollte, verdeutlicht ausführlich auch Karl ANER, Die Theologie der Lessingzeit, Halle 1929 (ND Hildesheim 1964), S. 61–143.

60 HIRSCH, Geschichte der neuern evangelischen Theologie, Bd. 2 (wie Anm. 36), S. 371. Zur starken Prägung Semlers durch Baumgarten als seinen wichtigsten akademischen Lehrer vgl. prägnant Albrecht BEUTEL, Kirchengeschichte im Zeitalter der Aufklärung. Ein Kompendium, Göttingen 2009, S. 130: »Während seines zwischen 1743 und 1750 in Halle absolvierten Theologiestudiums kam *Johann Salomo Semler* (1725–1791) unter den prägenden Einfluß von Baumgarten, dessen theologischer Nachlassverwalter und Haupterbe er dann geworden ist«. Vgl. dazu auch Gottfried HORNIG, Johann Salomo Semler. Studien zu Leben und Werk des Hallenser Aufklärungstheologen, Tübingen 1996, S. 4–6. Semler selbst hat seinem Lehrer und väterlichen Freund ein rührendes Denkmal gesetzt, das auf seine Weise Aufschluss gibt über die Nähe und die Dankbarkeit, die der Schüler empfand: Johann Salomo SEMLER, Ehrengedächtnis des weiland Hochwürdigen und Hochgelarten Herrn Siegmund Jacob Baumgartens, Halle 1758. Zu Semlers Artikulation seines Danks gegenüber seinem Lehrer vgl. auch SCHRÖTER, Aufklärung durch Historisierung (wie Anm. 59), S. 161f.

61 Grundlegend zu Leben und Werk Semlers bleibt die Arbeit von HORNIG, Johann Salomo Semler (wie Anm. 60). Eine glänzende Studie zum historisch-theologisch-hermeneutischen Programm Semlers liegt vor mit SCHRÖTER, Aufklärung durch Historisierung (wie Anm. 59). Eine theologiegeschichtliche Kontextualisierung nimmt vor: HIRSCH, Geschichte der neuern evangelischen Theologie, Bd. 4 (wie Anm. 34), S. 48–89.

62 Siegmund Jacob BAUMGARTEN, Evangelische Glaubenslehre. Mit einigen Anmerkungen, Vorrede und historischen Einleitung hg. v. D. Johann Salomon SEMLER, Bd. 3, Halle 1759f.

63 Johann Salomo SEMLER, Historische Einleitung in die dogmatische Gottesgelersamkeit von ihrem Ursprung und ihrer Beschaffenheit bis auf unsere Zeiten, in: BAUMGARTEN, Evangelische Glaubenslehre, Bd. 2 (wie Anm. 62), Halle 1760, S. 4–161.

64 Die Auswahl der im Folgenden genannten Werke Semlers verdankt sich meist Hinweisen in SCHRÖTER, Aufklärung durch Historisierung (wie Anm. 59), sowie in Martin OHST, Schleiermacher und die Bekenntnisschriften. Eine Untersuchung zu seiner Reformations- und Protestantismusdeutung, Tübingen 1989, S. 10–20.

> hat den Grund gelegt zu einer vernünftigen und nach den Zeitumständen immer mehr einzurichtenden Abhandlungsart, indem er den einzigen Pfeiler umgeworfen hat, worauf bisher die abendländische Kirche, was die Entscheidung und den Erkentisgrund der christlichen Glaubenslehren betrift, alles bauen muste: ich meine das *principium auctoritatis ecclesiae*.[65]

Genau darin besteht nach Semler der »wesentliche Unterschied der protestantischen Kirchen von der römischen«:[66] Während die Papstkirche in ihrem Selbstverständnis auf der Annahme ruhte und ruht, dass menschliche Lehrmeinungen unter bestimmten, allein durch die Kirche zu definierenden Bedingungen als unumstößliche Glaubensgrundsätze anzuerkennen sind, beriefen sich die reformatorischen Kirchen allein auf die Heilige Schrift als Offenbarungsurkunde des göttlichen Willens, deren Auslegung jedem Christenmenschen nach seinen Fähigkeiten und nach Maßgabe seines freien Gewissens zusteht und obliegt, ohne durch äußere, wiederum von anderen Menschen herkommende Instanzen zu bestimmten Lesarten gezwungen werden zu können oder zu dürfen.[67] Wollen aus individuell-subjektiver Bibelauslegung resultierende Glaubenslehren dann – wie im Falle der Bekenntnisschriften – in irgendeiner Weise Anspruch auf überindividuelle Geltung erheben, ist der Nachweis der »klare[n] Erweislichkeit des Zeugnisses der Schrift von ihrer Bejahung« zu erbringen.[68] Ihre Orientierung ausschließlich an der Schrift als allein statthaftem Instrument zur Beurteilung ihrer dogmatischen Gehalte wird Semler folglich zum Schlüssel zur Wertung der Lehrinhalte der symbolischen Bücher.

Die allein so zu begründende und begründbare Geltung der Bekenntnisschriften ist dabei immer in engstem Zusammenhang mit den ihnen in ihrer Zeit zugedachten Aufgaben zu sehen. So sind zum Beispiel Luthers Katechismen funktional ausgerichtet auf die sachgerechte Vermittlung dogmatischer Gehalte an die Adresse einfältiger Christen und verdienen somit in erster Linie wegen ihres hohen propädeutischen Werts Beachtung.[69] Nicht anders verhält es sich mit anderen symbolischen Büchern:

65 Semler, Historische Einleitung in die dogmatische Gottesgelersamkeit, in: Baumgarten, Evangelische Glaubenslehre, Bd. 2 (wie Anm. 63), S. 143.
66 Ebd.
67 Ebd., S. 143f.
68 Ebd., S. 144.
69 Ebd., S. 144f.

Man kann auch die schwobachischen Artikel, und augspurgische Confeßion mit einigem Recht hieher rechnen, welche ganz allein auf die heilige Schrift gegründet sind, und algemeine Auslegungsregeln der Schrift, ohne alle Abhängung von gelehrter oder frommer Auctorität und ohne äussern Zwang, voraussetzen.[70]

Vor diesem Hintergrund führt Semler dann in der Fortsetzung seiner *Historischen Einleitung* im dritten Band von Baumgartens *Evangelische[r] Glaubenslehre*[71] aus, »daß die dogmatische Lehrart durchaus, bey aller Gleichförmigkeit eines grössern Zwecks, nemlich genauere und ausfürlichere Erkentnis anzurichten, steten Veränderungen unterworfen seye, und seyn müsse«.[72] Entsprechend unstatthaft ist es,

wenn man irgend einen Lehrer und die Lehrart irgend einer Zeit, an und für sich als das fortdauernde ewige Muster des Vortrags und der Lehrart der dogmatischen Theologie aufstellen und anempfehlen wolte, indem alle Bestimmungen, welche hieher gehören, stets aus der jedesmaligen Zeit und darin möglichen Erkentnis und derselben tauglichen und empfindlichen Gründen, hergenommen werden müssen.[73]

Wer hingegen menschlichen, d.h. immer und überall an bestimmte historisch singuläre Bedingungsgefüge menschlichen Seins und Verstehens geknüpften Lehrmeinungen überzeitliche Geltung zuspricht und damit ihre historische Gebunden- und Bedingtheit leugnet, stellt sich »der täglichen Regierung Gottes über das Reich der Erkentnissen entgegen«;[74] die Beanspruchung göttlicher Verbindlichkeit für irgendeine Bekenntnisschrift ist schlicht Anmaßung.[75] Entsprechend konstatiert Semler in unzweideutiger Kritik an kontroverstheologischen Lehrstreitigkeiten:

Es ist ausnemend, was für schädliche Vorurtheile bey Lehrern sich dadurch einsetzen und immer wieder in den unglücklichen Schülern zum grossen Nachtheil der ganzen Gesellschaft fortpflanzen: welche sämtlich die Zuhörer und Christen nicht zur Erforschung des Inhalts der heiligen Schrift anfüren, sondern zu blinder Anname des vorgesagten anhalten, und den schädlichen Eindruck mittheilen, daß alles andre, was von diesen vorgesagten, und von der Art, wie es vorgesagt wird, abweichet, zugleich schlechter, weniger wahr und richtig, unvortheilhafter und unfruchtbarer seye.[76]

70 Ebd., S. 145.
71 Johann Salomo SEMLER, Historische Einleitung in die dogmatische Gottesgelersamkeit von ihrem Ursprung und ihrer Beschaffenheit bis auf unsere Zeiten, in: BAUMGARTEN, Evangelische Glaubenslehre, Bd. 3 (wie Anm. 62), Halle 1760, S. 30–148.
72 Ebd., S. 126.
73 Ebd.
74 Ebd.
75 Ebd.
76 Ebd., S. 126f.

Und so streitet der Baumgarten-Schüler mit seinem historisierenden Zugriff auf die Bekenntnisschriften unter Anerkenntnis der historischen Bedingtheit menschlicher Erkenntnis nicht nur für den reformatorischen Einspruch gegen die von der Papstkirche vorgetragene *auctoritas ecclesiae* bzw. *Papae*, sondern gleichermaßen gegen die auf protestantischer Seite angemaßte *auctoritas doctoris* bzw. *scriptoris*.[77]

Ganz auf der damit angezeigten argumentativen Linie liegt Semlers intensive Beschäftigung mit den lutherischen Bekenntnisschriften, die er dann später mit seinem *Apparatus ad libros symbolicos ecclesiae lutheranae* vorlegte.[78] Das Werk ist als Leitfaden zu Semlers entsprechenden Vorlesungen konzipiert und spiegelt »getreulich all die Probleme hinsichtlich der Bekenntnisfrage wider, die entstanden, als der preußische Staat die protestantischen Kirchentümer in sich hinein assimilierte«.[79]

In dezidiert historisch-kritischer Herangehensweise,[80] mit der er sich explizit auch von den uns bereits bekannten *Erleuterungen der im christlichen Concordienbuch enthaltenen symbolischen Schriften* Baumgartens absetzte,[81] verwies Semler gleich eingangs auf die historische Gebundenheit der Bekenntnisschriften und der Art und Weise, wie sie ihre Inhalte artikulieren; es gab schlicht keine Lehrformel, die mit überzeitlich-normativem Anspruch in für alle Zeiten unverbesserlicher Weise die christliche Wahrheit explizierte.[82] Zur Konkretisierung führte er die Konkordienformel heran: Ihre Lehraussagen waren ganz bestimmten und vor allem auch bestimmbaren konfessionspolitischen und rechtlichen Voraussetzungen geschuldet, was zwar ihre Würde nicht grundsätzlich infrage stellte, aber ihre kritische Prüfung unabdingbar machte.[83]

Seit jeher Instrumentarien zur identitätsstiftenden Regulierung des Gottesdienstes innerhalb einer religiösen Gemeinschaft,[84] dienten Bekenntnisse und ihre Auslegung zugleich der profilierenden Abgrenzung christlicher Gruppierungen voneinander.[85] Nicht anders verhält es sich mit den Ergebnissen der lutherischen Lehrbildung, sofern ihnen Bekenntnisqualität zuerkannt wird: Einst von den Reformatoren auch unter Mitwirkung oder auf Antrieb der weltlichen Obrigkeit verfasst, um sich einerseits unzweideutig von der ver-

77 Ebd., S. 127.
78 Johann Salomo Semler, Apparatus ad libros symbolicos ecclesiae lutheranae, Halle 1775. Vgl. dazu ausführlicher Ohst, Schleiermacher und die Bekenntnisschriften (wie Anm. 64), S. 10–20.
79 Ohst, Schleiermacher und die Bekenntnisschriften (wie Anm. 64), S. 13.
80 Semler, Apparatus ad libros symbolicos (wie Anm. 78), Praefatio (unpag.), S. 2f., 14f.
81 Ebd., S. 1f.
82 Ebd., S. 3.
83 Ebd., S. 4–6.
84 Semler, Apparatus ad libros symbolicos (wie Anm. 78), § 2.
85 Ebd., § 4.

kommenen Papstkirche abzugrenzen,[86] anderseits den Verdacht der Ketzerei zu widerlegen,[87] hatten die betreffenden Texte die Funktion, gottesdienstliche Praxis und lehrmäßige Reflexion auf ein einheitliches Fundament zu stellen.[88] Dabei wurden sie von ihren Verfassern keineswegs als in Wortwahl und Inhalt unhinterfragbare Explikationsinstanzen der *veritas christiana* konzipiert, deren dogmatische Formulierungen allesamt ewig verbindlich sind; vielmehr müssen sie mit den fortschreitenden Erkenntnismöglichkeiten der Gegenwart interpretiert werden.[89] Ihre Lehrautorität beziehen die symbolischen Bücher auch nach Semler allein aus dem je aktualisierungsbedürftigen Nachweis ihrer Übereinstimmung mit der Heiligen Schrift,[90] deren Auslegung wiederum Sache des mündigen protestantischen Gewissens und durch die historisch gegebenen Voraussetzungen menschlichen Verstehens determiniert ist.[91] Sofern also der Nachweis der inhaltlichen Deckungsgleichheit von dogmatischer Festschreibung und biblischer Aussage gelingt, ist den entsprechenden Lehrsätzen, wie sie sich in den Bekenntnisschriften finden, normative Qualität bezüglich der öffentlichen Lehre des sich auf sie beziehenden Kirchentums zuzusprechen.[92]

Daraus zog Semler dann die Konsequenzen:

> Die Autorität der Bekenntnisschriften war so von Anfang an eine äußerliche, sie normierte die öffentliche Lehre der kirchlichen Amtsträger, ihre Wahrheit kann sich immer nur je neu in der Prüfung an der Schrift zeigen, deren Verständnis wiederum je nach Maßgabe der zur Verfügung stehenden Hilfsmittel der fortschreitenden Veränderung fähig und bedürftig ist [...]. Kann als Wahrheitskriterium für eine theologische Aussage allein deren Schriftgemäßheit gelten und ist die Schriftauslegung wegen der unterschiedlichen Verstehensvoraussetzungen der Ausleger nie einheitlich abgeschlossen, so ist religiöser und theologischer Pluralismus auf dem Boden des christlichen Glaubens notwendig und legitim und mit ihm zugleich die Existenz voneinander unabhängiger, lehrmäßig verschiedener Partialkirchen, die einander jedoch tolerieren können und müssen [...].[93]

In seiner grundlegenden Distinktion zwischen privater und öffentlicher Religion[94] sind die Bekenntnisschriften folglich der Seite der öffentlichen Religion zuzurechnen; die weltliche Obrigkeit hatte das Recht, mittels ihrer

86 Ebd., § 14.
87 Ebd., § 20.
88 Ebd., § 16.
89 Ebd., § 20.
90 Ebd., § 15.
91 Ebd., §§ 11 und 15.
92 Ebd., § 15.
93 Ohst, Schleiermacher und die Bekenntnisschriften (wie Anm. 64), S. 15.
94 Vgl. dazu Hornig, Johann Salomo Semler (wie Anm. 60), S. 180–194.

die gottesdienstliche Praxis in ihrem Territorium zu regulieren[95] und die durch die eben genannten Bedingungen historisch-kritisch eingehegte normative Kraft zur rechtlichen Ausgestaltung des in ihrem Herrschaftsgebiet verbindlichen Lehrstands einzusetzen.[96] Gleichwohl entwickelte er seine Bekenntnistheorie im Kontext seiner individualitätstheoretischen Perspektive: Bei Semler dient

> das Bekenntnis hauptsächlich dem Schutz der privaten Religion des Individuums, indem es die öffentliche Religion in normierte Bahnen lenkt. Denn die öffentliche Religion habe, zugespitzt formuliert, nicht für ihre eigene Interpretation und Aneignung zu sorgen. Das mache das Individuum nach Maßgabe seiner Fähigkeiten schon alleine. Weil die individuellen Voraussetzungen aber so unterschiedlich sind, begrüßt Semler die Existenz plural institutionalisierter öffentlicher Religionen. Sie erlauben es nämlich dem Individuum, eine seinen privatreligiösen Bedürfnissen gemäße Einrichtung zu wählen.[97]

Die damit konstatierte Kritisierbarkeit der Bekenntnisschriften, die Aktualisierungsbedürftigkeit des Nachweises ihrer Schriftgemäßheit, die damit einhergehende Veränderbarkeit der Auslegung ihrer Inhalte und schließlich die Relativierbarkeit ihrer zeitgebundenen dogmatischen Festschreibungen führt Semler ins Feld gegen die Annahme der Theopneustie der symbolischen Bücher.[98] Denn sie können nicht nur irren, sie tun es faktisch: Ihnen wohnen nachweislich »errores *hermeneutici, historici*, atque […] *dogmatici*« inne.[99] Das ist aber eben auch nicht weiter dramatisch, schließlich erklären die Bekenntnisschriften selbst allein die Heilige Schrift zur verbindlichen Grundlage ihrer Inhalte und damit zum allein statthaften Referenzpunkt christlicher Lehrgehalte.[100]

Semlers Annahme der Fehlbarkeit der Bekenntnisschriften resultiert aus seinem streng historischen Zugriff und der Einsicht in die geschichtliche Gebundenheit menschlichen Denkens und Handelns, wie exemplarisch

95 SEMLER, Apparatus ad libros symbolicos (wie Anm. 78), §§ 7 und 13.
96 Ebd., § 12.
97 Christopher VOIGT-GOY, Bekenntnisbindung in der Krise? Vom »Symbolstreit« zum »Wöllnerschen Religionsedikt«, in: Peter GEMEINHARDT u.a. (Hg.), Gebundene Freiheit? Bekenntnistradition und theologische Lehre im Luthertum, Gütersloh 2008, S. 87–107, hier S. 97. Vgl. dazu und zu den in Semlers Verhältnisbestimmung liegenden offenen Fragen auch Martin OHST, Dogmenkritik bei Semler und Schleiermacher, in: Ulrich BARTH u.a. (Hg.), Aufgeklärte Religion und ihre Probleme. Schleiermacher – Troeltsch – Tillich, Berlin u.a. 2013, S. 617–645, hier S. 624–628.
98 SEMLER, Apparatus ad libros symbolicos (wie Anm. 78), § 13.
99 Ebd.
100 Ebd., § 15.

auch sein *Versuch eines fruchtbaren Auszugs der Kirchengeschichte* verdeutlicht.[101] Bereits in der Einleitung zum zweiten Band verleiht er der Hoffnung Ausdruck,

> endlich den Leser davon zu überzeugen, daß es nie eine, ein für allemal abgemessene unveränderliche Vorstellung des Inhalts der christlichen Lehre und Religion, gegeben habe; daß vielmehr für denkende und forschende Christen die Einsicht frey und also zu ihrer wirklichen Nutzung und Ausbesserung der Gemüthsfassung viel geschickter gewesen; [...] daß folglich es der Sache nach nicht angehet, eben dieselben Vorstellungen und Beschreibungen, welche sich nach Zeit und Ort wahrhaftig stets verändert haben, als die einzig wahren und besten zu empfelen.[102]

Durch die bedauernswerte Verabsolutierung der Bekenntnisschriften und die übertriebene Hochschätzung ihrer dogmatischen Formulierungen ist dann auch nichts als Hader hervorgerufen worden, der die Betonung der Lehrunterschiede zwischen den reformatorischen Konfessionen in den Vordergrund rückte; statt die Reste papistischer Rechthaberei endgültig abzustreifen, hielt der Streit über Einzellehren Einzug.[103] »Fast alle Verschiedenheit der Einsichten wurde für eine Folge der ganz gewissen Gottlosigkeit, und wie man noch aus der Kirchensprache zu reden pflegte, als Wirkungen und Absichten des Teufels beurteilt«.[104] Bezüglich dieser Fehlentwicklung und der daraus resultierenden Fehlurteile, die sich bis in seine Gegenwart fortsetzen, will Semler mit seiner historisch-kritischen Herangehensweise Abhilfe schaffen:

> Ich habe aber darauf besonders gesehen, daß man sich nicht, in eitler Einbildung, und ungegründeter Zuversicht, gar zu grosse Vorstellungen von dieser an sich grossen Sache mache: als wäre die Reformation der öffentlichen Kirchenverfassung ein für allemal nun vorbey, und so volkommen bewerkstelliget worden, daß es unfelbar eine Versündigung und strafbare Vermessenheit seie, wenn man ihre Fortsetzung und Erweiterung hoffet und wünschet.[105]

So setzte mit der Reformation zwar eine Verbesserung der Lehrgebäude und der öffentlichen Lehre im Gegenüber zur auch in dieser Hinsicht verkommenen Papstkirche ein, doch ist die »Vollkommenheit der christlichen Religionsgeselschaft« auch auf dieser Ebene nie erreicht worden.[106] Die

101 Johann Salomo Semler, Versuch eines fruchtbaren Auszugs der Kirchengeschichte, Bd. 2, Halle 1774.
102 Ebd., Vorrede (unpag.), S. 3f.
103 Ebd., Vorrede (unpag.), S. 8–11.
104 Ebd., Vorrede (unpag.), S. 9.
105 Ebd., Vorrede (unpag.), S. 16f.
106 Ebd., Vorrede (unpag.), S. 19f.; zum Zitat vgl. ebd., S. 20.

von den Reformatoren angestoßene Entwicklung der Kirchenverbesserung läuft vielmehr noch, und nicht zuletzt die dogmatischen Festschreibungen der Bekenntnisschriften müssen vor diesem Hintergrund immer neu auf ihre gegenwärtige Statthaftigkeit hin befragt werden. Zentral ist folglich im Umgang mit den symbolischen Büchern das Bewusstsein der historischen Distanz: »Unsere Urtheile von eben denselben Lehrwahrheiten, von ihrer Erheblichkeit und besten Empfelungsart, können unmöglich eben dieselben seyn und bleiben, welche Luther hie und da vorzog«.[107] Es gilt somit, durch kritische Prüfung vorbehaltlos die Fehler und Unvollkommenheiten der Lehrer bis zurück zu den Reformatoren vor Augen zu stellen, die sich auch und vor allem in den Ergebnissen der Bekenntnisbildung niederschlagen.[108] Schließlich ist das Reformationswerk »durch Menschen zustande gebracht worden«, und »so hat es den Stempel der Menschlichkeit und der Mangelhaftigkeit«.[109] Kurz: Weil die Reformation als von Menschen getragene Bewegung fehlbar und unvollendet ist, sind auch die Bekenntnisschriften als integrale Bestandteile der reformatorischen Kirchenverbesserung fehl- und veränderbar.

> Mit allem Recht und guten Gewissen ziehen wir Lehrbestimmungen, Erklärungen und andere Einrichtungen vor, weil wir ihren guten Grund erkennen, und keine Hindernisse des wahren Christenthums und des rechten christlichen Lebens darin finden; aber es ist dis weder ein Beweis, daß in der Lehrart und ihrer Anwendung nicht noch immer manches gebessert werden könne, durch vorzügliche Treue und Geschicklichkeit der Lehrer; noch ist dis zugleich so viel, daß jene schweizerischen Lehrer folglich unchristliche und satanische Lehren haben müsten, wenn sie von uns abweichen.[110]

Der von Semler vorgetragenen Haltung zu den Bekenntnisschriften wohnt bei aller Kritik unverkennbar ein apologetischer Geist inne: Es geht ihm mitnichten um eine grundstürzende Infragestellung der Bekenntnisschriften oder ihrer Geltung. Ganz im Gegenteil: Er erkennt ihren »guten Grund« und findet »keine Hindernisse des wahren Christenthums und des rechten christlichen Lebens darin«. Mehr noch: Er weist ihnen einen konkreten Geltungsraum und damit eine konkrete Funktion zu, gerade um ihren Wert für die öffentliche Religion und damit für die christlichen Gemeinwesen zu erweisen. Gegen den Verdacht, er sei »auf der Seite der Gelerten oder eifrigen Christen, welche sich so leicht eine Kirchenvereinigung nicht nur einbilden, sondern auch sie als etwas vorzügliches, als eine Beförderung des wahren Christenthums, betrachten wollen«, verwahrt er sich ganz entschieden.[111] Es geht ihm eben

107 Ebd., Vorrede (unpag.), S. 22.
108 Ebd., Vorrede (unpag.), S. 22f.
109 Ebd., Vorrede (unpag.), S. 24.
110 Ebd., Vorrede (unpag.), S. 24f.
111 Ebd., Vorrede (unpag.), S. 23.

nicht um die programmatische Verwaschung konfessioneller Grenzen durch Austilgung dogmatischer Propria einzelner Konfessionskirchentümer. In Opposition zu Unionseuphorikern wie von Loën und in konsequenter Überbietung seines Lehrers Baumgarten stützt Semler, »der mit dem Nachweis der geschichtlichen Bedingtheit der Dogmen deren Absolutheitsanspruch zu relativieren, dabei aber auch ihre Bedeutung historisch zu würdigen suchte«,[112] seine Apologie des Gehalts und der Geltung der Bekenntnisschriften auf historisch-kritische Überlegungen; dogmatisch-thetischer Argumentationsstrategien bedient er sich hingegen kaum.

3. Abschließende Überlegungen

Semlers individualitätstheoretisch grundiertes Votum für Toleranz[113] im Rahmen seiner Bekenntnistheorie ist freilich alles andere als selbstzweckhaft. Es ist vielmehr im großen Zusammenhang seiner dogmengeschichtlichen Entwürfe zu sehen, die ihrerseits wiederum nur im Kontext der Religionspolitik seines Landesherrn adäquat zu erfassen sind:

> Semler datiert sein eigenes historisches Denken ganz ausdrücklich, nämlich im Preußen Friedrichs des Großen, das einer großen Zahl religiöser Gemeinschaften zuverlässiges Existenzrecht gewährte, sie alle jedoch einer rechtstheoretisch in der Territorialherrschaft verankerten Aufsicht unterwarf und ihnen auf diese Weise nicht nur Toleranz gegeneinander, sondern auch und vor allem Respekt vor den Freiheitsrechten ihrer einzelnen Glieder anbefahl: Das mit der Staatlichkeit selbst gegebene Recht der Aufsicht über die Religionsgemeinschaften sichert dem individuellen Untertan / Bürger das Recht der ganz eigenen religiösen Orientierung – oder auch das Recht zu deren Verweigerung und eröffnet damit die optimalen Bedingungen für die Entstehung und Fortbildung der Privatreligion.[114]

Das friderizianische Preußen bildete somit die Folie, auf die Semlers Dogmengeschichte und mit ihr seine Bekenntnistheorie eingezeichnet werden müssen, und zwar nicht zuletzt vor dem Hintergrund des bereits erwähnten Symbolstreits.[115] Ein einflussreicher Berliner Kreis um den Diakonus und

112 Beutel, Kirchengeschichte im Zeitalter der Aufklärung (wie Anm. 60), S. 219.

113 Vgl. dazu auch Christopher Spehr, Aufklärung und Ökumene. Reunionsversuche zwischen Katholiken und Protestanten im deutschsprachigen Raum des späten 18. Jahrhunderts, Tübingen 2005, S. 368–373.

114 Zur Einordnung vgl. Ohst, Dogmenkritik bei Semler und Schleiermacher, in: Barth u.a. (Hg.), Aufgeklärte Religion und ihre Probleme (wie Anm. 97), S. 630–636, zum Zitat ebd., S. 630.

115 Vgl. zur Kontextualisierung und zum Verlauf des Konflikts Hirsch, Geschichte der neuern evangelischen Theologie, Bd. 4 (wie Anm. 34), S. 102–104, Beutel, Kir-

Baumgarten-Schüler Friedrich Germanus Lüdke, der mit seiner Schrift *Vom falschen Religionseifer* den Konflikt lostritt,[116] sowie um die Oberkonsistorialräte Wilhelm Abraham Teller und Anton Friedrich Büsching – ebenfalls ein Schüler des wirkmächtigen Hallensers – trägt eine Bekenntniskritik vor, die bekanntlich in die kompromisslose Bestreitung der Existenzberechtigung der symbolischen Bücher mündet: Sie sind nach Einschätzung jener Kirchenmänner – vereinfacht gesagt – traurige Zeugnisse einer starren, streitsüchtigen und rückständigen Epoche, deren Überwindung mit den Mitteln der Vernunft und der Liebe nun dringend zu Gebote steht. Es geht folglich nicht darum, den Bekenntnisschriften im Rahmen veränderter hermeneutischer Bedingungen eine neue Funktion zuzuweisen oder ihr Verständnis historisch-kritisch neu zu formieren, ganz im Gegenteil: Die Bekenntnisschriften und mit ihnen ihre Verfechter haben sich schlicht überlebt und gehören zu den bedauernswerten Restbeständen einer dunklen Vergangenheit, die mit den Uranliegen der Reformatoren letztlich genauso wenig zu tun hat wie mit dem Licht der Vernunft.[117]

Allein, die Reaktionen, die die Bekenntniskritik jener Vertreter des Berliner Aufklärungsmilieus hervorruft, erinnern in ihrer Positionierung doch sehr an die Voten, die sich zuvor bereits von Loën mehrheitlich eingehandelt hat: Es hagelt Gegenschriften auf breiter Front, und zwar mitnichten nur aus den Reihen bekenntnispositivistischer Konservativer. Auch ein theologischer Denker wie Semler richtet sich mit seiner Herangehensweise an die Bekenntnisschriften gegen deren grundsätzliche Infragestellung – wie es vor ihm schon sein Lehrer Baumgarten gegen Goethes Großonkel tat.

Halten wir also abschließend fest: Zukunftsträchtige Bekenntnistheorien wie vor allem die Semlers haben ihren Ort auf Seiten der Apologie der symbolischen Bücher. Im Gegensatz zu ihren jeweiligen Kontrahenten kritisieren weder Baumgarten noch Semler die Bekenntnisschriften, ihren Inhalt oder ihre Geltung. Sie wenden sich vielmehr – *erstens* – gegen bestimmte Aufwertungen, wie sie mit der Annahme der Theopneustie der Bekenntnisschriften vor Augen stehen, die das hierarchische Beziehungsgefüge zwischen Bekennt-

chengeschichte im Zeitalter der Aufklärung (wie Anm. 60), S. 258–260, ANER, Die Theologie der Lessingzeit (wie Anm. 59), S. 254–269, sowie VOIGT-GOY, Bekenntnisbindung in der Krise?, in: GEMEINHARDT u.a. (Hg.), Gebundene Freiheit? (wie Anm. 97), S. 89–95.

116 Friedrich Germanus LÜDKE, Vom falschen Religionseifer, Berlin 1767.

117 Neben dem soeben genannten Werk Lüdkes sind exemplarisch Büschings Flankierungsmaßnahmen für die Erschließung der grob skizzierten Argumentationsstruktur der Berliner Bekenntniskritiker erhellend: Anton Friedrich BÜSCHING, Allgemeine Anmerkungen über die symbolischen Schriften der evangelisch-lutherischen Kirche, und besondere Erläuterungen der augsburgischen Confeßion, Hamburg ²1771, und ders., Untersuchung, wenn und durch wen der freyen evangelisch-lutherischen Kirche die symbolischen Bücher zuerst aufgelegt worden?, Berlin 1789.

nissen und Heiliger Schrift zu deren Ungunsten verschieben und sich dabei zwangsläufig auf die Qualität der den symbolischen Büchern zugesprochenen Lehrverpflichtung auswirkt. Sie richten sich – *sodann* – gegen Formen der Bekenntniskritik, die diese als zu überwindende Hinterlassenschaften längst vergangener Tage diskreditieren. Daher bleiben Baumgartens und Semlers in unserem Zusammenhang nachgezeichnete historisierende bis historisch-kritische Zugänge doch letztlich apologetische Strategien, mittels derer die Annahme der Theopneustie der symbolischen Bücher am einen Ende der Skala genauso das Wasser abgegraben werden soll wie ihrer radikalen Entwertung am anderen.

Man könnte auch sagen: Die Historisierung dient bei Baumgarten und Semler nicht der grundstürzenden Kritik oder Infragestellung der Bekenntnisschriften selbst, sondern der kritischen Auseinandersetzung mit bestimmten Begründungen oder Bestreitungen ihres Wertes und des daraus erwachsenden Umgangs mit ihnen. Schließlich steht für Baumgarten und Semler die normative Kraft der Bekenntnisschriften außer Frage, sofern ihre Lehrformulierungen in der Heiligen Schrift gründen. Der Nachweis ihrer Schriftgemäßheit muss allerdings wegen der historischen Standortgebundenheit und der sich entsprechend wandelnden Bedingungsgefüge menschlichen Verstehens immer wieder neu erbracht werden. Zudem kommt den symbolischen Büchern als Resultaten menschlicher und damit fehlbarer Reflexionsanstrengungen in beiden Bekenntnistheorien eine ganz konkrete Funktion im Rahmen der Aufrechterhaltung und des Lebensvollzugs kollektiver konfessioneller Formationen zu. Im Bewusstsein der historischen Relativität der symbolischen Bücher und der Revisionsbedürftigkeit einzelner in ihnen fixierter Lehren lehnen Männer wie Baumgarten und Semler die Bekenntnisschriften eben nicht ab oder stellen ihre staatsrechtliche Stellung infrage, sondern durchdenken die Frage nach der Begründung ihrer Existenzberechtigung unter hermeneutisch originellen Vorzeichen neu.[118] Und diese Neujustierung geschieht unter der Voraussetzung, dass die Bekenntnisschriften für die Verhältnisbestimmung von Staat und Kirche einerseits, für die Organisation kirchlichen Binnenlebens und konfessioneller Identitätsbildung anderseits unabdingbar sind, dass allerdings ihr lehrverpflichtender Charakter kritisch zu hinterfragen und somit begründungsbedürftig ist.

118 Vgl. zur Konkretisierung auch Ulrich Barth, Hallesche Hermeneutik im 18. Jahrhundert. Stationen des Übergangs zwischen Pietismus und Aufklärung, in: Manfred Beetz u.a. (Hg.), Die Hermeneutik im Zeitalter der Aufklärung, Köln u.a. 2000 (Collegium hermeneuticum 3), S. 69–98, hier S. 77–98.

Insofern steht also die Historisierung der Bekenntnisschriften, wie sie in ihrer Hallenser Prägung methodisch im 19. Jahrhundert unter bestimmten Modifizierungen wegweisend werden sollte,[119] nur sehr bedingt im Zeichen der Kritik. Die breite Gegenwehr, die bekenntniskritischen Vorstößen wie denen von Loëns oder des vorgestellten Berliner Kreises noch in der zweiten Hälfte des 18. Jahrhunderts entgegenschlug und die auch erklärt liberale Geister wie Semler in ihren Reihen sah, belegt dabei eindrücklich, dass es sich trotz aller Öffentlichkeitswirksamkeit der radikalen Bekenntniskritik bei ihr doch um ein hochgradig milieuspezifisches Phänomen handelte. »Bis in die meisten theologischen Milieus hinein, die wir zur historiographisch ohnehin nur ungenau bestimmbaren ›Aufklärung‹ rechnen, hatte Bekenntniskritik ja kaum Rückhalt«.[120] So bleibt die aus grundsätzlicher Ablehnung resultierende Infragestellung der symbolischen Bücher doch Sache radikaler Einzelstimmen. Nichtsdestotrotz ist mit der apologetisch grundierten Historisierung der entscheidende Schritt hin zu bekenntnistheoretischen Relativierungen getan, deren Vorläufer sich bereits im 17. Jahrhundert feststellen lassen[121] und deren volle theologie- und dogmengeschichtliche Tragweite dann mit etwas Verzögerung im 19. Jahrhundert bis in den theologischen Historismus hinein deutlich wird;[122] mit und seit Baumgarten ist in immer weiter werdenden Kreisen der protestantischen Theologie an »die Stelle des Eifers um die reine Lehre […] das ruhige Selbstgefühl des Denkers getreten«.[123] Und Baumgartens historisierender, von seinem Lehrstuhlnachfolger konsequent weitergedachter Zugriff ist schon Mitte des 18. Jahrhunderts längst kein irgendwie exotisches Phänomen akademischen Wagemuts mehr, sondern liegt gleichsam in der gelehrten Luft. So führt beispielsweise der Artikel zu den symbolischen Büchern im Zedler bereits 1744 – also drei Jahre vor der Veröffentlichung von Baumgartens *Erleuterungen der im christlichen Concor-*

119 Vgl. exemplarisch Ohst, Schleiermacher und die Bekenntnisschriften (wie Anm. 64).

120 Voigt-Goy, Bekenntnisbindung in der Krise?, in: Gemeinhardt u.a. (Hg.), Gebundene Freiheit? (wie Anm. 97), S. 103.

121 Fingerzeige dazu bieten jüngst Eike Wolgast, Die Heidelberger Irenik und die Praxis der Toleranz in der Kurpfalz (1559-1622), in: Herman J. Selderhuis u.a. (Hg.), Reformed Majorities in Early Modern Europe, Göttingen 2015, S. 181–201, und Christian Volkmar Witt, Protestanten. Das Werden eines Integrationsbegriffs in der Frühen Neuzeit, Tübingen 2011, S. 30–90, 139–158, sowie ders., Keine Irenik ohne Polemik. Konfessionelle Wahrnehmungsformationen am Beispiel des David Pareus, in: Malte van Spankeren u.a. (Hg.), Confessio im Barock. Religiöse Wahrnehmungsformationen im 17. Jahrhundert, Leipzig 2015, S. 17–53. Die genannten Titel bieten weiterführende Quellen- und Literaturhinweise.

122 Eine luzide Detailstudie liegt vor mit Claus-Dieter Osthövener, Bekenntniskritik im Namen des Evangeliums – am Beispiel des Apostolikumstreits, in: Gemeinhardt u.a. (Hg.), Gebundene Freiheit? (wie Anm. 97), S. 184–204.

123 Hirsch, Geschichte der neuern evangelischen Theologie, Bd. 2 (wie Anm. 36), S. 372.

dienbuch enthaltenen symbolischen Schriften – aus: »Der Haupt-Schlüssel zu denen Symbolischen Büchern ist die Historie selbiger Zeit, da sie aufgesetzt worden, daß man den Zustand der Kirche und derer damahligen Controversien, darauf in denselben gezielet worden, weiß«.[124]

Bei all dem sei hier wenigstens am Rande annotiert, dass die vielgestaltige Phalanx der Bekenntnisapologie im 18. Jahrhundert nicht nur die vorgestellten Verfechter historisierender Zugänge umfasst, sondern auch die breite Strömung der Bekenntnispositivisten. Der bekenntnispositivistische Ansatz wurzelt im Wesentlichen in der reichs- und landesrechtlichen Anschauung von den symbolischen Büchern seit 1648: »Nach dem Recht des westfälischen Friedens ist das Bekenntnis der Boden der gesamten rechtlichen Existenz des protestantischen Kirchenwesens«.[125] So wird jener Ansatz in erster Linie von Juristen vertreten und findet schließlich sein Denkmal bekanntlich im Woellner'schen Religionsedikt.[126] Dem juridisch gefärbten Bekenntnispositivismus ist dann im 19. Jahrhundert noch einmal eine ganz eigene theologische Wirkungsgeschichte beschieden.[127]

Wie dem nun en détail auch sei: Von einer flächendeckenden Bekenntniskritik durch Historisierung kann im 18. Jahrhundert letztlich genauso wenig die Rede sein wie von einem allgemeinen Verfall der Geltung der Bekenntnisschriften oder von einer breitenwirksamen Bestreitung ihrer Legitimität. Hinter die ursprünglich bekenntnisapologetische Einsicht allerdings, dass und warum auch die symbolischen Bücher eine historisch-kritisch erschließbare Geschichte haben, also geschichtlich genau zu kontextualisierende und vor allem kontextualisierbare und daher relativierbare Dokumente sind, wird es theologisch wie historiographisch letztlich kein Zurück mehr geben.

124 Art. Symbolische Bücher, in: Zedlers Grosses vollständiges Univeral-Lexicon aller Wissenschaften und Künste, Bd. 41 (1744), S. 639–693, hier S. 674.

125 Emanuel Hirsch, Geschichte der neuern evangelischen Theologie im Zusammenhang mit den allgemeinen Bewegungen des europäischen Denkens, Bd. 5, Gütersloh ^{2}1960, S. 176.

126 Vgl. dazu in aller Kürze Voigt-Goy, Bekenntnisbindung in der Krise?, in: Gemeinhardt u.a. (Hg.), Gebundene Freiheit? (wie Anm. 97), S. 101–104, und Hirsch, Geschichte der neuern evangelischen Theologie, Bd. 5 (wie Anm. 125), S. 7f. Den bekenntnispositivistischen Ansatz beleuchtet Walter Karowski, Das Bekenntnis und seine Wertung. Eine problemgeschichtliche Monographie: Vom 18. bis zum 20. Jahrhundert, Berlin 1939, Bd. 1, S. 58–75. Eine ausführliche Verortung des Edikts, seiner Vorgeschichte und seiner Wirkung unternimmt Uta Wiggermann, Woellner und das Religionsedikt. Kirchenpolitik und kirchliche Wirklichkeit im Preußen des späten 18. Jahrhunderts, Tübingen 2010.

127 Hirsch, Geschichte der neuern evangelischen Theologie, Bd. 5 (wie Anm. 125), S. 177, bringt das auf die einprägsame Formulierung: »Der junge antirationalistische Kampfeswille der werdenden Neuorthodoxie ging mit der etwas ältlichen, unter dem ehemaligen Reichsrecht den Protestanten aufgenötigten Kirchenjurisprudenz eine Verstandesehe ein und erzeugte mit ihr die theologische Idee der Bekenntniskirche«.

Werner Klän

Bekenntnisrenaissance im 19. Jahrhundert

1. Vorbemerkung

Zu Beginn dieses Jahrtausends kamen Stimmen auf, die das 19. Jahrhundert als »zweite[s] konfessionelles Zeitalter« zu bestimmen suchten[1] und von einem »neuen Konfessionalismus« sprachen. Wohl seien seit den sechziger Jahren des 20. Jahrhunderts Prozesse dabei, die »konfessionellen Trennlinien« »zu verwischen«.[2] Der Begriff ist freilich den Studien zum nachreformatorischen Zeitalter entlehnt, die als »interne« bzw. »externe Konfessionalisierung«[3] begriffen wurden. Die Untersuchungen in dem von Olaf Blaschke herausgegebenen Band fokussierten überwiegend auf die Differenzen bzw. Gegensätze zwischen »Protestantismus« und »Katholizismus«, vernachlässigten aber weitgehend binnenkonfessionelle Differenzierungen und Re-Konfessionalisierungen im Sinn einer »altkonfessionellen« Orientierung.[4] Die gängigen Definitionen für »Konfessionalisierung« und »Konfessionalismus«[5] unterstellen weithin eine negative gesellschaftlich-politische Auswirkung dieser Vorgänge.[6] Dies gilt nicht zuletzt für die bewusst bekenntnisorientierten Kirchenbildungen im 19. Jahrhundert, wenn unterschwellig einem »Interkonfessionalismus« der Vorzug gegeben wird vor einem »Neokonfessionalismus«.[7] Angeblich wurde letzterer überwunden durch die kirchlichen Unionen des 19. Jahrhunderts sowie durch Kulturprotestantismus und Vermittlungstheologie.[8] Die Reformationsjubiläen des 19. Jahrhunderts, sowohl das von 1817 als auch das von 1830,[9] spielen eine, wenn auch nicht

1 Olaf Blaschke, Konfessionen im Konflikt. Deutschland zwischen 1800 und 1970: ein zweites konfessionelles Zeitalter, Göttingen 2002; ders., Das 19. Jahrhundert: Ein zweites Konfessionelles Zeitalter?, in: GeGe 26 (2000), S. 38–75.

2 Blaschke, Das 19. Jahrhundert (wie Anm. 1), S. 17.

3 Ebd., S. 21.

4 Georg Hintzen, Altkonfessionelle Kirchen, in: Kleine Konfessionskunde, hg. v. Johann-Adam-Möhler-Institut, Paderborn 1996, S. 307–314.

5 Vgl. Blaschke, Das 19. Jahrhundert (wie Anm. 1), S. 22.

6 Vgl. ebd., S. 23.

7 Vgl. ebd., S. 27.

8 Vgl. ebd., S. 34.

9 Johannes Hund, Das Augustana-Jubiläum von 1830 im Kontext von Kirchenpolitik, Theologie und kirchlichem Leben, Göttingen 2016. Hund behandelt das Großherzogtum Sachsen-Weimar-Eisenach, die Freie und Hansestadt Hamburg, das Königreich Bayern, die Preußische Provinz Sachsen, das Königreich Sachsen und Territorien außerhalb des Deutschen Bundes.

unbedingt entscheidende, Rolle im Blick auf die Überwindung innerprotestantischer Konfessionsgrenzen.[10] Nicht zu leugnen sind gewiss – jedenfalls im Bereich der Mehrheitskirchen – bi-konfessionelle Segmentierungen, etwa im Presse- und Kommunikationswesen[11] oder im Erziehungsbereich.[12] Auch sind Parallelen und Analogien zwischen den großen konfessionellen Blöcken zu beobachten, etwa im Bereich von Innerer Mission und Sozialkatholizismus.[13] Dass in der sozialwissenschaftlichen Forschung eine weit reichende »Konfessionsblindheit« herrscht, kann jedoch kaum geleugnet werden.[14]

Vielleicht kann der folgende Beitrag diesem Sachstand ein wenig abhelfen. Immerhin ist bereits beobachtet worden, dass »eine bloße Gegenüberstellung von Protestantismus und Katholizismus zu kurz greift«.[15] Nicht übersehen werden aber darf, dass es im 19. Jahrhundert auch – zumindest scheinbar – unmittelbare Rückgriffe auf das nachreformatorische konfessionelle Zeitalter gab, etwa im »Neuluthertum«.[16] Ob allerdings die weit verbreitete These haltbar ist, die Bekenntnisse des 16. Jahrhunderts seien im 19. Jahrhundert als »konstitutiv für die Kirche« angesehen worden, bedarf der Überprüfung.[17] Dass mehrheitlich mit dem Programm von Unionen zwischen den lange divergenten Lagern und Kirchen im evangelischen Bereich eine »bestimmende Signatur des 19. Jahrhunderts« gegeben ist,[18] soll damit nicht bestritten werden. Dabei wird die These zumindest zu Teilen erhärtet, dass

> [a]lle Ereignisse, die als Meilensteine auf dem Weg zur Herausbildung des lutherischen Konfessionalismus gewertet werden müssen, […] nur Reaktionen auf die Entstehung und den Ausbau der Union von Lutheranern und Reformierten dar[stellen], die eben nicht in der Zeit der Aufklärung, sondern erst zu Beginn des 19. Jahrhunderts vollendet wurde.[19]

10 Vgl. Dorothea Wendebourg, Die Reformationsjubiläen des 19. Jahrhunderts, in: ZThK 108 (2011), S. 270–335.
11 Vgl. Blaschke, Das 19. Jahrhundert (wie Anm. 1), S. 58.
12 Vgl. ebd., S. 62.
13 Martin Friedrich, Das 19. Jahrhundert als »Zweites konfessionelles Zeitalter«? Anmerkungen aus evangelisch-theologischer Sicht, in: Blaschke, Konfessionen im Konflikt (wie Anm. 1), S. 104.
14 Vgl. Blaschke, Das 19. Jahrhundert (wie Anm. 1), S. 66.
15 Friedrich, Das 19. Jahrhundert (wie Anm. 13), S. 101.
16 Blaschke, Das 19. Jahrhundert (wie Anm. 1), S. 105.
17 Friedrich, Das 19. Jahrhundert (wie Anm. 13), S. 105.
18 Ebd., S. 106.
19 Ebd.

Dass im evangelischen Mainstream die »Überwindung des Konfessionalismus« angestrebt wurde, hatte als Kehrseite jedoch die Nationalisierung des Protestantismus.[20] Gleichwohl bleibt die Frage, ob »man den Protestantismus insgesamt als Konfession ansieht und von seiner bestehenden konfessionellen Spaltung abstrahiert«.[21] Dass in diesem Zusammenhang der Vorschlag gemacht wird, statt des Begriffs »Konfessionalismus« den der »Kirchwerdung« zu verwenden,[22] scheint mir – nicht zuletzt aus meiner konfessionell-lutherischen Sicht – durchaus plausibel zu sein.[23] Daher befasse ich mich in dieser Skizze vorwiegend mit solchen Verhältnisbestimmungen von Bekenntnis und Kirche, die im 19. Jahrhundert auch zu konfessionsbestimmten Kirchenbildungen führten.[24]

2. »Altlutheraner« – (neo)konfessionelle Kirchenbildung(en) lutherischer Prägung

Für eine in sich differenzierte Gruppe von Bewegungen, Gemeinden und Kirchen, die im 19. Jahrhundert zunächst in Deutschland ins Dasein traten, ist »Altlutheraner«[25] die immer noch geläufige Sammelbezeichnung. Kennzeichnend ist für sie zumeist ihr Zusammenhang mit der Erweckungsbewegung. Dort erhielten sie ihre antirationalistische Prägung. Bei manchen war diese neue Frömmigkeit mit einer konfessionellen (Wieder-)Entdeckung verbunden. Aus der Frömmigkeit von »Sünde und Gnade« wuchs ein erneuertes lutherisches Bewusstsein. Im Widerstand gegen die Einführung der Unionen lutherischer und reformierter Kirchen in den neu zugeschnittenen Territorien nach dem Wiener Kongress entstanden in einer ersten Phase altlutherische Gemeinden und Kirchen in Preußen, Baden und Nassau, später auch im Kurfürstentum und im Großherzogtum Hessen. Im letzten Drittel des 19. Jahrhunderts kam es zu (neo-)konfessionellen Kirchenbildungen, die sich gegen den Einfluss von Tendenzen in Theologie und Kirche verwahrten, die als Abweichung vom historisch in Geltung stehenden Bekenntnis aufgefasst wurden, so vor allem im Königreich Sachsen. Eine dritte Spielart konfessionell-lutherischer Kirchen entstand im letzten Viertel des 19. Jahrhunderts aus der Abwehr gegenüber staatlichen Eingriffen in angestammtes

20 Ebd., S. 108.
21 Ebd.
22 Ebd., S. 111.
23 Ebd., S. 111–113.
24 Vgl. Quellen zur Geschichte selbständiger evangelisch-lutherischer Kirchen in Deutschland. Dokumente aus dem Bereich konkordienlutherischer Kirchen, hg. v. Werner Klän / Gilberto da Silva, Göttingen 2010.
25 Vgl. Werner Klän, Art. Altlutheraner, in: RGG[4] 1 (1998), S. 379–381.

kirchliches Recht, etwa in Hannover und Hessen. Auswanderungen aus religiösen Gründen in den 30er Jahren aus Preußen und in den vierziger Jahren aus Sachsen führten zu konfessionell-lutherischen Kirchengründungen in Nordamerika (z.B. Buffalo-, Iowa-, Missouri-Synode)[26] und in Australien.[27] Die Trennungen, die mit diesen Kirchenbildungen einhergingen, betrafen auch die Mission außerhalb Deutschlands. So entstanden auch in Afrika und Asien alt-lutherische Kirchen.

Bei diesen Kirchenbildungen fungierte das Bekenntnis als »vorgängiger Konsens«,[28] wenn und weil es seine Selbstunterscheidung von Wort und Sakramenten als den Faktoren des Kirchenseins und kirchlicher Einheit leistet, ohne zu unterschlagen, dass es zugleich von diesen Faktoren selbst bestimmt ist und auf sie zurückverweist. In diesem Sinn sind die Aussagen über den zur Einheit der Kirche erforderlichen Konsens »stets reflexiv zu nehmen, nämlich als Ausdruck ihres konfessorischen Eigenverständnisses und als selbstbezügliche Bestimmung ihres Bekenntnisanspruchs«.[29]

Diesem Befund widerspricht nicht, dass die *Confessio Augustana* von 1530 von vornherein Anspruch auf kirchliche Verbindlichkeit erhebt – wofür zum einen die Übernahme des altkirchlichen Dogmas in den »magnus consensus« konfessorischer Aussagen steht –, sondern auch die offenkundige Intention, damit zugleich den »Sollgehalt der kirchlichen Verkündigung«[30] für die reformatorischen Kirchentümer anzugeben und auszuweisen. Bekenntnis und Lehrnorm sind in der *Confessio Augustana* unlöslich miteinander verknüpfte Dimensionen desselben Sachverhalts.[31] Dabei tritt das Bekenntnis als Konsens zwar nicht gleichrangig neben Wort und Sakramente, als wäre es selbst ein Konstitutivum der Kirche; vielmehr bleibt das Bekenntnis Wort und Sa-

26 Vgl. Walter O. FORSTER, Zion on the Mississippi. The Settlement of the Saxon Lutherans in Missouri 1839–1841, St. Louis, MO 1953; August R. SUELFLOW, Heritage in Motion. Readings in the History of the Lutheran Church-Missouri Synod 1962–1995, St. Louis, MO 1998; Richard CIMINO, Lutherans Today: American Lutheran Identity in the Twenty-First Century, Grand Rapids, MI 2003.

27 Vgl. Wilhelm IWAN, Um des Glaubens willen nach Australien, Breslau 1931; ders., Die Altlutherische Auswanderung um die Mitte des 19. Jahrhunderts. Eine Episode deutscher Auswanderung, Bd. 2, Ludwigsburg 1943; ders., Because of their Beliefs. Emigration from Prussia to Australia, translated and edited by David SCHUBERT, Highgate 1995.

28 Der Ausdruck bei Reiner PREUL, Was bedeutet die kirchentheoretische These: Kirche wird durch die Auslegung ihrer Lehre geleitet?, in: Klaus GRÜNWALDT / Udo HAHN (Hg.), Profil – Bekenntnis – Identität. Was lutherische Kirchen prägt, Hannover 2003, S. 69–97, hier S. 79.

29 Gunther WENZ, Theologie der Bekenntnisschriften der evangelisch-lutherischen Kirche, Bd. 2, Berlin u.a. 1998, S. 148.

30 Werner ELERT, Der Christliche Glaube, Hamburg [3]1956, S. 39.

31 Vgl. Georg KRETSCHMAR, Die Bedeutung der Confessio Augustana als verbindliche Bekenntnisschrift der evangelisch-lutherischen Kirche, in: Heinrich FRIES u.a. (Hg.), Confessio Augustana – Hindernis oder Hilfe?, Regensburg 1979, S. 31–78, hier S. 38.

kramenten dienend zugeordnet, und zwar auf explikative und (abgeleitet-) normative Weise. In diesem Sinn fungiert das Bekenntnis freilich auch als orientierende und integrierende Instanz, wie immer die dementsprechende Lehrautorität in der Kirche strukturell geordnet werden mag.[32]

Für die Entstehung »altlutherischer« (besser: selbständiger evangelisch-lutherischer) Kirchen im 19. Jahrhundert gilt, dass mündige Christinnen und Christen, denen in und aus ihrer »Erweckung« zum »Evangelium von Sünde und Gnade« der Glaube persönlich gewiss geworden war, als sie entdeckten, dass dieser Glaube kein anderer als der der lutherischen Kirche in der Reformation (und somit der Einen Kirche) sei, Verantwortung übernahmen für die lutherische Kirche als unabhängige Kirche. Sie wollten sich in Dingen des Glaubens und des Gottesdienstes nicht länger bevormunden lassen vom Staat und seinen Staatskirchenbehörden. Dabei waren sie bereit, die Folgen – nicht nur finanzieller Art – von Diskriminierung und Marginalisierung des lutherischen Bekenntnisses in ihren Ländern zu tragen. Indem die Mütter und Väter selbständiger evangelisch-lutherischer Kirchen dies taten, beanspruchten sie »moderne« Bürgerrechte – das Recht auf Gewissensfreiheit, auf Redefreiheit, auf Versammlungsfreiheit und auf Staatsfreiheit der kirchlichen Organisation, weil sie lutherischen Glauben, lutherisches Bekenntnis, lutherischen Gottesdienst in Eigenständigkeit für sich und ihre Nachkommen zu sichern suchten.

3. »Alt-» bzw. »Neuluthertum« und »Neokonfessionalismus« – Drei Beispiele

3.1 Die »Evangelisch-Lutherische Kirche in Preußen« (»Altutheraner«)

Das kirchliche Selbstverständnis, das sich in den Wünschen[33] ausspricht, mit denen die Breslauer Lutheraner nach Einführung der Union in Preußen ihre Selbstbehauptung gegenüber den staatskirchlichen Behörden begründeten, ist durch drei Elemente gekennzeichnet. Das eine ist die reformatorisch-evangelische Orientierung am »göttlichen Wort« der Heiligen Schrift; das zweite die lutherisch-konfessionelle Orientierung an den »Lutherischen Bekenntnißschriften« als schriftgemäßer Auslegung der Schrift; das dritte die kirchlich-organisatorische Eigenständigkeit im Gegenüber zur unierten Staatskirche. Im Gegenüber zur Union, die in sachgerechter Analyse der

32 Harding Meyer / Heinz Schütte, Die Auffassung von Kirche im Augsburgischen Bekenntnis, in: Dies. (Hg.), Confessio Augustana. Bekenntnis des einen Glaubens. Gemeinsame Untersuchung lutherischer und katholischer Theologen, Paderborn u.a. 1980, S. 194.

33 Wünsche der lutherischen Gemeinde Breslau vom April 1831, in: Klän / da Silva, Quellen (wie Anm. 24), S. 55.

kirchenpolitischen Präferenzen des Berliner Hofs in der Herstellung einer agendarisch-gottesdienstlich gestalteten Einheit gesehen wird,[34] behaupteten die Breslauer Lutheraner, dass die lutherische Abendmahlslehre »in ihrer eigenthümlichen Selbstständigkeit, in ihrer Herrlichkeit und Kraft [...] entschieden hervortreten und den ganzen Gottesdienst durchdringen und beleben« müsse.[35] Hier meint »Selbstständigkeit« die liturgisch implementierte Authentizität lutherischer Abendmahlslehre, handelte es sich doch »um den Kernbereich kirchlichen Lebens, um Gottesdienst und Kirchenverfassung«.[36] Das solche Auffassung eine unzeitgemäße sei, ist den Verfassern der Bittschrift wohl bewusst.[37]

In dieser frühen Phase der lutherischen Opposition in Schlesien gegen die Einführung der preußischen Union ist das ekklesiologische Bewusstsein noch stark gemeindezentriert: Es ist die Gemeinde, die sich eine »nach der heiligen Schrift Neuen Testaments eizurichtende Presbyterialverfassung« geben soll.[38] Es ist die Gemeinde, die über »Erhaltung der Lehre[,] des Gottesdienstes wie der Verfassung« wachen soll.[39] Diese Grundsätze sind realhistorisch der Lage der Lutheraner in Breslau geschuldet; zu diesem Zeitpunkt stellen sie nicht mehr als eine im Wesentlichen in Breslau und seiner engere Umgebung lokalisierte Bewegung dar, die sich um die ursprünglich Scheibelsche Konfitentengemeinde sammelte. Andererseits sprechen sich in diesen Wünschen auch ekklesiologische Grundanschauungen Johann Gottfried Scheibels aus; er favorisierte aufgrund seiner neutestamentlichen Studien eine an – vermeintlich oder wirklich – frühchristlichen Modellen angelehnte Verfassung der

34 Jürgen KAMPMANN, Die Einführung der Berliner Agende in Westfalen, Bielefeld 1991, S. 109–120. Kampmann konstatiert freilich für Westfalen ein »Scheitern der Einheit im Abendmahlsritus« (ebd., S. 153f.); zum Unionsaufruf von 1817, vgl. Wilhelm Heinrich NEUSER, Die Entstehung des preußischen Unionsaufrufs vom 27. September 1817, in: Jürgen KAMPMANN (Hg.), Preußische Union. Ursprünge, Wirkung und Ausgang. Einblicke in vier Jahrhunderte evangelischer Kirchen- und Konfessionsgeschichte, Bielefeld 2011, S. 45–78. Auch er stellt, zumindest für das Jahr 1817, fest: »Die Einheit in der Lehre ist also nicht erreicht, wie klein oder groß die Kluft auch sein mag« (ebd., S. 77).

35 Diese Sicht stand in klarem Gegensatz zu den lutheranisierenden Anschauungen des Königs. Vgl. KAMPMANN, Einführung (wie Anm. 34), S. 352–357.

36 Vgl. ders., Einführung (wie Anm. 34), S. 456. der König wünschte vielmehr die »Einheitlichkeit der Feier des Hauptgottesdienstes«, ging es ihm doch um »eine liturgische Vereinigung der beiden bisherigen protestantischen Konfessionen« so ders., Die Alternativen in den unierten preußischen Agenden: vom Unionsaufruf 1817 bis zum Vorentwurf der Erneuerten Agende 1990, in: Jörg NEIJENHUIS / Wolfgang RATZMANN (Hg.), Der Gottesdienst zwischen Abbildern und Leitbilder. Beiträge zu Liturgie und Spiritualität, Leipzig 2000, S. 94–113, hier S. 95.

37 Erste Bittschrift der lutherischen Gemeinde Breslau vom 27.06.1830, in: KLÄN / DA SILVA, Quellen (wie Anm. 24), S. 37–41, hier S. 39.

38 Wünsche der lutherischen Gemeinde Breslau (wie Anm. 33), S. 55.

39 Ebd.

Kirche.[40] Die Kehrseite dieser Haltung schloss die Absage an ein individualistisches Christentumsverständnis ein: Glaube sei nicht »bloße Privatmeinung eines jeden Einzelnen«, hieß es schon in der zweiten Bittschrift der Breslauer Lutheraner vom 26. Juli 1830.[41]

Doch erst im Zuge der weiteren Entwicklung, als sich die »altlutherische« Bewegung ausbreitete und nach Scheibels erzwungenem Fortgang aus Preußen, traten andere Gesichtspunkte zur Bestimmung des kirchlichen Selbstverständnisses hinzu. So stellte Georg Philipp Eduard Huschke als tatsächlicher Leiter der lutherischen Bewegung in Schlesien, bereits im Jahr 1832 fest: »Eine Kirche besteht nicht bloß in dem [sic] Geistlichen desselben Bekenntnisses, sondern auch darin, daß sie sich selbst regiert«.[42] Hier äußert sich ein ekklesiales Verständnis, das nicht mehr nur orts- und personalgemeindlich orientiert ist. Vielmehr wird hier die Option auf eine staatsfreie kirchliche Selbstverwaltung nach innen und außen reklamiert. Huschke war sich dabei dessen bewusst, dass er mit dieser Position durchaus ein geschichtliches Novum forderte.[43] Selbständigkeit der Kirche bedeutete für seine Zeit zugleich Freiheit von »Menschenherrschaft«, also Staatsfreiheit.

Trotz des zahlenmäßig geringen »Erfolgs« des »altlutherischen« Widerstands darf demnach gelten: »Die Altlutheraner hatten den Kampf gewonnen. [...] Die Repressalien gegen die separierten Lutheraner warfen einen schweren Schatten auf die preußische Regierung, aber auch auf die Union«, da der Eindruck entstand, sie bringe »neuen Glaubenszwang mit sich gegen Menschen, die nichts als das Recht der Bekenntnistreue für sich in Anspruch nahmen«.[44]

40 Zu Scheibels Anschauung von der Kirche vgl. Martin KIUNKE, Johann Gottfried Scheibel und sein Ringen um die Kirche der lutherischen Reformation, Göttingen [2]1985, S. 241–269; Jobst SCHÖNE, Kirche und Kirchenregiment im Wirken und Denken Georg Philipp Eduard Huschkes, Berlin u.a. 1969, S. 69–87; Volker STOLLE, »Anerkennung der evangelisch-lutherischen Kirche als einer selbstständigen und eigenthümlichen Kirche«. Die Selbständigkeit als ekklesiologisches und kirchenrechtlichen Kennzeichen der lutherischen Kirche, in: Freikirchen im Spannungsfeld von Sammlung und Sendung, Münster 2000, S. 228–258. Zur frühen Debatte um die Kirchenverfassungsreform in Schlesien, die freilich noch stark staatskirchlich orientiert war, vgl. Albrecht GECK, Schleiermacher als Kirchenpolitiker. Die Auseinandersetzungen um die Reform der Kirchenverfassung in Preußen (1799–1823), Bielefeld 1997, S. 78–85.

41 Der Wortlaut bei KLÄN / DA SILVA, Quellen (wie Anm. 24), S. 41–48, hier S. 46.

42 Georg Philipp Eduard HUSCHKE, Theologisches Votum eines Juristen in Sachen der K. Preuß. Hof- und Domagende, hg. v. Johann Gottfried SCHEIBEL, Nürnberg 1832, S. 8; vgl. SCHÖNE, Kirche und Kirchenregiment (wie Anm. 40), S. 92.

43 Vgl. SCHÖNE, Kirche und Kirchenregiment (wie Anm. 40), S. 92.

44 Astrid NACHTIGALL, Die Auseinandersetzungen um die Kirchenunion in Preußen von 1845 bis 1853 und die Kabinettsorder von 1852, Bielefeld 2006, S. 29; vgl. Iselin GUNDERMANN, Karl Freiherr von Stein zum Altenstein (1770–1840). Preußens erster Kultusminister, in: Rudolf MAU (Hg.), Protestantismus in Preußen II. Vom Unionsaufruf 1817 bis zur Mitte des 19. Jahrhunderts, Frankfurt a.M. 2009, S. 69–87, hier S. 80f.

Dass späterhin auch innerhalb der unierten Landeskirche um das Recht des lutherischen Bekenntnisses gerungen wurde,[45] v.a. auf Seiten der »Vereinslutheraner«, und nach Einrichtung des Evangelischen Oberkirchenrats auch gewisse Teilerfolge[46] erzielt werden konnten, ist nicht zuletzt auch auf die Etablierung der Evangelisch-Lutherischen Kirche in Preußen zurückzuführen.[47] Die »einheitliche preußische Staatskirche« war »aufgebrochen«, und die »Konkurrenz um die wahre lutherische Kirche« zwischen »Vereinslutheranern« und »Altlutheranern« bestand Mitte des 19. Jahrhunderts unvermindert fort.[48] An eine »Rückkehr dieser Lutherischen Kirche unter den Summepiskopat des Königs und unter die Verwaltung seiner Minister und Beamten war nicht mehr zu denken«.[49] Deren Grundthema, dass nämlich Bekenntnis, Gottesdienst und Kirche samt ihrer Verfassung einen Gesamtzusammenhang darstellen, in dem alle Momente stimmig aufeinander bezogen sein müssten, war aus ihrer Sicht allerdings keineswegs befriedigend beantwortet.[50]

Zwar hatte schon die Kabinettsorder vom 28. Februar 1834 das Verhältnis von Union und Bekenntnis, verglichen mit den Einlassungen des Unionsaufrufs vom 27. September 1817 deutlich modifiziert, wonach »die Autorität, welche die Bekenntnißschriften der beiden evangelischen Confessionen bisher gehabt, durch sie (sc. die Union) nicht aufgehoben worden« sei; damit war die »ursprünglich angestrebte Konsensus Union als Ziel praktisch

45 Es sei erwähnt, dass es durchaus auch lang anhaltenden Widerstand in Kreisen der reformierten Kirche gab, Vgl. Johann Friedrich Gerhard GOETERS, Der Weg der reformierten Gemeinde Elberfeld in die Spaltung von 1847, in: Heiner FAULENBACH / Wilhelm H. NEUSER (Hg.), Beiträge zur Union und zum reformierten Bekenntnis, Bielefeld 2006, S. 325–337. Auch hier kam es zu einem »Weg der renitenten Minderheit in die Separation«, ebd., S. 336f.

46 »Der König [...] hatte 1852 die itio in partes angeordnet aus Angst vor den Altlutheranern, doch der Widerspruch der Unionsfreunde und der Jubel der Konfessionellen brachte ihn zur Union zurück.« NACHTIGALL, Auseinandersetzungen (wie Anm. 44), S. 394.

47 Dies gilt besonders, aber nicht nur für Schlesien, vgl. dies., Auseinandersetzungen (wie Anm. 44), S. 135f., 235–247.

48 Vgl. dies., Auseinandersetzungen (wie Anm. 44), S. 321–323.

49 Ebd., S. 322.

50 Das Motiv der Herbeiführung einer – wie auch immer in der Ausgestaltung differenten – Union auf dem Weg eines, wenn auch letztlich nicht gemeinsamen Abendmahlsritus, so doch einer gemeinsamen Abendmahlsfeier, ist schon bei Friedrich Samuel Gottfried Sack zu finden. Vgl. Thomas G. KUHN, August Friedrich Wilhelm Sack (1703–1786) und Friedrich Samuel Gottfried Sack (1738–1817). Religiöse Aufklärung im Verbund der Generationen, in: Protestantismus in Preußen. Vom 17. Jahrhundert bis zum Unionsaufruf 1817, hg. v. Albrecht BEUTEL, Frankfurt a.M. 2009, S. 261–285, hier S. 284; Mark POCKRANDT, Die Bedeutung von Karl Heinrich Sack (1789–1875) und Friedrich Samuel Gottfried Sack (1738–1817) für die Union, in: Jürgen KAMPMANN (Hg.), Preußische Union. Ursprünge, Wirkung und Ausgang. Einblicke in vier Jahrhunderte evangelischer Kirchen- und Konfessionsgeschichte, Bielefeld 2011, S. 97–109, hier S. 105; vgl. auch KAMPMANN, Einführung (wie Anm. 34), S. 71–75, 159–163.

aufgegeben.«[51] Die preußische Generalsynode von 1846 favorisierte dann eine »inklusive Funktion« der Bekenntnisse.[52] Demnach artikulierte das von der Generalsynode verabschiedete Ordinationsbekenntnis folgende Formulierung bezüglich der Geltung von Bekenntnissen, nämlich als »Zeugnissen von den Grundthatsachen und Grundwahrheiten des Heils und [als] Vorbildern gesunder Lehre«.[53]

Mit der Gründung des Evangelischen Oberkirchenrats im Jahr 1852 kam es zu einer gewissen Stärkung der »Bedeutung der Bekenntnisse«, weil im Grundsatz bei Bekenntnisfragen eine itio in partes vorgesehen war – die freilich in der Geschichte des Evangelischen Oberkirchenrats nie stattfand.[54] In der Revision der Rheinisch-Westfälischen Kirchenordnung, deren Erstfassung von 1835 keine Bestimmungen über die Bekenntnisse enthalten hatte, wurde seitens der evangelischen Kirche nun erklärt, dass – bei namentlicher Nennung der einzelnen Dokumente – »die fortdauernde Geltung ihrer Bekenntnisse« anerkannt werde.[55]

3.2 Wilhelm Löhe

Wilhelm Löhe gilt gemeinhin als einer der Hauptrepräsentanten von Neuluthertum und Neokonfessionalismus. Löhe zusammen mit anderen steht in einer vom Augustana-Jubiläum ausgehenden Wirkungsgeschichte.[56] Als Beleg dafür dienen seine »Drei Bücher von der Kirche«,[57] denen viele Nachahmer-Titel aus anderer Feder folgten.[58] Entgegen einer weitverbreiteten kirchenhistorischen Legende gründete Löhe aber Wesen und Bestand der Kirche gerade nicht auf das Bekenntnis. Getreu reformatorischer Grundanschauungen ist ihm vielmehr das Wort Gottes, genauer »das apostolische Wort«, »[d]er Mittelpunkt der Einen Kirche«.[59]

Löhes Ansatz ist also ökumenisch geprägt, beginnt er doch mit der Wirklichkeit der Una Sancta, deren Einheit sich aus dem Gotteswort speist, das er folgerichtig als ihren »Einigungspunkt« fasst:

51 Albrecht Geck, Kirchenpolitische und theologische Konzepte, in: Jürgen Kampmann / Werner Klän (Hg.), Preußische Union, lutherisches Bekenntnis und kirchliche Prägungen. Theologische Ortsbestimmungen im Ringen um Anspruch und Reichweite konfessioneller Bestimmtheit der Kirche, Göttingen 2014, S. 99–111, hier S. 103.
52 Geck, Kirchenpolitische und theologische Konzepte (wie Anm. 51), S. 105.
53 Zitiert bei ders., Kirchenpolitische und theologische Konzepte (wie Anm. 51), S. 106.
54 Ebd., S. 109.
55 Ebd., S. 110.
56 Vgl. Hund, Das Augustana-Jubiläum von 1830 (wie Anm. 9), S. 195.
57 Wilhelm Löhe, Drei Bücher von der Kirche. Den Freunden der lutherischen Kirche zur Ueberlegung und Besprechung dargeboten, Stuttgart 1845.
58 Theodor Kliefoth, Acht Bücher von der Kirche, Schwerin u.a. 1854.
59 Löhe, Drei Bücher von der Kirche (wie Anm. 57), S. 16.

Das Wort der Apostel ist je und je der Einigungspunkt der Kirche gewesen und wird es auch ferner bis ans Ende der Tage sein. […] die gemeinsame, die von allen anerkannte und bekannte Wahrheit der Apostel machte aus Juden und Heiden, aus den verschiedenartigsten Menschen eine einzige allgemein Kirche Gottes auf Erden.[60]

Die Apostolizität der Kirche besteht demnach darin, dass sie als »auf der Apostel Lehre beruhend« verstanden wird: »Was würde es helfen, wenn die Kirche von den Aposteln gegründet wäre, ohne ihr Wort mehr zu haben«?[61] Solche Apostolizität, die aus dem Wort und der Botschaft der Apostel fließt, ist demnach wahrhaft Kirche-gründend:

Mögen darum andere Namen der Kirche untergehen, mögen Zeiten kommen, wo mancher durch Kleinheit der kirchlichen Zahl und Schaar fast irre werden möchte an einer *»allgemeinen«* Kirche; es ist nichts zu fürchten, so lang es nur noch eine *apostolische* Kirche auf Erden gibt.[62]

Dieses Wort aber ist nicht nur eines der Geschichte und damit der Vergangenheit, sondern es ist von gegenwärtiger Bedeutung und Wirkmächtigkeit: »Die Kirche ist auf das Wort der Apostel gegründet – und dieses Wort der Apostel ist für alle Theile der Kirche zugänglich«.[63] Dies gilt, weil Löhe die Heilige Schrift – trotz zugegebenen »dunklen Stellen« in ihr – für verständlich hält:

Die *Sachen*, welche die h. Schrift vorträgt, sind freilich über alle menschliche Vernunft und können nur durch Licht und kraft des h. Geistes dem Menschen zugeeignet werden; das ist wahr! […] Die *Worte* hingegen benennen die Sachen ganz einfach. Was gemeint sei, kann jedermann, namentlich im Neuen Testamente, ohne Schwierigkeit verstehen. – Die *Kenntnis* ist darum leicht, denn sie beruht auf *Wortverstand* und dieser wird klar einem jeden, der *Menschenverstand* hat und verstehen *will.*[64]

Löhe nimmt hier die alte, lutherische Anschauung von der »claritas scripturae«[65] auf: »Du wirst immer finden, daß ihre Klarheit dasselbe Eine licht kirchlicher Erkenntnis in den Seelen gewirkt hat«.[66] Ebenso rezipiert der Neuendettelsauer Pfarrer die Auffassung von der Suffizienz der Heiligen Schrift:

60 Ebd., S. 17.
61 Ebd., S. 18.
62 Ebd., S. 19 (Hervorhebungen im Original).
63 Ebd., S. 20.
64 Ebd., S. 22 (Hervorhebungen im Original).
65 Friedrich BEISSER, Claritas Scripturae bei Martin Luther, Göttingen 1966.
66 LÖHE, Drei Bücher von der Kirche (wie Anm. 57), S. 25.

Auch bezeugen es alle wahrhaftigen Leser und Beter, daß die Schrift keiner Tradition zur Erklärung der Dunkelheiten bedarf; daß die Kirche ohne Tradition von dem Worte lebt, das aus Gottes Mund gieng, wie sie einst mit ihr gelebt hat; daß sie zu ihrer Sammlung und zu ihrer Wallfahrt gen Zion kein Licht nötig hat, als das, welches ihr Gott gegeben hat, das Licht der Schrift, bei dem man auch die Väter [sic] nicht bedarf, wohl aber sie liebet als des gleichen Lichtes Kinder![67]

Während von Löhe also dem Wort Gottes, fokussiert im apostolischen Evangelium, kirchengründende Kraft zuerkannt wird, fungieren die historischen Bekenntnisse als »Kennzeichen der Particularkirche«.[68] Dementsprechend fungieren sie, neudeutsch als »identity markers« eines je besonderen Kirchentums, das sich im Gesamt der Una Sancta befindet und verortet.[69] Während die Kirche insgesamt – so jedenfalls Löhe – gekennzeichnet ist »durch den Besitz des reinen Wortes und Sacraments«,[70] so sind die verschiedenen Kirchentümer untereinander und gegeneinander profiliert durch »das ihr eigene *Wortverständnis* und die ihr eigene *Sacramentsverwaltung*«.[71] Diese haben je spezifisch auch integrierende Funktion; für die Kirche insgesamt nehmen Wort und Sakrament eine solche wahr, aber auch je spezifische partikularkirchliche Funktionen. Es ist allerdings zu beachten, dass »Wort und Sakrament« »im Allgemeinen« auch kirchengründend wirken, dem je besonderen, also konfessionellen Verständnis – will sagen, dem Bekenntnis – jedoch nicht gleiche Wirkkraft zugewiesen wird. Durch letzteres wird eben nicht gegründet, vielmehr »getrennt, gesammelt, genährt und erhalten«.[72] Dieser Sachverhalt schließt die bindende Kraft des Bekenntnisses gerade nicht aus, sondern ein; denn es dient der »Rechenschaft« des jeweiligen Kirchentums von je seinem Wortverständnis und je seiner Sakramentsverwaltung, »und woran sie sich deshalb allein gebunden erachtet«.[73]

Eine kirchengründende Funktion kommt also dem Bekenntnis in Löhes Verständnis nicht zu, wohl aber, wenn, insofern – und weil! – ein bestimmtes Bekenntnis dem Kriterium der Schriftgemäßheit entspricht, eine Bestimmung des ihm entsprechenden Kirchentums als »der Kirche κατεξοχὴν«. Dass dabei die kriteriologische Funktion wiederum allein dem Wort Gottes als bzw. der Heiligen Schrift zugewiesen wird, ist bei Löhe offenkundig vorausgesetzt:

67 Ebd., S. 34.
68 Kapitelüberschrift, ebd., S. 61.
69 Ebd., S. 61 (Hervorhebungen im Original).
70 Ebd., S. 61f.
71 Ebd., S. 61 (Hervorhebungen im Original).
72 Ebd.
73 Ebd., S. 62.

Vergleiche nur vor allen das Bekenntnis der Kirche, zu welcher du dich bisher gehalten hast, mit dem klaren Worte Gottes. Findest du es bewährt, so ist eigentlich deine Arbeit schon geschehen: denn mehr als dem klaren Worte *entsprechend* kann kein Bekenntnis sein; und findest Du das Dein entsprechend, so ist Dir schon einmal klar, daß Du bei dem Verharren bei demselben keine Seelegefahr läufst.[74]

Freilich ist bei dieser Wertung, zumindest unter der Hand, eine gewisse Vorurteilsstruktur des Verstehens gegeben, selbst wenn Löhe meint, »vorutheilsfreie, nüchterne« Prüfung des lutherischen Bekenntnisses am Wort der Schrift führte selbstverständlich zu solchem Ergebnis.[75] Seine Voreingenommenheit ist, will mir scheinen, ebenso unabweislich wie – hermeneutisch – unausweichlich: »Denn das hat noch nie jemand bewiesen, daß unsere Bekenntnisse auch nur in einem einzigen Punkte irren«.[76]

Dennoch vollzieht Löhe keine Gleichsetzung oder Identifikation von lutherischer (Partikular-) Kirche und der Kirche im Allgemeinen. Zwar leidet es keinen Zweifel, dass Löhe als (»neo-«) konfessioneller Lutheraner – durchaus im Abgleich mit der konfessionellen Stellung anderer Kirchen[77] – zu dem Schluss kommt, dass der lutherischen Kirche in besonderem Maße Kirchesein zugesprochen werden müsse: »wir behaupten, daß sie bei manchem Mangel, der ihr anklebt, nichts desto weniger vor allen anderen Kirchen das Kennzeichen der reinen Particularkirche […] habe«.[78] Als solche sieht er in der lutherischen Kirche »die Brunnenstube der Wahrheit«.[79] Dementsprechend ist die Tonlage seiner kirchlichen Selbstvergewisserung ausgesprochen hochgemut:

Hat nun die lutherische Kirche reines Wort und reines Sacrament in reinem Bekenntnis; so hat sie offenbar die höchsten Güter der Kirche ungefälscht, so ist bei ihr Gottes lebendige Fülle und Quelle, aus welcher sie allen Mängeln abhelfen und alle Vorzüge, deren sich andere Particularkirchen etwa rühmen können, entnehmen kann.[80]

Hier hat auch Löhes Auffassung der lutherischen Kirche als der »einigenden Mitte der Konfessionen«[81] ihren Ort. Konfessorische Haltung und integrierende Absicht steuern Löhes Konzept von der Einheit der Christenheit.

74 Ebd., S. 64 (Hervorhebungen im Original).
75 Ebd., S. 66.
76 Ebd., S. 68.
77 Ebd., S. 66.
78 Ebd., S. 67.
79 Ebd., S. 70.
80 Ebd., S. 68.
81 Ebd., S. 162.

3.3 August und Wilhelm Vilmar

August Friedrich Christian Vilmar positionierte sich im kurhessischen Symbolstreit, indem er für eine Bekenntnisverpflichtung plädierte, dabei aber noch keine der beiden evangelischen Konfessionen präferierte; die innerevangelische Problematik scheint in den dreißiger Jahren des 19. Jahrhunderts noch nicht in ihrer ganzen Tragweite erkannt worden zu sein.[82]

Bis ins persönliche Erleben – August Vilmar hätte hier wohl den Begriff der »Erfahrung« gebraucht – ist das Augsburger Bekenntnis bei August Vilmar das bestimmende Dokument seiner theologisch-kirchlichen Existenz:

> Ich erkannte nunmehr – wie wenn ein Blitz über ein weites Gelände hinfährt –, daß alles Suchen umsonst sei, weil alles Gesuchte längst vorhanden sei. Die Confessio Augustana schloß mir mit einem Male alles bei Tertullian, Augustin, Gerhard Gelesene vollständig auf, und meine theologische Wendung war vollbracht.[83]

Er beschreibt, freilich in der Rückschau und entsprechend stilisiert[84] – seine Begegnung mit dem Grundtext der lutherischen Reformation geradezu in den Kategorien einer Bekehrung. Auf dem Hintergrund der Theologie von Sünde und Gnade, die bei Vilmar ein durchgängiges Motiv darstellt, deutet Vilmar seine Erweckung. Das Augsburger Bekenntnis ist selbst Ausdruck kirchlicher Erfahrung und so die längst schon vorliegende Fassung der eigenen Erfahrung Vilmars. Von daher gewinnt die Urkunde der lutherischen Reformation ihre Verbindlichkeit, und zwar persönlich, theologisch, kirchlich und rechtlich.[85]

Der Zugang zum Augsburger Bekenntnis ist bei Vilmar freilich charakteristischerweise über die Person Luthers vermittelt und also personalistisch verdichtet, nicht zuletzt in der Wahrnehmung des Lutherschen Sündenbewusstseins: »Es hat Luther seit Augustin, ja seit der apostolischen Zeit, bis auf diesen Tag unter allen Menschen auf Erden das wahrste, der Offenbarung auf das Vollständigste entsprechende, tiefste und stärkste Sündenbewußtsein gehabt«.[86] Diese in Martin Luther fokussierten »Erfahrungen« gelten als solche für neu, freilich in August Vilmars geschichts- und offenbarungstheologischem Modell nur als Modus des Nacherlebens der – längst gegebenen – Offenba-

82 Gilberto da Silva, Bekenntnis und kirchliche Identität – einige Aspekte des sogenannten »kurhessischen Symbolstreits«, in: LuThK 26 (2012), S. 57–91.
83 Wolfgang Philipp, Der Protestantismus im 19. und 20. Jahrhundert, Bremen 1965 (ND Wuppertal 1988), XCVIII.
84 Vgl. Johannes Hund, Das konfessionelle Erweckungserlebnis Vilmars im Kontext des Augustana-Jubiläums von 1830, in: LuThK 34 (2010), S. 11–34.
85 Vgl. die gesammelten Texte bei Karl Ramge, August Friedrich Christian Vilmar. Theologisch-kirchliche Aufsätze, München 1938.
86 August Vilmar, Luther, Melanchthon, Zwingli, nebst einem Anhang: das evangelische Kirchenlied, hg. v. Karl Wilhelm Piderit, Frankfurt a.M. 1869, S. 5.

rung.[87] Doch ergibt sich so für Vilmar die geschichtstheologische Deutung der Reformation als Fortschritt: »Die s.g. Reformation ist also eine Position, Fortschritt in den christlichen Lebenserfahrungen, notwendiger Fortschritt, eine katholische Erfarung im eminenten Sinne. Die Reformation ist nicht in erster Stelle Reinigung, nicht neue Kirche, nicht eigentümliche Gestaltung der Kirche; die bestehende Kirche sollte erfüllt werden mit dieser Erfarung«.[88]

Das Augsburger Bekenntnis gilt Vilmar unbestreitbar als reichsrechtlich verbindliches Dokument und zugleich als faktischer Ausdruck des Bekenntnisstandes in den Ländern und Territorien, die dieses Bekenntnis rezipiert haben: »also ist die Augsburgische Confession ihrer Entstehung nach Reichshandlung. Das Bekenntnis der Pfarrer und ihrer Lehren – ist zugleich das Bekenntnis des Glaubens der Stände, Bezeugung, daß wirklich so in den Landen etc. der Stände gelehrt werde«.[89] Als solches ist das Bekenntnis von 1530 auch kirchlich verbindlich in der und für die Gemeinde:

> Das Bekenntnis gehört der Gemeinde, nicht der Theologie, wenigstens nicht der von der Gemeinde sich absondernden Theologie, an, ist ein abschließendes Resultat des von der Kirche im Ganzen Erlebten und Erfahrenen, und hat seine erhaltende und stärkende Zeugniskraft in der Gemeinde nur durch seine Ganzheit und Ungebrochenheit – was, wie leicht einzusehen ist, auf die Bekenntnisse der evangelischen Kirche, zumal auf die Augsburgische Confession in ganz gleicher Weise Anwendung findet, wie auf das Nicenum oder das Apostolicum.[90]

Vilmar sieht hier die Gewissens- und Gewissheitsfrage verankert und gelöst, und zwar im Horizont – wiederum – der persönlichen Erfahrung.

Damit zugleich ist für ihn die kirchliche Vergewisserung gegeben, die die Selbstständigkeit der Kirche setzt und garantiert, wenn das Augsburger Bekenntnis als Grund-Urkunde und Hauptreferenztext in Geltung steht. Diese Sicht wirkt sich bei Vilmar bis hin zur Realisierung der Freiheit der Kirche von staatlicher Bevormundung aus.[91] Dabei wird von ihm eine vollständige Rezeption des Bekenntnisses in allen seinen Artikeln, im Gegensatz zu einem bloß selektiven Verfahren, das sich etwa auf den Rechtfertigungsartikel beschränkte, vorausgesetzt.[92]

87 August VILMAR, Die Augsburgische Confession, hg. v. Karl Wilhelm PIDERIT, Gütersloh 1870, S. 40.
88 Ebd., S. 7.
89 Ebd., S. 43.
90 Ebd., S. 76f.
91 Ebd., S. 78.
92 Ebd., S. 79.

Bekanntlich hat die niederhessische Kirche die Konkordienformel, ihrem Anspruch nach eine Exposition und Re-Interpretation des Augsburger Bekenntnisses im Blick auf die innerreformatorisch aufgebrochenen Streitfragen, nicht rezipiert. Vilmar vertrat die Position, dass sich die lutherischen Theologen der zweiten Generation zu Recht auf das Augsburger Bekenntnis beriefen, freilich nur im Modus der Konsequenz. Es ist eine geschichtliche Sicht der Bekenntnisbildung, die ihm hilft, das eigene Kirchentum als genuin lutherisch, auch ohne Annahme der Konkordienformel, zu erweisen. Historisch wird dabei das Augsburger Bekenntnis von ihm gedeutet als dadurch kirchlich verbindlich rezipiert, dass Landgraf Philipp zum Augsburger Reichstag von Erdard Schnepf begleitet wurde. Der Pfarrer Schnepf wird von Vilmar – entsprechend seiner eigenen Amtstheologie – verstanden als »der eigentliche Vertreter des hessischen Bekenntnisstandes auf dem Augsburger Reichstage«.[93] Im Wissen um Philipps Zögern, nicht zuletzt auch wegen des Abendmahlsartikels, deutete Vilmar die Unterzeichnung des Augsburger Bekenntnisses schließlich doch als Feststellung der »Lehre der hessischen Kirche vor Kaiser und Reich«.[94]

In den vielfältigen Wechselfällen der Kirchenpolitik Philipps von Hessen galt für August Vilmar die Wittenberger Konkordie von 1536 als Fixpunkt, da sie bis zur Einführung der Verbesserungspunkte durch Landgraf Moritz von Hessen-Kassel zu Beginn des 17. Jahrhunderts, eine herausragende Funktion als genuines Interpretament des Augsburger Bekenntnisses, zumal im Abendmahlsartikel besessen habe.[95] Und obwohl die solenne Rezeption der Wittenberger Konkordie, wie sie im Artikel VII der Konkordienformel ihren Niederschlag gefunden hat, in Hessen keine Gültigkeit erlangt habe, so müsse doch gelten, dass sie im Testament Philipps den Söhnen verbindlich gemacht worden sei.[96]

Es muss Vilmar allerdings daran gelegen sein, dass die kirchliche Geltung der Wittenberger Konkordie in Hessen niemals im philippistischen Sinn bestanden habe, sondern dieses Dokument immer in einem genuin lutherischen Sinn verstanden worden sei, trotz abweichender Deutungen einzelner.[97] Einen ähnlichen Nachweis führt Vilmar für die Schmalkaldischen Artikel Luthers von 1536/37, die er als »Ratification, als die Wiederholung

93 Ders., Geschichte des Confessionsstandes der evangelischen Kirche in Hessen besonders in Hessen-Cassel, Frankfurt a.M. 1860 (1868^2).

94 Ebd., S. 30.

95 Ebd., S. 50f.

96 Ebd., S. 51f.

97 Ebd., S. 57.

und Bestätigung der Wittenberger Konkordie« deutet.[98] Des Weiteren unternimmt Vilmar den Nachweis, dass die *Confessio Augustana Variata*, vor allem, was den Abendmahlsartikel betrifft, in Hessen nie gültig gewesen sei.[99] Vilmar sieht dies als Tatsache bestätigt durch die Einlassung der hessischen Stände auf dem Reichstag zu Augsburg von 1566, erst recht aber durch die Kirchenordnung von 1565/66. Erst mit der Einführung der Mauritianischen Verbesserungspunkte sei die schleichende Aufweichung der genuin lutherischen Lehrstellung der niederhessischen Kirche kirchenöffentlich deutlicher geworden.

Die konfessionelle Positionierung August Vilmars stellt also eine durchaus kritische Aneignung des konfessionellen Erbes, keineswegs eine bloße Reproduktion oder Repristination dar; letztere wird von ihm sogar ausdrücklich abgewiesen.[100]

Augusts jüngerer Bruder Wilhelm Vilmar sprach der kurhessischen Kirche einen »Sondercharakter« zu.[101] Als »lutherisch« gilt ihm das »ursprünglich reformatorische«, also am ehesten Luther selber und die *Confessio Augustana*; er versteht diese eher vorkonfessionell. Gleichwohl sieht er sich selbst sowohl von der römisch-katholischen und der reformierten Theologie und Kirche geschieden: »Aus der Ablehnung Zwinglis und Calvins ergibt sich folgerichtig auch die Ablehnung der Union«.[102] Geschichtstheologisch begründet er diese Stellung mit einem Mangel an klarer Bekenntnisbestimmtheit, konfessionell aus der »Unvereinbarkeit der Lehre Luthers mit der Lehre Calvins«.[103] Die niederhessische Kirche – nach der Annexion Kurhessens durch Preußen im Jahr 1866 und den daran sich anschließenden kirchenpolitischen Querelen: die »renitente« Kirche – sah er als »offen für neue, zukünftige Erfahrungen und Entwicklungen der Kirche«.[104]

98 Ebd., S. 63.
99 Ebd., S. 84–97.
100 Ders., Die Theologie der Thatsachen wider die Theologie der Rhetorik. Bekenntnis und Abwehr, Marburg 1856[3] (ND Darmstadt 1968), S. 75.
101 Klaus ENGELBRECHT, Um Kirchentum und Kirche. Metropolitan Wilhelm Vilmar (1804–1884) als Verfechter einer eigentümlichen Kirchengeschichtsdeutung und betont hessischen Theologie, Frankfurt a.M. u.a. 1984, S. 94–104.
102 Ebd., S. 94f., 101.
103 Ebd., S. 102.
104 Ebd., S. 104.

4. Andere Spielarten konfessioneller Neubesinnung im 19. Jahrhundert

4.1 Ludwig und Theodor Harms[105]

Ludwig (Louis) Harms, der, wie manch einer seiner Generation, von einer eigenen Erweckung aus zu reformatorischen Einsichten geführt wurde, verstand sich je länger, je mehr als Lutheraner.[106] Für ihn wurde die *Confessio Augustana* zur klaren Darlegung der biblischen Lehre. Im Abgleich der Konfessionskirchen mit der Una Sancta, d.h. der Kirche als Gemeinschaft der Gläubigen, sah Harms eher graduelle denn prinzipielle Differenzen:

> Der Unterschied zwischen den Kirchen ist, dass in der einen Gemeinschaft das Wort reiner gepredigt und die Sakramente unverfälschter verwaltet werden, als in der andern, und darum hat die lutherische Kirche den Vorzug, dass die Menschen durch sie sicherer in den Himmel kommen.[107]

Das Bekenntnis ist eine Zusammenfassung der biblischen Botschaft und ist durch die »Übereinstimmung mit der Schrift« legitimiert und »hat sein relatives Recht in der Notwendigkeit der sichtbaren Kirche«.[108]

Die Hermannsburger Gemeinde wurde »sich ihrer konfessionellen Stellung mit Louis Harms nach und nach immer bewusster«.[109] Immerhin sorgte Harms für die Verbreitung des Konkordienbuchs in der Gemeinde.[110] Dabei ging es ihm um eine tiefer gehende Prägung des durchschnittlichen Selbstverständnisses als Lutheraner.[111] Freilich profilierte sich »seine konfessionelle Haltung erst in den Auseinandersetzungen seiner letzten Lebensjahre«,[112] etwa im Katechismusstreit und in der Auseinandersetzung um den Taufexorzismus deutlicher.[113]

105 Andrea Grünhagen, Erweckung und konfessionelle Bewusstwerdung. Das Beispiel Hermannsburg im 19. Jahrhundert, Münster 2010.
106 Jobst Reller, Luthertum im Geist und in der Tat. Beobachtungen zum Verständnis der Konfession bei Ludwig Harms, in: Oberurseler Hefte 49 (2010), S. 38–58, hier S. 51.
107 Louis Harms, Festbüchlein zu Apk 12,1, 301, zitiert bei Reller, Luthertum im Geist und in der Tat (wie Anm. 106), S. 53.
108 Reller, Luthertum im Geist und in der Tat (wie Anm. 106), S. 55.
109 Grünhagen, Erweckung und konfessionelle Bewusstwerdung (wie Anm. 105), S. 153.
110 Ebd., S. 155.
111 Ebd., S. 157.
112 Ebd., S. 157.
113 Ebd., S. 160–174.

Auf der Grundlage der *Confessio Augustana* konnte er sich auch eine Kooperation verschiedener Kirchen auf dem Missionsfeld vorstellen.[114] Das Hermannsburger Missionshaus konzipierte er, nach gescheiterten Versuchen, es als Einrichtung der Landeskirche zu etablieren, jedoch bewusst konfessionell, nämlich als »ein Glied der lutherischen Kirche in specie der lutherischen Landeskirche im Königreich Hannover«.[115] Hier fanden heimatkirchliche Verwurzelung und lutherische Ökumenizität, wie sie für Ludwig Harms charakteristisch sind, zusammen. Allerdings war im Statut der von der hannoverschen Kirchenbehörde als »Privatanstalt« genehmigten Institution die Bindung an das Bekenntnis der lutherischen Kirche verankert. Diese Bekenntnisbindung galt dementsprechend auch für die Missionare. Insgesamt ist festzustellen, dass sich bei Louis Harms erweckliche und konfessionelle Motive im eigenen Leben, in der kirchlichen Arbeit und in der missionarischen Konzeption so mischten, dass »eine harmonische Verbindung« entstand.[116]

Theodor Harms, Louis' jüngerer Bruder, wurde schließlich sein Nachfolger als Pastor und Missionsdirektor in Hermannsburg. Sein konfessionelles Bewusstsein war wohl klarer ausgeprägt als bei dem älteren Bruder; so konnte er sagen, dass »allein die lutherische Kirche [...] die Kennzeichen der wahren Kirche« besitze.[117] So hielt er eine konfessionsübergreifende Sakramentsgemeinschaft für unzulässig; sie war ihm gleichbedeutend mit Kirchengemeinschaft. Folgerichtig wurde er ein entschiedener Gegner der preußischen Union.[118] In den Auseinandersetzungen innerhalb der Hannoverschen Landeskirche, die sich nach der Annexion des Königsreichs durch Preußen verstärkten, kam es schließlich zur Entstehung der Hermannsburger Kreuzgemeinde unter Theodor Harms, zur Trennung von der Landeskirche und zur Bildung der Hannoverschen Evangelisch-Lutherischen Freikirche.[119] Hier ging der Kampf innerhalb einer de jure lutherischen Landeskirche um die Abwehr von staatlichen Eingriffen in angestammtes kirchliches Recht, wie bei der Frage nach der kirchlichen Trauung im Horizont der Zivilstandsgesetzgebung. Im Hintergrund stand aber auch hier die Unionsfrage, nachdem preußische Soldaten und Beamte in die neue Provinz versetzt wurden und

114 Reller, Luthertum im Geist und in der Tat (wie Anm. 106), S. 52.

115 Georg Haccius, Hannoversche Missionsgeschichte, Bd. 2, Göttingen 1907, S. 110f.; vgl. Werner Klän, Die Fortentwicklung des Missionsimpulses der Erweckung unter den Bedingungen konfessioneller Kirchenbildungen, in: Volker Stolle (Hg.), Kirchenmission nach lutherischem Verständnis. Vorträge zum 100jährigen Jubiläum der Lutherischen Kirchenmission (Bleckmarer Mission), Münster 1993, S. 5–19.

116 Grünhagen, Erweckung und konfessionelle Bewusstwerdung (wie Anm. 106), S. 208.

117 Ebd., S. 313.

118 Ebd., S. 313f.

119 Ebd., S. 322–354.

wie selbstverständlich in Anspruch nahmen, als Christen einer unierten Kirche an lutherischen Altären zum Abendmahl zugelassen zu werden.[120] Ihrem Selbstverständnis nach stellte diese Kirchenbildung, die als »Separation« gebrandmarkt wurde, »die alleinige rechte Fortsetzung der alten lutherischen Kirche in unserem Lande« dar.[121]

4.2 Karl Friedrich August Kahnis

Karl Friedrich August Kahnis lehnte die preußische Union grundsätzlich ab.[122] Diese sah er als Folge des Staatskirchentums, das zu keiner kirchlichen Eindeutigkeit in der Lage sei.[123] Die Theologen in der Union seien sich selbst in zentralen Lehren uneins.[124] Zum Programm erhoben sei die »moderne Unionsdoktrin [...] ein schillernder Synkretismus«.[125] Demgegenüber markiert er eine Reihe von Grunddissensen zwischen lutherischer und reformierter Theologie und Kirche und bestreitet deshalb die Möglichkeit von Kirchengemeinschaft zwischen beiden Konfessionen, oder auch die Annahme einer Gleich-Gültigkeit beider widerstreitender Bekenntnisse in einer Kirche. Mit dieser Position, in der zudem Luthers Abendmahlslehre als »allein schriftgemäße[n]« bezeichnet wurde, setzte er sich 1853 auf der Leipziger Konferenz weitestgehend durch.[126] Seiner Anschauung nach sei das »Nebeneinander verschiedener ›Kirchenindividualitäten‹ [...] unausweichlich, das die Geschichte auch der Kirche irreversibel verlaufe«.

Eine wahrhafte Einheit sei nur auf einer höheren Ebene zu finden.[127] Die Einheit in der Wahrheit liege noch vor der Christenheit. Dazu habe aber die lutherische Kirche wichtige Dienste geleistet, »liege doch Kraft und Bedeutung der lutherischen Kirche [...] in dem Zeugnisse der Wahrheit, welches ihr anvertraut ist. Sie ist der Wächter der evangelischen Lehre«.[128] In diesem

120 Ebd., S. 346f.

121 Ebd., S. 323; Kirchlicher Wegweiser für die konfirmierte Jugend der Hannov. Ev.-luth. Freikirche, o. Verf., o.O., 1912.

122 Vgl. hierzu und zum folgenden Volker Stolle, Festhalten und Fortschreiten. Karl Friedrich August Kahnis (1814–1888) als lutherischer Theologe, Göttingen 2011.

123 Ebd., S. 132.

124 Ebd., S. 136.

125 Kahnis, Kirchenunionen im 19. Jahrhundert, S. 34f., zitiert bei Stolle, Kahnis (wie Anm. 122), S. 137.

126 Die Leipziger Konferenz am 31. August und 1. September 1853. Mit vollständigem Abdruck der Vorträge von Professor Dr. K. F. A. Kahnis über die Unionsdoktrin und von Superintendent A. F. O. Münchmeyer über unsre Stellung zur römischen Frage, Leipzig 1953, S. 38f.; vgl. Stolle, Kahnis (wie Anm. 122), S. 137.

127 Stolle, Kahnis (wie Anm. 122), S. 153.

128 Kahnis, Christenthum und Lutherthum, S. 367, zitiert bei Stolle, Kahnis (wie Anm. 122), S. 177.

ökumenischen Horizont freilich »darf man das Bekenntnis nicht der theologischen Prüfung entziehen«, zumal es sich selbst unter die Schriftautorität stelle.[129] Insgesamt aber ist zu resümieren: »Es bleibt Kahnis nichts anderes übrig, als sich mit der geschichtlichen Situation abzufinden, dass das lutherische Bekenntnis nur zu wahren war auf Kosten der Aufspaltung der abendländischen Kirche«.[130]

4.3 Seitenstück: Das Beispiel der Altreformierten Kirche[131]

Die altreformierte Bewegung konstituierte sich erstmalig durch einen Trennungsbeschluss von der Evangelisch-reformierten Kirche in der Grafschaft Bentheim im Jahr 1838. Begründet wurde dieses »Abscheiden« mit dem Einfluss »all der neuen Lehre, die in Schulen und Kirchen gesät worden ist«. Dieser Schritt wurde denn auch als »Rückkehr zu der »alte[n] Lehre der reformierten Väter« aufgefasst.[132] Die »Lehrsätze« der Kirche, auf die sich die Unterzeichner berufen haben also die Funktion, nächst der Heiligen Schrift als »Grundlagen des Glaubens« zu dienen, und zwar in historischer und in inhaltlicher Hinsicht.[133] Dabei geht es um die Geltung jener Grundlagen in exklusiver Absicht für die Gegenwart. In dieser Annahme liegt die Trennung als notwendige Folge begründet, wenn es zu Abweichungen in der Lehre kommt.

Dass es bei der Bildung der Altreformierten Kirche nicht nur um Lehrfragen zu tun war, ist offenkundig: Beschwerden »über den kirchlichen Zustand«, besonders im Bereich der Sittlichkeit, finden sich durchaus, aber auch hier werden ältere Referenztexte zur Stützung der kritischen Positionen herangezogen.[134] Aus der Sicht der kirchlichen und staatskirchlichen Organe, nicht

129 STOLLE, Kahnis (wie Anm. 122), S. 177.

130 Ebd., S. 180.

131 Gerrit Jan BEUKER, Umkehr und Erneuerung. Aus der Geschichte der Evangelisch-altreformierten Kirche in Niedersachsen 1938–1988, Uelsen 1988. Auf die Einbeziehung der Altkatholischen Kirche verzichte ich in diesem Zusammenhang, da Bekenntnisbegriff und Bekenntnisgeltung auf Seiten der Römisch-katholischen Kirche und der Altkatholiken sich doch kategorial von der im Bereich der evangelischen Kirchen – trotz aller Divergenzen zwischen der lutherischen und der reformierten Selbstverständigung über das, was Bekenntnis ist und wie weit es verbindlich reicht – unterschieden ist. Anders Hintzen, der »das Festhalten am Überkommenen« bei Altkatholiken, Altlutheranern und Altreformierten für ihr verbindendes Charakteristikum hält; vgl. HINTZEN, Altkonfessionelle Kirche (wie Anm. 4), S. 307.

132 Text der »Urkunde« vom 01.01.1838, in: BEUKER, Umkehr und Erneuerung (wie Anm. 131), S. 5.

133 Ebd.

134 Ebd., S. 11f.

zuletzt des Hannoverschen Ministeriums der geistlichen und Unterrichts-Angelegenheiten, handelte es sich bei den Kritikern um »Separatisten«, gegen die entschlossenes Eingreifen erforderlich sei.[135]

Als kirchlich identitätssichernde Dokumente galten zum einen die Bentheimer Kirchenordnung von 1588, mit der seinerzeit in der Grafschaft der Konfessionswechsel zum Calvinismus vollzogen worden war; dies wurde durch feierliche (Neu-)Unterzeichnung bekräftigt: »unterschreiben wir Glieder der Classis [...] die Kirchenordnung und Kirchenregierung unserer Grafschaft als einzige Lösung [sic! Losung?] unseres Glaubens und unserer Handlung.«[136] Bekenntnisgrundlage und aktuales Bekennen liegen hier ineinander.

Noch deutlicher gilt dies von der Bekenntnisverpflichtung der altreformierten Pastoren:

> Wir unterzeichnete Pastore [...] glauben von Herzen und bekennen mit dem Munde, daß die Bücher des Alten und Neuen Testaments das Wort des ewigen und wahrhaftigen Gottes sind und daß die christlich-reformierte Religion, wie sie in den Artikeln des christlichen Glaubens und dem Heidelberger Katechismus enthalten ist, daneben näher ausgedrückt steht in gewissen 12 Artikeln, welche in der Grafschaft Bentheim in den Jahren 1613, 1617, 1624 feierlich angenommen sind, die reine und seligmachende Lehre und Religion ist, welcher wir denken zu leben und zu sterben.[137]

Hierher gehört auch die Auseinandersetzung um den Katechismusunterricht seit Anfang des 19. Jahrhunderts. In den Schulen wurde bis dahin weiterhin der Heidelberger Katechismus gebraucht, während im kirchlichen Unterricht ein supranaturalistischer Katechismus in Übung kam.[138] Dass dieser »Katerberger Katechismus« mit seinen Eingangsfragen einen anderen Geist atmete als der Heidelberger, konnten auch »schlichte Christen« kaum übersehen, etwa: »Aus wieviel Teilen besteht der Mensch? – Der Mensch besteht aus Leib und Seele. Was ist die Seele? – Unsere Seele ist ein Geist, der Verstand und Willen hat«.[139] Ähnliches lässt sich zu den Konflikten um das Gesangbuch feststellen: Die Altreformierten wollten am klassischen Psalmengesang festhalten, weil ihnen vieles am neuen Liedgut zu oberflächlich bzw. aufkläre-

135 Ebd., S. 12–16.
136 Ebd., S. 33f.
137 Beuker, Umkehr und Erneuerung (wie Anm. 131), S. 34; es handelt sich um die Bentheimer Artikel von 1613 und die weiteren Fassungen; der Wortlaut ebd., S. 49f.
138 Ebd., S. 82–94.
139 Ebd., S. 86.

risch-moralisierend erschien.[140] Dieser Eindruck täuschte auch nach heutiger Einsicht gewiss nicht.[141]

Wie zuvor in Preußen die intransigente Haltung der Staatskirchenbehörden den Graben zwischen den konfessionellen Lutheranern und der unierten Landeskirche vertiefte und schließlich unüberwindbar machte, so führten auch die harschen Maßnahmen des hannoverschen Staatskirchenregiments ebenfalls zu einer Verhärtung der Fronten.[142] Diese Verhärtung lässt sich an der Handhabung der staatskirchlichen Regelungen für die Registrierung von Geburten, Eheschließungen und Todesfällen verdeutlichen; die Prediger der etablierten reformierten Kirche gebrauchten diese Ereignisse und ihr Begängnis »als Druckmittel«, und zwar mit ausdrücklicher Billigung des Ministeriums.[143]

Ähnlich wie für die Altlutheraner und ihre lutherische Bekenntnisgrundlage, kann für die Altreformierten festgestellt werden: Das historische Bekenntnis wird in seiner gegenwärtigen Relevanz als verpflichtend erkannt und in die persönliche, amtliche und kirchenverbindliche Selbstverpflichtung übernommen. Im Einzelnen stehen also in Gültigkeit die Confessio Belgica von 1566, die Dordrechter Lehrsätze von 1618 und der Heidelberger Katechismus von 1563. Dass die vollzogene Trennung von der reformierten Kirche der Grafschaft Bentheim und in Ostfriesland ekklesiologisch als Bleiben bei der überkommenen Kirche verstanden wurde, wurde inhaltlich begründet und mit einer antirationalistischen Haltung artikuliert: »Auch ist hier von einer eigentlichen neuen Secte nicht die Rede, sondern nur […] von einigen Mitgliedern der reformirten Kirche – denn dieser wollen sie fortwährend angehören«.[144]

140 Ebd., S. 100–118.
141 Vgl. die Textbeispiele bei Beuker, Umkehr und Erneuerung (wie Anm. 131), S. 109.
142 Ebd., S. 59.
143 Ebd., S. 118–135, hier S. 119; vgl. etwa die Bekanntmachung des Königlichen Ministerii der geistlichen und Unterrichts-Angelegenheiten vom 22. April 1843 (ebd., S. 430): »Die unbefugte Vornahme von Taufen, Copulationen, Austheilung des heil. Abendmahls, Erwählung von Prädicanten oder Vorstehern bleibt untersagt, und wird, soweit sie nicht der peinlichen Bestrafung anheimfällt, mit polizeilicher Geldbuße bis zu 10 Pfund oder angemessener, im Wiederholungsfalle zu schärfender Gefängnißstrafe belegt«.
144 Aus dem Bericht des Amtes Bentheim an die Königliche Landdrostei zu Osnabrück, 24. August 1838 bei Beuker, Umkehr und Erneuerung (wie Anm. 131), S. 47.

5. Vom Ernst kirchlichen Bekennens und Bekenntnisses

Zeitgenössisch, doch auch zukunftsweisend sind an der konfessionellen Neubesinnung im 19. Jahrhundert und einer daraus folgenden kirchlichen Reorganisation, besonders der preußischen Lutheraner mehrere Momente. Dabei ist einmal die Übernahme persönlicher Verantwortung in geistlicher, organisatorischer und finanzieller Hinsicht zu nennen, die die Träger der »altlutherischen« Bewegung auszeichnet – nicht geringe Lasten angesichts der Notwendigkeit, neue Kirchen, Pfarrhäuser zu bauen, eigene Friedhöfe anzulegen, den Unterhalt der Pfarrer sicherzustellen, nachdem die Liegenschaften bei den unierten Landeskirchen verblieben, und lange Zeit doppelt für Baulasten und Stolgebühren aufkommen zu müssen. Nächst der Berufung auf überkommene Rechte und Garantien für den Bestand der lutherischen Kirche in Preußen sind es überdies Rechte, die moderne westliche Gesellschaften kennzeichnen, die von den preußischen Lutheranern in Anspruch genommen wurden: Das Recht auf Religionsfreiheit, das Recht zur Bildung religiöser Gesellschaften, das Recht auf Meinungs- und Versammlungsfreiheit und auf Beitragshoheit für ihre Kirche.[145]

Der Ernst kirchlichen Bekennens und die Wichtigkeit des Bekenntnisses, das in seiner Gründung auf das Wort Gottes in unauflöslicher Zuordnung persönlich, theologisch, kirchlich identitätssichernd wirkt, ergibt sich aus seiner eschatologischen Perspektive. Lutherische Identität bildet sich so in Spannungsfeldern: zum einen liegt eine tiefgegründete Überzeugung von der in Christus vorgegebenen Einheit der Christenheit vor, zum andern werden notwendige – wenngleich schmerzliche – Trennungen um der Reinheit von kirchlicher Verkündigung und kirchlichen Lebensvollzügen willen angenommen, und schließlich geht es um ein endzeitlich verantwortetes Eintreten für die unaufgebbaren biblischen Einsichten. Der Prozess solcher Identitätsbildung vollzieht sich in persönlicher Gewissheit des Heils in Christus, bewährt sich dann als gemeinschaftliche, d.h. kirchlich-verbindliche Aussage und wird bewahrt (und bewehrt) in gewissensbindender Überzeugung von letzter Verantwortlichkeit. Dieser Ansatz umfasst allerdings auch eine ökumenische Dimension, weil solche Einsichten nicht als bloß partikulare gesehen, sondern als Ausdruck des Glaubens der Einen Kirche verstanden werden.

145 Es verdient vermerkt zu werden, dass Breslau in den vierziger Jahren des 19. Jahrhunderts als »das Zentrum bürgerlich-liberaler Opposition in Preußen« angesehen werden konnte; vgl. Werner BEIN, Restauration und Revolution. Grundzüge der politischen Geschichte Schlesiens 1815–1848, in: Restauration, Vormärz und Revolution. Schlesien in der ersten Hälfte des 19. Jahrhunderts, hg. v. Werner BEIN, Würzburg 1985, S. 3–15, zitiert bei Martin FRIEDRICH, Die preußischen Landeskirche im Vormärz. Evangelische Kirchenpolitik unter dem Ministerium Eichhorn (1840–1948), Waltrop 1994, S. 78.

Die (»alt-« bzw. »neu«-)lutherischen Mütter und Väter des 19. Jahrhunderts wollten das Erbe des Konkordienluthertums aus dem 16. Jahrhundert für sich und ihre Nachkommen ungeschmälert erhalten. Nicht zufällig war der Kristallisationspunkt des konfessionellen Aufbruchs, der schließlich in die Entstehung selbständiger evangelisch-lutherischer Kirchen führt, zunächst das Sakrament des Altars.[146] Sein lutherisches Verständnis, das man für biblisch hielt, in kirchlicher Verbindlichkeit zu bewahren und es gegen jeden falschen Kompromiss in seiner Ausschließlichkeit zu bewehren, war das Anliegen, das die Bekenntnislutheraner auf »Einsame Wege«[147] zwang. Sie waren es, die die konkordienlutherischen Grundsätze des 16. Jahrhunderts neu ins Bewusstsein hoben und erneut ekklesiologisch umsetzten. So wollten sie lutherische Identität in kirchlicher Dimension Gestalt werden lassen.

Bekenntnis, für die lutherischen Bekenntniskirchen aus der anti-unionistischen aufklärungskritischen Tradition des 19. Jahrhunderts zusammengefasst im Konkordienbuch von 1580, ist nicht nur Rückgriff auf Lehrdokumente vergangener Zeiten, sondern Bekenntnis will aktuell laut werden. Bekenntnis ist insofern zunächst einmal eine *persönliche Antwort*, Antwort auf Gottes Anrede. Das Bekenntnis drückt dann – als ein schriftgemäßes und d.h. in der Wiederentdeckung durch die Reformation ein auf Christus konzentriertes – Vertrauen aus, ein persönliches Vertrauen, das dann im Konsens als *gemeinschaftliches Vertrauen* artikuliert wird: Gott, wie er sich in Jesus Christus gezeigt hat, ist bestimmend für mein Leben und das Leben der Christenheit, zu der ich gehöre. Insofern ist das Bestehen der Kirche als Partikularkirche, demzufolge auch kirchliche Gemeinschaft und schließlich, im zwischenkirchlichen Bereich, Kirchengemeinschaft bedingt durch Gemeinschaft im Bekennen und Gemeinschaft im Bekenntnis, in dem sich der Glaube ausspricht.

Das Bekenntnis ist überdies aber zugleich Angebot und damit auch Herausforderung an diejenigen, mit denen ich ins Gespräch über den Glauben gehe. Deswegen gehört zum Bekenntnis von Anfang an und auch in der lutherischen Reformation von Anfang an die Betonung und das Erreichen, Erstreben eines Konsenses. Der Rückgriff auf das Bekenntnis versucht nun seinerseits, wenn er sachgerecht vollzogen wird, geschichtliche Identität zum Ausdruck zu bringen. Dies geschieht durch den Rückgang auf die am Anfang

146 Vgl. Volker STOLLE, Johann Gottfried Scheibel. Zur 200. Wiederkehr seines Geburtstages am 16.9.1983, in: LuThK 7 (1983), S. 81–107, hier S. 83–87; Werner KLÄN, Johann Gottfried Scheibel (1783–1843), in: Peter HAUPTMANN (Hg.), Gerettete Kirche. Studien zum Anliegen des Breslauer Lutheraners Johann Gottfried Schreibel (1783–1843), Göttingen 1987, S. 11–29.

147 Vgl. die programmatisch betitelte Autobiographie von Rudolf ROCHOLL, Einsame Wege, Bd. 1, Leipzig 1881 (1898²).

einer (Konfessions-)Kirche – jedenfalls im Verständnis lutherischer Theologie – aus dem Verstehen und der Anwendung der Schrift gewonnene, dann geschichtlich prägend gewordene Integrität.

In ihrem Selbstverständnis sind die Bekenntnistexte des 16. Jahrhunderts selber Handlungsanleitung und zugleich Durchführung für die Anwendung des Evangeliums bei der Bewältigung bestimmter existentieller Situationen: Im Kern helfen und dienen sie zum Verstehen der Lage des Menschen, der als Sünder vor Gott steht, zu deren Bewältigung sie biblisch begründete Weisung geben. Insofern sind sie auch Anleitung zur Seelsorge. In diesem Sinn wollen die Bekenntnisse, die einige hundert Jahre alt sind, eine Anleitung zum Verstehen sein, zum Verstehen dessen, was christlicher Glaube, was christliches Leben ist, d.h. wie Menschen vor Gott bestehen und wie wir vor Gott leben können. So können sie mindestens eine Anleitung dazu sein, Glauben auch heute, christlichen Glauben auch in seiner Bedeutsamkeit für unsere Zeitgenossenschaft zu Beginn des 21. Jahrhunderts zu artikulieren.

Maria Lucia Weigel

Bekenntnisbilder – Bekenntnisse im Bild

Bildern eignet stets ein appellativer Charakter, sie wenden sich an den Betrachter, um eine spezifische Botschaft zu übermitteln.[1] Dies gilt umso mehr für Bilder und Bildnisse im Kontext einer frühen protestantischen Identitätsbildung sowie der Konfessionalisierung, also der Ausbildung soziokultureller Milieus auf der Grundlage der Zugehörigkeit zu unterschiedlichen christlichen Glaubensgemeinschaften in der frühen Neuzeit. Die Inhalte der Bilder reformatorischer Prägung zielen darauf ab, den Betrachter von der Neuen Lehre zu überzeugen und eine Abgrenzung zu anderen Glaubensgemeinschaften zu erreichen. Zu diesem Zweck entfaltet sich im Bild eine oftmals reiche und komplexe Bildrhetorik, die mit visuellen Mitteln – Verteilung von Licht und Schatten, Wahl der Farben, Illusionierung von Räumlichkeit und Erzeugung von Körpervolumen – unter Einbeziehung von Text argumentiert. Bildliche Darstellungen treten nicht zugunsten von Texten in den Hintergrund, wie in der Kunstgeschichte als Charakteristikum protestantischer Bildkunst bis in jüngere Zeit behauptet wird.[2] Beide werden im Bild kunstvoll miteinander verschränkt. Das Bild bringt verschiedene Aspekte und Interpretationsebenen eines Inhaltes in einer Zusammenschau miteinander in Verbindung, es lebt von der Suggestivkraft des unmittelbar Anschaulichen und von der Simultaneität der Seh-Eindrücke. Dabei mussten die Art der Wiedergabe von Inhalten und die Bildsprache selbst für den protestantischen Kontext nicht vollständig neu entwickelt werden. Bereits im 16. Jahrhundert und ebenso in den darauffolgenden Epochen speisten sich diese bildlichen Argumentationen aus vorhandenen Bildformeln, die umgedeutet wurden oder ihre ursprüngliche Bedeutung beibehielten, dabei aber auf neue Inhalte bezogen waren.[3] Nicht anders verhält es sich mit Bildern, in denen das Bekenntnis zum Thema wird. Grundsätzlich geraten dabei drei Aspekte in den Blick, die sich in einer einzigen Frage prägnant zusammenfassen lassen: Wer

1 Lars Olof Larsson, »...Nur die Stimme fehlt!«. Porträt und Rhetorik in der Frühen Neuzeit, Kiel 2012, S. 11.

2 Der aktuelle Forschungsstand spiegelt sich bereits in dem Beitrag von Margit Kern, Performative Schriftbilder im konfessionellen Zeitalter. Die Wende der Reformation vom Wort zum Bild, in: Frühneuzeitliche Konfessionskulturen, Bd. 1. Nachwuchstagung des VRG Wittenberg 30.09.–02.10.2004, hg. v. Thomas Kaufmann u.a., Gütersloh 2008, S. 263–287.

3 Dieter Koepplin, Reformation der Glaubensbilder. Das Erlösungswerk Christi auf Bildern des Spätmittelalters und der Reformationszeit, in: Martin Luther und die

Abb. 1: Anonym, Bildnis Martin Luther als Mönch nach Hans Baldung, gen. Grien, 16. Jahrhundert, Holzschnitt, 14,8 × 10,7 cm, Melanchthonhaus Bretten, Foto: Melanchthonhaus Bretten

bekennt sich vor wem wozu und wie wird dies durch das Bild kommuniziert? Im Folgenden soll diese Fragestellung anhand mehrerer Fallbeispiele ausgelotet werden. Dieses Vorgehen hat zum Ziel, die Diversität aufzuzeigen, in der sich Bekennen und Bekenntnis im Bild spiegeln. Zum einen impliziert dies eine Ausrichtung auf die Darstellung von Personen im Bild, näherhin im Bildnis mit Porträtähnlichkeit, die sich zu einem erkennbaren, bildlich aufgeführten Inhalt bekennen. Zum anderen aber wird außer der Rechtfertigungslehre in den sogenannten *Gesetz und Gnade*-Bildern die Darstellung der Übergabe der *Confessio Augustana* in die Betrachtungen einbezogen sowie das Bildprogramm, das diese begleitet. Beide Gruppen von Bildern gehören zum feststehenden Bildrepertoire protestantischer Gedenkkultur.[4]

Reformation in Deutschland. Ausstellung zum 500. Geburtstag Martin Luthers veranstaltet vom Germanischen Nationalmuseum Nürnberg in Zusammenarbeit mit dem Verein für Reformationsgeschichte, Nürnberg 1983, S. 333.

4 Wolfgang Brückner, Die lutherische Gattung evangelischer Bekenntnisbilder und ihre ikonographischen Ableitungen der Gnade vermittelnden Erlösungs- und Sakramentslehre, in: Frank Büttner / Gabriele Wimböck (Hg.), Das Bild als Autorität. Die normierende Kraft des Bildes, Münster 2004, S. 303–343, bes. S. 303.

Das Thema wird im Hinblick auf die Wittenberger Reformation in den Blick genommen. Dabei zeigt sich, dass die Pluralität dieser Bewegung im Bekenntnisbild nicht als solche in Erscheinung tritt. Vielmehr richtet sich der Fokus auf die von Martin Luther vertretene Linie. Auch die maßgeblich von Philipp Melanchthon verfasste *Confessio Augustana* von 1530 rückt in den Blick. Die Bilder sind jedoch keineswegs als illustrative Umsetzung konkret zu benennender Bekenntnisschriften zu verstehen. Sie visualisieren Bekenntnis vielmehr auf eine Weise, die andere Schwerpunkte setzt.

Ein bekanntes Bildzeugnis aus der ersten Phase der Reformation soll die Schlichtheit aufzeigen, mit der sich zu diesem Zeitpunkt Bekenntnis im Bild spiegelt. Es handelt sich um die zweite Fassung des Kupferstichs von Lucas Cranach d.Ä. aus dem Jahr 1520, der Luther als Mönch mit einem nicht näher gekennzeichneten Buch in der Hand vor einer Rundbogennische zeigt.[5] Die begleitende Inschrift auf einem vorgeblendeten Feld nimmt die im Renaissance-Humanismus gängige Dichotomie vom Abbild der sterblichen Hülle, das der Künstler wiedergeben kann, und demjenigen des unsterblichen Geistes auf, das von Luther selbst hervorgebracht wird.[6] Gemeint ist der Geist, der sich in Schriften und Werk des Theologen offenbart. Luther ist mit einem auf ein Ziel außerhalb des Bildes gerichteten Blick dargestellt, seine linke Hand vollführt einen Redegestus. Das Buch in seiner Hand ist nicht näher gekennzeichnet, doch dem Betrachter des 16. Jahrhunderts erschloss es sich unmittelbar als Heilige Schrift. Dies belegen Rezeptionen des sich rasch verbreitenden Bildnisses, auf denen das Buch mit dem Schriftzug »Biblia« versehen wird. Auch die Nische im Bildhintergrund erfährt in der Rezeption eine Umdeutung. Ist sie in Cranachs Stich bereits als Reminiszenz an katholische Heiligendarstellungen auf Altären zu verstehen, so tritt dieser Aspekt der Heiligkeit des Dargestellten in den Anverwandlungen durch andere Künstler noch deutlicher zutage, wie der Holzschnitt von Hans Baldung, gen. Grien, von 1521 belegt.[7] Es ist der »heilige Martin von Wittenberg«,[8] der, vom Heiligen Geist inspiriert, die Schrift auslegt. Auch hier erfährt das Buch in der Hand des Reformators in den Rezeptionen der Bildfindung eine Ausdeutung als Bibel (Abb. 1).

5 Martin WARNKE, Cranachs Luther. Entwürfe für ein Image, Frankfurt am Main 1984, S. 28, Abb. 13.

6 Walther LUDWIG, Das bessere Bildnis des Gelehrten, in: Philologus 142 (1998), H. 1, S. 123–161, hier S. 134f.

7 WARNKE, Cranachs Luther (wie Anm. 5), S. 32, Abb. 16.

8 Diese prägnante Formulierung geht auf Robert KOLB zurück, s. ders., For all the Saints. Changing Perceptions of Martyrdom and Sainthood in the Lutheran Reformation, Macon (USA) 1987, S. 103–138.

Solche bildlichen Formulierungen sind dem Betrachter des 16. Jahrhunderts aus Darstellungen der Apostel und Kirchenväter bekannt. Sie bilden den Hintergrund, vor dem die Darstellung Luthers gelesen werden muss. Befragt auf den Bekenntnisgehalt hin, bietet das Bild folgende Antwort: Luther bekennt sich zur Heiligen Schrift, die er, wie es das Bekenntnis ebenfalls beinhaltet, einem imaginierten Zuhörer auslegt. Damit kommt auch der Adressat ins Spiel. Dem heutigen, mit der frühneuzeitlichen Bildsprache nicht vertrauten Betrachter stellt sich die Frage, worin der revolutionäre Gehalt des Bildes liegt. Es ist allein die Heilige Schrift – in ihrem exakten Wortlaut, so darf vorausgesetzt werden –, die hier als Gegenstand des Bekenntnisses inszeniert wird, im Unterschied zu dem, was in den Augen Luthers den Irrweg der Alten Kirche darstellt, die Berufung auf Kirchenväter als Lehrautoritäten und deren Interpretationen, die den unmittelbaren Zugang zum Text selbst vorgeblich verstellen, ebenso wie die zahlreichen Meditationstexte, die der mittelalterlichen Frömmigkeitskultur zuzurechnen sind und die oft nur mittelbar auf biblische Inhalte Bezug nehmen. Diesen gegenüber wird der zeitgenössische Exeget Luther, der ausschließlich den Bibeltext selbst in den Blick nimmt, bei Baldung durch die Geisttaube legitimiert. Die Problematik der Textüberlieferung – Vulgata oder Septuaginta, Neuübersetzung aus dem Griechischen nach Erasmus, die erst noch folgen sollte, usw. – spielt dabei keine Rolle. Was zählt, ist die visuelle Prägnanz des Objektes Bibel selbst.

Diese erste Formulierung enthält bereits die wesentlichen Bestandteile eines in der Gattung des Porträts gefassten Bekenntnisses. In diesem Rahmen entfalten sich auch später entstandene Bekenntnisbilder, die den Hauptreformator im Einzelbildnis in Gelehrtenschaube zeigen, somit in einem Typus, der seine Lehrautorität bildlich behauptet, und mit einem geschlossenen oder geöffneten Buch in der Hand.

Bildnisse dieser Art existieren seit den Tagen Lucas Cranachs d.J., zwei populäre Darstellungen belegen jedoch die Wirkmächtigkeit dieser Formulierung bis in die Neuzeit hinein. Es handelt sich hierbei zunächst um das Luther-Denkmal, das Johann Gottfried Schadow für den Wittenberger Marktplatz schuf (Abb. 2).

Die Vorgeschichte der Umsetzung des Denkmals ist komplex.[9] In Mansfeld, Luthers engerer Heimat, hatte anlässlich des dreihundertjährigen Reformationsjubiläums 1817 bereits im Jahr 1803 die »Vaterländisch-literarische Gesellschaft« die Ausschreibung zu einem Lutherdenkmal veröffentlicht. Da

9 Hier und im Folgenden Mario Titze, Preußen und Luther. Zwei Luther-Denkmale des 19. Jahrhunderts in Wittenberg, in: Denkmalpflege in Sachsen-Anhalt 4 (1996), H. 1, S. 62–74.

Abb. 2: Johann Gottfried Schadow, Lutherdenkmal, 1821, Bronze, Wittenberg, Foto: Weigel

die Grafschaft teilweise unter preußischer Herrschaft stand, wandte man sich an den preußischen König mit der Bitte, die Schirmherrschaft für das Vorhaben zu übernehmen. Nach den Befreiungskriegen fiel Wittenberg an Preußen, der preußische König sah sich als Befreier des Protestantismus im Reich von französisch-katholischer Zwangsherrschaft. Durch die Usurpation des Denkmalprojektes bot sich ihm die Möglichkeit, sich in seiner Rolle als Schutzherr der evangelischen Christen zu behaupten. In diesem Sinne verlegte er die Aufstellung des Lutherdenkmals an die Wirkungsstätte des Reformators und wertete das Vorhaben dadurch entscheidend auf – ein Fürst, der sich in seinem Bekenntnis zum Protestantismus politisch in Szene setzt und die Aufstellung einer Lutherstatue veranlasst, die diesen als den sich zur Bibel bekennenden Übersetzer darstellt. Es handelt sich somit um ein die Zeiten überbrückendes Bekenntnis in doppeltem Sinn. Ausgeführt wurde ein bronzenes Standbild, das Luther in der Universitätstracht in Ganzfigur unter einem gotisierenden Baldachin zeigt. Der Reformator ist als Kirchengründer inszeniert. In diesem Sinn waren auch die ganzfigurigen Bildnisse Luthers von Cranach angelegt, an denen sich der Künstler orientierte. In der linken Hand hält Luther ein aufgeschlagenes Buch, das sich durch die in Frakturschrift eingetragenen Zeilen als Zusammenstellung des Alten und des Neuen Testaments erweist, »verdeutscht von Doktor Martin Luther«, so steht es zu lesen. Aufgeschlagen ist das Frontispiz des Neuen Testaments, die linke Seite zeigt das Ende des Alten. Der Blick des Reformators scheint den unten stehenden Betrachter zu fixieren, die rechte Hand liegt im Buch und weist auf dessen Text. Luther ist hier als Bibelübersetzer am Ort seiner Tätigkeit in Szene gesetzt. Wieder ist es die Heilige Schrift, die ihm als Gegenstand und Inhalt seines Bekenntnisses dient.

Der konfessorische Impetus, der sich im 19. Jahrhundert mit Denkmälern dieser Art verband, wird in dem 1868 eingeweihten vielfigurigen Lutherdenkmal in Worms noch deutlicher. Um dessen Entstehung rankt sich ein Narrativ, das das Denkmal fest im kulturellen Gedächtnis des deutschen Protestantismus verankert.[10] Ohne dass sich das nachweisen ließe, werden die ersten Planungen für das Denkmal vorgeblich im Jahr 1817 angesetzt, in dem das erste Reformationsjubiläum nach der Befreiung von der französischen Fremdherrschaft mit einem nationalen Unterton begangen wurde, lange vor der Entstehung des deutschen Reiches nach dem Krieg von 1870/71.[11] Der Wunsch nach einem Reformationsdenkmal in Worms erscheint plausibel, fand hier doch im Jahr 1521 jener Reichstag statt, auf dem Luther sich vor dem Kaiser weigerte, den ihm von dem katholischen Theologen Johannes

10 Hier und im Folgenden Christiane THEISELMANN, Das Wormser Lutherdenkmal Ernst Rietschels (1856–1868) im Rahmen der Lutherrezeption des 19. Jahrhunderts, Frankfurt am Main u.a. 1992.

11 Ebd., S. 8.

Abb. 3: Ernst Rietschel, Lutherdenkmal, 1868, Bronze, H: 3,50 m, Worms, Foto: Weigel

Eck abverlangten Widerruf seiner Schriften zu leisten. Die berühmten letzten Worte seiner Verteidigungsrede sind folgendermaßen überliefert: »Hier stehe ich, ich kann nicht anders, Gott helfe mir! Amen!« Sie zieren den Sockel des Denkmals. Der Befreiungsschlag gegen Rom, der in der protestantischen Geschichtsschreibung des 19. Jahrhunderts auch als Kampf gegen die tyrannische Fremdherrschaft über das dem rechten Glauben anhängende Deutschland gedeutet wurde, konnte so bald nach den Befreiungskriegen von 1813 als Ereignis empfunden werden, das Parallelen zur aktuellen politischen Situation in Deutschland zuließ. Erinnerungsfiguren, aus denen sich das kulturelle Gedächtnis einer sozialen Gruppe konstituiert, aktivieren die Ver-

Abb. 4: Lucas Cranach d.J., Bildnis Martin Luther unter dem Kreuz, nach 1546, Holzschnitt, 15,7 × 13,2 cm, Wien, Österreichische Nationalbibliothek, Bildarchiv und Grafiksammlung, Porträtsammlung, Foto: ÖNB Bildarchiv / Wien, Bild ID: PORT_00005065_02

gangenheit stets als sinn- und identitätsstiftende Weisung für die Zukunft.[12] Kollektive psycho-soziale Vorgänge manifestieren sich auch in dem hier vorgestellten Fall.

Wie in Wittenberg, so war es auch in Worms ein bürgerlicher Verein, der die Realisierung des monumentalen Denkmals initiierte. Deutsche Leitkultur, getragen vom Bürgertum, geriet in diesem Zusammenhang zum

12 Jan Assmann, Das kulturelle Gedächtnis. Schrift, Erinnerung und politische Identität in frühen Hochkulturen, München [7]2013, S. 37–42.

staatstragenden Narrativ, denn Denkmalvorhaben berührten stets die Sphäre des Öffentlichen und damit der staatlichen Verfügungsgewalt. Die Wahl eines protestantischen Künstlers für das ambitionierte Vorhaben wurde gewünscht.[13] Der in Dresden ansässige Bildhauer Ernst Rietschel, Schüler des im 19. Jahrhundert führenden Berliner Bildhauers Christian Daniel Rauch, wurde mit der Umsetzung beauftragt.

Inmitten von Fürsten als Beschützern der Reformation, Personifikationen von beteiligten Städten und umringt von Melanchthon, dem Mitstreiter, und den schon im 16. Jahrhundert als Vorreformatoren bezeichneten Wyclif und Hus sowie anderen Vorkämpfern der Reformation erhebt sich die Statue des Hauptreformators auf einem erhöhten Sockel (Abb. 3).

Porträtmedaillons von Freunden und Helfern sowie szenische Reliefs ergänzen das Bildprogramm. Mehrere Entwürfe der zentralen Figur gingen der realisierten Fassung voraus. Einer davon zeigt Luther als Mönch, in Kutte und mit Tonsur, die rechte Faust auf die geschlossene Bibel legend. Dieser Entwurf entsprach der Überlieferung der historischen Situation und wurde von dem Bildhauer im Geiste der herrschenden historistischen Auffassung favorisiert.[14] Umgesetzt wurde jedoch eine Kombination aus dem Doktor der Theologie als Lehrautorität in der universitären Schaube – die sich in der Wahrnehmung des Publikums längst zum Predigertalar gewandelt hatte – und dem Motiv der zur Faust geballten Hand, das auf die Szene vor dem Reichstag verweist. Rietschel kannte Schadows Wittenberger Denkmal.[15] Diesem gegenüber nimmt sein Luther eine Entschlossenheit symbolisierende Pose ein. Das rechte Bein ist weiter als in einer für das Spielbein üblichen Schrittstellung vorangestellt, der Fuß ragt über die Plinthe hinaus. Der Blick ist gen Himmel gerichtet, der rechte Arm mit einer impulsiven, durch die Handhaltung bestimmten Geste über die Körpermitte hinweg geführt. Der Verzicht auf die Mönchskutte hebe den Reformator, so der mit dem Bildhauer befreundete Künstler Gustav König, in den Rang eines »symbolischen allgemeinen Begriffs der vollendeten Reformation«.[16] Die Fixierung auf den einen Moment des verweigerten Widerrufs sei nicht zu rechtfertigen, er sei nicht die bedeutendste Tat des Reformators gewesen. Diese liege vielmehr im »Gründen und Gestalten einer selbständigen Kirche«. Das Reformationsgedenken im 19. Jahrhundert, wie es sich in der Geschichte des Denkmals manifestiert, orientiert sich wesentlich an der Idee des Bekenntnisses. Diese jedoch wird im Denkmal in eine überzeitliche Erinnerungsfigur überführt.

13 Theiselmann, Das Wormser Lutherdenkmal (wie Anm. 10), S. 19.
14 Ebd., S. 38.
15 Ebd., S. 27.
16 Ebd., S. 41, dort auch das folgende Zitat.

Einige Bildfindungen der frühen Neuzeit verfolgen einen anderen Akzent. Ein Holzschnitt, der Lucas Cranach d.J. zugeschrieben und nach 1546 datiert wird, bereichert die posthumen Bildnisse des Reformators mit Gelehrtenschaube und Buch aus der Cranach-Werkstatt um eine neue Deutungsebene (Abb. 4).[17]

Hier wie dort wurde das Medium des Holzschnittes gewählt, das hohe Auflagen im Druck ermöglichte. Luther, bekleidet mit der pelzbesetzten Amtstracht der Universitätsprofessoren, ist hinter einer Brüstung zu sehen, auf der die Arme und die ein geschlossenes Buch haltenden Hände aufliegen. Luthers Identität wird durch die Wiedergabe seines Hauswappens, der Lutherrose, bestätigt. Neben Luther ist nun ein schräg gestelltes Kreuz mit Korpus zu sehen. Das Buch ist auch in geschlossenem Zustand und ohne Beschriftung dem Betrachter als Betbüchlein oder Bibelauszug ersichtlich. Im Kreuz ist die *theologia crucis* als ein spezifischer Aspekt lutherischer Theologie herausgegriffen und bildlich umgesetzt. Im Kontext anderer Darstellungen dieser Art, ausgehend von der Predella des Stadtkirchenaltares in Wittenberg von 1547, wird deutlich, dass der Fokus hier nicht auf der Wiedergabe einer realen Szene liegt. Vielmehr ist es der von Luther gepredigte Christus, der Eingang in das Bild findet. Das Kreuz ist ein Merkbild im Sinne lutherischer Bildtheologie, es steht dem Gläubigen bildhaft vor Augen und orientiert sich in dieser Bildhaftigkeit an realen zeitgenössischen Bildwerken. Bereits in vorreformatorischer Zeit dienten Artefakte als Auslöser meditativer Betrachtung, nun aber beugt die betonte Materialität einer falschen Verehrung des von Menschenhand gefertigten Bildwerks ohne Gnadenwirkung vor. Zugleich steht die ambivalente, weil lebensvolle Darstellung des Gekreuzigten in der Tradition vorreformatorischer sog. handelnder Kreuze, die sich in protestantischem Kontext fortsetzt.[18] Im Bild stellt die Drehung des Kreuzes in den Raum hinein einen Kunstgriff dar, der in der Generation Cranachs d.Ä. entwickelt wurde und sich auch in Bildern im katholischen Kontext findet.[19] Bereits dort verfolgt er den Zweck, die Konstellation von Gekreuzigtem und Betrachter neu zu ordnen. Sind es in vorreformatorischem Kontext die Trauernden unter dem Kreuz, die nun in Blickrichtung auf das in den Raum hinein gedrehte Kreuz die Zuwendung des Gekreuzigten zu

17 Die Zuschreibung und Datierung folgt Matthias MÜLLER, Bildnis und Bekenntnis. Zum Problem des »protestantischen« Herrscherporträts und seiner »Erfindung« in der Cranach-Werkstatt, in: Günter FRANK / Maria Lucia WEIGEL (Hg.), Reformation und Bildnis. Bildpropaganda im Zeitalter der Glaubensstreitigkeiten, Regensburg 2018, S. 63–79, hier S. 78f.

18 Susanne WEGMANN, Der sichtbare Glaube. Das Bild in den lutherischen Kirchen des 16. Jahrhunderts, Tübingen 2016, S. 64 und 107.

19 Daniela BOHDE, Schräge Ansichten bei Kreuzigungen und anderen Passionsszenen, in: Stefan ROLLER / Jochen SANDER (Hg.), Fantastische Welten. Albrecht Altdorfer und das Expressive in der Kunst um 1500, Frankfurt am Main u.a. 2014, S. 85–87.

ihnen selbst zu erleben scheinen, so ist es in den Bildern, die Luther unter dem Kreuz zeigen, die Mittlerstellung des Reformators, die in den Blick gerät. Luther vermittelt auch in dem hier vorgestellten Bild zwischen Christus und dem Betrachter. Der Gekreuzigte, der allein die Gnade der Erlösung schenkt, wendet sich Luther zu, der mit einer leichten Drehung des Oberkörpers antwortet. Eine Beziehung zwischen beiden Protagonisten ist hergestellt, beide sind als Handelnde begriffen, auch wenn diese Bilderzählung extrem verkürzt erscheint. Luthers Blick jedoch ist aus dem Bild herausgeführt und erreicht somit die Sphäre des Betrachters. Die innige Zwiesprache des Gottessohnes mit dem Theologen ist auf den Betrachter hin geöffnet. Das persönliche Bekenntnis Luthers zu seinem Gott fordert die Teilnahme des Betrachters, der in diese Beziehung hineingenommen werden soll. Als Quelle dieses wechselseitigen Beziehungsgeflechtes weist Luther die Schrift vor, ihr entnimmt er das Gnadenangebot Gottes, das im erlösenden Kreuzestod Christi liegt.

Dieser dialogischen Struktur der Beziehung zwischen Gott und dem Menschen folgend, kann das Buch in den Händen Luthers auch als Katechismus ausgedeutet werden. Aus dem 17. oder 18. Jahrhundert stammt eine Radierung, in der dieser Aspekt herausgestellt ist.[20] Sie diente vermutlich als Titelblatt einer der in Nürnberg publizierten Ausgaben von Luthers Katechismus.[21] Inschriftlich wird die Reinheit des Gotteswortes hervorgehoben, die sich im Katechismus niederschlägt. Schriftgemäß und im Wechsel von Frage und Antwort sei dieser von Luther erstellt, so besagt der Text auf einem vor die Brüstung gehängten Tuch. Zur Bekräftigung der überzeitlichen Autorität des Gotteswortes ist der Deckel des geschlossenen Buches in Luthers Händen mit den Anfangsbuchstaben der kursächsischen Devise »*Verbum Domini Manet In Aeternum*« versehen. Nun ist der Reformator, begleitet von der Lutherrose in der linken oberen Ecke, hinter der Brüstung in Halbfigur bildfüllend inszeniert, das Kreuz überschneidend. Jedoch wendet Christus den Blick zum Betrachter hin und schlägt so den Bogen zum Adressaten, quasi durch den Vermittler Luther hindurch. Bereits in Katechismus-Ausgaben aus der zweiten Hälfte des 16. Jahrhunderts spielt das Kreuz in den Fragstücken unter dem Aspekt des Trostes eine besondere Rolle. Luthers Kreuzestheologie wird so auf eine seelsorgerliche Dimension hin erweitert.[22]

Diese Variante, Katechismus statt Bibel, findet sich wohl erst in einer Phase fortgeschrittener Konfessionalisierung. Zwar gelten Luthers Katechismen

20 Graphische Sammlung der Luther-Gedenkstätten in Sachsen-Anhalt, Lutherhalle Wittenberg, Inv. Nr.: Mappe 4° V 9244.

21 Der Verfasserin war eine systematische Recherche noch nicht möglich. In VD 17 und VD 18 waren die Katechismen zum Zeitpunkt der Veröffentlichung im Modus der Volltext-Suche nicht vollständig online zugänglich.

22 Hans-Jürgen FRAAS, Katechismustradition. Luthers kleiner Katechismus in Kirche und Schule, Göttingen 1971, S. 95.

nicht als Bekenntnis-Dokumente, doch hatten sie identitätsstiftenden Charakter und zählten bereits in der zweiten Hälfte des 16. Jahrhunderts zu den offiziellen Lehrtexten der evangelisch-lutherischen Kirchen.[23] Dieser Aspekt rückt in den Fokus, nicht mehr die Bezugnahme auf die Bibel, auf die sich explizit auch andere reformierte Konfessionen berufen.

Nicht nur Luther wird in dieser Weise in der persönlichen Beziehung zum Erlöser inszeniert. Der auf das Kreuz hin Ausgerichtete, wie er in dem Holzschnitt mit Luther von Cranach d.J. erscheint, ist ebenfalls in anderer Identität zu denken. So fand die Darstellung eine Nachfolge in sächsischen Fürstenbildnissen und kontextualisiert diese in konfessioneller Hinsicht.[24] Dies wird auch durch Gemälde mit entsprechenden Inszenierungen von Altar mit Kreuz und umstehenden Reformatoren sowie Fürsten verdeutlicht.[25] Darüber hinaus wird die persönliche Bezogenheit auf den Erlöser durch die zahlreichen Epitaphien in protestantischen Kirchen belegt, deren Bildrepertoire den auf den Gekreuzigten hin ausgerichteten, knienden Verstorbenen beinhaltet.[26] Auch diesen Darstellungen eignet der Charakter des Bekenntnisbildes.

Das unter dem Kreuz befindliche Personal kann variabel erweitert werden. Ein Holzschnitt, der sich im 16. Jahrhundert auf dem Frontispiz von Luthers Schriften findet, zeigt ein frontal zum Betrachter verortetes Kreuz mit Christus (Abb. 5). Das Lendentuch scheint sich im Wind zu bauschen, zu Füßen des Kreuzes wächst Gras. Es handelt sich wiederum um Versatzstücke einer visuellen Argumentation, die den Betrachter vom hohen Realitätsgrad der Darstellung überzeugen soll. Denn auch in diesem Fall ist kein reales Kreuz unter freiem Himmel abgebildet, sondern das Merkbild des in der Schrift aufscheinenden und von Luther in Wort und Schrift vermittelten Christus visualisiert, indem ihm mit bildlichen Mitteln größtmögliche Präsenz verliehen wird. So kniet der Reformator zum Kreuz gewandt rechterhand zu dessen Füßen, mit zum Gebet zusammengelegten Händen, während links – heraldisch gesehen in der ranghöheren Position rechts des Kreuzes – einer der sächsischen Kurfürsten in gleicher Haltung kniet. Indem dieser die gleiche Körperhaltung einnimmt wie der Reformator, spiegelt er ihn auch in dessen geistiger Haltung. Es ist der von Luther vermittelte Christus, der dem Fürsten unmittelbar vor dem inneren Auge steht, zu dem er sich betend bekennt. Ist in den zuvor gezeigten Darstellungen der Betrachter allein durch Körperwendung

23 Robert Kolb (Bearb.), Luthers Katechismen, in: Die Bekenntnisschriften der Evangelisch-Lutherischen Kirche, vollständige Neuedition, hg. v. Irene Dingel im Auftrag der Evangelischen Kirche in Deutschland, Göttingen 2014, S. 841–1162, hier S. 845.

24 Müller, Bildnis und Bekenntnis (wie Anm. 17), S. 79.

25 Brückner, Evangelische Bekenntnisbilder (wie Anm. 4), S. 305f.

26 Zahlreiche Beispiele für Gemäldeepitaphien allein für Wittenberg und Umgebung nennt Imke Wulf, Protestantische Gemäldeepitaphien im Raum Wittenberg und in angrenzenden Territorien, Petersberg 2016, s. bes. S. 313 zur Auflistung der Bildthemen der im Katalog erfassten Gemäldetafeln.

Abb. 5: Anonym, Bildnis Martin Luther und sächsischer Kurfürst unter dem Kreuz, 16. Jahrhundert, Holzschnitt, 10,5 × 18,1 cm, Melanchthonhaus Bretten, Foto: Melanchthonhaus Bretten

und Blick des Reformators aufgerufen, in eine ebenso intime Beziehung wie dieser zu Gott einzutreten, so ist diese Forderung hier durch den Kurfürsten eingelöst. In der Kleidung, dem pelzbesetzten Mantel mit Armschlitzen und geschlitzten Ärmeln, gibt sich dieser als Adliger zu erkennen, doch verzichtet er auf die kurfürstlichen Insignien Hermelinmantel, Kurhut und -schwert und stellt sich vielmehr als demütig vor Gott kniender Mensch dar. Nicht erst zu diesem Zeitpunkt – auf der Graphik ist das Jahr 1554 angegeben – wird das evangelische Bekenntnis zu einem Teil fürstlicher Selbstinszenierung. Bildfindungen dieser Art konnten nicht ohne Einwilligung des Fürsten im Druck erscheinen.

Die folgenden Beobachtungen betreffen die Gruppe der Bildfindungen zum Thema *Gesetz und Gnade*, heute unter der Bezeichnung *Verdammnis und Erlösung* bekannt, dem protestantischen Merk- und Lehrbild, das auf den direkten Einfluss Luthers zurückgeht und in der Cranach-Werkstatt entwickelt wurde. Ursprünglich im Medium der Malerei angesiedelt, erfuhr es, allerdings in signifikanten Varianten fast ausschließlich eines der Gemäldetypen, eine weitreichende Verbreitung durch druckgraphische Medien, indem es, zunächst in Magdeburg, später weit über das Kernland der Reformation hinaus als Frontispiz von alttestamentlichen Büchern in Luthers Bibelübersetzungen und in lutherischen Schriften fungierte.[27]

1529 entstanden zwei Gemälde, ihrem Aufbewahrungsort nach als Gothaer und Prager Typ bezeichnet, die in antithetischem Aufbau die Rechtfertigung des Menschen allein aus der Gnade Gottes und durch den Glauben an den gekreuzigten Christus visualisieren, wie sie Luther in der Paulusexegese entwickelt hatte.[28] Vorläufer dieser Lehrbilder finden sich in spätmittelalterlichen Bildfindungen, denen ebenfalls katechetischer Charakter eignet.[29]

Im Gothaer Gemälde sind beide Bildhälften – der Mensch unter dem Gesetz und derjenige unter der Gnade – durch einen Baum getrennt, dessen Gesetzesseite dürr, die Gnadenseite dagegen in üppigem Grün dargestellt ist (Abb. 6). Moses, umringt von Propheten, weist dem Menschen in den Gesetzestafeln den rechten Weg, doch ist dieser unrettbar Tod und Höllenfeuer ausgeliefert, weil er in seiner sündigen Natur dem Gesetz niemals Genüge tun kann. Als Ausweis der fehlbaren menschlichen Natur ist der Sündenfall Adams und Evas im Hintergrund dargestellt. Der Weltenherrscher der Apokalypse sitzt über den Menschen zu Gericht, auch die Fürbitte der heiligen Gottesmutter und des Johannes wird diesen nicht retten. Auf der Gnadenseite wird der Mensch von Johannes an den gekreuzigten Christus verwiesen, dessen reinigender und heiligender Blutstrahl sich über ihn ergießt. Durch die Auferstehung, in der Grabeshöhle unter dem Kalvarienberg dargestellt, besiegt Christus Tod und Teufel. Im Hintergrund versinnbildlicht die Empfängnis des Erlösers, dargestellt durch den vom Himmel auf Maria herabschwebenden Christus, der als Zeichen seiner Passion das Kreuz bereits auf der Schulter trägt, die Menschwerdung des Gottessohnes. Die eherne Schlange des Alten Testaments wurde bereits im Mittelalter typologisch als Ankündigung des Kreuzestodes Christi gedeutet. Dies ent-

27 Miriam Verena Fleck, Ein tröstlich Gemelde. Die Glaubensallegorie »Gesetz und Gnade« in Europa zwischen Spätmittelalter und Früher Neuzeit, Korb 2010, S. 96, S. 113, 130–438, zur Verbreitung des Prager Typus S. 424.

28 Ebd., S. 15–18, 49–57.

29 Ebd., S. 23–27.

Abb. 6: Lucas Cranach d.Ä., Verdammnis und Erlösung, 1529, Mischtechnik auf Holz, 82,2 × 118 cm, Stiftung Schloß Friedenstein, Gotha, Foto: Stiftung Schloß Friedenstein, Gotha

spricht auch der lutherischen Lesart des Alten Testaments, die christologisch ausgerichtet ist.[30]

Der Prager Typus unterscheidet sich von der Gothaer Fassung dadurch, dass der Mensch nicht in beiden Szenen erscheint, sondern in der Mitte zwischen beiden Sphären unter dem Baum platziert ist, wo ihn Moses und Johannes jeweils auf den Auferstandenen hinweisen.[31] Die beiden Bildfelder sind dadurch miteinander verschmolzen; zugleich ist der Mensch in seiner Wahlmöglichkeit in den Blick genommen. Naheliegend ist die Annahme, Cranach habe auf die humanistische Bildfindung *Herkules am Scheideweg* zurückgegriffen, auf einen literarischen Stoff, der schon in der Antike Popu-

30 Stephen G. Burnett, Luthers hebräische Bibel (Brescia, 1494). Ihre Bedeutung für die Reformation, in: Irene Dingel / Henning P. Jürgens (Hg.), Meilensteine der Reformation. Schlüsseldokumente der frühen Wirksamkeit Martin Luthers, Gütersloh 2014, S. 62–69, bes. S. 68.

31 Gotteswort und Menschenbild, Werke von Cranach und seinen Zeitgenossen, bearb. von Allmut Schuttwolf, Teil 1, Gotha 1994, Kat. Nr. 98, Abb. o. S.

larität durch Xenophons *Memorabilien* erlangte.[32] In beiden Fällen ist die visuelle Argumentation, deren Abfolge in der Platzierung der Szenen in Vorder- und Hintergrund erkennbar wird, durch Schrift-Zitate ergänzt; in die bildliche Rhetorik sind sie als textbasierte Argumente eingewoben. In der narrativen bildlichen Ausgestaltung lassen sich die Sinnbezüge besser memorieren als in einer Beschränkung auf den Text. Die paulinische Rechtfertigung des Menschen als Glaubensinhalt eines lutherisch verstandenen Christentums wird hier inszeniert. Der Mensch dient dabei als Identifikationsfigur für den Betrachter; stellvertretend für ihn trifft er die Wahl und führt vorbildhaft vor, welche Konsequenzen die jeweilige Entscheidung nach sich zieht: ewige Verdammnis oder Errettung. Wie in den Bildnissen, die am Beginn dieser Ausführungen stehen, ist es wiederum der Mensch in seinem Bezug zu Gott, der dem Adressaten der Bilder vor Augen gestellt wird. Der Mensch wird zum Zeugen von Gottes Heilshandeln am eigenen Leib, er wird zum Bekenner. Der Gegenstand seines Bekenntnisses, die paulinische Rechtfertigungslehre, bietet im Bild den Aktionsrahmen, innerhalb dessen sich die Lebensvollzüge des Menschen entfalten.

Nicht anders verhält es sich mit den Bildfindungen, die als sogenannte *Augustana*-Bilder zu Beginn des 17. Jahrhunderts entwickelt wurden. Wie das Bildnis Luthers unter dem Kreuz mit dem Katechismus an Stelle der Bibel spiegeln sie die fortschreitende Konfessionalisierung. Wurden bereits die Einzelszenen der Bilder zum Thema *Gesetz und Gnade* von Bibeltexten begleitet, die die Konsequenzen der dargestellten Handlungen in Rückbindung an den heiligen Text in ihrer Unabänderlichkeit belegen, so ist in den *Augustana*-Bildern der Umfang der Textelemente noch einmal gesteigert. Es handelt sich nun jedoch um Beschreibungen der dargestellten Szenen. Auf eine aus der Heiligen Schrift oder den Bekenntnisschriften entwickelte argumentative Reflexion wird verzichtet. Entstanden sind die *Augustana*-Bilder im Kontext der lutherischen Orthodoxie.[33] Wesentliche Glaubensinhalte werden durch sie vermittelt und tradiert, denn die Bilder sind als Dokumente einer konfessionalisierten Erinnerungskultur zu verstehen. Sie sind religiöse Selbstvergewisserung, veranschaulichen die Lehre und stiften konfessionelle Identität.[34] Insofern kann ihre Entstehung zu den sich immer weiter ausdifferenzierenden Bekenntnisschriften in Beziehung gesetzt werden, wenn auch nicht im Sinne einer wortgetreuen Illustration.

32 Erwin Panofsky, Hercules am Scheidewege und andere antike Bildstoffe in der neueren Kunst, Leipzig, Berlin 1930, s. dazu auch die Diskussion bei Fleck, Ein tröstlich Gemelde (wie Anm. 27), S. 24.

33 Wolfgang Brückner, Lutherische Bekenntnisgemälde des 16. bis 18. Jahrhunderts. Die illustrierte Confessio Augustana, Regensburg 2007, S. 119f.

34 Wegmann, Der sichtbare Glaube (wie Anm. 18), S. 99 und 103f.

Abb. 7: Anonym, Verlesung der Augsburger Konfession, Coburg, um 1630, Öl auf Leinwand, 121 × 171,8 cm, Kunstsammlungen der Veste Coburg, Foto: Kunstsammlungen der Veste Coburg

Die *Augustana*-Bilder bestehen aus zwei Hauptszenen. Zum einen ist die Verlesung der *Confessio Augustana* im Jahr 1530 auf dem Augsburger Reichstag vor Karl V. dargestellt, wobei es sich auch in dieser scheinbar ein historisches Ereignis wiedergebenden Szene nicht um eine nüchterne Dokumentation handelt. Zum anderen ist der Vollzug des kirchlichen Lebens auf der Grundlage des Augsburger Bekenntnisses in zahlreichen Einzelszenen dargestellt. Es handelt sich nicht um eine illustrative Umsetzung der Artikel der Augsburger Konfession, sondern spiegelt das Kirchenleben in der spezifischen Ausprägung der Gnesiolutheraner, wie es sich im 16. Jahrhundert etabliert hatte.

Zwei Leinwandgemälde, die sich ehemals in der evangelisch-lutherischen Kirche St. Moritz in Coburg befanden und heute in den dortigen Kunstsammlungen zu sehen sind (Abb. 7 und 8), weisen beide Szenen des *Augustana*-Motivs auf.[35]

35 Hier und im Folgenden Brückner, Lutherische Bekenntnisgemälde (wie Anm. 33), S. 145 und Veronika Braunfels / Michael Eissenhauer, Mit Luther durch die Kunst-

Abb. 8: Anonym, Kirchenzeremonien, Coburg, um 1630, Öl auf Leinwand, 117 × 165 cm, Kunstsammlungen der Veste Coburg, Foto: Kunstsammlungen der Veste Coburg

Der Künstler ist unbekannt, das Bildpaar entstand wohl um das Jahr 1630. Auf der Szene, die links zu denken ist, also in Leserichtung das zeitlich vorangehende Ereignis darstellt, ist der Kaiser in einer Halle zu sehen, umringt von geistlichen Würdenträgern und Fürsten. Der Bruder des Kaisers, Ferdinand, hat auf einem Thron zur Linken des Kaiserthrons Platz genommen, der päpstliche Legat Campeggio zur Rechten. An einem Tisch in der Mitte des Raumes verliest der sächsische Kanzler Christian Beyer die Bekenntnisschrift, flankiert von den kaiserlichen Sekretären. Die Szene wird im Bildvordergrund durch den kaiserlichen Hofzwerg mit Dogge und den Reichsherold abgeschlossen. Diese Darstellung gibt sich den Anschein einer Dokumentation der tatsächlichen Ereignisse. Rechts stehen die sechs protestantischen Fürsten, die das Bekenntnis unterzeichnet haben, der Kurfürst Herzog Johann der Beständige von Sachsen, Markgraf Georg von Brandenburg-Ansbach, Herzog Franz von Braunschweig-Lüneburg, Herzog Ernst von Braunschweig-Lüne-

sammlungen. Ein Führer zu den Lutherzeugnissen in den Kunstsammlungen der Veste Coburg, Coburg 1996, S. 36–39.

burg, Landgraf Philipp von Hessen und Fürst Wolfgang von Anhalt-Köthen. Johann Friedrich Herzog von Sachsen ist jedoch nicht dargestellt. Gegenüber sind die Vertreter der sechs Städte abgebildet, die sich ebenfalls zur *Confessio Augustana* bekannten: Nürnberg und Reutlingen sowie die während des Reichstages beigetretenen Reichsstädte Weißenburg, Heilbronn, Kempten und Windsheim. Deren Repräsentanten heben die die rechte Hand zum Schwur. Dies hat den symbolischen Charakter erinnerter, nicht faktischer Geschichte, denn mit Sicherheit wurde die Schwurgeste nicht über die Dauer der Verlesung hinweg aufrechterhalten.[36] Auch die Zwölfzahl der Dargestellten ist kein Zufall, sie nimmt Bezug auf die Zahl der Apostel, die sich um Christus scharten.[37] Die historischen Ereignisse des 16. Jahrhunderts werden in diesem Bild somit heilsgeschichtlich ausgedeutet. Dies klingt auch in der Inschrift an, die sich in der Kartusche am unteren Bildrand befindet:

> Etlicher furtreflicher Helden Fürsten und Städt Bekentnus, welche sich den Augspurgischen Confession Ao. 1530. Vnderschribe, vnd dem Großmechtigsten Keißer Carolo dem 5. Übergeben, mit Beystandt Göttlicher genade steiff vnd vest darbey zubleiben so wahr inen Gott helfe.

Die zweite Szene zeigt die gottesdienstlichen Handlungen der evangelisch-lutherischen Kirche auf der Grundlage des im ersten Bild visualisierten Ereignisses, darüber gibt die Inschrift im Bildvordergrund Auskunft: »Kirchen Ceremonien. Der Reinen unverenderten Apostolischen Augspurgischen Confession Lutherischer Lehre, wie solche Gott Lob und Danck noch heutiges tages in allen Evangelischen Kirchen geübet vnnd in Brauch gehalden wirdt.« Die dargestellte Kirchenarchitektur nimmt möglicherweise Bezug auf die Moritzkirche, den ursprünglichen Ort der Anbringung der Gemälde.[38] Links vorne ist die Darreichung des Abendmahles unter beiderlei Gestalt gezeigt. Empfangen wird der Kelch vermutlich von Johann dem Beständigen, dem sächsischen Kurfürsten, in Begleitung seines Sohnes und seiner Enkel. Das Brot wird Friedrich dem Weisen gereicht. Die Namen vor dem Altar beziehen sich auf diejenigen, deren Abendmahlsauffassung von derjenigen der lutherischen Kirche abweicht. Hinter dem Altar stehen Paulus und die Evangelisten ohne Johannes. Gegenüber ist die Taufe dargestellt, dahinter die Beichte. In der Mitte des Kirchenschiffes werden von zwei Geistlichen Kinder im Katechismus unterwiesen, an den Seiten sind Gottesdienstbesucher zu sehen, die dem Prediger auf der Kanzel lauschen. Vor dem zentralen Altar

36 Henrike Holsing, Luther – Gottesmann und Nationalheld. Sein Image in der deutschen Historienmalerei des 19. Jahrhunderts, Univ. Köln Diss. 2004, URL: <https://kups.ub.uni-koeln.de/2132/2/diss_text_holsing.pdf> [30.09.2018], S. 102.

37 Braunfels / Eissenhauer, Kunstsammlungen (wie Anm. 35), S. 36.

38 Hier und im Folgenden ebd., S. 36.

im Hintergrund steht ein Brautpaar, das den Segen erhält. Auf der Tribüne darüber befindet sich ein Kirchenchor, in der Mitte ist die Orgel platziert. Kirchenmusik, Trauung, Predigt, Abendmahl, Taufe und Beichte sind in einer Simultandarstellung zusammengefasst, sie werden jeweils durch eine Beischrift erläutert. Dieses Bild folgt einem älteren in Eisenach, das wiederum auf einen Kupferstich aus dem Nürnberger Umkreis zurückgeht.[39] Die mit Porträtähnlichkeit ausgestatteten Protagonisten konnten dabei ausgetauscht werden, so dass die jeweils den landesherrlichen Verhältnissen angepassten Fassungen sowohl den Aspekt katechetischer Lehr- und Merkbilder entfalten als auch lutherische Identität im kirchlichen Lebensvollzug tradieren.[40] Bildgegenstand ist die gelebte Praxis, die aus der textlichen Fixierung von Bekenntnis resultiert. Derjenige des öffentlichen fürstlichen Bekenntnisses tritt ergänzend hinzu.

39 Brückner, Lutherische Bekenntnisgemälde (wie Anm. 33), S. 280 und 273.
40 Ebd., S. 159.

Martin Ohst

Reformatorische Lehrbekenntnisse in ihren kirchengeschichtlichen Kontexten

Ein Nachwort

Liest man die Beiträge dieses Bandes im Zusammenhang, dann gewinnt man eine reiche Fülle von Informationen zur Funktion von Bekenntnisschriften in der reformatorischen, spätreformatorischen und nachreformatorischen Phase der evangelischen Kirchentümer im Heiligen Römischen Reich Deutscher Nation und seinen Rechtsordnungen.

Beispielhaft wird an jener neuen literarischen Gattung, als deren Musterexemplar die *Confessio Augustana* hervorsticht, deutlich, was die einmalige, herausgehobene Besonderheit jener Begründungs- und Institutionalisierungsjahre evangelischen, also nachkatholischen Christentums zwischen 1517 und 1580 ausmacht. Das evangelische Verständnis der christlichen Religion ist mitten in der Papstkirche und nicht etwa an einem ihrer kritischen Ränder entstanden. Die Papstkirche in ihrer kaum überschaubaren Vielgestaltigkeit lebte ihrerseits in einer alle Lebensbereiche durchdringenden und prägenden Symbiose mit den Gesellschaften Lateineuropas und ihren rechtlichen Ordnungen.

Das neue Wesensverständnis der christlichen Religion entstand und entfaltete sich zunächst als Ferment der Innovation und der Reform innerhalb dieser Symbiose. Aber schon bald zeigte es sich, dass die doktrinären und institutionellen Strukturen der gegebenen Kirche diesen Impuls nicht abzufangen und zu verarbeiten vermochten, und so wurde er von ihr ab- und ausgestoßen.

Die in solchen Fällen durch die geistliche und weltliche Rechtsordnung vorgesehene Elimination aus der Gesellschaft war jedoch aufgrund unterschiedlicher kontingenter Macht- und Interessenkonstellationen in vielen Gebieten des Heiligen Römischen Reiches Deutscher Nation nicht durchsetzbar, und hier konnte und musste sich die reformatorische Bewegung deshalb institutionalisieren, verkirchlichen – innerhalb der vorgegebenen rechtlichen Ordnungen, die in jener Symbiose mit der Papstkirche entstanden und auf sie eingerichtet waren: Diese Ordnungen sollten eben nicht zerstört, sondern erhalten und behutsam reorganisiert werden – darin waren sich bei allen sonstigen bald hervortretenden Differenzen die unterschiedlichen Zweige der reformatorischen Bewegung, welche von Wittenberg, Zürich und Straßburg ausgingen, einig.

Mit diesem Versuch, der gegebenen gesellschaftlichen Ordnung ein neuartiges religiöses Kraft- und Orientierungszentrum zu implantieren, ohne diese doch zu zerstören, zogen die Protagonisten der Reformation von zwei Seiten unversöhnliche Feindschaft auf sich: Die unterschiedlichen Spielarten des als Seitenbewegung der Reformation ans Licht getretenen, seinerseits auf sehr viel ältere kritische Potentiale zurückgreifenden Täufertums opponierten sich leidenschaftlich dieser Kontinuität kirchlich-gesellschaftsprägenden Christentums, und überzeugte, folgerichtige Protagonisten der Papstkirche sahen in den dazu notwendigen Flexibilisierungen der Rechtsordnungen einen durch nichts zu rechtfertigenden Verstoß gegen die der Kirche eingestiftete Einheits- und Wahrheitspflicht, wie Augustin sie in seinen Schriften gegen die Donatisten bleibend gültig durchdacht und ausformuliert hatte und wie sie das Kanonische Recht operationalisierte. Die Konzession von Lebensmöglichkeiten für die institutionalisierte Häresie war in ihren Augen allenfalls aus taktischen Rücksichten kurzfristig erträglich – wenn sie verbunden sei mit dem festen Willen zur Rücknahme bei nächster sich bietender Gelegenheit. Der ohnmächtige päpstliche Protest gegen die religionsrechtlichen Bestimmungen des Westfälschen Friedens[1] hat diese Rechtsposition noch einmal in aller Form dokumentiert.

Im Lichte des Kontrastes zu diesen beiden Positionen, deren eine um eines an idealisierten urchristlichen Lebensformen orientierten kirchlichen Erneuerungsprogramms willen die bisherige symbiotische Einheit von Kirche und Gesellschaft zur Disposition stellte, während die andere die Vorstellung einer solchen Einheit außerhalb der Papstkirche für schlechterdings unerträglich hielt, zeigen sich die dem Typus der *Confessio Augustana* folgenden Bekenntnisschriften folglich als Dokumente des Versuchs, das bislang Unmögliche möglich zu machen, nämlich gelebtes kirchliches Christentum, das in zentralen Punkten der Lehr-, Rechts- und Lebensordnung wissentlich und willentlich im Widerspruch zu papstkirchlichen Normen stand, in die bestehenden gesellschaftlichen Ordnungen zu implementieren.

Dazu waren wechselseitige Anpassungen notwendig, und die *Confessio Augustana* und ihre Nachfolgerinnen machten hierzu Vorschläge: Die theologische Reflexionsform der sich und ihre Grundlagen neu verstehenden und artikulierenden christlichen Religion schmiegte sich so weit wie möglich in die normativen Vorgaben der kirchlichen und nichtkirchlichen Rechtsordnungen ein. Und indem sie das tat, formte sie diese ihrerseits um.

1 Der Text bei Carl Mirbt, Quellen zur Geschichte des Papsttums und des römischen Katholizismus, Tübingen [4]1924, Nr. 529, S. 382f.; vgl. auch Ludwig von Pastor, Geschichte der Päpste seit dem Ausgang des Mittelalters, Bd. XIV/1, Freiburg [1-7]1929, S. 98–101.

Dabei aber gaben die Verfasser der Bekenntnisschriften und ihre Auftraggeber keineswegs das Ziel auf, die gesamte Kirche mit ihrem Erneuerungswillen zu durchdringen. Vielmehr erhoben sie dezent, aber unüberhörbar den Anspruch auf Deutungshoheit über deren normative Grundlagen, und indem sie das taten, schlossen sie sich, freilich in einer ganz anderen Tonart, den polemischen Invektiven der reformatorischen Schriftstellerei an: Im und unter dem Papsttum sind die der Kirche als Ganzer anvertrauten wesentlichen Basisstrukturen und Heilsmittel (Wort Gottes / Schrift, Taufe, Altarsakrament) in einer Weise praktiziert und gedeutet worden, die zu ihrer Ursprungsintention im kontradiktorischen Widerspruch stehe.

So modifizierten sich dort, wo der reformatorische Impuls wirksam zu werden vermochte, allmählich Vorstellungskomplexe, Lehrzusammenhänge und Ordnungsgefüge, die zuvor auf religiös-kultischer Einheit basiert und sich deren Erhaltung zur Aufgabe gemacht hatten, unter Wahrung der geschichtlichen Kontinuität dergestalt, dass sie zur Grundlage einer neuen, sich neben der alten und gegen sie etablierenden Lebensgestalt kirchlichen Christentums wurden. Es entstanden zwei Varianten kirchlichen Christentums, und ihr gegenseitiges Verhältnis galt es zu bestimmen – zunächst mit dem Ziel der Wiederherstellung der Einheit und, je länger je mehr, mit der bescheideneren Absicht, das Nebeneinander zu bewältigen und zu moderieren.

Die Bekenntnisschriften dokumentieren, wie die sich der Reformation öffnenden Territorien und Reichsstädte, repräsentiert durch theologische Fachleute, diese Aufgaben auffassten und in Angriff nahmen. Der überragende stil- und traditionsbildende Rang von Melanchthons *Confessio Augustana* lässt sich schon daran ablesen, dass die Bekenntnisbildungs- und -rezeptionsprozesse, welche in den nächsten beiden Menschenaltern im Reich stattfanden, immer auf sie bezogen blieben: Sie selbst wurde, zunächst von ihrem Autor selbst und dann auch von anderen, mit bisweilen positionell einander widerstreitenden Ansprüchen auf Authentizität kommentiert und dem Gang der konfessionspolitischen Entwicklungen folgend fortgeschrieben.

Auch dort, wo sich Ordnungsaufgaben stellten, die die *Confessio Augustana* ihrem Gehalt nach nicht zu lösen vermochte, ließ man sie nicht etwa fallen, sondern in kontroversen Akzentuierungen flankierte man sie durch sie auslegende Dokumente und kanonisierte sie im Kontext unterschiedlicher *Corpora doctrinae*.

Darin spiegelt sich die reichspolitische Bedeutung der *Confessio Augustana* wider. Nachdem sie ihr Primärziel, die Wahrung der religionskulturellen Reichseinheit, nicht erreicht hatte, wurde sie zum Basisdokument der sich als Sondergruppe innerhalb des Reichsverbandes organisierenden evangelischen Territorien und Städte; die augsburgische Konfessionsverwandtschaft war der

Status, der kirchlichem Christentum außerhalb der Papstkirche Schutz vor Behelligung durch die Exekutoren des papstkirchlichen Ketzerrechts bzw. gegen die religionsrechtlich motivierte Reichsexekution bot.

Diese einigermaßen abstrakten Überlegungen gewinnen Profil und Statur, wenn man sie inhaltlich konkretisiert und wenn man sie historisch durch Rück- und Vorblicke profiliert. Ich möchte das im Folgenden tun, indem ich ein paar Hinweise auf die Stellung der *Confessio Augustana* in der Geschichte der kirchlichen Glaubens*formeln* gebe und dabei mein Augenmerk insbesondere auf den in den *Glaubens*formeln implizit und explizit leitenden Begriff des *Glaubens* richte. Es wird sich dabei zeigen, dass die Einzeldifferenzen, welche die Bekenntnisschriften und die Reaktionen auf sie bezeugen, erst dann verstanden sind, wenn sie als Symptome einer sie alle durchwaltenden, innerhalb ihrer jedoch nicht isolierbaren Grundursache gedeutet werden: Es war ein neuartiges Grund- und Wesensverständnis der christlichen Religion, das, entsprungen mitten im geistigen und geistlichen Lebenszentrum der Papstkirche, die Reformation hervorbrachte und von dort aus kritisch sichtend und transformierend die Lehre und das Leben der abendländischen Kirche durchdrang.

In dieser Perspektive kommt die *Confessio Augustana* als ein Dokument des Übergangs zu stehen: Das Neue legitimiert und plausibilisiert sich, indem es sich so weit wie irgend möglich herkömmlichem Begriffs- und Vorstellungsmaterial anbequemt und so den Anspruch erhebt, es überhaupt erst (wieder) richtig zu verstehen und ins Recht zu setzen.

1.

Wie das reformatorische Verständnis der christlichen Religion zwar insgesamt neuartig ist, aber in den Fragestellungen, welche es hervortrieben, und in den Artikulationsformen, mit denen es geschichtswirksam wurde, tief in der Kirche der Antike und des Mittelalters verwurzelt bleibt, so verhält es sich auch mit den Bekenntnisschriften und ihrem Ort in der Geschichte der christlichen Literatur: Mit der *Confessio Augustana* und den sie vorbereitenden Dokumenten beginnt zwar die Geschichte einer neuen Gattung, die aber doch in einer Vorgeschichte wurzelt, ohne deren Kenntnis sie gerade in ihrer innovativen Eigen- und Sonderart nicht verstehbar ist.

Die Vorrede zum Konkordienbuch bezeugt das, wenn sie die *Confessio Augustana* als »Symbolum nostri saeculi« bezeichnet und sie damit als neuartiges Glied in die Geschichte mit normativer Absicht formulierter kirchlicher Glaubensbekenntnisse einzeichnet.

Wie sehr hier Kontinuität und Differenz ineinander liegen, das zeigen die unterschiedlichen Fassungen des Glaubensbegriffs, die in der Vorgeschichte der reformatorischen Bekenntnisschriften und in diesen selbst wirksam und leitend sind. Damit das deutlich wird, müssen einige Grunddaten aus der Geschichte des Glaubensbegriffs in Erinnerung gerufen werden.[2]

Seit den frühesten greifbaren Gemeindebildungen hat sich die christliche Kirche im Unterschied zur jüdischen Volksgemeinde von Anfang an elementar als Gemeinschaft des individuell angeeigneten, bekannten und verantworteten Glaubens verstanden: In Röm 10,9f. zitiert Paulus wahrscheinlich eine ältere, ihm vorgegebene Formel, und Tertullian[3] hat es auf den Begriff gebracht: »Fiunt, non nascuntur Christiani«.

Auch in die Kirche des Mittelalters wurde selbst in den Phasen ihrer unangefochtenen Kulturhegemonie niemand hinein*geboren*, sondern jedes Menschenkind wurde auf seinen durch Eltern und Paten stellvertretend bekannten Glauben hin in die Kirche hinein*getauft*.

Wer durch die Taufe ihr Glied wurde, dem wurde der Glaube der Kirche mitgeteilt, eingegossen (*fides infusa*), und mit ihm die Verpflichtung, die Lehrverkündigung der nach göttlicher Rechtssetzung hierarchisch verfassten Kirche pauschal als wahr anzuerkennen. Diese glaubensbereite Gehorsamshaltung, also die Bewusstseinsgestalt der *fides infusa*, hieß *fides implicita*.

Das, was dem einzelnen Menschen im Laufe seines Lebens an Glaubensinhalten tatsächlich durch das Leben in der Familie, durch bildliche Darstellungen, durch Katechese, Predigt oder gar Studium zu aktuellem Bewusstsein kam, hieß *fides explicita*: Sie entstand und mehrte sich, indem die pauschale Annahme der kirchlichen Lehrverkündigung sich in einzelnen Akten der Anerkennung von bestimmten, formulierten Satzwahrheiten betätigte und konkretisierte. Diese auf Autorität hin anzunehmenden Satzwahrheiten bezeichneten miteinander ein System von Bedingungen und Hilfen, durch deren Erfüllung bzw. Inanspruchnahme der Mensch zum Ewigen Leben gelangen könne – mitsamt den geschichtlichen und transzendenten Grundlagen dieses Bedingungsgefüges. Der so verstandene Glaube, also die *fides implicita* mitsamt dem jeweils individuell durch die Lebensumstände bedingten Maß an *fides explicita*, war die unerlässliche Voraussetzung der Heilsteilhabe, exemplarisch spricht sich dieses Glaubensverständnis im sog. »Athanasianischen Glaubensbekenntnis« aus, und mit ihm ging es als Bestandteil des Konkordienbuchs in die Bekenntnistradition der lutherischen Kirchen ein:

2 Vgl. zum Folgenden Martin Ohst, Glaube in der Kirchengeschichte. Zu den geschichtlichen Wandlungen eines Zentralbegriffs der christlichen Religion, in: Friedrich Wilhelm Horn (Hg.), Glaube (Themen der Theologie), Tübingen 2018, S. 65–131.

3 Tertullian, Apologeticus 18.

Wer auch immer gerettet werden will, der muss vor allem den katholischen Glauben festhalten. Wer den nicht rein und unverletzt hält, der wird zweifelsohne auf ewig verlorengehen. Der katholische Glaube aber ist der folgende: ....[4]

Der so verstandene Glaube ist also notwendige Bedingung der Teilhabe an dem Heil, dessen Grund und Inhalt er erschließt. Er ist aber von der eigentlichen Teilhabe am Heil selbst kategorial unterschieden. Er zeigt dem Menschen, was wer warum tun und lassen muss, um zum Heil zu kommen, und in diesen Aufgabenkomplex gehört er, der Glaube, selbst mit hinein – als unerlässliche, elementare Teilaufgabe, deren Bedeutung darin liegt, dass sie über sich selbst hinausweist – in eine Lebensführung, die sich auf das Bedingungsgefüge, das der Glaube zur Kenntnis nimmt und akzeptiert, verbindlich und ernsthaft einlässt.

Im so verstandenen Glauben hat es der Mensch also zuerst und zuletzt mit der Kirche als Lehr- und Heilsanstalt zu tun. Deren Autorität ist es, die ihm die Zustimmung zu Sätzen ermöglicht, die ihm weder durch seine Sinneswahrnehmung noch durch sein rationales Verstehen insinuiert werden. Und die Kirche hilft ihm beim Glauben – mit theoretischen Erörterungen, die den Glauben so weit wie möglich ins Erkennen und Verstehen überführen, aber auch mit einer unübersehbaren Fülle von Mirakelgeschichten, in welchen die wesentliche Kontrafaktizität des Glaubens für einen extrem flüchtigen, aber unvergesslichen Moment der Evidenz weicht und so dem vorgreifenden Schauen des Geglaubten Raum gibt.[5]

Wenn das alles so ist, dann ergibt sich weiter: Die Kirche ist dafür verantwortlich, dass der gehorsamsbereiten Glaubenshaltung die richtigen, heilsamen Inhalte vorgelegt werden. Sie ist verpflichtet und ermächtigt, den Glaubensgehalt in bestimmten geschichtlichen Nötigungssituationen in zusammenfassende Formulierungen zu gießen und ihren Gliedern zur gehorsamen Annahme vorzulegen. Auf den »ökumenischen« Konzilen der spätantiken Reichskirche hat die Kirche diese Vollmacht betätigt. Sie kann und muss das auch weiterhin tun: So hat Papst Innocenz III. an die Spitze der Rechtssätze seines IV. Laterankonzils 1215 ein feierliches Glaubensbekenntnis gestellt, das *Innocentianum*,[6] welches der Transsubstantiationslehre den Status eines Glaubensgesetzes gab und sie zum einzigen neuen Dogma der mittelalterlichen Papstkirche erhob. Dieses Bekenntnis hatte dann seine Wirkungsgeschichte als Prolog des *Liber Extra*, also der Dekretalensamm-

4 BSELK S. 28 (dt. Übers. M.O.).

5 Vgl. Martin Ohst, Glaube und Wunder, in: Elisabeth Gräb-Schmidt u.a. (Hg.), Leibhaftes Personsein. Interdisziplinäre Perspektiven, FS für Eilert Herms, Leipzig 2015, S. 127–142.

6 Vgl. die Anfangsformel: »Firmiter credimus et simpliciter confitemur...«; DH 800.

lung, die Innocenz' zweiter Nachfolger, Gregor IX., autorisierte,[7] und damit wurde es zum fundamentalen religiösen Bestandteil der lateineuropäischen Rechtsordnung. Dass und warum die Kirche bzw. der Papst, in welchem die Vollmacht der Kirche gleichsam konzentriert ist, solche Lehrformulierungen ausarbeiten kann und muss, hat u.a. Thomas von Aquin luzide dargelegt.[8]

Nötig werden solche Präzisierungen immer wieder, weil die den Glauben fordernde und ermöglichende kirchliche Lehre durch Irrlehre entstellt werden kann. Es ist die Aufgabe der Kirche, Irrlehre zu identifizieren und zu unterbinden – durch Zensuren und Verbote: Damit sie ihren Aufgaben als zuverlässige, glaubwürdige Lehr- und Heilsanstalt gerecht werden kann, muss die Kirche sich auch zur Rechtsanstalt ausbilden, die den Glauben rein erhält. Die Vollmacht dazu liegt in ihrer Binde- und Lösegewalt, und wer sich ihr gegebenenfalls nicht fügt, verletzt die für seine christliche Existenz geschuldete Pflicht zum glaubenden Gehorsam bzw. zum gehorsamen Glauben. Wenn das geschieht, wird der vergleichsweise harmlose Irrtum zum Kapitalverbrechen der Häresie. Wer sich seiner schuldig macht, der fällt dem kirchlich-weltlichen Instanzenzug des Ketzerrechts anheim, das ihn um seines eigenen Heils und um der heilsnotwendigen kirchlichen Einheit willen zum Einlenken zwingt und äußerstenfalls vernichtet.

2.

Wenn sich jedoch ein Mensch mit Hilfe der kirchlichen Lehrautorität von seinem eigenen Glaubensirrtum distanziert und von seiner Devianz auf den Heilsweg des Glaubensgehorsams gegen die lehrende Kirche zurückfindet, dann dokumentiert er das öffentlich, indem er sich verbindlich zur Wahrheit der kirchlichen Lehre bekennt; d.h. ihm wird von bevollmächtigten Repräsentanten der lehrenden Kirche ein vorformuliertes Dokument vorgelegt, das er sich in einem öffentlichen Ritus zu eigen macht und durch seine Unterschrift bestätigt. Dieses Dokument bezeugt seinen grundsätzlichen Gehorsam gegen die lehrende Kirche, seine Übereinstimmung mit deren Grundüberzeugungen und speziell sein Ja zur ihm vorgelegten kirchlichen Lehre und Praxis in den Punkten, in denen er zeitweilig von ihr abgewichen ist.

Zwei solcher Bekenntnisse zum realistischen Verständnis der Eucharistie, die er allerdings beide späterhin als erzwungen widerrief, nahm Berengar

7 Corpus Iuris Canonici, auf der Grundlage der Ausgabe von Aem. L. RICHTER, hg. v. Emil FRIEDBERG, Leipzig 1879 (ND Graz 1959), Bd. II, Sp. 4f.
8 Vgl. STh II/2 q. I Art. 10.

von Tours auf seinen Namen;[9] das ältere der beiden wurde von Gratian von Bologna in seine Dekretalensammlung[10] aufgenommen und erlangte dadurch noch einmal ein höheres Maß an normativem Gewicht.

(Petrus) Waldes selbst[11] und späterhin mehreren Armutspredigern aus der auf ihn sich zurückführenden Bewegung[12] wurden solche Formeln vorgelegt, und sie ratifizierten sie durch Unterschrift als ihre Bekenntnisse. Und auf dem II. Konzil von Lyon wurde von den Emissären des byzantinischen Kaisers Michael Palaeologus ein Bekenntnis unterzeichnet, in welchem die Kirche seines Reiches sich materialdogmatisch wie rechtlich den römischen Ordnungen unterwarf.[13]

Wir halten fest: Die Kirche formuliert und präzisiert die autoritativ gültige Lehre bzw. Rechtsauffassung in Bekenntnisformulierungen, die von den Gläubigen – sofern sie mit ihnen konfrontiert werden – anerkannt und ratifiziert werden wollen. Und Menschen, die den Makel der Glaubensabweichung von sich abwaschen und in die Gehorsamsgemeinschaft des wahren Glaubens zurückkehren wollen, dokumentieren das, indem sie sich verbindlich zu ihnen vorgelegten, speziell für sie und diesen Anlass ausgearbeiteten kirchlichen Glaubensformulierungen bekennen.

Sinnvoll und einleuchtend ist das alles unter der Prämisse eines Glaubensverständnisses, dessen Wurzeln im Frühjudentum und im vorpaulinischen Urchristentum liegen und das sich dann in der Katholischen Kirche, insbesondere des Westens, immer weiter verfeinert und präzisiert hat. In der Römisch-katholischen Kirche ist es das bis heute gültige: Glaube ist die Annahme der kirchlichen Lehrverkündigung auf Autorität hin. Seine voll- und letztgültige Formulierung hat dieses Verständnis des Glaubens erst 1870 in der Gesetzgebung des I. Vatikanischen Konzils gefunden: »Folglich muss mit göttlichem und katholischen Glauben all das geglaubt werden, was im geschriebenen und überlieferten Wort Gottes enthalten ist und was von der Kirche durch feierlichen Urteilsspruch oder auch durch ihr ordentliches und allgemeines Lehramt als göttlich geoffenbart zu glauben vorgelegt wird«.[14]

9 Beide leicht greifbar bei Mirbt (wie Anm. 1), Nr. 273 und 276, S. 144f. sowie DH Nr. 690. 700.

10 De Consecratione Dist. II, Confessio Augustanap. XVII; Corpus Iuris Canonici (wie Anm. 7), Bd. 1, Sp. 1328f.

11 Das Bekenntnis des Petrus Waldes ist ediert von Kurt-Victor Selge, Die ersten Waldenser, Berlin 1967, Bd. 2, S. 3–6; leicht ist der Text greifbar bei DH 790–797.

12 Vgl. DH 790–797 sowie Giovanni Gonnet, Enchiridion Fontium Valdensium, Torre Pelice 1958, Bd. 1, S. 130–140.

13 Vgl. DH 851–861.

14 DH 3011.

3.

Martin Luthers zwar an zuvor wenig rezipierte Elemente des Paulinismus anknüpfendes, dennoch als Gesamtphänomen durchaus neuartiges Wesensverständnis der christlichen Religion unterbrach wie die Kontinuität der abendländischen Kirchengeschichte überhaupt, so auch insbesondere, und zwar besonders radikal, die Geschichte des Glaubensbegriffs: Glaube hat es nach Luther nicht mit kirchlichen Lehrformulierungen zu tun, sondern er entsteht, wenn der lebendige Gott selbst sich als Wort des Gesetzes und des Evangeliums im Gewissen des lebendig verstehenden Menschen vernehmlich macht.

Gesetz und Evangelium sind nicht primär Lehre, sondern sie bezeichnen die Dialektik des Wirkens Gottes in Christus durch den Heiligen Geist, der sich mittels des in kommunikativen Prozessen als lebendige Anrede sich aktualisierenden Schriftwortes im Gewissen des einzelnen Menschen vergegenwärtigt und dem Menschen in der Buße den Glauben zueignet.

Glaube ist also nach reformatorischem Verständnis nicht die Initial- und Elementarbeteiligung des Menschen an einem kooperativen Prozess, in welchem er sich, frei auf göttliche Initiativen reagierend und göttliche Hilfsangebote nutzend, sein Heil erarbeitet, sondern er ist der Reflex des souveränen, schöpferischen, worthaften göttlichen Handelns im und am menschlichen Gewissen. Und deshalb ist er als »bejahtes Gotterleiden«[15] das Christsein als Ganzes. In der Sprache der Rechtfertigungslehre, die in papstkirchlichem Verstande die Metatheorie des Tauf- und Bußsakraments ist und in ihren reformatorischen Varianten zur Theorie des christlichen Lebens insgesamt entschränkt wird, heißt das: Der Glaube rechtfertigt, und zwar er *allein*.

Das Bekenntnis ist die elementare Lebensäußerung des so verstandenen Glaubens. Seinen Lebensgrund hat er im lebendig im und am Gewissen wirkenden Gotteswort und nicht in einer ihm vorgehaltenen Lehre. Aber er bildet seinerseits Lehre, und zwar mit innerer, elementarer Zwangsläufigkeit: Glaube hat ja das Verstehen seines Grundes und Inhalts nicht als eine Option außerhalb seiner selbst, sondern der Glaube ist immer schon ein Akt des Sichverstehens im Vernehmen der göttlichen Anrede, das sprachliches Zeugnis und vernünftige Rechenschaft aus sich heraussetzt: Es sind ja genau solche Akte der Kommunikation, die Jesus Christus initiiert und in denen er sich vergegenwärtigt. Der Glaube lebt also von festen, unverbrüchlichen Zusagen, von *assertiones*, und er spricht sich in solchen *assertiones*[16] aus, die sich dann zu Lehre verfestigen.

15 Emanuel HIRSCH, Leitfaden zur christlichen Lehre, Tübingen 1938, §58A, S. 97. Vgl. auch ders., Das Wesen des reformatorischen Christentums, Berlin 1963.

16 Vgl. grundlegend De servo arbitrio, WA 18, S. 603–605.

Melanchthons Verständnis des Glaubens,[17] der sich auf die Lehre des Evangeliums stützt, von anfangshaft rein gehorsamer Kenntnisnahme in die verständige Zustimmung übergeht und erst durch das Hinzukommen des Geistes in einem qualitativen Sprung die Vollgestalt des existentiellen Vertrauens erreicht, ist also in bestimmten Ausdrucksgestalten von Luthers Denken durchaus angelegt und verwurzelt.

Ein zweites kommt hinzu. Das worthafte Wirken Christi, dessen Reflex der sprechende, kommunizierende Glaube ist, ist in sich wesentlich polemisch verfasst. Es setzt sich im wirklichen Menschen in einem irdisch unabschließbaren Kampf gegen dessen ihm widerstreitendes sündhaftes Selbst- und Gottesverständnis durch. Als sprachlich-vernünftige Bewusstseinsform ist dem Glauben also immer die Aufgabe der Rechenschaft gestellt, in der er über sich selbst und seinen Grund gerade als von einem Überwundenwerden bzw. Überwundenwordensein Auskunft gibt. Deshalb ist dem im Bekenntnis sich artikulierenden Glauben der argumentierende Widerspruch gegen die als Unglaube entlarvte Sünde wesenseigen, und ebenso notwendig wohnt ihm der Widerspruch gegen offene Bestreitung und gegen versehentliches oder böswilliges Missverstehen inne.

Gelebter Glaube ist also auch wegen seiner agonalen inneren Verfasstheit ohne denkende, vernünftige Rechenschaft, ohne Theologie, nicht vorstellbar, und Theologie ist als Funktion des so verstandenen Glaubens wesentlich thetisch und zugleich antithetisch, kämpferisch. Sie tendiert also von ganz allein dazu, sich zu lehr- und bekenntnishaften Formeln zu verdichten.

Diese sind aber nicht von ihrem Entstehungsprozeß ablösbar, und das heißt: Sie sind nachgeordnete Epiphänomene des eigentlichen Glaubens und weder sein konstitutiv-generatives noch sein regulatives Prinzip. Eine Kirche, die sich anmaßt, Glaubensregeln, Glaubensartikel mit diesem Anspruch zu setzen, ist deshalb antichristisch.

Genau das hat nach Luther die Papstkirche getan. Darum hat Luther sie mit dem Antichrist identifiziert und am 12. Dezember 1520 den Codex Iuris Canonici als normatives Basisdokument dieses kirchlichen Selbstverständnisses ins Feuer geworfen – in parodistischer Absicht einschlägige Vorschriften des geltenden Ketzerrechts befolgend.[18]

17 Vgl. dazu Martin Ohst, Varianten protestantischen Subjektivitätsdenkens. Zum Glaubensbegriff bei Luther und Schleiermacher; erscheint in den Akten des Internationalen Schleiermacher-Kongresses in Halle 2017 (im Druck).

18 Vgl. Anselm Schubert, Das Lachen der Ketzer. Zur Selbstinszenierung der frühen Reformation, in: ZThK 108 (2011), S. 405–430.

Glaubensartikel stellt also nach Luther nicht die Kirche, aber das bedeutet nach Luther nicht, dass es keine solche dem Glauben vorgegebenen Artikel gibt: »Es heißt, Gottes Wort soll Artikel des Glaubens stellen und sonst niemand, auch kein Engel«[19]. So gewiss Luther in der Auslegung der Bibel Auslegung neue Wege bahnte, indem er sie konsequent von Christus als ihrem Zentrum her und in der unhintergehbaren Dialektik von Gesetz und Evangelium verstand – in Kontinuität mit der Kirche der Spätantike und des Mittelalters blieb sie ihm doch in ihrer geschichtlichen Gegenständlichkeit im Einzelnen wie im Ganzen das Buch der letztgültigen Selbsterschließung Gottes, das eben auch feste, verbindliche Glaubensartikel stellte. Hier liegt in nuce schon die dann in der Protestantischen Orthodoxie unter Bezugnahme auf die aristotelische Wissenschaftstheorie der Zeit durchreflektierte Theorie der Heiligen Schrift vor.[20] – Hierauf wird weiter unten noch einmal zurückzukommen sein.

Wichtiger ist in diesem Zusammenhang, was Luther von anderen spätmittelalterlichen Varianten des biblizistischen Offenbarungspositivismus unterscheidet: Er zerstört das die Papstkirche begründende fein austarierte Harmonieverhältnis der einander stützenden Autoritäten und begründet so ein neuartiges Verständnis der Kirche als der Gemeinschaft des hörenden und verstehenden Glaubens, der sich an die Bibel gewiesen weiß: Diese hat *einmal* einen eindeutig eruierbaren und nachvollziehbaren Gesamtsinn, der sich jedem einschlägig Gebildeten erschließt, sofern er nicht verblendet oder verstockt ist. Deshalb setzt sich die Wahrheit der Bibel ohne die Beihilfen einer ihre Auslegung normierenden Tradition und eines diese beiden Größen moderierenden unfehlbaren kirchlichen Lehramtes durch. Die Bibel ist *sodann* nicht das Buch der hierarchisch sich im Gegenüber zu den Gläubigen verstehenden Kirche, sondern die sich als Gemeinschaft des hörenden, vernehmenden und verstehenden Glaubens definierende Kirche steht als ganze unterhalb der Bibel. Sie ist nicht die Institution, welche die Bibel für die Gläubigen deutet und auslegt,[21] sondern sie ist die Gemeinschaft derer, welche sich allesamt im Glauben von der Schrift angesprochen wissen. Die Kirche ist damit grundsätzlich unhierarchisch verstanden; alle in ihr durch unterschiedliche Ämter geschaffenen Abstufungen sind rein funktionaler Natur.

19 Art. Smalc. II/2; BSELK S. 421.

20 Vgl. Martin Ohst, Luthers »Schriftprinzip«, in: Hans Christian Knuth (Hg.), Luther als Schriftausleger, Erlangen 2010, S. 21–39.

21 »Die Kirche hat die Heiligen Schriften immer verehrt wie den Herrenleib selbst, weil sie, vor allem in der heiligen Liturgie, vom Tisch des Wortes Gottes wie des Leibes Christi ohne Unterlaß das Brot des Lebens nimmt und den Gläubigen reicht« – so in aller wünschenswerten Deutlichkeit das II. Vatikanische Konzil (Dei Verbum 21; $LThK^2$ Erg.-Bd. 2, S. 571).

4.

Luthers neues Wesensverständnis der christlichen Religion war in den Grundzügen 1515/16 fertig. Seit dem Streit um Buße und Ablass kollidierte es mit der rechtsgültig kodifizierten kirchlichen Lehre und den maßgeblichen mit deren Durchsetzung betrauten Funktionsträgern. Seit 1520/21 kam es zu praktischen Reformmaßnahmen, die aus der Perspektive der geltenden kirchlichen und gesellschaftlichen Ordnung Rechtsbrüche waren (*communio sub utraque*, Priesterehe, Bruch des Mönchsgelübdes).

Luthers Angriffe auf die kirchliche Praxis und Lehre und die Aktionen derer, die sich von ihm inspiriert und ermutigt fühlten, verfolgten nicht das Ziel, einer Minderheitsgruppe Sonderrechte zu erstreiten. Vielmehr erhoben die Protagonisten der reformatorischen Bewegung offensiv und aggressiv den Anspruch, den wahren Sinn der normativen Grundlagen der Kirche gegen ein Syndrom von Missverständnissen und Missbräuchen zur Geltung zu bringen, m.a.W.: Sie reklamierten für sich die Deutungshoheit über die normativen Grundlagen der Kirche. Sie wollten keine neue Kirche neben der alten gründen. Das wird heutzutage gern so akzentuiert, als wäre ihnen die Wahrung der papstkirchlich verstandenen Kircheneinheit ein erstrangiges Herzensanliegen gewesen, aber durch eine Verkettung von unglücklichen Umständen mit Übereilungen und Mißverständnissen auf beiden Seiten sei es dann eben doch zur Spaltung gekommen. Aber diese Sichtweise beruht auf einem Missverständnis bzw. einer Entstellung der in den Quellen dokumentierten Tatsachen. Sicher, die Reformatoren wollten an der Einen Kirche festhalten. Aber sie wollten genau diese Eine Kirche von Ablass und Messopfer ebenso befreien wie von den Herrschaftsansprüchen des Papsttums, wie sie im geltenden Kanonischen Recht kodifiziert waren, und vor die Alternative gestellt, ihre Absicht nur partiell zu verwirklichen oder sie ganz aufzugeben, haben sie sich für deren erste Seite entschieden – in der Hoffnung, die von ihnen erkannte und vertretene Wahrheit werde sich auf diese Weise weiter durchsetzen.

Anders als die Täufer verfolgten sie nicht die Absicht, urchristliche Lebensformen zu reanimieren, denn sie hatten mit der Papstkirche des Mittelalters und durch sie von Augustin gelernt, dass die Einheit und Selbigkeit, welche der Kirche in Gottes Geschichtsplan eignet, sich gerade im Wechsel ihrer geschichtlichen Lebensumstände und Lebensformen verwirklicht.[22]

22 Man vergleiche z.B. Ep 93,III,9, wo Augustin seinem Jugendfreund, dem Donatisten-Bischof Vincentius, mit halsbrecherischen Exegesen und schwindelerregender Rhetorik darlegt, dass und wieso nicht nur die Verfolgung der Kirche zur Zeit der Apostel und Märtyrer, sondern auch die Ketzerverfolgung durch weltliche Machthaber zugunsten der Kirche ausweislich alttestamentlicher Archetypen integraler Bestandteil

Die erneuerte Kirche sollte also trotz bestimmter Reduktionen von Wildwuchs in Bereichen des Rechts und der weltlichen Herrschaft grundsätzlich weiterhin das ganze Spektrum der Aufgaben übernehmen, welche der Kirche seit der Spätantike zugewachsen waren und bei deren Lösung die Papstkirche weithin versagt hatte: Die Kirche sollte weiterhin als Erziehungs- und Kulturmacht die ganze Gesellschaft und alle ihre Glieder, ausgenommen die Juden, erfassen und beanspruchen. Genau hierfür stand die Verpflichtung aller getauften Eltern, ihre Kinder wiederum taufen zu lassen, während die Bestreitung der Legitimität der Säuglingstaufe zugunsten der Erwachsenentaufe genau dieses ganze Konzept der christlichen Gesellschaft verneinte.

All das trat in den ersten Jahren der reformatorischen Bewegung zutage. Und so bildeten sich die religionspolitischen Konfliktherde und Konfliktlinien für die folgenden Jahre und Jahrzehnte heraus. Die von Wittenberg, Zürich und Straßburg ausgehenden reformatorischen Bewegungen waren miteinander und mit den Protagonisten der Papstkirche verbunden in dem Willen, die Verfassung des Reichs und den Anspruch der Kirche auf die ganze Gesellschaft aufrechtzuerhalten; so fanden sie sich zusammen in dem Bestreben, solche Bewegungen zu unterdrücken und auszurotten, die den Boden dieser Konsense in Frage stellten oder verließen. Nichtsdestotrotz: Die handlungsleitenden Vorstellungen von der wünschenswerten Zukunftsgestalt von Reich und Kirche standen scharf widereinander, und beide Seiten ließen keine Gelegenheit verstreichen, der je anderen vorzuwerfen, dass sie genau jene gemeinsamen Grundlagen missbrauche oder mutwillig aufs Spiel setze.

Es ist dieses die Situation, in der Karl V. den Augsburger Reichstag des Jahres 1530 einberief und sich den Anschein gab, er wolle den religiösen Zwiespalt bereinigen, indem er aus der Rolle des Strafrichters in die des Schiedsrichters schlüpfe.

In diese Situation hinein und für sie ist die *Confessio Augustana* entworfen, also der stilbildende Ur- und Idealtypus einer reformatorischen Bekenntnisschrift, wie die Beiträge dieses Bandes eindrucksvoll bezeugen.

Bekanntlich war ursprünglich geplant, dem Reichstag auf Anforderung des Kaisers ein möglichst flaches Profil zu zeigen, und zwar durch ein knappes Positionspapier, das lediglich praktische Kirchenreformmaßnahmen benannt und gerechtfertigt hätte.[23]

des *einen* göttlichen Heilsplans sei; der leitende Gedanke ist derselbe, den Augustin in Conf I,IV,4, zum Ausdruck bringt, wenn er Gott betend folgendermaßen apostrophiert: »opera mutas, non mutas consilium«.

23 Für alle Bezugnahmen auf diese Vorgänge verweise ich ein für alle Mal auf Leif GRANE, Die Confessio Augustana (1959), dt. 1970, Göttingen ^{4}1990 – dieses inhaltlich wie didaktisch gleich vorzügliche Werk droht ausweislich der Beiträge dieses Bandes zu Unrecht der Vergessenheit anheimzufallen.

Johann Ecks in 404 Artikeln ausgebreiteter Vorwurf der Häresie, also eines Kapitalverbrechens, durchkreuzte diese Absicht und machte die Ergänzung des Positionspapiers um einundzwanzig vorgeschaltete Lehrartikel notwendig.

5.

Genau hier nun liegt der Punkt, an dem sich der rückblickende, Konturen hervorhebende Vergleich mit jenen Bekenntnissen förmlich aufdrängt, welche in den Jahrhunderten zuvor von Devianten mit der Absicht unterzeichnet worden waren, jeden Zweifel an ihrer vollen Zugehörigkeit zur verfassten Kirche auszuschließen.

Der wichtigste Unterschied liegt vor Augen: Jene Bekenntnisse wurden denen, deren kirchliche Orthodoxie und Orthopraxie zweifelhaft geworden waren, fertig vorgelegt, und so sahen die sich vor die Alternative gestellt, ihre Unterschrift zu leisten oder die Folgen ihrer Verweigerung zu gewärtigen. Mit ihrer Unterschrift, die ihre Unterwerfung unter den Wahrheitsanspruch der Kirche bezeugte, leisteten sie ein Bekenntnis ihres papstkirchlich verstandenen Glaubens, also ihrer Anerkennung der kirchlichen Lehrautorität, und erfüllten damit ihre erste und fundamentale Christenpflicht.

Wenn dieser Glaube, den sie da durch Gegenzeichnung bekannten, ihrem subjektiven Wahrheitsbewußtsein schwer oder gar nicht einging, dann musste das seinen religiösen Wert als den eines frommen Werks nicht mindern, denn es ist ja gerade sein Evidenzdefizit, das dem Glauben nach papstkirchlichem Verständnis seinen Wert als verdienstliches Tugendwerk verleiht; das wurde mit einer immer wieder zitierten Sentenz Gregors d.G. belegt: »Ein Glaube, dem die menschliche Vernunft Erfahrungsgewißheit zuschreibt, trägt kein Verdienst in sich«[24].

Auch im Augsburger Bekenntnis artikulieren sich Devianzverdächtige mit der Absicht, ihre Zugehörigkeit zur Katholischen Kirche außerhalb jeden Zweifels zu stellen. Sie tun das jedoch nicht, indem sie ein ihnen vorgelegtes Lehrbekenntnis gegenzeichnen, sondern sie legen in eigenverantwortlichen Formulierungen Rechenschaft ab von ihren Überzeugungen und ihren Rechtshandlungen. Um den Devianzverdacht auszuräumen, behaupten sie deren Übereinstimmung mit den normativen Traditionsbeständen der abendländischen Kirche, und damit beanspruchen sie implizit zugleich

24 XL Homiliarum in Evangelia Libri II, Hom. 26, 1; MPL XXX, Sp. 1197: »nec fides habet meritum, cui humana ratio praebet experimentum«.

die Deutungshoheit über diese. Und all das tun sie so, dass sie ihre Anliegen möglichst weitgehend in die staatsrechtlichen und, was eben unter den damaligen Verhältnissen ein Aspekt des Staatsrechts ist, die religionsrechtlichen Vorgaben des Reiches einpassen: Das bezeugt volltönend der erste der Lehrartikel, der den »Glauben« der Unterzeichner an die Basisaussagen reichskatholischer Orthodoxie bezeugt. Und es war späterhin genau dieselbe Leitabsicht, welche im Konkordienbuch den Dokumenten reformatorischen Christentums die drei altkirchlichen Glaubensbekenntnisse voranstellte.

Was sich hier abzeichnet, ist also der scheinbar vorbehaltlose Anschluss an grundlegende katholische Lehr- und Rechtstraditionen, der sich allerdings bei näherem Hinsehen als selektiv erweist: Das *Innocentianum*, das nach papstkirchlichem Verständnis durchaus in diese Reihe hineingehören würde, wird fortgelassen.

Impliziert in diesen Akt der Rezeption, der Kontinuität betont, ist die Beibehaltung des spezifisch katholischen Begriffs des Glaubens als gehorsamer Zustimmung zu bestimmten Inhalten kirchlicher Lehre auf Autorität.

Dieselbe Leitabsicht des möglichst weit gehenden Anschlusses an gültige Normen des kirchlichen und weltlichen Rechts manifestiert sich deutlich auch darin, dass zentrale Kontroversthemen allenfalls implizit und indirekt erwähnt werden: Das Verhältnis von Schrift, Tradition und Lehramt bleibt unerörtert; Papsttum, Fegefeuer und Ablass werden mit Schweigen übergangen.

An weiteren Stellen wird reformatorisches Christentumsverständnis so weit zurückgenommen, dass es kaum noch erkennbar ist – man vergleiche *Confessio Augustana* IX mit dem Taufkapitel von Luthers Schrift *De Captivitate* oder *Confessio Augustana* XIf. mit Luthers Bußverständnis, wie er es in den Resolutionen zu den Ablassthesen oder in den *Operationes in Psalmos* entfaltet hat. Dass die Rechtfertigungslehre (*Confessio Augustana* IV) sowohl in der Disposition der Themen als auch in ihrer Entfaltung von ihren ursprünglichen Bezugsfeldern, Taufe und Buße, künstlich isoliert worden ist, hat noch in den Verhandlungen der Papierökumene des späten 20. Jahrhunderts die Konsenssucher und -konstrukteure zu folgenschweren wechselseitigen Missverständnissen ge- bzw. verführt.

Das Äußerste an Akkommodation leistet allerdings der Herrenmahls-Artikel. Er setzt sich lediglich durch das Bekenntnis zur leiblichen Realpräsenz Christi in den eucharistischen Elementen von deren symbolischer Deutung ab und übergeht all diejenigen Faktoren reformatorischen Verständnisses, welche unter Verwendung kritisch ausgewählter Bestandteile des eucharistischen Ritus das evangelische Abendmahl hervorgebracht hatten, mit vielsagendem Stillschweigen. Hierzu passt es exakt, dass die Formulierung des Artikels, wie Bernd Moeller, weitere vergleichbare Fälle nachweisend, in Erinnerung gerufen hat, dem *Innocentianum*, also dem Glaubensbekenntnis des Papstes auf dem IV. Laterankonzil, seine Reverenz erweist.[25]

An diesen Stellen also ist reformatorisches Christentum, wenn überhaupt, mit Mühe auf einer erbärmlichen Schwundstufe erkennbar, und der dogmengeschichtlich versierte Leser fühlt sich zwangsläufig an jene mittelalterlichen Bekenntnisse erinnert, welche nicht subjektive Wahrhaftigkeit bekundeten, sondern die Unterwerfung unter die juridisch verstandene kirchliche Lehrautorität dokumentierten.

6.

Aber gerade dann, wenn man sich das alles möglichst unverstellt vor Augen führt, wird klar, dass es allenfalls erst die halbe Wahrheit ist. Das Bekenntnis zur Autorität des katholischen Herkommens ist nämlich verbunden mit der ebenso höflich wie unmissverständlich formulierten Zurückweisung der päpstlichen Deutungs- und Auslegungshoheit über diese normativen Traditionsbestände. Formuliert wird diese Absage an das Selbstverständnis des Papsttums in jenem übel beleumundeten Zwischenabschnitt,[26] der vom ersten und zweiten Teil der *Confessio Augustana* überleitet: Hier schließt sich Melanchthon bekräftigend dem normativen Begriffsgebrauch von »Katholisch« an, beansprucht aber zugleich für die von der *Confessio Augustana* Vertretenen die Kompetenz, dessen Inhalt selbständig zu erheben und zu formulieren.[27]

Und genau das tun zentral die Art. II, IV, V, VI und VII, welche in skizzenhafter Abstraktion die zentralen Orientierungsmarken christlichen Glaubenslebens nach reformatorischem Verständnis benennen.

Und wenn man sich das vor Augen führt, so ergibt sich: In diesem *Glaubens*bekenntnis, das einerseits in der Tradition mittelalterlicher Devianten-Bekenntnisse steht, anderseits gravierender Weise von ihr abweicht, finden zwei kontradiktorische Fassungen des *Glaubens*begriffs Verwendung und stoßen hart widereinander: Der rechtfertigende Glaube, von dem *Confessio Augustana* IV zwar trocken und rein formelhaft, aber doch unmissverständlich deutlich zeugt, steht zum Glauben an die kirchlichen Lehrformulierungen, den *Confessio Augustana* I im scheinbar bruchlosen

25 Vgl. Bernd Moeller, Das Innocentianum von 1215 in der Confessio Augustana, in: ZKG 75 (1964), S. 156–158.

26 Emanuel Hirsch spricht von einer »den Lehrgegensatz beiseite schiebende[n] Unwahrheit«, in: Fichtes, Schleiermachers und Hegels Verhältnis zur Reformation, Göttingen 1930, S. 5 Anm. 2.

27 »Haec fere summa est doctrinae apud nos, in qua cerni potest nihil inesse, quod discrepet a scripturis vel ab ecclesia Confessio AugustanatholiConfessio Augustana vel ab ecclesia Romana, quatenus ex scripturis nobis notum est« (BSELK, S. 83c).

Anschluss an die Überlieferungen antiken und papstkirchlichen Christentums demonstriert, im Verhältnis der Äquivokation.

Und diese Janusköpfigkeit, diese Doppeldeutigkeit resultiert ja nicht aus einem Flüchtigkeitsfehler. Vielmehr bezeugt sie, durchaus analog zur gebrochenen Anknüpfung an die Tradition der Devianten-Bekenntnisse, die Leitabsicht der *Confessio Augustana*, das reformatorische Verständnis der christlichen Religion zwar zum authentischen Ausdruck zu bringen, ihm aber zugleich durch möglichst weitgehende Anbequemung an die Normen, Verstehensvoraussetzungen und Denkgewohnheiten herkömmlichen Christentums zur Etablierung in der (religions-)rechtlichen und (religions-)politischen Struktur des Reiches zu verhelfen.

Leit- und Schlüsselbegriff war dabei der Anspruch auf Katholizität, welcher zu diesem Behufe der päpstlichen Deutungshoheit entwunden werden musste, was Melanchthon hier wie anderswo mit einer wohl abgestimmten Mischung aus diplomatischer Geschmeidigkeit und Unbeugsamkeit in bestimmten zentralen Sachfragen versuchte, begünstigt durch die vorgängige Verständigungsgemeinschaft, in der er mit humanistisch Gebildeten auf der anderen Seite des entstehenden Grabens zwischen den sich bildenden Konfessionskulturen stand.

Beim Reichstag 1530 und in den folgenden Jahren konnte das als eine durchaus verheißungsvolle Option erscheinen. Der Versuch, mit Billigung des Kaisers auf dem Boden des Reiches und der seit Theodosius d. Gr. rechtsgültigen Reichsorthodoxie Glaubenseinheit mit Konzessionen an reformatorisch verstandene Kirchenreformbestrebungen zu verbinden, schien Erfolg zu versprechen, befand ich doch der Kaiser in Oberitalien abwechselnd im Kalten Frieden und im Heißen Krieg mit dem Papst und signalisierte durch das Ausschreiben zum Reichstag sein Interesse an einer selbständigen Reichseinheits- und Kirchenpolitik. Da diese allerdings ihrerseits auch im Dienste habsburgischen Strebens nach Hegemonie in einem zentralistisch zu reorganisierenden Reich stand, stieß sie auch bei altgläubigen Reichsständen auf Widerstand. Die kaiserliche Niederlage im Schmalkaldischen Krieg sowie der Augsburger Religionsfriede waren dann das Ende des Traums von der Kircheneinheit im Reich unter kaiserlicher Leitung. Gleichzeitig stellte die Katholische Reform mit und seit dem Trienter Konzil unzweifelhaft klar, dass das Papsttum sich das Deutungsmonopol über den Begriff der Katholizität nicht würde entwinden lassen.

7.

Damit war die Leitabsicht der *Confessio Augustana*, die Kircheneinheit im Reich zu wahren, verfehlt. Nun wurde sie von einer die Tatsachen akzeptierenden Reichsjurisprudenz in den Dienst eines anders operierenden Versuchs gestellt, im Reich Einheit und Frieden zu wahren: Zunächst zeitweilig, dann dauerhaft sollte der religiös-kirchlichen Zwiespalt in die fortbestehende Reichseinheit eingebettet werden. Als Mittel zu diesem Zweck war die *Confessio Augustana* vorzüglich geeignet, weil sie das reformatorische Verständnis der christlichen Religion so weit wie irgend möglich in den akzeptierten Rahmen der Reichsorthodoxie eingepasst hatte. Und ihre Anschlussfähigkeit an die Ordnungen des Reiches qualifizierte sie gleichzeitig als normatives Basisdokument für die Kirchentümer in den Territorien und Städten, die mit ihren geänderten geistig-religiösen Grundlagen bzw. trotz ihrer bei einigen Um- und Abschichtungen etwa in der Familien- und Erbjudikatur in die dauerhaft kulturprägenden institutionellen Funktionen der Papstkirche eintraten – als kultisch-religiöse Lebensform der Gesellschaft und als Leitinstanz des gesamten Bildungswesens von der Katechismusunterweisung bis zur Universität.

Auch hinsichtlich des geistig-geistlichen Alleinherrschaftsanspruchs traten die evangelischen Konfessionskirchentümer in den einzelnen Territorien und Städten zunächst ganz kontinuierlich in das mittelalterliche Erbe ein. Die *Confessio Augustana* war also nicht nur für die rechtliche Absicherung der Außenverhältnisse, sondern auch als Lehrgrundlage für das Binnenleben dieser innerlich erneuerten Fortsetzungsgestalten mittelalterlichen Kirchentums optimal geeignet – nicht zuletzt wegen ihrer doppelten, äquivoken Bezugnahme auf den Glauben, die sich ja auch so verstehen lässt, dass dem unerzwingbar-individuellen rechtfertigenden Heilsglauben ein allgemeinverpflichtendes Fürwahrhalten der Elementarbestandteile kirchlicher Lehrverkündigung als von ihm unterschiedene notwendige Grundlage vorgeordnet ist: Genau diese an katholische Vorgaben anknüpfende Stufung hatte ja schon Melanchthon in seinen einschlägigen schulbildenden dogmatischen Arbeiten vorgenommen.

Sicher, Luther hat die Qualifikation der Ketzerei als Kapitalverbrechen für unchristlich erklärt,[28] und wichtige Zeugen lutherischer Theologie sind ihm darin gefolgt. Aber sie blieben dennoch bei der hergebrachten Doktrin, dass ein Gemeinwesen nur bei einheitlicher religiöser Grundlage gedeihen könne, und sie hatten keine Bedenken gegen die Verhängung der Todesstrafe, wenn die Irrlehre zum Aufruhr wurde. Die Nuancen, um welche sich die evangelische Toleranzbereitschaft von der papstkirchlichen unterschied, vergrößerten sich erst allmählich, und das Toleranzpostulat musste sich auch

28 Vgl. DH 1483.

gegen die evangelischen Varianten von Augustins These[29] durchsetzen, dass Duldsamkeit gegen den seelenverderbenden Glaubensirrtum der Gipfel der Lieblosigkeit sei. Dass die Reformation mit der Kirchenspaltung zuerst der Praxis und dann auch der Theorie der Toleranz den Boden bereitet hat, ist und bleibt eine Tatsache – eine Tatsache ist und bleibt aber ebenso, dass sie es anfangs ganz unabsichtlich, wenn nicht gar wider Willen getan hat.

Auch diese Ambivalenz, die nicht zuletzt die überragende Geschichtsbedeutung der Reformation ausmacht, bezeugen, richtig verstanden, die Bekenntnisschriften – am deutlichsten die wirkungsreichste unter ihnen, die *Confessio Augustana*.

8.

Adolf von Harnack hat die These vertreten, »daß das ›Urchristentum‹ untergehen mußte, damit das Christentum bliebe«[30]. Unter den Bekenntnisschriften bezeugt die *Confessio Augustana* mit der ihr eigenen formalen und inhaltlichen Doppeldeutigkeit und Janusköpfigkeit besonders deutlich, dass es sich mit der von ihr repräsentierten reformatorischen Ur- und Erstgestalt protestantischen Christentums ebenso verhält. Die *Confessio Augustana* expliziert es ganz und gar im Kontext seiner intellektuellen, sozialen, rechtlichen und politischen Werdebedingungen, die allesamt zerfallen bzw. in völlig neue Gestalten hinein transformiert worden sind. Diese Transformationsprozesse haben seit dem späten 17./frühen 18. Jahrhundert auch das Geschick des reformatorischen Verständnisses der christlichen Religion und seines wichtigsten rechtsverbindlichen Leitdokuments bestimmt: Beide wurden zunächst unter Hinweis auf die von ihnen ja selbst immer wieder betonte übergeordnete Autorität der Schrift vorsichtig relativiert und historisiert, endlich unter lautstarkem emanzipatorischen Getöse in den Bereich des nunmehr angeblich Überwundenen und somit fortan Belanglosen verwiesen.

Erst diese Distanzierung, die im spätaufklärerischen Rationalismus des späten 18./frühen 19. Jahrhunderts erreicht war, eröffnete den notwendigen Spielraum für neue verstehende und aneignende Zugänge zur reformatorischen Theologie und zu den zu den reformatorischen Bekenntnisschriften, in deren Pluralität sich seither der Variantenreichtum widerspiegelt, in welchen sich der Protestantismus mit und seit der Aufklärung auseinandergelegt hat.

29 Vgl. Ep 93,II.4f.

30 Adolf von HARNACK, Das Wesen des Christentums, hg. v. Claus-Dieter OSTHÖVENER, Tübingen ³2012, S. 17. Vgl. auch ders., Lehrbuch der Dogmengeschichte, Tübingen ⁴1909 (ND 1983), Bd. 1, S. 84f.

Repristinatoren kaprizierten sich auf die Normativität der Bekenntnisschriften und begründeten diese mit ihrer Schriftgemäßheit, wobei sie sich die Leitlinien ihres Bibelverständnisses immer schon von dem in den Bekenntnisschriften wirksamen vorgeben ließen.

Solche Theologen schufen und schaffen christlicher Religion in den Fraglichkeiten der Neuzeit und der Moderne Sicherheiten, indem sie zirkuläre Schlussfiguren konstruieren, die letztlich in Akten definitorischer Willkür gründen, welche bestimmte Formationen christlicher Religion aus dem Fluss der Geschichte isolieren und ihnen übergeschichtlichen Rang zuschreiben; die Formel »Schrift und Bekenntnis« signalisiert geradezu apotropäische Erwartungen angesichts tatsächlicher oder eingebildeter Gefährdungen: »Zudem: Wir haben ein festes Bibelwort, darauf wir achten, 2Petr. 1,19; und dass Niemand mit Gewalt uns dasselbe drehe wie einen Wetterhahn, davor ist durch unsre symbolischen Bücher gesorgt«.[31]

Der Relativierung durch Historisierung wird hier eine mit einer trotzigen Geltungsbehauptung eine klare Absage erteilt.

Historisierung und Relativierung sind aber ebenfalls seit dem frühen 19. Jahrhundert weitergeführt worden – anknüpfend an die neologische Bibel- und Dogmenkritik, wie sie im Werk Johann Salomo Semlers (1725–1791)[32] ihre Höchst- und Endgestalt gefunden hatte: Sie hatte ihr Widerlager nicht mehr, wie ihre renaissancehumanistischen und reformatorischen Vorläufergestalten, im Verweis auf die übergeordnete Schriftautorität, sondern hinterfragte auch diese – dabei eingestandenermaßen auch von einem Katholiken wie Richard Simon lernend, aber im ebenso offen ausgesprochenen Gegensatz zu dessen Leitintention, durch Bibelkritik die Autorität der lehrenden Kirche zu untermauern.

In einem komplexen Zusammenhang von Individuen, Strömungen und Schulen wandten sich die Debatten um das Wesen des Christentums weg vom normativen hin zum generativen Aspekt dieser Fragestellung, und es entstand der in sich vielfältige und vielstimmige theologische Historismus. Dessen Vertreter kamen und kommen *einerseits* darin überein, dass sie jede Identifikation des Wesens des Christentums mit einer seiner geschichtlichen

31 Claus Harms, 95 Thesen (1817), These 50, zit. nach ders., Lebensbeschreibung, verfasset von ihm selber, Kiel ²1851, S. 235; vgl. auch These 83, wo der preußischen Union vorgeworfen, sie verursache »Verwirrung mit den Bekenntnißschriften, – die nichts anders sind als eine bestimmte allgemein angenommene Auslegung der h. Schrift« (Ebd., S. 239).

32 Vgl. Martin Ohst, Aus den Kanondebatten in der Evangelischen Theologie des 19. Jahrhunderts, in: Eve-Marie Becker / Stefan Scholz (Hg.), Kanon in Konstruktion und Dekonstruktion, Berlin / Boston 2012, S. 39–70; ders., Dogmenkritik bei Semler und Schleiermacher, in: Ulrich Barth / Christian Danz u.a. (Hg.), Aufgeklärte Religion und ihre Probleme. Schleiermacher – Troeltsch – Tillich, Berlin / Boston 2013, S. 617–645 (dort weitere Literatur).

Realisationsgestalten verneinen und so alle Zeugnisse gelebter christlicher Religion, auch die ältesten, mitsamt der ihnen traditionell zugeschriebenen normativen Ausnahmestellung, konsequent historisieren, ihnen also jeden formal-normativen Autoritätsrang absprechen. *Anderseits* treffen sie aber zugleich in der Erkenntnis zusammen, dass lebendiger christlicher Glaube immerdar in der lebendigen, freien Kommunikation mit den Überlieferungsbeständen seiner geschichtlichen Gestalten lebt.

Alle diese Formationen des theologischen Historismus legitimieren sich durch Denkfiguren des differenzierten Rückbezugs auf den epochalen Einschnitt der Reformation. In ihr geschah der unwiderrufliche Bruch mit papstkirchlichen, auf Autoritätsglauben basierten Formation der christlichen Religion, und eine neue, eben nachkatholische Spielart westlichen Christentums nahm ihren Anfang. Die neue Gestalt der christlichen Religion empfing jedoch ihre Werdebedingungen und damit ihre erste Gestalt weitgehend aus jener sie hervorbringenden alten: »Der Protestantismus ist nicht in voller Kraft und Rüstung, wie die Athene aus dem Haupte des Zeus entsprang, aus dem mittelaltrigen Schoße der abendländischen Kirche entbunden worden«.[33] Das heißt: Die reformatorische Erstgestalt protestantischen Christentums ist nicht dessen Normgestalt, sondern dessen Anfangsgestalt, die mit zwingender geschichtlicher Notwendigkeit im Fortgang der Geschichte zersetzt und antiquiert wurde.

9.

Friedrich Schleiermacher (1768–1834) gehört insofern zu den wichtigsten Wegbereitern und Gründergestalten dieser historistischen Formation protestantischen Christentums, als er sie auf allen Ebenen der Theoriebildung begründet und durchdacht hat.

Seine vom herrnhutischen Pietismus und der hallischen Neologie ausgehende, von der frühen Romantik und der eigenständig rezipierten und in reflektierter Zeitgenossenschaft zu Fichte, Hegel und Schelling weitergeführten Philosophie Kants mitgestaltete Theorie des Protestantismus hat ihn auch zu einer Würdigung der reformatorischen Bekenntnisse befähigt, die weit hinausführt über die heillose Alternative von normativ-lehrgesetzlicher Geltung und undifferenzierter Abstoßung.[34] Er hat nämlich eine Theorie der christlichen Religion entworfen, die zwar Auskunft darüber zu geben vermag,

33 Albrecht Ritschl, Geschichte des Pietismus, Bonn 1884 (ND Berlin 1966), Bd. 2, S. 60.

34 Vgl. zum folgenden auch Martin Ohst, Schleiermacher und die Bekenntnisschriften. Eine Untersuchung zu seiner Reformations- und Protestantismusdeutung, Tübingen 1989.

warum in deren Geschichte immer wieder scheinbar übergeschichtliche, alterungsresistente Normen und Normgefüge entstanden sind, aber die vor allem zeigt, dass und warum die innere Lebendigkeit der christlichen Religion solche Konstruktionen immer wieder zersetzen muss.

Schon in seinem genialen Frühwerk, den an die Gebildeten unter deren Verächtern gerichteten Reden, hat er einen Begriff der Religion entwickelt, gemäß dem diese zwar ein irreduzibel eigenständiger Modus des individuellen Selbst- und Weltumganges ist, aber ihr Lebenselement zugleich in der geschichtlichen Welt hat.

Jene erstgenannte kritisch-innovative Stoßrichtung seines Religionsbegriffs drückt Schleiermacher am deutlichsten durch eine an Radikalität kaum zu überbietende Absage an den herkömmlichen, an Gehorsam heischenden formalen Autoritäten ausgerichteten Glaubensbegriff aus:

> Glauben, was man gemeinhin so nennt, annehmen was ein anderer gethan hat, nachdenken und nachfühlen wollen, was ein Anderer gedacht oder gefühlt hat, ist ein harter und unwürdiger Dienst, und statt das höchste in der Religion zu sein, wie man wähnt, muß er grade abgelegt werden, von Jedem der in ihr Heiligthum dringen will.[35]

Die radikal im freien Erleben und Erkennen des Subjekts lokalisierte Religion lebt und entfaltet sich jedoch immerdar in kommunikativen Zusammenhängen, die in geschichtliche Großformationen, die Religionen, welchen die fünfte der Reden gewidmet ist, hineinverweisen. Religion entsteht je neu und individuell im je einzelnen Subjekt, aber sie entsteht eben in der lebendigen, diese ihrerseits bereichernden und fortbildenden Teilnahme an diesen geschichtlichen Großzusammenhängen, welche jeweils in »Offenbarung«, also den schöpferisch-geschichtsmächtigen religiösen Intuitionen bestimmter geschichtlich-einmaliger Menschen, wurzeln.

Gelebte Religion hat insofern zu den geschichtlichen Zeugnissen religiösen Lebens ein Doppelverhältnis: Sie bedarf ihrer als kommunikativer Medien zu ihrer eigenen Bildung, aber es ist der Untergang der Religion, wenn sie zum bloßen Dienst an hergebrachten Formeln und Formen wird. In deren Gebrauch in der lebendigen religiösen Kommunikation müssen sie immer wieder neu verflüssigt werden, indem sie als Produkte und Denkmäler solcher produktiver Prozesse religiöser Inspiration und Kommunikation verstanden und gewürdigt werden.[36] Mit spürbarer Lust an der Provokation hat Schlei-

35 Friedrich Daniel Ernst SCHLEIERMACHER, Über die Religion. Reden an die gebildeten unter ihren Verächtern, Berlin 1799, S. 120f.: zitiert nach KGA I.2, S. 241.

36 Vgl. SCHLEIERMACHER, Reden (wie Anm. 35), S. 115–126; KGA I.2, S. 239–244.

ermacher das am Phänomen »Heilige Schrift«[37] verdeutlicht: »Nicht der hat Religion, der an eine heilige Schrift glaubt, sondern welcher keiner bedarf, und wohl selbst eine machen könnte«.[38]

Christliche Religion hat ihren geschichtlichen Anfangspunkt und ihr bleibendes Lebenszentrum in der religiösen Grund- und Leitintuition des Menschen Jesus von Nazareth, die derart originell und produktiv war und ist, dass sie seither fort und fort Menschen prägt und ihrerseits religiös zu eigener Produktivität anregt. Die Bibel, in Schleiermachers Verständnis im eigentlichen Sinne das Neue Testament, ist keine formale Norm dieser Produktivität, sondern sie ist eine Sammlung von Dokumenten aus der Frühzeit dieser religiösen Bewegung, welche indirekt und in mannigfaltigen Brechungen[39] den Eindruck bezeugen, den Jesu Wort und Geschick bei den Mitlebenden und in den allerersten Generationen der Nachlebenden hinterlassen haben.

Geschaffen worden ist diese Sammlung von der sichtbaren Kirche, und damit ist diese Sammlung ebenso wie jedes ihrer Einzelbestandteile fehlbares Menschenwerk, der kritischen, produktiv verstehenden Auslegung fähig und bedürftig; in der provokanten Attitüde seiner Jugendschrift hat Schleiermacher das so ausgedrückt: »Die heiligen Schriften sind Bibel geworden aus eigener Kraft, aber sie verbieten keinem andern Buche auch Bibel zu sein oder zu werden, und was mit gleicher Kraft geschrieben wäre, würden sie sich gern beigesellen lassen«.[40]

Die Autorität dieses immer erst wieder neu zu bestimmenden und prinzipiell bleibend revisionsbedürftigen Kanons ist generativ und produktiv, aber nicht normativ. Genau diese Ansicht kann Schleiermacher so formulieren, dass er anhand einer Anspielung auf ein Zitat aus Luthers Schmalkaldischen Artikeln seine Anknüpfung an die reformatorische Urgestalt des Protestantismus und zugleich seine kritische Distanzierung von deren Biblizismus deutlich markiert: »In der evangelischen Kirche wurde das Princip aufgestellt, daß niemand Glaubensartikel aufstellen und aufdringen dürfe, sondern daß

37 Vgl. zum folgenden Martin Ohst, Schleiermachers Kanonkritik zwischen Semler und Harnack, in: Patrik Mähling (Hg.), Orientierung für das Leben (FS für M. Schulze), Münster 2010, S. 259–287.

38 Schleiermacher, Reden (wie Anm. 35), S. 122; KGA I.2, S. 242.

39 »Wenn wir zum normalen Charakter der einzelnen Säze auf der einen Seite die vollkommene Reinheit rechnen, auf der andern die Fülle der daraus zu entwikkelnden Folgerungen und Anwendungen: so haben wir nicht Ursache die erste anderswo als nur in Christo schlechthinig anzunehmen, und müssen zugeben, daß auch auf die zweite bei allen Anderen die natürliche Unvollkommenheit hemmend einwirken konnte« Friedrich Daniel Ernst Schleiermacher, Kurze Darstellung des theologischen Studiums zum Behuf einleitender Vorlesungen, Berlin ^{2}1830 § 108, S. 50: zitiert nach KGA I.6, S. 50.

40 Schleiermacher, Reden (wie Anm. 35), S. 305: zitiert nach KGA I.2, S. 323.

das göttliche Wort die Glaubensartikel stelle«.[41] In Luthers Gedankenwelt völlig unmöglich hingegen ist die unmittelbare Fortsetzung des Zitats: »Aber das göttliche Wort stellt keine Glaubensartikel«.[42]

Das heißt: Die von Luther zwar intuitiv erfasste, aber noch nicht konsequent zu Ende gedachte Einsicht, dass Lehre zwar aus dem gelebten Glauben entspringt, ihn aber ihrerseits nicht hervorbringt, geschweige denn normiert, ist von Schleiermacher wirklich durchreflektiert worden.[43]

Dass der christliche Glaube in einer Gewissheit stiftenden Begegnung mit einem Gegenüber gründet, würde Schleiermacher sicherlich als unhintergehbare Einsicht anerkennen, die in Luthers Insistieren auf den assertiones (s.o. S. 287) ihren Ausdruck findet. Aber er würde hier von der durch das von ihm gestiftete geschichtliche Gesamtleben[44] vermittelte Begegnung mit Jesus Christus sprechen und eben nicht von doktrinären Sätzen über ihn.

Weil der Grund und der Ursprung des Glaubens auf einer andere Ebene liegen als er selbst, darum ist der Prozess der Lehr- und Konsensbildung in der Evangelischen Kirche für Schleiermacher ein Dauerprozess: Er ist notwendig, weil der Glaube der intellektuellen Rechenschaft fähig und bedürftig ist, und er ist unabschließbar, weil das Denken den Glauben nicht vollständig einzuholen vermag.

Hierbei bezieht sich gelebtes und gedeutetes christliches Leben im Zuge seiner eigenen Selbstverständigung immer wieder notwendig auf die Ursprungszeugnisse der christlichen Religion zurück – aber nicht, weil diesen als formalen Autoritäten pauschaler Glaubensgehorsam nach katholischem Verständnis zukäme, sondern weil der in ihnen Bezeugte religiöses Leben inspiriert, was an den Dokumenten des Ursprungs unüberbietbar deutlich wird, weil in ihnen »das eigenthümliche Wesen [des Christenthums; M.O.] am reinsten zur Anschauung kommt«.[45]

41 Friedrich Daniel Ernst Schleiermacher, Die praktische Theologie nach den Grundsäzen der evangelischen Kirche im Zusammenhange dargestellt, hg. v. J. Frerichs (Sämmtliche Werke Abth. I, Bd. 13), Berlin 1850, S. 625; s.o. S. 289 mit Anm. 19.

42 Ebd.

43 Friedrich Daniel Ernst Schleiermacher, Der christliche Glaube nach den Grundsäzen der evangelischen Kirche im Zusammenhange dargestellt, Berlin [2]1830, Bd. 1, § 15 Leitsatz, S. 108: »Christliche Glaubenssäze sind Auffassungen der christlich frommen Gemüthszustände in der Rede dargestellt«; KGA I.13/1, S. 127. Vgl. hierzu auch Hans-Joachim Birkner, Beobachtungen zu Schleiermachers Programm der Dogmatik (1963), in: Ders., Schleiermacher-Studien (SchlA 16), Berlin/New York 1996, S. 99–112.

44 Dieser Begriff bezeichnet in Schleiermachers Christentumstheorie den Punkt, an dem Christologie, Soteriologie und Ekklesiologie ineinanderfließen. Er betont, dass die Erlösung den einzelnen Menschen als geschichtlich vermittelte *Fortwirkung* Christi, aber eben damit als Wirkung *Christi selbst* ergreift. Vgl. dazu Markus Schröder, Die kritische Identität des neuzeitlichen Christentums. Schleiermachers Wesensbestimmung der christlichen Religion, Tübingen 1996, S. 220–227.

45 Schleiermacher, Kurze Darstellung (wie Anm. 39) § 83, S. 40; KGA I.6, S. 357f.

Dabei ist der Umfang derjenigen Schriften, für die das wirklich zutrifft, also der Kanon im eigentlichen religionsphilosophischen Sinne, immer neu zu ermitteln ist, denn: »Es liegt in der Natur der Sache, und ist auch vollkommen thatsächlich begründet, daß es gleich anfangs auch unvollkommene, mithin zum Theil falsche, Auffassung also auch Darstellung des eigenthümlich christlichen Glaubens gegeben hat«[46]: Der Kanon im eigentlichen Sinne, also derjenige Komplex urchristlicher Vorstellungen und Gedanken, aus denen im Zusammenspiel mit der Philosophischen Theologie die Wesensbestimmung des Christentums zu gewinnen ist, bildet keine Vorgabe theologischer Arbeit, sondern er muss in immer neuen Anläufen aufgesucht und bestimmt werden: »Die protestantische Kirche muß Anspruch darauf machen in der genaueren Bestimmung des Kanons noch immer begriffen zu sein; und dieses ist die höchste exegetisch-theologische Aufgabe für die höhere Kritik«.[47]

Es ist deutlich: Die historistischen Spielarten des Selbstverständnisses evangelischen Christentums, an deren Anfang Schleiermacher steht, räumen keiner traditionalen positiven Instanz normative Autorität ein – nicht der Bibel und schon gar nicht den reformatorischen Bekenntnisschriften.

Aber damit ist nach Schleiermachers Ansicht über die Bekenntnisschriften, deren Idealtypus für ihn die *Confessio Augustana* ist, längst noch nicht alles gesagt.[48] Sicher, es gibt in der Literatur des Reformationszeitalters erheblich präzisere und vollständigere Darstellungen des reformatorischen Christentumsverständnisses als die Bekenntnisschriften: »Am wenigsten, daß dadurch erst die Mitglieder der Kirche selbst in Erfahrung gebracht hätten, was sie eigentlich glaubten oder glauben sollten, denn dieses fanden sie in allen Schriften Luthers und der Seinigen, die ja auf das allgemeinste verbreitet waren, viel kräftiger und anregender und ihrem Standpunkt angemessener, wogegen die scholastisirenden Formeln und die geschichtlichen Beziehungen der Confession [der *Confessio Augustana*; M.O.] ihnen immer fremd bleiben mußten«.[49]

46 Ebd., § 103, S. 48, KGA I.6, S. 365.

47 Ebd., § 110, S. 51; KGA I.6, S. 367f.

48 Einschlägig sind die folgenden Schriften: Friedrich Daniel Ernst SCHLEIERMACHER, Über den eigenthümlichen Werth und das bindende Ansehen Symbolischer Bücher (1819); zit. nach KGA I.10, S. 119–144. Friedrich Daniel Ernst SCHLEIERMACHER, An die Herren D.D. D. von Cölln und D. Schulz. Ein Sendschreiben (1830/31), zit. nach KGA I.10, S. 426. Friedrich Daniel Ernst SCHLEIERMACHER, *Predigten* in Bezug auf die Feier der Übergabe der Augsburgischen Confession (1831), zit. nach KGA III.2, S. 257–418; ihren Wert behält weiterhin die vorzüglich kommentierte Edition von Emanuel HIRSCH, in: Ders. (Hg.), Friedrich SCHLEIERMACHER, Kleine Schriften und Predigten, Berlin 1969, Bd. 3, S. 13–154. – Ich zitiere auch diese Texte jeweils mit Angabe des kursivierten Titel-Stichworts und der Original- sowie der KGA-Paginierung.

49 SCHLEIERMACHER, Sendschreiben (wie Anm. 48) S. 35, KGA I.10, S. 423.

Aber ungeachtet ihrer offen einzugestehenden Unzulänglichkeiten[50] gebührt ihnen hervorgehobener Rang, weil sie keine Meinungsäußerungen von Einzelnen sind, sondern grundlegende Konsense mehrerer Akteure an entscheidenden Wendepunkten der Entstehungsperiode der evangelischen Kirche dokumentieren:

> Denn dem geschichtlichen Sinne kann unmöglich der gewaltige Unterschied entgehen, zwischen ersten entscheidenden Augenblicken und zwischen dem nachherigen Verlaufe; und eben so wenig dem gesunden Gefühle der Unterschied zwischen dem, was auch der beste – und somit gilt das auch von den Verfassern der symbolischen Bücher selbst – als Einzelner redet und thut, und dem was Einer oder Mehrere, und seyen sie auch minder ausgezeichnet, als Vertreter einer weit verbreiteten Gesinnung vortragen. Wir fühlen wohl, daß jene Niemand, diese aber Jeder wieder vertreten, und ihnen Gewähr leisten muß, der zu dem Ganzen, welches durch diese Gesinnung beseelt ist, gehören will.[51]

Anders akzentuierend als Hegel, der in seiner Festrede zum Augustana-Jubiläum 1830 als Rektor der Berliner Universität den Umstand hervorhob, dass auf dem Augsburger Reichstag Laien das Bekenntnis abgelegt bzw. übergeben und damit das Deutungsmonopol des Klerus über die christliche Wahrheit durchbrochen haben,[52] hebt Schleiermacher, *der* Kirchenpolitiker der preu-

50 Die zweite Augustana-Predigt, die eigentliche Festpredigt vom 25. VI. 1830, ist hier ganz unzweideutig: »Sehen wir nun zuerst auf das Werk dieses Tages, nämlich die Schrift des Bekenntnisses: so dürfen wir es wol in gewisser Weise nicht anders als mit großer Nachsicht beurtheilen« (Schleiermacher, Predigten (wie Anm. 48), S. 22; KGA III.2, S. 294). Im Folgenden konkretisiert Schleiermacher dieses Urteil daran, dass die *Confessio Augustana* noch viele nicht kritisch durchgearbeitete Überlieferungsstücke vorreformatorischen Christentumsverständnisses mitschleppe. Die IX. Predigt der Reihe mit dem Titel »Daß wir nichts vom Zorne Gottes zu lehren haben« übt ausdrücklich Sachkritik an einem dogmatischen Topos; die achte Predigt handelt »Vom Verdammen Andersgläubiger in unserm Bekenntnis« und tadelt nicht etwa die kritische Distanzierung von der Papstkirche, sondern die exklusive Abgrenzung der Wittenberger Reformation von den Schweizern und Oberdeutschen sowie von Teilen dessen, was heutzutage ebenso gängig wie irreführend als »Linker Flügel« der reformatorischen Bewegung bezeichnet wird.

51 Schleiermacher, Werth (wie Anm. 48), S. 368; KGA I.10, S. 137.

52 Vgl. Georg Wilhelm Friedrich Hegel, Rede bei der dritten Säkular-Feier der Uebergabe der augsburgischen Konfession, in: Ders., Sämtliche Werke, Jubiläumsausgabe, Stuttgart [3]1958, Bd. XX, S. 532–544. Hegel definiert die christliche Freiheit als Allgemeines Priestertum (533, vgl. WA 7, S. 27f. [Freiheitstraktat]). Ihre Wiederentdeckung habe die Schranke zwischen Klerus und Laien, weltlichem Leben und religiöser Sondermoral niedergerissen, und die Tatsache, daß die Fürsten auf dem Augsburger Reichstag religionspolitisch agierten, habe diese Überwindung des papstkirchlichen Christentums unwiderruflich dokumentiert: »In illo Augustano conventu se servitutem exuisse et abdicavisse ordine laico, ut theologi se ordine clerico abdicaverant, revera promulgaverunt proceres Germaniae suo et populorum nomine: itaque pravum illud schisma, quod non de quorundam hominum fortuita auctoritate certamen fuerat, neque ecclesiam modo sed ipsam religionem turbaverat, immo perverterat, sublatum fuit« (534f.).

ßischen Reformzeit, darauf ab, dass sich in der Abfassung und Übergabe des Bekenntnisses ein vorbildliches Zusammenwirken von Theologen und politischen Verantwortungsträgern ereignet habe: »Die Fürsten mischten sich nicht darein, wie die Lehrer das Bekenntnis stellen und anordnen sollten, die Art und das Maaß des Ausdrukks überließen sie ihnen als den Sachkundigen gern. Aber die Pflicht, mit der ihnen verliehenen Macht diese Lehre zu vertreten für ihre Unterthanen gegen Kaiser und Reich, sich allein auf Gott verlassend, der sein Werk werde zu schüzen wissen, diesen Beruf haben sie festgehalten und so das ihrige treulich erfüllt«.[53] Und so kommt es auch inhaltlich letztlich darauf an, dass die *Confessio Augustana* einerseits mutig und wahrhaftig die in der Papstkirche eingerissenen Missbräuche beim Namen genannt hat und, wichtiger, »den einen großen Hauptpunkt dargelegt hat, daß nicht unvollkommenes äußeres Werk, nicht eigenes Verdienst den Frieden mit Gott bringen könne, sondern daß die Gerechtigkeit vor Gott dadurch erlangt wird, wenn wir im herzlichen Glauben den in uns aufnehmen, den Gott gesandt hat, auf daß wir in der Gemeinschaft mit ihm das Leben mögen haben, und wenn wir nun erwarten, daß aus dieser Gemeinschaft alles Gute entspringen müsse, ohne ja doch daß wir auf dieses Gute als solches einen verdienstlichen Werth legen«.[54] Und so markieren die Bekenntnisschriften, insbesondere die *Confessio Augustana*, auch für einen Protestantismus, der sich von jeder »›Knechtung unter das Urchristentum und Reformationstheologie‹«[55] frei weiß, den ersten rechtsverbindlichen Akt, durch welchen die sich institutionalisierende evangelische Kirche vor Kaiser, Reich und Papstkirche darlegte, aus welchen zwingenden religiös-theologischen Sachgründen sie notgedrungen die Verselbständigung dem Verbleib in einer sich der Reformation sperrenden Papstkirche vorziehen musste. Und weil das so ist, deshalb

> enthalten [die symbolischen Bücher; M.O.] die Punkte, von denen alle Protestanten ausgehen müssen, und um die wir uns alle daher auch immer wieder sammeln müssen; wer sich von diesen mit Wissen und willen entfernet, den können wir nicht für einen wahren Protestanten erkennen.[56]

Und darum ist die Confessio Augustana die »Magna[…] Charta[…], qua ecclesia evangelica se conditam et constitutam esse promulgavit« (537). Weitere Schlüsselaussagen der Rede sind, von Georg Lasson ins Deutsche übersetzt, leicht erreichbar bei Heinrich Bornkamm, Luther im Spiegel der deutschen Geistesgeschichte, Heidelberg 1955, S. 153–155.

53 Schleiermacher, Predigten (wie Anm. 48), S. 30; KGA III.2, S. 299.

54 Ebd., S. 25; KGA III.2, S. 296.

55 Diese Schleiermacher durchaus kongeniale Formulierung stammt von Otto Baumgarten, hier zit. nach Hasko von Bassi, Otto Baumgarten. Ein »moderner Theologe« im Kaiserreich und in der Weimarer Republik (EHS XXIII/345), Frankfurt am Main. u.a. 1988, S. 266.

56 Schleiermacher, Werth (wie Anm. 48), S. 376; KGA I.10, S. 141.

Autorenverzeichnis

PD Dr. Jan-Andrea Bernhard, Universität Zürich

Dr. Daniel Gehrt, Forschungsbibliothek Gotha

PD Dr. Johannes Hund, Johannes Gutenberg Universität Mainz

Prof. em. Dr. Werner Klän, Lutherische Theologische Hochschule Oberursel

Prof. Dr. Ernst Koch, Leipzig

Prof. em. Dr. Robert Kolb, St. Louis

Prof. em. Dr. Inge Mager, Hamburg

PD Dr. Stefan Michel, Sächsische Akademie der Wissenschaften zu Leipzig

Prof. Dr. Martin Ohst, Bergische Universität Wuppertal

Prof. Dr. Christian Peters, Universität Münster

Prof. i. R. Dr. Peter Walter, Freiburg

Dr. Maria Lucia Weigel, Heidelberg

Prof. Dr. Siegrid Westphal, Universität Osnabrück

PD Dr. Christian Witt, Leibniz-Institut für Europäische Geschichte Mainz

Personenregister[1]

1 *Kursiv* gesetzte Seitenangaben verweisen auf Anmerkungen.